NOUVELLE

GRAMMAIRE

DE

LA LANGUE ESPAGNOLE,

A L'USAGE DES FRANÇAIS,

Rédigée d'après les meilleures Grammaires existantes,

Contenant :

POUR LA PARTIE THÉORIQUE, LE DÉTAIL DES RÈGLES GRAMMATICALES, ET POUR LA PARTIE PRATIQUE, DE NOMBREUX EXERCICES SUR LES MÊMES RÈGLES ;

PAR

M. J. A. BORRAZ,

Professeur de Langue Espagnole.

BORDEAUX.

CHEZ TEYCHENEY, IMPRIMEUR-LIBRAIRE,

RUE ESPRIT-DES-LOIS, N. 16.

1836.

Cet Ouvrage se trouve aussi chez l'Auteur, rue Poitevine, n. 15.

PRÉFACE.

La connaissance des langues vivantes est aujourd'hui d'une nécessité si incontestable, que l'éducation d'un jeune homme, quelque brillante qu'elle puisse être d'ailleurs, est regardée comme insuffisante et incomplète, s'il a négligé cette étude. La tendance du siècle au rapprochement des nations, l'esprit de fraternité qui se propage de plus en plus parmi les hommes de tous les climats, les relations de commerce qui sont établies sur tous les points du globe où l'industrie de l'homme a pu pénétrer, les trésors que chaque peuple possède dans sa littérature nationale, sont autant de puissans aiguillons, qui poussent notre curiosité naturelle à la recherche de nouvelles connaissances, et notre penchant pour les richesses à nous faire une fortune indépendante dans le commerce.

Et pour obtenir ces résultats, l'étude des langues est indispensable; car les traductions ne rendent qu'imparfaitement les beautés intrinsèques et caractéristiques d'une langue étrangère. Bien souvent, au lieu de l'esprit et des pensées de l'auteur original, le traducteur ne donne que son propre esprit et ses pensées particulières, ou parce qu'il ne l'a pas compris, ou parce que la langue du traducteur n'a pas de termes équivalens, ou parce qu'il a voulu travestir à sa guise et à la mode de son pays des pensées éminemment ingénieuses dans la langue de l'auteur. On juge ensuite les ouvrages étrangers d'après ces traductions inexactes, et on reste froid et tout étonné de n'y trouver que des choses très plates et très communes. Malgré les soins tout particuliers qu'on a mis dans les nombreuses traductions du *Don Quichotte*, la meilleure n'est pas comparable au *Don Quijote* de Cervantes.

Cela prouve que pour connaître la littérature d'un pays, il faut en posséder à fond la langue : l'un ne va pas sans l'autre. Et ceci est particulièrement vrai en ce qui regarde la langue et la littérature espagnoles. Sans doute, la construction de cette langue est presque la même que la construction de la langue française, et l'on peut traduire mot à mot des pages entières de l'une de ces deux langues dans l'autre, sans qu'il en résulte un langage absolument mauvais et barbare; mais lorsqu'il est question des idiotismes, dont il en est en espagnol d'impossibles à traduire, de ces expressions fines et délicates qu'il n'est permis de bien saisir qu'à une oreille très exercée, de ces locutions où la simple substitution d'une lettre, d'une virgule, d'un accent ou de tout autre signe presque insignifiant change complètement le sens, oh! alors, il ne suffit pas d'une teinture, comme l'on dit, ni de notions superficielles de l'espagnol; il faut une longue habitude de cette langue et une lecture longue et réfléchie des bons auteurs espagnols.

Combien ne voit-on pas de Français qui, après un long séjour en Espagne, ne savent pas encore faire la différence des deux verbes *ser* et *estar*, la pierre d'achoppement de l'espagnol pour les Français? D'où vient cette difficulté insurmontable pour les étrangers, quand un montagnard grossier, une fruitière, un simple enfant, espagnols, ne prennent jamais l'un pour l'autre? C'est que ce sont des nuances presque insaisissables qui distinguent ces deux verbes; des riens mystérieux, que l'usage démêle et que les préjugés d'une éducation étrangère tiennent toujours voilés.

Ceci soit dit, non pour inspirer le découragement dans l'esprit des élèves, mais pour combattre la présomption de certains traducteurs, qui changent les épées de la plus fine trempe en broches de cuisine, comme le dit ingénieusement *Iriarte* dans une de ses fables littéraires, et la sotte assurance de certains lecteurs, qui ne trouvent rien de beau ni de bon dans les auteurs espagnols le plus justement renommés.

Non, sans une étude approfondie de la langue espagnole, on ne doit pas se mêler de la juger. C'est une langue divine; et tout ce qui est divin a des mystères. Par la même raison, elle est harmonieuse, douce, grave, majestueuse, noble, forte, riche, d'après la qualification devenue proverbiale que lui a donné un grand et célèbre empereur, et d'après les grands et magnifiques éloges qu'en font des auteurs étrangers dont on ne saurait soupçonner la partialité. Ajoutons à cela que cette langue, élevée au plus haut degré de perfection par un Garcilaso, par un Mendoza, par un Granada, par les Louis et les Ponce de Léon, les Cervantes, les Villegas, les Solis et tant d'autres écrivains célèbres, est la langue de ces immenses Amériques, qui offrent tant de richesses aux nations commerçantes, depuis qu'elles se sont séparées de la domination espagnole.

Industrieux Français, c'est à vous que j'offre les rudimens et les règles de cette belle langue, qui doit être pour vous de la plus grande utilité sous tant de rapports. Je vous donne dans cette Grammaire les moyens, non seulement de l'entendre et de la parler passablement, mais aussi de l'approfondir et de saisir un grand nombre de ses beautés. Pour m'acquitter de mon mieux de cette tâche, d'abord je renferme dans un seul volume tout ce que j'ai cru nécessaire pour se mettre dans le cas de parler l'espagnol, sans avoir besoin d'autres livres élémentaires, au moins jusqu'à un certain point. Je l'ai divisé en deux parties: la première contient les règles grammaticales et celles de la construction, en suivant et en parcourant toutes les parties du discours, en sorte que j'ai fondu la syntaxe avec les explications, à la suite des définitions et divisions. Pour chaque règle je donne des exemples; car bien souvent, sans les exemples, les règles deviennent inutiles par leur obscurité.

Par rapport aux verbes, qui, en grande partie, sont irréguliers, j'ai tâché d'en faciliter l'étude par des tableaux et des remarques qui en diminuent beaucoup la difficulté. Je donne aussi des règles assez étendues sur l'usage des temps des verbes en général, et des remarques particulières sur les verbes *ser* et *estar*, qui sont sans contredit ceux qui offrent les difficultés les plus marquantes de la langue espagnole. Enfin, je donne un catalogue, par ordre alphabétique, des principaux adverbes et locutions adverbiales, partie, selon moi, très essentielle.

La seconde partie, qui doit être considérée comme l'application pratique des règles données dans la première, contient un cours de thêmes sur toutes les parties du discours, qui sont des exemples sur tout ce qui a été auparavant expliqué; la version littérale d'un morceau français en espagnol, en deux colonnes, suivi de quelques anecdotes, pour servir d'introduction à l'écriture non moins qu'à l'intelligence de cette dernière langue; une version interlinéaire d'un morceau espagnol, extrait de l'*Eusebio*, de Montengon, comme modèle d'un style élégant, quoique historique, et pour faire connaître le génie et les tournures de cette langue, quelquefois bien différentes de celles du français, comme on peut le remarquer; une ample collection d'hispanismes, de proverbes, de phrases familières et de locutions proverbiales, très usités dans la conversation et dans les auteurs espagnols, où l'on peut remarquer des tournures fines, expressives et sentencieuses, mais impossibles à traduire mot à mot en français; et enfin, un vocabulaire français-espagnol des mots les plus usités, pour trouver avec facilité ceux dont on a besoin, et pour épargner aux élèves qui commencent à apprendre l'espagnol la dépense assez considérable d'un gros dictionnaire, qui pourtant leur serait inutile si, comme il arrive quelquefois, ils venaient à discontinuer cette étude.

Voilà le plan et la distribution de cette Grammaire, dont les matériaux, que je conservais épars et sans liaison, pour mon usage particulier, ont été enfin réunis sous une forme un peu méthodique. Je ne prétends pas avoir fait une Grammaire parfaite; car qui peut se flatter de pouvoir faire un ouvrage parfait en ce genre? Il y a sans doute des lacunes, il y a des imperfections; mais il me semble permis d'affirmer qu'il y en a moins que dans plusieurs autres.

Je dois faire observer ici que, cette Grammaire étant faite pour l'usage des Français qui voudront se livrer à l'étude de la langue espagnole, on ne doit pas trouver étrange que j'aie pris quelques libertés sur l'orthographe espagnole, non toutefois comme des règles que je me sois proposé d'établir, mais comme des exemples en quelque sorte nécessaires aux élèves de cette nation.

L'orthographe espagnole tend visiblement à sa perfection, et par conséquent à la suppression de quelques lettres. Ces progrès se font lentement, par respect pour les usages généralement reçus, et pour ne pas brusquer une dernière et complète réforme, que l'Académie royale de Madrid pourrait seule opérer. Mais, en attendant, par ces réformes partielles qui se font de temps en temps, avec crainte et circonspection, l'orthographe espagnole est encore flottante, et laisse encore assez de prise à l'arbitraire.

En général, je me conforme à l'orthographe de

l'Académie; mais quelquefois je m'en écarte dans des mots pris isolément, comme dans *naype, frayle, gayta*, etc., avec un *y* grec; dans *exîstir, máxîma, flexîble*, etc., avec un accent circonflèxe; dans *escelente, espresion, esterior*, etc., avec un *s*; parce que de pareils mots se trouvant écrits différemment dans les diverses éditions d'un même ouvrage, plusieurs élèves ne manquent pas de les faire remarquer, et d'adresser aux professeurs des questions qui les forcent à avouer l'incertitude toujours existante de l'orthographe espagnole. Si cela est pourtant regardé comme un défaut, au moins c'en est un bien petit, qui ne pourra jamais contrebalancer l'exactitude des règles que j'ai données dans cette Grammaire.

Puisse mon zèle et la droiture de mon intention produire les fruits que je crois pouvoir en attendre. Si, par mes efforts, je réussis à rendre plus facile et moins longue l'étude de cette langue, mes vœux seront accomplis, et le service que j'aurai rendu à quelques individus de la nation française, par ce faible présent que j'ose leur offrir, me dédommagera suffisamment de ce travail, que je n'ai entrepris que dans le but d'être utile à cette nation hospitalière, dont j'éprouve depuis dix-sept ans la protection et la bienveillance.

GRAMMAIRE

ESPAGNOLE.

DE L'ALPHABET ESPAGNOL.

La langue espagnole, d'après la nouvelle orthographe, adoptée par l'Académie de Madrid, compte vingt-sept lettres ou caractères, dont voici l'ordre et la dénomination.

A,	B,	C,	CH,	D,	E,	F,	G,	H,	I,	J,	L,	LL,	M,
a,	*bé,*	*cé,*	*ché,*	*dé,*	*é,*	*éfé,*	*gé,*	*aché,*	*i,*	*jota,*	*élé,*	*eillé,*	*émé,*

N,	Ñ,	O,	P,	Q,	R,	S,	T,	U,	V,	X,	Y,	Z.
éné,	*égné,*	*o,*	*pé,*	*cou,*	*érré,*	*éssé,*	*té,*	*ou,*	*vé,*	*équis,*	*igriéga,*	*céta* ou *céda.*

Nota. Quoique la lettre *K,* qu'on nomme *ca,* soit retranchée de l'alphabet espagnol, elle est encore de quelque usage, ainsi que le *W,* pour des mots pris des langues étrangères : *Kyrie, Walter Scott.*

Dans cet alphabet il y a six voyelles, *a, e, i, o, u, y,* ainsi nommées, parce qu'elles ont par elles-mêmes, et sans le secours des autres lettres, un son parfait. Toutes les autres lettres sont des consonnes, qui ne peuvent former un son parfait sans le secours des voyelles.

A, B. Ces deux lettres ont en espagnol la même prononciation qu'en français.

C. Cette consonne, devant *a, o* et *u,* se prononce aussi comme en français; mais devant *e* et *i,* elle se prononce en pressant la langue contre les dents supérieures, et en respirant de l'air ; comme, *cedro*, cèdre, *cielo,* ciel. On se servait autrefois du *ç*, comme dans les mots *çapato*, *Çaragoça*; mais aujourd'hui il n'est plus en usage, et on y a substitué le *z* : ainsi on écrit, *zapato*, soulier, *Zaragoza*, Saragosse.

Ch. La prononciation de ces deux lettres ensemble s'obtient facilement, en appliquant fortement la langue au palais, comme si on allait prononcer le *ch* français, et en poussant l'air, non doucement entre la langue et le palais, mais tout d'un coup, avec une sorte d'explosion : *chicoria*, chicorée, *chocolate*, chocolat. En faisant l'expérience, on verra qu'elles ne se prononcent pas, comme quelques grammairiens espagnols ont écrit, de la même manière qu'on prononce le *ch* français, en le faisant précéder d'un *t*.

Il n'y a pas encore long-temps qu'on prononçait le *ch* comme le *k* dans plusieurs mots pris du latin et du grec ; et s'il était suivi d'une voyelle, on marquait cette voyelle d'un accent circonflexe : mais aujourd'hui tous les mots où le *ch* ayant le son de *k* était suivi d'une consonne s'écrivent simplement par un *c*, et ceux où il était suivi d'une voyelle s'écrivent par *qu*, et alors l'accent circonflexe devient inutile. Ainsi, *châridad*, *Christo*, *chîmica*, qui se prononcent *karidad*, *Kristo*, *kimica*, s'écrivent *caridad*, charité, *Cristo*, Christ, *química*, chimie.

D. Cette consonne se prononce comme en français ; mais à la fin d'un mot ou d'une syllabe, on la prononce faiblement ; comme, *amistad*, amitié, *admitir*, admettre.

E. Cette voyelle se prononce toujours comme é fermé en français, quand même elle se trouverait à la fin d'un mot, sans accent, ou suivie d'un *m* ou d'un *n* : ainsi les mots *carne*, chair, *peligro*, péril, *embrollar*, embrouiller, *enterrar*, enterrer, se prononcent *carné*, *péligro*, *émbrollar*, *énterrar*. En espagnol, l'*e* n'est jamais muet.

F. Cette lettre a toujours la même prononciation qu'en français.

G. Le *g* se prononce comme en français, lorsqu'il n'est point suivi d'un *n*, d'un *e* ou d'un *i*; car devant un *n*, on fait entendre séparément le son du *g* et du *n*; comme *ignorancia*, ignorance, *magnanimidad*, magnanimité. Devant un *e* ou un *i*, il se prononce du gosier ; comme *mugér*, femme, *fragilidad*, fragilité. Il faut la vive voix du maître pour bien saisir cette prononciation. Voyez encore l'explication de la lettre *u*.

H. Cette lettre est toujours muette, comme dans les mots français *homme*, *humilité* : cependant elle s'aspire très-légèrement devant *ue*; comme *hueso*, os, *huésped*, hôte, *huevo*, œuf. Dans tous les mots où l'on écrivait un *h* après un *t*, il a été supprimé : ainsi, *theórica*, théorie, *theólogo*, théologien, s'écrivent maintenant *teórica*, *teólogo*. Le *ph* de plusieurs mots pris du grec, comme *philosophía*, *Philipo*, a été remplacé par un *f*; et on écrit *filosofía*, *Filipo*.

I. Cette voyelle se prononce comme en français dans le mot *inimitié*, même dans le cas où elle est suivie d'un *m* ou d'un *n*; comme *imperio*, empire, *inconstante*, inconstant.

J. Cette lettre se prononce du gosier devant toutes les voyelles, de la même manière que le *g* devant l'*e* et l'*i*; comme, *jamás*, jamais, *Jesus*, Jésus, *jocoso*, badin, *juventud*, jeunesse.

L. Cette lettre a le même son qu'en français dans les mots *laurier*, *lune*, *scélérat*.

LL. Le double *ll* a toujours le son mouillé, comme le double *ll* français précédé d'un *i*, dans les mots *fille*, *paille*, *treille*. Ex.: *llave*, clé, *lleno*, plein, *lluvia*, pluie, *anillo*, anneau, *pollo*, poulet.

M, *N*. Ces deux consonnes se prononcent comme en français, mais sans le son nasal.

Ñ. La lettre *n*, portant au-dessus ce petit trait ~, que les Espagnols appellent *tilde*, a le même son que *gn* en français, dans les mots *seigneur*, *signal*. Ex.: *añadir*, ajouter, *añejo*, vieux, *niñito*, petit enfant *paño*, drap, *sañudo*, courroucé.

O, *P*. Ces deux lettres ont le même son qu'en français.

Q. Cette lettre, qui est toujours suivie d'un *u* muet, se prononce comme le *k*. Ex.: *querer*, vouloir, *inquieto*, inquiet. Lorsqu'on doit prononcer le *u*, on n'écrit plus le *q*, comme autrefois, mais le *c*, comme *cuestion*, question, *cincuenta*, cinquante.

R. Cette lettre, lorsqu'elle est double, a le son fort; comme *perro,* chien, *arrogancia,* arrogance. Elle a aussi le son fort étant simple, 1° quand elle se trouve au commencement d'un mot; comme *riqueza,* richesse, *ramillete,* bouquet; 2° lorsqu'il y a un mot composé de deux, dont le dernier commence par *r;* comme *cariredondo,* qui a le visage rond, *pelirubio,* qui a les cheveux blonds; 3° lorsqu'il est précédé des prépositions *ab, ob, sub, en, pre* et *pro;* comme *abrogar,* abroger, *obrepticio,* obreptice, *subrogar,* subroger, *enrizar,* friser, *prerogativa,* prérogative, *prorumpir,* éclater; et 4° quand elle est précédée des consonnes *l, n, s;* comme *malrotar,* dissiper, *honra,* honneur, *israelita,* israélite. Hors ces cas, le simple *r* a le son doux; comme *harina,* farine, *abril,* avril.

S. Cette lettre se prononce toujours et en toute rencontre comme le double *ss* français. Ex. : *sabio,* savant, *asco,* propreté, *disimular,* dissimuler, *rosa,* rose, *consejo,* conseil, *anis,* anis.

T. Cette lettre se prononce toujours comme en français, dans les mots *tabac, entêté,* même quand elle est suivie de deux voyelles; comme *temor,* crainte, *patio,* cour, *angustia,* angoisse; et dans les mots pris du latin, terminés en français par *tion,* le *t* est remplacé en espagnol par un *c;* comme *meditacion,* méditation, *ocupacion,* occupation, *eleccion,* élection.

U. Cette voyelle se prononce toujours comme le *ou* français. Ex. : *cúmulo,* comble, *tumulto,* tumulte. On a parlé de l'*u* muet à la lettre *Q*. Lorsque dans les syllabes *gue, gui,* l'*u* doit être prononcé séparément de l'*e* ou de l'*i*, on le marque d'un tréma; comme *agüero,* augure, *antigüedad,* antiquité, *argüir,* argumenter.

V. Cette lettre, qu'on nommait autrefois *u* consonne, se prononce partout comme le *b* : l'Académie de Madrid a cependant décidé qu'elle doit avoir un son différent du *b*, et alors il est tout naturel de le prononcer comme on le prononce en français. Ex. : *vapor,* vapeur, *virtud,* vertu, *novicio,* novice.

X. Cette lettre, dans quelques mots particuliers, se prononce comme le *j,* du gosier; par exemple dans ces mots, *Xavier,*

Ximeno, *relox*, *exemplo*, et dans plusieurs autres d'après l'ancienne orthographe ; mais aujourd'hui on a substitué le *g* ou le *j* au *x* presque partout où il avait ce son-là, excepté dans les mots *box*, buis, *trox*, grenier à blé, *relox*, horloge, et dans quelques noms propres ; comme *Palafox*, *Xerez*, *Xátiva*, *Xavier*, *etc*. Partout ailleurs le *x* a le même son qu'en français, et l'on met sur la voyelle qui le suit un accent circonflexe ; comme *exâmen*, examen, *exâlacion*, exhalaison, *máxîma*, maxime.

Y. Cette lettre est non seulement une voyelle, mais aussi une consonne, qui a le même son qu'en français dans les mots *essayer*, *balayer*. Elle est employée comme voyelle dans la conjonction *y*, et, à la fin et au milieu de quelques mots, après une autre voyelle et devant une consonne ; comme *hay*, il y a, *soy*, je suis, *ley*, loi, *naype*, carte à jouer, *frayle*, moine.

Z. Le son de cette dernière lettre de l'alphabet espagnol est, devant et après toutes les voyelles, comme le son du *c* devant *e* et *i* ; comme *zapatero*, cordonnier, *zarza*, ronce, *azul*, bleu, *paz*, paix, *feliz*, heureux.

Nota. 1° En espagnol on prononce toutes les lettres par le son qui leur est propre, comme on vient de l'expliquer, même dans les diphthongues. Ex. : *traidor*, traître, se prononce *tra-i-dor*, et non *trédor*, *Augusto*, Auguste, prononcez *A-ugusto*, et non *Ogusto*, *E-u-ropa*, et non *Europa* prononciation française, *o-i-do*, ouïe, *o-ir*, entendre, et non *oado*, *oar*. On prononce aussi toutes les lettres finales de chaque mot. Ex. : *pais*, prononcez *pa-isc*, et non *pe-i*, *hombré*, et non *hombr*, *carné*, et non *carn*.

2° Il n'y a pas d'apostrophe en espagnol ; mais quand on passe d'un mot terminé par une voyelle à un autre qui commence par la même ou par une autre voyelle, on prononce la première un peu faiblement, et quelquefois on ne la prononce pas du tout : Ex. : *Padre eterno*, Père éternel, pronnoncez *Padreterno*, *veinte y uno*, prononcez *veintiuno*, *etc*.

3° On n'écrit plus aucun mot, comme anciennement, avec double consonne, excepté les mots qui portent deux *ll* ou deux *rr*, car ces lettres doubles ont un son différent des mêmes lettres simples. Ex. : *olla*, pot à feu, *ola*, interjection, *perro*, *perra*, chien, chienne, *pero*, mais, conjonction; *pera*, poire. De même dans les mots où il y a deux *cc* on prononce le premier comme le *q*, et le second comme le *z*. Ex.: *accion*, action, *ficcion*, fiction.

DES DIPHTHONGUES.

Les diphthongues sont des assemblages de deux voyelles, qui, en exprimant un double son, ne forment qu'une seule syllabe. Les principales sont les suivantes :

Ai, *paisano*, compatriote, *aire*, air.
Ay, *gayta*, musette, *hay!* hélas!
Au, *aurora*, aurore, *autor*, auteur.
Ei, *peine*, peigne, *seis*, six.
Ey, *rey*, roi, *aceyte*, huile.
Eu, *Europa*, Europe, *reuma*, rhume.
Ia, *gloria*, gloire, *diablo*, diable.
Ie, *bien*, bien, *miedo*, peur.
Io, *Dios*, Dieu, *imperio*, empire.
Iu, *triunfo*, triomphe, *viuda*, veuve.
Oi, *oigo*, j'entends.
Oy, *voy*, je vais, *estoy*, je suis.
Ua, *agua*, eau, *cuatro*, quatre.
Ue, *abuelo*, aïeul, *cuento*, conte.
Ui, *ruido*, bruit, *cuidado*, soin.
Uy, *muy*, très.
Uo, *fatuo*, fat, *continuo*, continuel.
Ea, eo, *linea*, ligne, *empireo*, empirée.

Les deux dernières diphthongues sont très douteuses, car *linea* paraît avoir trois syllabes, et *empireo* quatre; et si ces mots appartenaient aux diphthongues, le premier ne devrait avoir que deux syllabes, *li-nea*, et le second que trois, *em-pi-reo*. C'est aux poètes à décider cette question.

Dans les combinaisons de *ia* et *io*, lorsque l'*i* est accentué, il n'y a point de diphthongue, mais il y a deux syllabes; comme *alegría*, joie, *frío*, froid, *impío*, impie.

Il y a aussi quelques triphthongues, c'est-à-dire, des assemblages de trois voyelles, qui ne font qu'une seule syllabe : *iai*, *limpiais*, vous nettoyez, *iei*, *estudieis*, que vous étudiez, *uai*, *evacuais*, vous évacuez, *uei*, *evacueis*, que vous évacuez, *uey*, *buey*, bœuf. Les poètes en font de l'assemblage de deux mots; comme *no hay*, il n'y a pas, *la Europa*, l'Europe. *Quien*, *quiero*, et d'autres mots semblables écrits par un *q*, ne sont pas des triphthongues, car l'*u* est muet.

PREMIÈRE PARTIE,

QUI COMPREND LA THÉORIE GRAMMATICALE.

CHAPITRE Ier.

DE L'ARTICLE.

Il y a dans la langue espagnole neuf parties du discours, ou neuf espèces de mots : l'*article*, le *nom*, le *pronom*, le *verbe*, le *participe*, l'*adverbe*, la *préposition*, la *conjonction* et l'*interjection*. L'article, le nom, le pronom et le participe sont déclinables ; le verbe se conjugue ; l'adverbe, la préposition, la conjonction et l'interjection sont invariables.

L'article, qui par lui-même ne signifie rien, se place toujours devant le nom, ou devant tout autre mot qui tient lieu de nom, pour marquer le genre et le nombre de la personne, de la chose ou de l'action dont on parle : c'est pourquoi on l'appelle défini ou déterminé. L'article se décline au moyen des prépositions, ainsi que les autres parties déclinables du discours. Il y a l'article masculin *el*, le féminin *la*, et le neutre *lo* ; le pluriel masculin *los*, le féminin *las* : le neutre n'a point de pluriel.

ARTICLE MASCULIN.	ARTICLE FÉMININ.	ARTICLE NEUTRE.
Singulier.	*Singulier.*	*Singulier.*
El, le l'.	*La*, la, l'.	*Lo*, le, l'.
Del, de l', du.	*De la*, de la, de l'.	*De lo*, de l', du.
Al, à l', au.	*A la*, à la, à l'.	*A lo*, à l', au.
Pluriel.	*Pluriel.*	*Pluriel.*
Los, les.	*Las*, les.	Le neutre n'en a pas.
De los, des.	*De las*, des.	
A los, aux.	*A las*, aux.	

Del et *al*, de l'article masculin, sont des abréviations de *de el* et *á el*, que l'usage a introduites, pour distinguer, par cette contraction, les génitif et datif de *el* article, des mêmes cas de *él* pronom. Ainsi *del, al* signifient de l', du, à l', au; et *de él, á él*, signifient de lui, à lui. *Él,* pronom, est accentué, et c'est par ce moyen qu'on le distingue toujours de *el* article.

Les articles masculin et féminin, soit au singulier, soit au pluriel, se placent devant un nom substantif, ou devant tout autre mot tenant lieu et faisant les fonctions de substantif, ou aussi devant un adjectif déterminé et lié à un substantif suivant. Ex.: *el tiempo,* le temps, *la estacion,* la saison, *los dias,* les jours, *las noches,* les nuits, *el comer y el beber,* le manger et le boire, *el sí y el no,* le oui et le non, *el rápido vuelo,* le vol rapide, *la triste noticia,* la triste nouvelle. Mais l'article neutre se place seulement devant les adjectifs indéterminés et pris substantivement ou dans un sens indéfini. Ex.: *lo útil y lo agradable,* l'utile et l'agréable, *lo mismo,* la même chose, *lo ageno,* ce qui appartient à autrui.

Il est certains noms féminins, qui commençant par un *a,* prennent l'article masculin *el* au lieu du féminin *la,* afin d'éviter la rencontre désagréable de deux *aa.* On dit donc *el agua,* l'eau, *el alba,* l'aube, *el ala,* l'aile, *el águila,* l'aigle, *el ave,* l'oiseau, *el alma,* l'ame, *el ama,* la maîtresse : si l'on disait *la agua, la ave, la alma,* etc., ce choc de deux *aa* serait trop dur. Mais observez que ce changement d'article ne peut subsister qu'au singulier, parce qu'au pluriel la rencontre de deux *aa* n'a pas lieu; que si ces substantifs sont suivis de quelque adjectif, cet adjectif doit se mettre au féminin; et l'on doit dire, *el agua fria,* l'eau froide, et non *el agua frio;* que si ces substantifs sont précédés d'un adjectif quelconque, l'article doit être féminin; ainsi l'on dira : *la grande alma, la amable ama,* la grande ame, l'aimable maîtresse. Outre les substantifs exprimés ci-dessus, il y en a quelques autres que l'usage fera connaître; mais ils doivent être regardés comme des exceptions à la règle générale, qui est de placer l'article féminin devant le substantif féminin.

Pour éviter des explications oiseuses et même inexactes sur les articles devant les noms propres de royaumes, de rivières, de montagnes, etc., il suffit de dire que l'article se place devant les susdits noms comme en français, ou souvent on les supprime à volonté. Ex.: on peut dire, *España,* ou *la España, Italia,* ou *la Italia.* Il faut pourtant excepter certains noms propres, avec lesquels l'article est tellement lié, qu'il semble faire partie du nom même; comme *la Garona, los Alpes.* Cela arrive même quelquefois dans de noms propres d'hommes, comme *el Taso, el Ariosto, el Pusino*, etc.

Les noms, *señor,* monsieur, *señora,* madame, *señorita,* mademoiselle, prennent toujours l'article, excepté lorsqu'ils sont précédés d'un des pronoms possessifs *mi, tu, su,* etc., et quand ils sont au vocatif, ou qu'on leur adresse la parole. Ex.: *el señor Laborda, la señora Isla, la señorita Villalpando; mi señor Aguirre, mi señora condesa; digame usted, señor Martinez,* dites-moi, monsieur Martinez, *muchas gracias, señora,* je vous remercie, madame.

Mais observons que quand on parle d'une ou à une personne élevée en dignité, ou à laquelle on doit du respect, on se sert en espagnol de ces mots: *señor don, señora* ou *señorita doña*, que l'on doit toujours placer devant le nom de baptême. Ex.: *el señor don Luis Urquijo, la señora doña Casilda de Guevara.* Devant le nom de famille on ne dit jamais *don* ni *doña.*

Lorsqu'un de ces mots, *monsieur, madame, monseigneur,* sont accompagnés d'un titre, l'article en espagnol se place devant *señor* ou *señora,* et non devant le titre, comme on le fait en français. Ex.: *el señor Prefecto,* monsieur le Préfet, *la señora condesa,* madame le comtesse, *el señor arzobispo,* monseigneur l'archevêque : mais si l'on se sert des mots : *mi señor, mi señora,* l'article se place comme en français.

Toutes les fois qu'un nom, pris dans un sens partitif, exprime un objet vaguement et d'une manière indéterminée, il ne prend en espagnol ni préposition ni article. Ex.: *deme usted pan,* donnez-moi du pain; j'achèterai des chemises, *compraré camisas.* Et au contraire, lorsqu'un nom est pris dans un sens déterminé, il doit être précédé du génitif de l'article, masculin ou féminin, singulier ou pluriel, selon le genre et le nombre, ou simplement de la préposition *de,* s'il n'admet point l'article. Ex.: *dame del pan que has comprado,* donne-moi du pain que tu as acheté; *dame de tu pan,* donne-moi de ton pain. Dans ce second exemple on ne fait usage que de la préposition *de,* parce que le pronom possessif *tu* ne prend point l'article.

Mais si le nom pris dans un sens déterminé est au pluriel, et par *de* ou *des* on veut exprimer l'idée de quelques, *de* ou *des* se traduit par *unos* ou *algunos*, *unas* ou *algunas*, selon le genre du substantif. Ex.: je mangerai des prunes, *comeré unas* ou *algunas ciruelas*. Mais si la quantité, au lieu d'être limitée par le sens de quelques, est absolument indéterminée, alors *de* ou *des* ne se traduit pas. Ex.: il a de bons livres, *tiene buenos libros*.

CHAPITRE II.

DES NOMS SUBSTANTIFS.

Le nom est ou substantif ou adjectif : le substantif exprime l'essence des choses; comme *hombre*, homme, *piedra*, pierre; et l'adjectif marque la qualité des choses; comme *docto*, savant, *dura*, dure.

Le substantif est ou commun, ou propre, ou collectif. Le commun est celui qui convient à plusieurs personnes ou à plusieurs choses individuelles; comme *arbol*, arbre, *perro*, chien, *ciudad*, ville, *monte*, montagne. *Arbol* comprend plusieurs arbres, le chène, le peuplier, ceux de la promenade, ceux de mon jardin, etc.; *perro* comprend le dogue, le levrier, etc.

Le substantif propre exprime une personne ou une chose unique; comme *Henrique cuarto*, Henry IV, *Burdeos*, *Juan*, *Maria*, etc.

Le substantif collectif est celui qui présente à l'esprit l'idée de plusieurs individus, quoique mis au singulier; comme *ejército*, armée, *rebaño*, troupeau, *clero*, clergé.

Le nom collectif partitif peut régir le verbe qui le suit au pluriel; mais le collectif général régit toujours le verbe au singulier, si ce nom collectif est au singulier. Ex.: *entraron en Paris una tropa de gitanos, una infinidad de mendigos*, une foule de bohémiens, une infinité de mendians entrèrent dans Paris. Mais on ne peut jamais dire : *el ejército perecieron, el rebaño fueron dispersados*; mais, *el ejército pereció*, l'armée périt, *el rebaño fué dispersado*, le troupeau fut dispersé.

DU GENRE DES SUBSTANTIFS.

Le genre est originairement un rapport des mots à l'un ou à l'autre sexe, et en général à tout ce qui est mâle ou femelle. Le masculin désigne le mâle ou l'homme ; le féminin, la femelle ou la femme. Ensuite, par extension, on a attribué le genre masculin ou féminin aux autres noms, quoiqu'ils n'eussent aucun rapport à l'un ni à l'autre sexe. Puis on a ajouté le neutre dans plusieurs langues. Il y a donc trois genres dans la langue espagnole, le masculin, le féminin et le neutre. Ce dernier ne convient qu'aux choses vagues et indéterminées, et aux adjectifs pris dans un sens indéfini, et il n'a point de pluriel. Ex.: *lo bueno,* le bon, ou ce qui est bon, *lo justo,* le juste, ou ce qui est juste, *lo mejor,* le mieux, *esto,* ceci, *aquello,* cela.

Les noms propres et appellatifs d'hommes et d'animaux mâles, comme aussi les noms qui expriment des arts, des sciences, des dignités, des professions, des métiers, etc., propres aux hommes, sont du genre masculin; comme *hombre,* homme, *caballo,* cheval, *duque,* duc, *poeta,* poète, *sastre,* tailleur, etc. ; ils sont féminins, s'ils désignent des êtres, ou des dignités, professions, métiers, etc., propres aux femmes. Ex.: *muger,* femme, *yegua,* jument, *abadesa,* abesse, *comadre,* accoucheuse, *costurera,* couturière, etc.

Les substantifs qui, avec la même terminaison et le même article, sont communs aux deux sexes, et qui conservent constamment l'un des deux genres, se nomment épicènes ; comme *raton,* souris, *milano,* milan, *cuervo,* corbeau, qui sont toujours masculins, quoique l'on parle des femelles ; *águila,* aigle, *perdiz,* perdrix, *anguila,* anguille, qui sont toujours féminins, même quand on parle des mâles.

On appelle genre commun celui des noms qui signifient le mâle et la femelle avec la même terminaison, mais dont l'article varie selon le sexe dont on parle : tels sont, *virgen,* vierge, *martir,* martyr, *testigo,* témoin, *parricida,* parricide, etc., qui sont masculins, s'ils se rapportent à des hommes, et féminins, s'ils se rapportent à des femmes.

On peut connaître le genre des substantifs par leurs terminaisons : ainsi les substantifs terminés en *a, ad, ed, ud, ion, is* et en *z* sont féminins, excepté à peu près les suivans, qui sont masculins.

En *a* : *anagrama*, anagramme, *antípoda*, antipode, *axíoma*, axiôme, *anacoreta*, anachorète, *clima*, climat, *crisma*, crême, *cometa*, comète, *dia*, jour, *dilema*, dilemme, *diploma*, diplôme, *dogma*, dogme, *drama*, drame, *déspota*, despote, *epigrama*, épigramme, *Etna*, Etna, *entimema*, entimème, *evangelista*, évangeliste, *fa*, note de musique, fa, *la*, idem, la, *guardacosta*, garde-côte, *geómetra*, géomètre, *hipócrita*, hipocrite, *idioma*, idiome, *lema*, lemme, *maná*, manne, *mapa*, carte géographique, *monarca*, monarque, *planeta*, planète, *poema*, poème, *prisma*, prisme, *problema*, problême, *poeta*, poète, *profeta*, prophète, *patriarca*, patriarche, *pirata*, pirate, *síntoma*, symptôme, *sistema*, système, *sofá*, sofa, *sofisma*, sophisme, *sofista*, sophiste, *tapaboca*, coup de main sur la bouche, *tema*, thême, *teorema*, théorême, *organista*, organiste, *ebanista*, ébéniste, et quelques autres noms d'arts et métiers terminés en *a*.

En *ad* : *abad*, abbé, est masculin.

En *ed* : *césped*, gazon, *huésped*, hôte, sont masculins.

En *ud* : *laud*, luth, *ataud*, cercueil, *almud*, espèce de mesure, sont masculins.

En *ion* : *embrion*, embryon, *morrion*, casque, *sarampion*, rougeole, *Alcion*, Alcyon, *talion*, talion, sont masculins.

En *is* : *pais*, pays, *Adonis*, Adonis, *anis*, anis, *apocalipsis*, apocalypse, sont masculins.

En *z* : *haz*, fagot, *rapaz*, petit garçon, *capataz*, chef de bande, *almirez*, mortier, *pez*, poisson, *juez*, juge, *ajedrez*, jeu d'échecs, *alférez*, porte-enseigne, *almez*, alizier, *maiz*, maïs, *tapiz*, tapis, *lápiz*, crayon, *cahiz*, espèce de mesure, *aprendiz*, apprenti, *albornoz*, manteau à capuce, *avestruz*, autruche, sont masculins.

Les substantifs terminés en *i*, *o*, *u*, *id*, *l*, *n*, *r*, *as*, *es*, *os*, *us*, *x*, *y*, sont masculins, excepté les suivans :

En *o* : *mano*, main, *nao*, navire, sont féminins.

En *id* : *vid*, vigne, est féminin.

En *l* : *cal*, chaux, *sal*, sel, *señal*, signe, *miel*, miel, *hiel*, fiel, *piel*, peau, *col*, chou, *cárcel*, prison, *decretal*, décrétal, *vocal*, voyelle, sont féminins.

En *n* : *imágen*, image, *sarten*, poêle à frire, *sien*, tempe, *razon*, raison, *tablazon*, amas de planches, *sazon*, saison, *desazon*, chagrin, *sinrazon*, tort, *crin*, crin, sont féminins.

En *r* : *muger*, femme, *flor*, fleur, *labor*, ouvrage, *coliflor*, chou-fleur, *segur*, hache, sont féminins.

En *es* : *mies*, moisson, *res*, pièce de bétail, sont féminins.

En *os* : *tos*, toux, est féminin.

En *us*. *Venus*, Vénus, est féminin.

En *x* : *trox*, grenier à blé, est féminin.

En *y* : *ley*, loi, *grey*, troupeau, sont féminins.

Les substantifs terminés en *e*, ne peuvent être assujettis à aucune règle.

Les suivans sont des deux genres : *alvalá*, passavant, *anatema*, anathême, la personne anathématisée, *arte*, art, *azúcar*, sucre, *canal*, canal, *cisma*, schisme, *cútis*, cutis, *dote*, dot, *dotes*, dons de la nature, *emblema*, emblème, *hermafrodita*, hermaphrodite, *mar*, mer, *márgen*, bord, *nema*, cachet, *neuma*, expression par signes, *órden*, ordre, *puente*, pont, *reuma*, rhume, *tribu*, tribu, celui-ci prend ordinairement le féminin : on peut ajouter *color*, couleur, surtout signifiant le teint du visage.

DE LA FORMATION DU PLURIEL DES NOMS.

Le pluriel des noms, soit substantifs, soit adjectifs, se forme en espagnol de deux manières, suivant la terminaison du singulier, qui peut être en trois sortes, ou par une voyelle brève et non accentuée, ou par une voyelle longue et accentuée, ou enfin par une consonne.

Si le nom est terminé par une voyelle longue, par un *y* grec, ou par une consonne, on forme son pluriel en ajoutant *es* au singulier, et les mots terminés en *x* et en *z*, changent pour le pluriel ces lettres en *j* et en *c*. Ex.: *alelí*, giroflée, *alelíes*, *ley*, loi, *leyes*, *relox*, montre, *relojes*, *luz*, lumière, *luces*, *razon*, raison, *razones*, *árbol*, arbre, *árboles*. Il faut excepter de cette règle *papá*, papa, *mamá*, maman, les substantifs terminés en *é* long, tels que *café*, café, *té*, thé, *canapé*, canapé, etc., qui prennent seulement un *s* pour le pluriel, et ceux terminés en *s*, qui ont l'accent sur une autre syllabe que la dernière; comme *lúnes*, lundi, *mártes*, mardi, *hipótesis*, hypothèse, etc, lesquels ne varient point. Les noms des lettres de l'alphabet d'une seule syllabe font le pluriel en ajoutant *es;* comme *dos aes*, deux a, *dos íes*, deux i. Le substantif, *maravedí*, qui signifie une vile monnaie imaginaire, fait son pluriel *maravedís, maravedíes* et *maravedises*.

Tous les autres noms, sans exception, terminés par une voyelle brève ou non accentuée forment leur pluriel en ajoutant seulement un *s;* comme *carta*, lettre, *cartas; hombre*, homme, *hombres; hermano*, frère, *hermanos; espíritu*, esprit, *espíritus*.

CHAPITRE III.

DES NOMS ADJECTIFS.

Les adjectifs sont ceux qui désignent une qualité quelconque, et ils s'accordent en genre et en nombre avec les substantifs exprimés ou sous-entendus, soit qu'ils les précèdent, soit qu'ils les suivent.

Les adjectifs dont la terminaison masculine est en *o*, changent cet *o* en *a* pour les féminins. Ex.: *bueno*, bon, *buená*, bonne, *blanco*, blanc, *blanca*, blanche. Mais ceux terminés par un *e*, ou par quelque consonne, sont en général des deux genres, sans changer leur terminaison. Ex.: *hombre prudente*, homme prudent, *muger prudente*, femme prudente, *melon dulce*, melon doux, *manzana dulce*, pomme douce, *criado fiel*, serviteur fidèle, *criada fiel*, servante fidèle, *tiempo feliz*, temps heureux, *nacion feliz*, nation heureuse.

Il y a cependant quelques exceptions à faire à cette règle : 1° les adjectifs qui expriment des noms de pays, terminés par une consonne, ajoutent un *a* pour les féminins ; comme, *Francés*, Français, *Francesa*, Française, *Aleman*, Allemand, *Alemana*, Allemande, *Andaluz*, Andaloux, *Andaluza*, Andalouse. Ceux terminés en *o* suivent pour le féminin la règle générale des adjectif en *o;* comme *Italiano*, Italien, *Italiana*, Italienne; et dans les adjectifs qui marquent un pays ou une nation, terminés en *a* ou en *e*, ont la même terminaison pour le masculin et pour le féminin ; comme *soldado persa*, soldat persan, *costumbre persa*, coutume persanne, *caballo árabe*, cheval arabe, *historia árabe*, histoire arabique, *escritor parisiense*, écrivain parisien, *Academia Matritense*, Académie de Madrid.

2° Les adjectifs, ou soit substantifs, dérivés des verbes, terminés en *dor*, qui marquent l'usage fréquent, l'habitude ou la disposition à faire ce que les verbes signifient, ajoutent aussi un *a* pour les féminins. Ex.: du verbe *hablar*, vient *hablador*, parleur, et pour le féminin fait *habladora*, parleuse; de *beber*, *bebedor*, buveur, *bebedora*, buveuse; de *reñir*, *reñidor*, grondeur, *reñidora*, grondeuse.

3° Il y a aussi quelques adjectifs terminés par *an* et *on*, qui ajoutent un *a* pour le féminin; comme *holgazan*, fainéant, *mamanton*, enfant qui tette; qui font *holgazana*, fainéante, *mamantona*, petite fille qui tette, pour les féminins.

REMARQUES SUR QUELQUES ADJECTIFS.

1. Les adjectifs *bueno*, bon, et *malo*, mauvais, les pronoms indéterminés, *uno*, un, *alguno*, quelque, *ninguno*, aucun, et les noms de nombre ordinaux, *primero*, premier, *tercero*, troisième, et *postrero*, dernier, perdent l'*o*, quand ils sont placés au singulier devant un substantif masculin. Ex.: *buen vino*, bon vin, *mal ejemplo*, mauvais exemple, *un dia*, un jour, *algun pretexto*, quelque prétexte, *ningun hombre*, aucun homme, *el primer año*, la première année, *el tercer tomo*, le troisième tome, *el postrer momento*, le dernier moment; mais au pluriel et au féminin, et après les substantifs, on ne supprime rien. Dans le symbole des apôtres on dit encore, *el tercero dia*, le troisième jour.

2. L'adjectif *santo*, saint, perd la dernière syllabe devant le nom propre d'un saint, et on dit *san Pedro*, saint Pierre, *san Andrés*, saint André, *san Agustin*, saint Augustin; mais devant les noms *Tomás* ou *Tomé*, *Domingo* et *Toribio*, l'usage veut que l'on dise *santo*, en entier: *santo Tomás*, saint Thomas, *santo Domingo*, saint Dominique, *santo Toribio*, saint Toribe. Le nom de nombre, *ciento*, cent, perd aussi la dernière syllabe devant tout substantif masculin ou féminin pluriel, mais non devant un autre nom de nombre, si ce n'est

mil et *millones*, qui sont des substantifs : ainsi l'on dit, *cien pesos*, cent piastres, *cien libras*, cent livres; et *cien mil hombres*, cent mille hommes, *ciento y veinte pesos*, cent vingt piastres, etc.

3. L'adjectif, *grande*, grand, perd la dernière syllabe, lorsqu'il est placé devant un substantif masculin ou féminin, et que ce substantif commence par une consonne. Ex.: *gran capitan*, grand capitaine, *gran familia*, grande famille : mais on le dit en entier, lorsque le substantif qui le suit commence par une voyelle ou par un *h*. Ex.: *grande ingenio*, grand esprit, *grande obra*, grand ouvrage, *grande humildad*, grande humilité. Mais quand cet adjectif suit le substantif, on ne retranche rien, et on le dit tout entier.

DES DIMINUTIFS ET AUGMENTATIFS.

Toutes les fois que l'on désigne en français la petitesse d'un objet matériel par quelque substantif, précédé de l'adjectif *petit*, ou un autre équivalent, on l'exprime en espagnol en changeant la terminaison du substantif en *ito*, *ico*, *illo*, *uelo* ou *ejo*, pour le masculin, et en *ita*, *ica*, *illa*, *uela* ou *eja*, pour le féminin : ainsi l'on dit *librito*, petit livre, *martillico*, petit marteau, *corderillo*, petit agneau, *mozuelo*, petit garçon, *animalejo*, petit animal, *casita*, petite maison, *ventanica*, petite fenêtre, *cocinilla*, petite cuisine, *ovejuela*, petite brebis, *zagaleja*, petite fille. On dit, pour exprimer un petit homme, *hombrecito*, *hombrezuelo*, *hombrecillo*; et pour désigner une petite femme, *mugercica*, *mugerzuela*, *mugercilla*; et enfin, il y a des diminutifs tout particuliers, qui ont d'autres terminaisons; comme *mozalvete*, petit jeune homme, *palomino*, petit ou jeune pigeon, *lobezno*, louveteau, etc. On se sert quelquefois d'un double diminutif, pour marquer l'extrême petitesse d'un objet; comme, *paletilla*, très-petite pelle, *chiquitillo*, enfant très-petit, *poquitico*, (*Isla*, dans le *Gerundio*), très-peu.

Pour exprimer un objet matériel, grand, gros, lourd et volumineux, on se sert en espagnol des augmentatifs, qui se forment, comme les diminutifs, du nom de l'objet, en changeant sa terminaison en *on*, *achon*, *azo* et *ote*, pour les masculins; comme *hombron*, un homme gros et grand, *hombrachon*, homme grand et mal conformé ; *hombrazo*, homme d'une grande taille ; *librote*, un gros livre ; et en *ona*, *aza*, pour les féminins ; comme *mugerona*, grande et grosse femme ; *casaza*, une vaste maison. Les augmentatifs ne sont pas d'un usage si fréquent que les diminutifs.

Nota. Plusieurs mots terminés en *azo* ne sont pas des augmentatifs, mais ils signifient des coups donnés avec quelque chose, comme *cañonazo*, coup de canon ; *fusilazo*, coup de fusil ; *bastonazo*, coup de canne ; *tinterazo*, coup d'encrier ; *escobazo*, coup de balai ; et non un grand canon, un grand fusil, une grande canne, un grand encrier, un grand balai.

DES DEGRÉS DE SIGNIFICATION DANS LES ADJECTIFS.

Les degrés de signification sont le *positif*, le *comparatif* et le *superlatif*. Le *positif* n'est autre chose que le simple adjectif, duquel on a suffisamment parlé. Le *comparatif* se forme en faisant précéder aux adjectifs l'adverbe *mas*, plus ; et le *superlatif*, en plaçant devant l'adjectif l'adverbe *muy*, très.

Il y a trois sortes de comparatifs, de *supériorité*, d'*infériorité* et d'*égalité*. Les deux premiers se font toujours de la même manière qu'en français, et *plus-que*, *moins-que*, se traduisent par *mas-que*, *menos-que*. Ex. : le soleil est plus grand que la terre, *el sol es mas grande que la tierra ;* la terre est moins grande que le soleil, *la tierra es menos grande que el sol*.

Mais les comparatifs d'*égalité* se forment de la manière suivante : 1° les adjectifs et les adverbes comparatifs d'égalité, comme aussi grand, aussi savant, aussi bien, aussi doucement, sont précédés en espagnol de la particule *tan*, indéclinable : *tan grande*, *tan docto*, *tan bien*, *tan suavemente ;* 2° les verbes comparatifs d'égalité, comme autant courir, autant faire, autant parler, sont suivis de l'adverbe *tanto*, indéclinable : *correr tanto*, *hacer tanto*, *hablar tanto ;* 3° les substantifs comparatifs d'égalité, comme autant d'amis, autant de prudence, autant d'amour, sont précédés du pronom indéterminé *tanto*, *tanta*, *tantos*, *tantas*, déclinable, qui s'accorde avec le substantif : *tantos amigos*, *tanta prudencia*, *tanto amor*.

Dans tous ces comparatifs d'égalité, le *que* qui se rapporte au terme de comparaison se traduit toujours par *como*, indéclinable, et jamais par *que*. Ex. pour les adjectifs : Pierre est aussi fort que Jean, *Pedro es tan fuerte como Juan ;* pour les adverbes : Pierre travaille aussi bien que Jean, *Pedro trabaja tan bien como Juan;* pour les verbes : Pierre souffre autant que Jean, *Pedro sufre tanto como Juan;* pour les substantifs : Pierre a autant de soucis que Jean, *Pedro tiene tantas penas como Juan.*

Le plus que et *le moins que* se traduisent en espagnol par *lo mas que*, *lo menos que*, au neutre. Ex.: il travaille le plus qu'il peut, *trabaja lo mas que puede.* Mais lorsque l'on met en français, le *le plus*, *la plus*, *les plus*, *le moins*, *la moins*, *les moins* entre un substantif et un adjectif, on le traduit en espagnol par *mas* ou *menos*, sans article. Ex.: c'est l'homme le plus ignorant, *es el hombre mas ignorante;* c'est la femme la plus adroite, *es la muger mas mañosa;* ce sont les jours les plus courts, *son los dias mas cortos;* il est l'homme le moins propre aux affaires, *es el hombre menos apto para los negocios;* ce sont les nouvelles les moins agréables, *son las noticias menos agradables.*

Lorsqu'on dit en français dans la même phrase, *plus-plus*, *moins-moins*, *plus-moins*, *moins-plus*, le premier *plus* se traduit par *cuanto mas*, le second *plus* par *tanto mas*, le premier *moins* par *cuanto menos*, et le second *moins* par *tanto menos*. Ex.: plus je lis, plus la tête me fait mal, *cuanto mas leo*, *tanto mas me duele la cabeza;* moins il pleut, moins il y aura de récolte; *cuanto menos llueve*, *tanta menos cosecha habrá;* plus vous aurez d'affaires, moins vous aurez de repos, *cuantos mas negocios usted tuviere*, *tanto menos descanso tendrá;* moins il mange, mieux il se porte, *cuanto menos come*, *tanto mejor salud tiene.*

On voit par ces exemples que *tanto* et *cuanto* doivent s'accorder en genre et en nombre avec le substantif, s'il y en a : et comme *plus bien* et *plus mal* peuvent s'exprimer par *mieux* et par *pire*, qui en espagnol se traduisent par *mejor* et par *peor*, et *plus grand*, *plus petit*, par *mayor* et *menor*, *plus* se traduit par ces comparatifs irréguliers, qui sont plus élégans, en les faisant accorder avec les substantifs.

Nota. Il est quelques comparatifs irréguliers, auxquels on n'ajoute pas *mas*, et qui seuls expriment la comparaison; tels sont, *mayor*, plus grand; *menor*, plus petit, ou moindre; *mejor*, plus bon ou meilleur, ou mieux; *peor*, plus mauvais ou pire; *superior*, plus haut; *inferior*, plus bas, qui sont plus en usage que *mas grande*, *mas pequeño*, *mas bueno*, *mas malo*, *mas alto*, *mas bajo*.

DES SUPERLATIFS.

Le superlatif se fait en espagnol de deux manières : 1° en traduisant *très*, *fort*, *bien*, etc., par *muy*; comme très-doux, *muy dulce*; fort content, *muy contento*; bien heureux, *muy feliz*; 2° en le formant du même positif en cette manière : les adjectifs terminés en *o*, pour les masculins, et en *a* pour les féminins, ou en *e*, des deux genres, changent ces lettres en *í* accentué, et on ajoute *simo*, *sima*, *simos*, *simas*, selon le genre et le nombre : ainsi, *claro* fait *clarísimo*; *larga*, *larguísima*; *santos*, *santísimos*; *dulce*, *dulcísimo*, *dulcísima*, etc. Les adjectifs terminés par une consonne ajoutent *ísimo*, *ísima*, *ísimos* ou *ísimas* à leur terminaison : ainsi, *sutil* fait *sutilísimo*; *frágil*, *fragilísimo*; *tenaz*, *tenacísimo*; *feroz*, *ferocísimo*. Il faut excepter de cette règle *fiel*, qui fait *fidelísimo*, *fuerte*; *fortísimo*; *bueno*, *bonísimo*; *ardiente*, *ardentísimo*, et leurs semblables, ainsi que les adjectifs terminés en *ble*, qui se changent en *bilísimo*, comme *amable*, *amabilísimo*; *noble*, *nobilísimo*; *afable*, *afabilísimo*. Les superlatifs des adverbes formés des adjectifs se font en changeant la terminaison *simo* en celle de *simamente*, comme *clarísimamente*, *fidelísimamente*, etc.

Les adjectifs *grande*, grand; *pequeño*, petit; *bueno*, bon; *malo*, mauvais; *alto*, haut; *bajo*, bas, ont des superlatifs particuliers, outre ceux qui se forment d'après la règle précédente, qui cependant ne sont pas d'un usage aussi ordinaire : le superlatif de *grande*, *máximo*, de *pequeño*, *mínimo*, de *bueno*, *óptimo*, de *malo*, *pésimo*, de *alto*, *supremo*, de *bajo*, *ínfimo*, appartiennent plutôt au style poétique qu'au style ordinaire.

CHAPITRE IV.

DES NOMS DE NOMBRE.

Les noms de nombre sont tous ceux qui servent à compter. Ils se divisent en adjectifs et substantifs. Les adjectifs sont les cardinaux et les ordinaux : les cardinaux sont invariables, excepté *uno*, *una*, un, une ; *doscientos*, *doscientas*, deux cents ; *trescientos*, *trescientas*, trois cents, etc., jusqu'à *novecientos*, *novecientas*, neuf cents, inclusivement. *Millon*, million, est substantif.

NOMBRES CARDINAUX.

Uno, *una*, un, une.
Dos, deux.
Tres, trois.
Cuatro, quatre.
Cinco, cinq.
Seis, six.
Siete, sept.
Ocho, huit.
Nueve, neuf.
Diez, dix.
Once, onze.
Doce, douze.
Trece, treize.
Catorce, quatorze.
Quince, quinze.
Diez y seis, seize.
Diez y siete, dix-sept.
Diez y ocho, dix-huit.
Diez y nueve, dix-neuf.
Veinte, vingt.
Veinte y uno, *y una*, vingt-un.
Veinte y dos, vingt-deux.
Veinte y tres, vingt-trois.
Veinte y cuatro, vingt-quatre.
Veinte y cinco, vingt-cinq.
Veinte y seis, vingt-six.
Veinte y siete, vingt-sept.
Veinte y ocho, vingt-huit.
Veinte y nueve, vingt-neuf.
Treinta, trente.
Treinta y uno, *y una*, trente-un.
Treinta y dos, trente-deux, etc.
Cuarenta, quarante.
Cincuenta, cinquante.
Sesenta, soixante.
Setenta, soixante-dix.
Ochenta, quatre-vingts.
Noventa, quatre-vingt-dix.
Ciento ou *cien*, cent.
Ciento y uno, *y una*, cent un, etc.
Ciento y dos, cent deux, etc.
Doscientos, *doscientas*, deux cents.
Trescientos, *as*, trois cents.
Cuatrocientos, *as*, quatre cents.
Quinientos, *as*, cinq cents.
Seiscientos, *as*, six cents.
Setecientos, *as*, sept cents.
Ochocientos, *as*, huit cents.
Novecientos, *as*, neuf cents.
Mil, mille.
Mil y uno, *y una*, mille un, une.
Mil y cien, onze cents.
Mil y doscientos, *as*, douze cents.
Dos mil, deux mille.
Cien mil, cent mille.
Doscientos, *as mil*, deux cent mille.
Un millon, un million.
Dos millones, deux millions.
Mil millones, un milliard.

NOMBRES ORDINAUX.

Primero, *primera*, premier, première.
Segundo, *da*, second, seconde ou deuxième.
Tercero, *ra*, troisième.
Cuarto, *ta*, quatrième.
Quinto, *ta*, cinquième.
Sexto, *ta*, sixième.
Séptimo, *ma*, septième.
Octavo, *va*, huitième.
Nono ou *noveno*, *na*, neuvième.
Décimo, *ma*, ou *deceno*, *na*, dixième.
Undécimo, *ma*, onzième.
Duodécimo, *ma*, douzième.
Décimo tercio, *décima tercia*, treizième.
Décimo cuarto, *ta*, quatorzième.
Décimo quinto, *ta*, quinzième.
Décimo sexto, *ta*, seizième.
Décimo séptimo, *ma*, dix-septième.

Décimo octavo, va, dix-huitième.
Décimo nono, na, dix-neuvième.
Vigésimo, ma, vingtième.
Vigésimo primo, ma, vingt-unième.
Vigésimo segundo, da, vingt-deuxième.
Vigésimo tercio, cia, vingt-troisième.
Trigésimo, ma, trentième.
Trigésimo primo, ma, trente-unième.
Trigésimo segundo, da, trente-deuxième.
Cuadragésimo, ma, quarantième.
Quincuagésimo, ma, cinquantième.
Sexâgésimo, ma, soixantième.
Septuagésimo, ma, soixante-dixième
Octogésimo, ma, quatre-vingtième.
Nonagésimo, ma, quatre-vingt-dixième.
Centésimo, ma, centième.
Centésimo primo, ma, cent unième.
Decentésimo, ma, deux centième.
Trecentésimo, ma, trois centième.
Cuadringentésimo, ma, quatre centième.
Quingentésimo, ma, cinq centième.
Sescentésimo, ma, six centième.
Septingentésimo, ma, sept centième.
Octogentésimo, ma, huit centième.
Nonagentésimo, ma, neuf centième.
Milésimo, ma, millième.
Ultimo, ma, ou *postrero, ra,* dernier, dernière.
Penúltimo, ma, avant-dernier, ère.
Antepenúltimo, ma, avant-pénultième.

On se sert des noms de nombre ordinaux pour marquer l'ordre ou le rang. Ainsi l'on dit *el primero*, le premier; *el segundo,* le second, etc.

Les noms de nombre substantifs sont les collectifs, comme *un par*, une paire ou un couple; *una decena*, une dixaine; *una docena*, une douzaine, etc.; les distributifs, comme *mitad*, moitié; *el tercio*, le tiers, etc., et les multiplicatifs, comme *el duplo*, le double; *triple*, *cuadruplo*, *céntuplo*, etc.

Pour nommer les rois, les papes et les princes qui, portant le même nom que quelques-uns de leurs prédécesseurs ou successeurs, sont distingués par un nom numéral, il faut se servir en espagnol des nombres ordinaux jusqu'au onzième inclusivement, et dès-lors se servir des cardinaux. Ex.: *Carlos primero,* Charles premier; *Felipe segundo*, Philippe deux; *Henrique cuarto,* Henri quatre; *Luis undécimo,* Louis onze; *Carlos doce*, Charles douze; *Luis catorce*, Louis quatorze, etc.

Pour parler de l'heure qu'il est, ou à laquelle on fait quelque chose, on nomme l'heure seulement, en demandant ou en en parlant d'une manière indéfinie; mais en répondant ou en parlant d'une manière positive et déterminée, on ne la nomme point. Ex.: *qué hora es?* quelle heure est-il? *qué hora era?*

quelle heure était-il? *á que hora vendrá?* à quelle heure viendra-t-il? *á qué hora murió?* à quelle heure est-il mort? *son las cuatro*, il est quatre heures; *era la una*, il était une heure; *vendrá á las ocho y media*, il viendra à huit heures et demie; *murió á las once y tres cuartos de la noche*, il mourut à onze heures et trois quarts du soir.

Les Espagnols partagent la journée naturelle de vingt-quatre heures en trois parties: *la mañana*, le matin, depuis l'aurore jusqu'à midi; *la tarde*, l'après-midi, depuis midi jusqu'après le soleil couché, et *la noche*, le soir ou la nuit, depuis le crépuscule du soir jusqu'à l'aurore suivante. Ainsi, l'on dit: *las ocho y cuarto de la mañana*, huit heures et un quart du matin; *las tres menos cuarto de la tarde*, trois heures moins un quart de l'après-midi; *las once*, ou *la una de la noche*, onze heures, ou une heure de la nuit. Midi se traduit par *medio dia*, ou *las doce del dia*; minuit par *media noche*, ou *las doce de la noche*.

Pour dire le quantième du mois et l'année où l'on écrit, et où un événement quelconque est arrivé, devant le mois et devant l'année on met toujours en espagnol la préposition *de*, ce qui n'a pas lieu en français; ainsi l'on doit dire: *Paris, á quince de julio, de* 1835, Paris, le 15 juillet 1835; *nació el siete de octubre de* 1810, il naquit le 7 octobre 1810; *Murió el seis de marzo de* 1826, il mourut le 6 mars 1826.

CHAPITRE V.

DES PRONOMS PERSONNELS.

Le pronom se nomme ainsi, parce qu'on le place dans le discours au lieu d'un nom. Il y a les pronoms *personnels*, qui désignent les personnes; les *possessifs*, qui marquent la possession; les *démonstratifs*, qui servent à montrer les objets; les *relatifs*, qui ont quelque rapport à un nom ou pronom qui les précède; et enfin d'autres qu'on appelle *indéterminés*, parce qu'ils ont une signification vague et générale.

Il y a des pronoms personnels de la première, de la seconde et de la troisième personne du singulier et du pluriel, et un pronom *réfléchi*, qui appartient à la troisième personne du singulier et du pluriel ; et enfin un autre pronom répondant à la seconde personne du pluriel en français, et qui sert pour parler aux gens selon les règles de la politesse ordinaire.

PREMIÈRE PERSONNE.

Singulier.	*Pluriel.*
Yo, je ou moi.	*Nosotros, nosotras, nos,* nous.
De mi, de moi.	*De nosotros, de nosotras,* de nous.
A mi, à moi.	*A nosotros, à nosotras,* à nous.
Me, me.	*Nos,* nous.
Conmigo, avec moi.	*Con nosotros, con nosotras,* avec nous.

SECONDE PERSONNE.

Tu, tu ou toi.	*Vosotros, vosotras, vos,* vous.
De ti, de toi.	*De vosotros, de vosotras,* de vous.
A ti, à toi.	*A vosotros, à vosotras,* à vous.
Te, te.	*Os,* vous.
Contigo, avec toi.	*Con vosotros, con vosotras,* avec vous.

TROISIÈME PERSONNE.

El, il ou lui ; *ella,* elle.	*Ellos,* ils ou eux ; *ellas,* elles.
De él, de lui ; *de ella,* d'elle.	*De ellos,* d'eux ; *de ellas,* d'elles.
A él, à lui ; *à ella,* à elle.	*A ellos,* à eux ; *à ellas,* à elles.
Le, le, lui ; *la,* la ; *lo,* neutre, le.	*Les,* leur ; *los, las,* les.
Con él, avec lui ; *con ella,* avec elle.	*Con ellos,* avec eux ; *con ellas,* avec elles.

PRONOM RÉFLÉCHI.

De sí, de soi, de lui, d'elle, d'elles.
A sí, à soi, à lui, à elle, à eux, à elles.
Se, se, lui, leur.
Consigo, avec soi, avec lui, avec elle, avec eux, avec elles.

Outre les pronoms contenus dans ce tableau, il en est encore un autre dont on se sert pour adresser la parole à quelqu'un, soit homme, soit femme, selon le style ordinaire. Anciennement, pour éviter de dire *vos* à une personne, ce qui marquait peu de déférence, ou même du mépris, on disait : *vuestra merced*, ou *vuesa merced*, votre honneur, votre merci, votre grace ; par la suite on en a fait par contraction un seul mot ; et l'on dit aujourd'hui *usted*, au singulier, ou en parlant à une seule personne, et *ustedes*, au pluriel, ou en parlant à plusieurs.

Ce traitement, que l'on donne à toutes sortes de personnes indifféremment, suit la même règle des autres traitemens plus honorables, que l'on donne à des personnes d'un rang élevé, et de la même manière que *vuestra magestad*, votre majesté ; *vuestra escelencia* ou *vuecencia*, votre excellence ; *vuestra eminencia*, votre éminence, etc., s'accordent avec les verbes et les pronoms possessifs à la troisième personne du singulier ; ainsi le mot *usted* s'accorde toujours à la troisième personne des verbes et pronoms possessifs au singulier, et *ustedes*, étant au pluriel, doit s'accorder aux troisièmes personnes du pluriel. Ainsi l'on dit : *usted habla*, vous parlez, et non, *usted hablais ; ustedes han oido*, vous avez entendu, et non, *ustedes habeis oido*.

Yo. Toutes les fois que *je* ou *moi*, *tu* ou *toi*, sont le sujet d'une phrase, ils se rendent en espagnol par *yo* et *tu*. Ex. : je dis, *yo digo ;* tu écoutes, *tu escuchas ;* moi, je dis, *yo te digo ;* toi, tu chantes, *tu cantas ;* tu le feras toi-même, *tu mismo lo harás*, etc. On traduit encore *moi* et *toi* par *yo* et *tu*, lorsqu'ils sont précédés par une conjonction quelconque. Ex. : *él y yo*, lui et moi ; plus que toi, *mas que tu ; ni tu ni yó*, ni toi ni moi ; *ó Pedro ó yo*, ou Pierre ou moi.

Mi, *ti.* Mais lorsque moi et toi sont précédés d'une préposition, ils se traduisent par *mi*, *ti*. Ex. : pour moi, *para mi ;* par toi, *por ti ;* à moi, *á mi ;* sur toi, *sobre ti*, etc. Il faut excepter de cette règle la préposition *con*, avec ; car avec moi, avec toi, avec soi ou avec lui, avec elle, avec eux, avec elles, réfléchi, se traduisent par *conmigo*, *contigo*, *consigo* : ce dernier pronom à tous les genres et à tous les nombres, pour les réfléchis de la troisième personne. Ex. : j'apporte avec moi tout ce qu'il faut, *traigo todo lo necesario conmigo ;* j'irai avec toi, *iré contigo ;* il mena son fils avec lui, *llevó consigo á su hijo ;* ils n'avaient avec eux que le capitaine, *solo tenian consigo al capitan.*

Me, *te*, *se.* Ces trois pronoms se traduisent en espagnol par *me*, *te*, *se*, dans tous les cas, sans exception. *Nous*, quand il n'est pas régime simple, ou sans préposition, se traduit par *nosotros*, et *vous*, dans les mêmes cas, par *vosotros ;* mais lorsque *nous* et *vous* sont le régime sans préposition, ils se traduisent par *nos*, *os*, ainsi que lorsqu'ils sont, dans les verbes réfléchis ou réciproques, le terme de la réflexion ou de la réciprocité. Ex. : il me craint, *él me teme ;* tu te souviens, *tu te acuerdas ;* il se fâchera, *él se enfadará ;* nous attendrons, *nosotros esperarémos ;* vous êtes contens, *vosotros estais contentos ;* Dieu nous a créés, *Dios nos ha criado ;* il vous aime, *él os ama ;* nous nous amusons, *nosotros nos divertimos ;* vous vous fatiguez, *vosotros os fatigais ;* nous nous racontons des histoires, *nosotros nos contamos historias*.

Lui, *elle*, *il*, *eux*, *elles*. Quand ces pronoms ne sont pas le régime, ils se rendent par *él*, *ella*, *ellos*, *ellas ;* mais si *lui*, *leur*, *le*, *la*, *les*, sont le régime sans préposition, et s'ils ne sont pas réfléchis, il faut observer s'ils sont le régime direct, ou à l'accusatif, ou bien le régime indirect, ou au datif. Dans le premier cas, *lui*, *leur*, *le*, *la*, *les* se rendent par *le*, *los*, *la*, *las*, et dans le second cas par *le*, masculin et féminin singulier, ou *les*, masculin et féminin pluriel. Pour mieux développer cette règle, je donne ici celle de l'Académie espagnole, dans sa Grammaire.

« Il peut résulter des erreurs dans l'usage et dans la connaissance des cas datif et accusatif de ces pronoms au singulier et au pluriel ; et pour les éviter, il faut observer la règle suivante : ou l'action et la signification du verbe se terminent au pronom personnel dont il est question, ou elles se terminent à une autre partie du discours ; si elles se terminent au pronom, celui-ci est à l'accusatif (c'est-à-dire, il est le régime direct) ; mais si elles se terminent à une autre partie du discours, le pronom est au datif (c'est-à-dire, il est le régime indirect) ; celui du singulier est *le*, et celui du pluriel *les*, masculin et féminin : on connaîtra le genre par le sens de la phrase ; l'accusatif du singulier est *le*, celui du pluriel *los*, lorsque le pronom est masculin, et le singulier du féminin est *la*, le pluriel *las*.

« Exemples : *El juez persiguió á un ladron, le prendió y le castigó*, le juge poursuivit un voleur, il le prit et il le punit ; *el juez persiguió á unos ladrones*, *los prendió y los castigó*, le juge poursuivit des voleurs, il les prit et il les punit : ici les pronoms *le* et *los* sont à l'accusatif, ou le régime direct, masculin, singulier et pluriel. *El juez persiguió á una gitana, la prendió y la castigó*, le juge poursuivit une bohémienne, il la prit et la punit; *persiguió á unas gitanas, las prendió y las castigó*, il poursuivit des bohémiennes, il les prit et il les punit : ici les pronoms *la* et *las* sont à l'accusatif féminin au singulier et au pluriel.

« *El juez persiguió á un ladron, le tomó declaracion y le notificó la sentencia*, le juge poursuivit un voleur, il lui prit déclaration et lui notifia la sentence; *prendió á unos ladrones, les tomó declaracion, y les notificó la sentencia*, il prit des voleurs, il leur prit déclaration, et il leur notifia l'arrêt : dans ces exemples les pronoms *le* et *les* sont au datif singulier et pluriel pour le genre masculin (ou soit le régime indirect). *El juez prendió á una gitana, le tomó declaracion y le notificó la sentencia*, le juge prit une bohémienne, il lui prit déclaration et lui notifia l'arrêt; *prendió á unas gitanas, les tomó declaracion y les notificó la sentencia*, il prit des bohémiennes, il leur prit déclaration et il leur notifia l'arrêt : les pronoms sont ici au datif féminin singulier et pluriel.

« C'est ainsi la manière de se servir des datifs et accusatifs de ces pronoms; car sur cela il y a généralement très peu d'exactitude, non seulement dans la manière ordinaire de parler, mais encore dans les écrits d'auteurs très recommandables d'ailleurs. On observe une pareille inexactitude sur l'usage du pronom neutre *lo* au lieu du masculin *le*, au singulier accusatif, dont on trouve tant d'exemples, même chez les auteurs classiques, qui lui ont attribué le genre masculin; mais il serait mal dit : *el juez prendió á un ladron, lo juzgó y lo castigó*, ou *Pedro compuso un libro, y lo imprimió*, au lieu de *le juzgó, le castigó, le imprimió*. Par rapport aux auteurs qui en ont usé ainsi, tels que Granada, Cervantes et autres, on doit croire, ou qu'il y a défaut de correction dans les éditions de leurs ouvrages, ou qu'ils ont été peu exacts sur l'usage de ces terminaisons, ou qu'enfin, pour avoir quelquefois trop de soin du nombre harmonieux du discours, ils ont plutôt sacrifié les règles de la grammaire à la délicatesse de l'oreille. »

Quant aux Français qui apprennent l'espagnol, voici une

règle simple et claire : toutes les fois que le pronom *lui*, masculin et féminin, est le régime indirect dans une phrase, on le traduit par *le*, masculin et féminin ; et quand le pronom personnel *leur*, aussi masculin et féminin, est le régime indirect, on le rend par *les*, masculin et féminin. Hors de là, *le* se traduit par *le; la*, par *la*, *les*, par *los*, ou *las*, selon le genre. S'il peut y avoir quelques exceptions à cette règle, elles doivent être bien rares ; car en général *lui* et *leur* sont au datif, et *le*, *la*, *les* sont à l'accusatif.

Nos, comme sujet d'une phrase, n'est d'usage que dans les formules des arrêts, ordonnances et autres actes d'autorité qui émanent des fonctionnaires publics, et ils commencent ordinairement par *Nos Don N. N.*, etc. Hors de là, *nos* est toujours le régime simple, réfléchi ou réciproque de la première personne du pluriel.

Vos et *os*, se dit seulement en parlant à Dieu, aux saints, et quelquefois aux rois et à d'autres personnes d'un haut rang ; mais surtout on le trouve dans les discours, en poésie, et assez généralement dans les livres et pièces imprimées. *Vosotros*, vous, ne se dit qu'en parlant familièrement à plusieurs, quand ce pronom est le sujet, et *os* dans les mêmes circonstances, lorsque vous est le régime simple, réfléchi ou réciproque. Mais *vous*, en parlant à une ou plusieurs personnes, se rend par *usted* ou *ustedes*, comme il a été dit.

Le pronom réfléchi de la troisième personne, *sí*, *se* et *consigo*, sert pour le singulier et le pluriel, masculin et féminin. Ainsi, toutes les fois qu'on dit en français *soi* avec préposition, et que l'action du verbe qui le précède réfléchit sur le sujet de la phrase ou marque de la réciprocité, se rend par *sí;* et lorsqu'il y a *se*, réfléchi ou réciproque, comme régime, se traduit par *se*. Ex.: il travaille pour soi, *trabaja para sí;* ces deux frères s'aiment beaucoup, *esos dos hermanos se aman mucho. Lui*, *elle*, *eux*, *elles*, réfléchis ou réciproques, se rendent aussi par *sí* ou *se*, et avec la préposition *avec* par *consigo*. Ex. : il parle toujours de lui-même, *habla siempre de sí mismo;* elles se querellent souvent entre elles, *ellas se querellan á menudo entre sí;* ils portent beaucoup d'argent avec eux, *llevan mucho dinero consigo.*

Lorsque devant ou après un verbe il y a deux pronoms de

la troisième personne, dont l'un est régime direct, et l'autre régime indirect, celui-ci se traduit par *se*, et se place devant le pronom qui est régime direct. Ex.: je le lui donnerai, *yo se le daré*; ne le leur dites pas, *no se lo diga usted*; pour la lui envoyer, *para embiársela*.

Quand un pronom personnel quelconque est le régime dans une phrase, on le place, comme en français, devant les verbes, dans tous les temps et personnes, excepté dans l'infinitif, le gérondif et toutes les personnes de l'impératif; et lorsque, dans les temps que l'on vient de dire, il se place après le verbe, celui-ci et le pronom sont tellement liés, qu'ils ne forment qu'un seul mot. Ex.: *él me dijo*, il me dit; *nos amaba*, il nous aimait; *quiero verla*, je veux la voir; *siéntate*, assieds-toi; *vámonos*, allons-nous en; *diciéndole*, en lui disant.

Avec le pronom *usted* ou *ustedes*, l'usage veut qu'on emploie encore un autre pronom ou personnel ou possessif de la troisième personne, quoique ce second pronom paraisse tout-à-fait superflu : ainsi, j'irai vous voir, se traduit par *iré á verle á usted*; je vous dis, par *le digo á usted*; on vous a trompés, *los han engañado á ustedes*; votre maison, *su casa de usted*; vos enfans, *sus hijos de ùstedes*.

CHAPITRE VI.

DES PRONOMS POSSESSIFS.

Les pronoms possessifs, ou adjectifs dérivés des pronoms, marquent la possession d'un objet : *mi*, mon, ma; *tu*, ton, ta; *su*, son, sa; *nuestro, nuestra*, notre; *vuestro, vuestra*, votre; *su*, leur, au singulier; *mis*, mes; *tus*, tes; *sus*, ses; *nuestros*, *nuestras*, nos; *vuestros*, *vuestras*, vos; *sus*, leurs, au pluriel. Les pronoms possessifs sont absolus ou relatifs : absolus, lorsqu'ils sont suivis d'un substantif; ex.: *mi padre*, mon père; *su casa*, sa maison; relatifs, lorsque le substantif est sous-entendu et qu'ils sont pris substantivement; ex.: *el mio*, le mien; *la suya*, la sienne.

PRONOMS POSSESSIFS ABSOLUS.

Singulier.		*Pluriel.*	
1re PERSONNE.		1re PERSONNE.	
Mi, mon, ma.	*Mis*, mes.	*Nuestro*, notre.	*Nuestros*, nos.
Mio, mon.	*Mios*, mes.	*Nuestra*, notre.	*Nuestras*, nos.
Mia, ma, mon.	*Mias*, mes.		
2e PERSONNE.		2e PERSONNE.	
Tu, ton, ta.	*Tus*, tes.	*Vuestro*, votre.	*Vuestros*, vos.
Tuyo, ton.	*Tuyos*, tes.	*Vuestra*, votre.	*Vuestras*, vos.
Tuya, ta, ton.	*Tuyas*, tes.		
3e PERSONNE.		3e PERSONNE.	
Su, son, sa.	*Sus*, ses.	*Su*, leur.	*Sus*, leurs.
Suyo, son.	*Suyos*, ses.	*Suyo*, leur.	*Suyos*, leurs.
Suya, sa, son.	*Suyas*, ses.	*Suya*, leur.	*Suyas*, leurs.

PRONOMS POSSESSIFS RELATIFS.

Singulier.		*Pluriel.*	
1re PERSONNE.		1re PERSONNE.	
El mio, le mien.	*Los mios*, les miens.	*El nuestro*, le nôtre.	*Los nuestros*, les nôtres.
La mia, la mienne.	*Las mias*, les miennes.	*La nuestra*, la nôtre.	*Las nuestras*, les nôtres.
Lo mio, le mien, ou ce qui est à moi.		*Lo nuestro*, le nôtre, ou ce qui est à nous.	
2e PERSONNE.		2e PERSONNE.	
El tuyo, le tien.	*Los tuyos*, les tiens.	*El vuestro*, le vôtre.	*Los vuestros*, les vôtres.
La tuya, la tienne.	*Las tuyas*, les tiennes.	*La vuestra*, la vôtre.	*Las vuestras*, les vôtres.
Lo tuyo, le tien, ou ce qui est à toi.		*Lo vuestro*, le vôtre, ou ce qui est à vous.	
3e PERSONNE.		3e PERSONNE.	
El suyo, le sien.	*Los suyos*, les siens.	*El suyo*, le leur.	*Los suyos*, les leurs.
La suya, la sienne.	*Las suyas*, les siennes.	*La suya*, la leur.	*Las suyas*, les leurs.
Lo suyo, le sien, ou ce qui est à lui ou à elle.		*Lo suyo*, le leur, ou ce qui est à eux ou à elles.	

Les pronoms *mio*, *mia*, *mios*, *mias*, *tuyo*, *tuya*, *tuyos*, *tuyas*, *suyo*, *suya*, *suyos*, *suyas* vont toujours à la suite d'un substantif, et jamais devant ; et au contraire, *mi*, *mis*, *tu*, *tus*, *su*, *sus* précèdent toujours le substantif. Ainsi l'on dit : *Padre mio*, *mi padre* ; *madre mia*, *mi madre* ; *hermanos mios*, *mis hermanos* ; *el ingenio tuyo*, *tu ingenio* ; *la aplicacion suya*, *su aplicacion*, etc. *Nuestro*, *nuestra*, *nuestros*, *nuestras*, *vuestro*, *vuestra*, *vuestros*, *vuestras*, peuvent être placés devant ou après les substantifs.

Lorsqu'on adresse la parole à quelqu'un, et qu'il faut employer un pronom possessif, on ne se sert pas de l'article, et on place toujours ce pronom après le substantif. Ex. : *amigo mio*, mon ami ; *hermana mia*, ma sœur ; *padre nuestro*, notre père, etc. Quelquefois pourtant, et surtout en poésie, on place le pronom possessif devant le substantif. Ex. : *Oiga usted*, *mi amigo*, écoutez, mon ami ; *ó mi Dios !* ô mon Dieu ! Mais lorsqu'on énonce simplement une chose avec un pronom possessif, on place le pronom devant, sans article (anciennement on y ajoutait un article), ou même après le substantif, celui-ci précédé dans ce dernier cas d'un article. Ex. : *mi patria*, ma patrie ; *tu nombre*, ton nom ; *nuestros usos*, nos usages ; *vuestras máximas*, vos maximes (anciennement : *la mi patria*, *el tu nombre*, *los nuestros usos*, etc.) ; *la patria mia*, *el nombre tuyo*, *los usos nuestros*, etc.

Lo mio, le mien ; *lo tuyo*, le tien ; *lo suyo*, le sien ; *lo nuestro*, le nôtre ; *lo vuestro*, le vôtre, exprimés, comme l'on voit, avec l'article neutre, sont des pronoms possessifs indéfinis, qui désignent d'une manière vague et indéterminée tout ce qui est à moi, à toi, à lui, à elle, à eux, à elles, à nous, à vous. Ex. : *yo solo pido lo mio*, je ne demande que le mien, ou ce qui est a moi ; *contentate con lo tuyo*, *y no codicies lo nuestro*, contente-toi du tien, ou de ce qui est à toi, et ne convoite pas le nôtre, ou ce qui est à nous.

El mio, *la mia*, *el tuyo*, *la tuya*, *el nuestro*, etc., se rapportant à un objet déjà énoncé, sont des possessifs relatifs, et se traduisent par le mien, la mienne, le tien, la tienne, le nôtre, etc. Ex. : *mi fortuna no es tan considerable como la tuya*, ma fortune n'est pas aussi considérable que la tienne ; *vamos á tu jardin*, *y despues iremos al mio*, allons dans ton jardin, et après nous irons au mien; *hay pocos paises mas fértiles que el nuestro,* il y a peu de pays plus fertiles que le nôtre.

Lorsqu'en parlant ou en écrivant on doit faire usage du mot *usted,* et qu'il faut encore un pronom possessif, on emploie ledit mot *usted* précédé de la préposition *de*, et le plus souvent on y ajoute le pronom possessif *su* ou *sus*, devant le substantif possédé, ou *suyo*, *suya*, *suyos*, *suyas*, possessifs relatifs, précédés de l'article, après le substantif auquel ils se rapportent. Ex.: *los proyectos de usted,* ou *sus proyectos de usted,* vos projets; *mi padre y el de usted*, ou *y el suyo de usted*, mon père et le vôtre.

A moi, à toi, à lui, à elle, etc., se rendent en espagnol par *mio, mia, mios, mias,* etc., lorsque ces pronoms désignent la propriété de quelque chose, et alors ils s'accordent en genre et en nombre avec le substantif possesseur. Ex. : cette maison est à moi, *esta casa es mia;* le champ est à nous, et le pré est à lui, *el campo es nuestro*, *y el prado es suyo*. A vous, en parlant à une personne ou à plusieurs à qui l'on dit *usted* ou *ustedes*, à Pierre, au roi, à mon frère, etc., se traduisent par *de usted*, *de ustedes*, *de Pedro*, *del rey*, *de mi hermano*, etc., et non *á usted, á Pedro*, etc.

CHAPITRE VII.

DES PRONOMS DÉMONSTRATIFS.

Il y a dans la langue espagnole trois pronoms démonstratifs, 1° l'un qui se rapporte à celui qui parle; 2° l'autre à celui à qui l'on parle; et 3° le troisième à celui de qui l'on parle, soit une personne, soit tout autre objet.

1.	2.	3.
Este, ce, cet, celui-ci.	*Ese,* ce, cet, celui-là.	*Aquel,* ce, cet, celui-là.
Estos, ces, ceux-ci.	*Esos,* ces, ceux-là.	*Aquellos,* ces, ceux-là.
Esta, cette, celle-ci.	*Esa,* cette, celle-là.	*Aquella,* cette, celle-là.
Estas, ces, celles-ci.	*Esas,* ces, celles-là.	*Aquellas,* ces, celles-là.
Esto, ce, ceci.	*Eso,* ce, celà.	*Aquello,* ce, celà.

Il y a aussi *aqueste*, *aquestos*, *aquesta*, *aquestas* et *aquesto*, pour les pronoms démonstratifs, qui ont rapport à celui qui parle, moins fréquemment usités que leurs synonymes, *este*, *estos*, etc., mais qui ont la même signification.

N'y ayant en français que deux sortes de pronoms démonstratifs, *celui-ci*, et *celui-là*, l'application légitime et rigoureuse des trois pronoms espagnols peut offrir quelque difficulté, car ces pronoms ne s'appliquent pas seulement aux objets par rapport aux personnes, mais aussi par rapport aux lieux et aux temps, quand même il n'y aurait pas toujours, pour l'usage de ces pronoms, une personne qui parle, une autre à qui l'on parle, et une troisième personne ou chose de qui l'on parle.

Dans ce cas, la première classe de pronoms, *este, estos*, etc., s'applique à des objets très rapprochés, par exemple, à des objets qui sont ici, dans ce même lieu, maintenant, dans le moment où l'on parle; la deuxième classe de pronoms s'applique à des objets un peu éloignés, mais qui ne sont pas hors de la portée de nos sens; la troisième classe s'applique à des objets tout-à-fait et indéfiniment éloignés, et quant au lieu et quant au temps.

En voulant parler de plusieurs chaises, je dirai de celle sur laquelle je suis assis, *esta silla;* de celle qu'occupe la personne à qui je parle, *esa silla;* de celle qui est éloignée de l'un et de l'autre, *aquella silla.* En parlant des différentes chambres de la maison où nous sommes, je dirai de celle où nous nous trouvons, *este cuarto;* de celle qui est à côté, *ese cuarto;* de celle qui est plus loin, *aquel cuarto.* De la même manière, *este discurso*, se dit du discours que je tiens ou que je lis; *ese discurso*, de celui que j'écoute; *aquel discurso*, de celui qui a été fait, prononcé ou écrit par un autre, dans un temps ou dans un lieu absolument éloigné.

On dit : *este mundo*, par rapport à un autre monde; *esta vida*, par rapport à une autre vie; *esta provincia, esta ciudad, esta calle*, etc., pour exprimer la province, la ville, la rue dans lesquelles se trouve la personne qui parle. On dit : *ese reino, esa ciudad*, etc., en parlant ou en écrivant sur ces objets à celui ou à ceux qui s'y trouvent.

Este, estos, esta, estas, signifie encore celui-ci, ceux-ci, celle-ci, celles-ci, et *esto,* ceci; *ese*, *esos*, etc., *aquel*, *aquellos*, etc., celui-là, ceux-là, etc.; *eso* et *aquello*, cela. Ex.: *este paño es fuerte, ese es ordinario y aquel muy caro*, ce drap est fort, celui-là est ordinaire, et celui-là trop cher; je vous dis ceci en ami, *esto se lo digo á usted como amigo.*

Il y a encore les pronoms démonstratifs composés: *estotro, estotros, estotra, estotras*, cet autre, etc.; *esotro*, *esotros, esotra, esotras*, cet autre, etc. Ex.: *esta piedra es un rubí, estotra un carbunclo*, cette pierre est un rubi, cette autre un escarboucle; *este piano es de caoba, estotro de cerezo*, ce piano est en acajou, cet autre en cerisier.

Ello, il ou cela, neutre, a tantôt le caractère de pronom personnel, et tantôt de démonstratif: *ello es cierto que hemos de morir,* il est certain que nous devons mourir: ici *ello* a le caractère de pronom personnel; *no será ello con consentimiento mio,* cela ne sera pas de mon consentement (*Quijote*); *asi anda ello,* ainsi cela va mal. Dans ces deux exemples, *ello* est un pronom démonstratif neutre.

El de et *el que*: *el, la, los, las, lo*, suivis de la préposition *de* et d'un substantif, pour marquer la propriété de quelque chose, sont des véritables articles, qui pourtant signifient en français celui de, celle de, ceux de, celles de, cette affaire de, qui sont des pronoms démonstratifs. Ex.: *el caballo de Juan y el de Pedro,* le cheval de Jean et celui de Pierre; *mi casa y la del vecino,* ma maison et celle du voisin; *las calles de Paris y las de Londres*, les rues de Paris et celles de Londres; *le hablo á usted de lo del jardin,* je vous parle de cette affaire ou de cet évenement du jardin; *lo de antaño*, l'affaire de l'année passée.

El, la, los, las et *lo,* suivis du pronom relatif *que* et d'un verbe, sont aussi des articles, et en français signifient celui qui ou que, celle qui ou que, ceux qui ou que, celles qui ou que, ce qui ou ce que, pronoms démonstratifs relatifs. Ex.: *el que llamaba*, celui qui frappait; *la que vemos*, celle que nous voyons; *los que cantan*, ceux qui chantent; *lo que me desagrada*, ce qui me déplaît; *lo que me dices,* ce que tu me dis.

Les trois pronoms démonstratifs dont il est question dans

ce chapitre répondent à trois adverbes de lieu, *aqui* ou *acá*, ici; *ahí*, là, et *allí* ou *allá*, là, qui suivent dans l'usage la même règle que lesdits pronoms. Ex.: *aqui hace mas calor que ahí*, ici il fait plus chaud que là; *ven acá*, viens ici; *iremos allá*, nous irons là.

En se communiquant par lettres, lorsqu'on veut parler de la ville ou village où se trouve celui qui écrit, on dit souvent *esta* ou *este*, sans d'autre addition, bien qu'on sous-entend *ciudad, villa* ou *lugar;* et quand on veut parler de la ville ou village où demeure celui qui reçoit la lettre, on dit *esa* ou *ese*, sous-entendu *ciudad*, *villa* ou *lugar*. Ex.: *llegué á esta sin novedad*, je suis arrivé ici ou dans cette ville sans accident; *digame usted cómo le va en ese*, dites-moi comment vous trouvez-vous là ou dans le village où vous êtes : dans le premier exemple on sous-entend *villa* ou *ciudad*, et dans le second, *lugar* ou *pueblo*.

CHAPITRE VIII.

DES PRONOMS RELATIFS.

Les pronoms relatifs, ainsi nommés parce qu'ils se rapportent à un nom ou à un pronom dont on a parlé précédemment, sont les suivans :

Quien, qui, lequel, laquelle, celui qui, celle qui.
Quienes, qui, lesquels, lesquelles, ceux qui, celles qui.
El cual, qui ou lequel; *los cuales*, qui ou lesquels.
La cual, qui ou laquelle; *las cuales*, qui ou lesquelles.
Lo cual, neutre, ce qui ou ce que.
Cuyo, dont le ou de qui; *cuyos*, dont les ou de qui.
Cuya, dont la ou de qui; *cuyas*, dont les ou de qui.
Cual, tel que, telle que, quel, quelle, lequel, laquelle.
Cuales, tels que, telles que, quels, quelles, lesquels, lesquelles.
Que, que, qui, quoi.

Quien, quienes. Ce pronom ne se dit que des personnes ou des choses personnifiées, et signifie en français qui, lequel, laquelle, lesquelles, ou celui qui, celle qui, ceux qui, celles qui, et il n'est jamais précédé de l'article. Ex. : *Cristobal Colombo fué quien descubrió el nuevo mundo*, c'est Christophe Colomb qui découvrit le nouveau monde ; *toma á quien quieras de los dos criados*, prends des deux domestiques lequel tu voudras ; *ellos son quienes gobiernan la nacion*, ce sont ceux qui régissent la nation.

El cual, los cuales, la cual, las cuales, en parlant des personnes, sont souvent synonymes de *quien* et *quienes*; en parlant des choses, on se sert comme en français de lequel, lesquels, laquelle, lesquelles. *Lo cual*, neutre, signifie ce qui ou ce que, quand il est mis après une phrase suffisamment énoncée, mais non dans une première phrase, car alors on dit *lo que*. Ex. : *lo que importa es ser hombre de bien, lo cual no es difícil para quien quiere serlo de veras*, ce qui importe, c'est d'être honnête homme, ce qui n'est pas difficile pour celui qui veut sincèrement l'être.

Cuyo, cuyos, cuya, cuyas. Ce pronom relatif, qui marque la possession, répond en français à duquel, desquels, de laquelle, desquelles, ou au pronom *dont*, lorsqu'ils sont le régime d'un substantif possédant. Ces pronoms s'accordent toujours avec un substantif possédé, employé sans article, et ils sont toujours placés après le substantif possédant, et immédiatement devant le substantif possédé, ou l'adjectif ou les adjectifs qui précèdent ce dernier substantif. Ex. : *Dios, cuyas obras*, ou *cuyas magníficas obras*, ou *cuyas magníficas é incomprehensibles obras admiramos*, Dieu, dont nous admirons les ouvrages, les ouvrages magnifiques, les ouvrages magnifiques et incompréhensibles.

Mais si dans le second membre de la phrase il n'y a pas de substantif auquel le pronom *cuyo* puisse s'accorder, ou bien s'il n'y a pas un substantif possédé, au lieu de ce pronom, il faut se servir d'un autre pronom relatif, *del cual*, *de quien*, ou de tout autre, selon que le sens de la phrase l'exigera. Ex. : *el arquitecto de quien me han hablado*, l'architecte dont on ma parlé ; *los instrumentos de que se servió*, ou *de los cuales se servió*, les instrumens dont il se servit.

Cual, tel que, telle que ; *cuales*, tels que, telles que, sont toujours employés sans article. Ex. : *te envio un sombrero cual tú me le has pedido*, je t'envoie un chapeau tel que tu me l'as demandé.

Que, qui, que, quoi. Ce pronom est invariable, et il est employé pour le masculin et le féminin, au singulier et au pluriel ; on l'applique aux personnes et aux choses. Ex. : *el dinero que lo compone todo,* l'argent qui arrange tout ; *la casa que compré,* la maison que j'ai achetée ; *no sé en qué pensaba el que hizo esta casa,* je ne sais à quoi pensait celui qui bâtit cette maison. Il ne faut pas confondre *que,* pronom relatif, avec *que,* pronom interrogatif, ni avec *que,* conjonction.

PRONOMS INTERROGATIFS.

Quien, quienes? pronom interrogatif et admiratif, se rend en français, 1° par qui. Ex. : *¿ quien me llama ?* qui m'appelle ? *¿ quienes son aquellas mugeres ?* qui sont ces femmes ? *¡ quien lo hubiera creido !* qui l'aurait cru ! 2° par quel, quelle. Ex. : *¿ quien es ese muchacho ?* quel est cet enfant ? en parlant seulement des personnes ; mais lorsqu'en français quel, quelle, quels, quelles se rapportent à des choses, ils se rendent en espagnol par *cual, cuales,* pronom interrogatif. Ex. : *¿ cual es el precio de este campo ?* quel est le prix de ce champ ?

Qué ? se rend en français par que et par quel, quelle, etc. Par *que,* ex. : *¿qué se le ofrece á usted?* que demandez-vous? par *quel,* etc., ex. : *¿ qué proyectos son los suyos ?* quels sont ses projets ? et par *quoi,* ex. : *¿ en qué se ocupa usted ?* à quoi vous occupez-vous ?

CHAPITRE IX.

DE QUELQUES PRONOMS,

SUBSTANTIFS, ADJECTIFS ET ADVERBES INDÉFINIS.

Certains pronoms, qui expriment un objet vaguement et d'une manière indéterminée, sont nommés pronoms indéfinis. On range ordinairement parmi ces pronoms quelques autres mots qui sont des substantifs, des adjectifs ou des adverbes indéterminés, mais qui offrent des particularités propres à être expliquées dans ce chapitre.

INDÉFINIS POSITIFS.

On, pronom général. La signification espagnole de ce pronom indéclinable, qui est toujours uni aux verbes à la troisième personne du singulier, n'est pas toujours la même. Lorsqu'il a le sens d'un nom collectif ou d'un nombre indéfini de personnes, on le rend par *se*. Ex.: que dit-on? *¿ qué se dice?* on raconte, *se refiere*. Lorsqu'il a le sens de quelqu'un, il se traduit par *uno*. Ex.: lorsqu'on est riche, *cuando uno es rico*. Quand il signifie des personnes parmi lesquelles nous-mêmes pouvons figurer, il se traduit par *nosotros* ou *nos*. Ex. : on lit souvent des choses détestables, *leemos muchas veces cosas detestables* : ici *nosotros* est sous-entendu. Lorsque le sens est tout-à-fait vague, il se rend par les troisièmes personnes du pluriel de chaque temps des verbes. Ex. : on dit, on parle, *dicen*, *hablan*. Ces différentes traductions ne sont pas arbitraires ; il faut regarder le sens de la phrase, et surtout il faut beaucoup de pratique pour rendre ce pronom en espagnol avec justesse et propriété.

Chaque, adjectif, *cada*. Cet adjectif ou soit pronom sert à singulariser les personnes ou les choses. Ex. : chaque soldat, *cada soldado ;* chaque fusil, *cada fusil*.

Chacun, *chacune*, substantif, *cada uno*, *cada una ;* chacun de nous, *cada uno de nosotros ;* chacune de ces dames, *cada una de esas señoras*.

Autrui, substantif masculin, *los otros*. Ce pronom, régi par un substantif et précédé de la préposition *de*, se rend par l'adjectif *ageno, agenos*, *agena*, *agenas*, qui s'accorde avec le substantif. Ex. : la réputation d'autrui, *la reputacion agena ;* les défauts d'autrui, *los defectos agenos*. Mais avec d'autres prépositions il se traduit par *otro*, *otros*, ou *los otros*. Ex. : je ne ferais pas pour autrui ce que je fais pour moi, *yo no haria por los otros lo que hago por mi*.

Autre, adjectif, *otro*, *otra*. Quand il est précédé de *un* ou *une*, on le traduit par *otro*, *otra*, et l'on supprime *un, une*. Ex. : un autre jour, *otro dia ;* une autre fois, *otra vez*. Précédé d'un article, cet article se traduit. Ex.: l'autre jour, *el otro dia ;* l'autre fois, *la otra vez*.

L'un, l'autre, *uno á otro ;* les uns, les autres, *unos á otros*.

Quelconque, adjectif, *cualquiera :* donnez-moi une plume quelconque, *dame cualquiera pluma.*

Quelque, *quelques*, adjectif, *alguno, os, a, as.* Il doit être suivi immédiatement d'un substantif. Ex.: prêtez-moi quelque livre, *présteme usted algun libro ;* il y a quelques arbres, *hay algunos árboles.* Quelque chose se traduit par *alguna cosa,* et mieux par *algo.* Si ce pronom *quelque* est suivi d'un adverbe ou d'un adjectif, il est indéclinable, et se rend en espagnol d'une de ces trois manières, indifféremment, *por, por mas, por muy.* Ex.: Quelque bien qu'il travaille, *por bien, por mas bien,* ou *por muy bien que trabaje;* quelque adroit que tu sois, *por diestro, por mas diestro, por muy diestro que seas.* Suivi d'un substantif et de la conjonction *que,* on le traduit par *cualquiera.* Ex.: quelque projet qu'il médite, *cualquiera proyecto que medite*, ou *cualquiera que sea el proyecto que medita.*

Quelqu'un, *quelqu'une*, substantif, *alguno*, *alguna,* ou *alguien*, sans pluriel.

Quelqu'un, *quelqu'une*, adjectif, *alguno*, *alguna*, *algunos*, *algunas*.

Quiconque, pronom indéclinable masculin, *cualquier, cualquiera*, *quienquiera.* Ex.: quiconque violera la loi sera puni, *cualquiera que violare la ley será castigado.*

Quoi que, *por mas que*, ou *cualquiera cosa que.* Ex.: quoi que vous pensiez, *por mas que usted piense,* ou *cualquiera cosa que usted piense.* Quoi que ce soit, se rend par *nada,* rien ; et quoi qu'il en soit, par *sea lo que fuere, sea lo que quiera*, ou *cualquiera cosa que sea.*

Qui que ce soit se rend par *nadie*, personne ; *qui que vous soyez* par *quien quiera que usted sea.*

Tel, *telle*, adjectif, *tal, semejante, igual :* je n'ai jamais rien vu de tel, *nunca he visto cosa semejante;* tel père, tel fils, *tal padre*, *tal hijo. Un tel* se rend par *fulano*, *une telle* par *fulana* ; *tel et tel*, ou *un tel et un tel*, par *fulano y zutano*, mots barbares ; *tel quelle, telle quelle* se rendent par *tal cual*, *mediano*, *mediana.* Ex.: sa fortune est telle quelle, *su fortuna es tal cual*, *mediana, ni grande ni pequeña ; tel que* se traduit par *como.*

Même, *mêmes*, pronom masculin et féminin, se rend dans tous les cas par *mismo, a, os, as :* le même homme, *el mismo hombre*; les mêmes personnes, *las mismas personas*. Ajouté à un substantif ou à un pronom, *mismo* donne plus d'expression à la pensée : c'est la prudence même, *es la misma prudencia*; c'est moi-même, *yo mismo soy*. *Même*, adverbe, se rend par *aun* ou *hasta*, et il sert à exagérer quelque chose : il faisait des vers, même étant endormi, *hacia versos aun* ou *hasta cuando dormia*. *De même, tout de même,* adverbes, se rendent par *lo mismo*, *del mismo modo*, *de la misma manera*, *como*. Etre à même de.... se traduit par *estar en el caso de....*, ou par *tener los medios*, ou *el poder de....* Pas même, *ni aun*.

Tout, *toute*, *tous*, *toutes*, adjectifs, *todo, a, os, as*. On s'en sert en espagnol dans les mêmes cas qu'en français. *Tout*, adverbe, *todo, enteramento, sin escepcion*. Il y a une quantité de manières adverbiales d'employer le mot *tout* (consultez la liste alphabétique des adverbes, à la lettre T). *Tout autre*, se rend par *muy diferente*, ou *muy otro*. Ex. : je veux vous parler de toute autre affaire, *quiero hablarle á usted de un asunto muy diferente*; il est tout autre qu'il n'était, *es muy otro del que era*. *Tout à vous* se rend par *de usted, suyo de usted, muy de usted*; après tout, *despues de todo, finalmente*.

Plusieurs, adjectif pluriel, *muchos, muchas, varios, varias*; plusieurs fois, *muchas veces*.

Beaucoup, *mucho*; peu, *poco*, etc. (Voyez la liste des adverbes, lettre B).

Combien se rend par *qué* ou *cuan*, dans les phrases admiratives. Ex. : combien la vertu est aimable ! *¡ qué amable*, ou *cuan amable es la virtud !*

Quel est le quantième du mois ? se rend par *¿ á cuantos estamos del mes ?*

Los demas signifie en français les autres, tous les autres ; *lo demas*, le reste.

PRONOMS INDÉFINIS NÉGATIFS.

Personne, substantif masculin, *nadie*, *ninguno*. Quelquefois ce pronom se rend par *alguno*. Ex. : je doute que personne le sache, *dudo que alguno lo sepa*.

Aucun, *aucune*, adjectif, *ninguno, a, os, as*. Quelquefois ce pronom se rend, comme le précédent, par *alguno, a, os, as*. Ex. : fut-il aucun tyran plus détestable? *¿hubo acaso algun tirano mas detestable?*

Nul, substantif, *nadie* ou *ninguno*, lorsqu'il est suivi d'une négation. Ex. : nul ne peut être heureux sans la vertu, *nadie puede ser feliz sin la virtud.*

Nul, *nulle*, adjectif, *ninguno, na* : nul homme, *ningun hombre*; nulle femme, *ninguna muger*. S'il y a un substantif devant *nul, nulle*, cet adjectif se rend par *nulo, a, os, as*. Ex. : cette vente est nulle, *esta venta es nula*; un homme nul, *un hombre nulo, inútil.*

Pas un, pas une, *ni uno, ni una.*

Ni l'un ni l'autre, *ni uno ni otro*; ni les uns ni les autres, *ni unos ni otros*, sans article.

Rien, *nada*; le néant, substantif, *la nada*; riens, au pluriel, *bagatelas, frioleras*; il ne lui cède en rien, *no le va en zaga*; en moins de rien, *en un momento*; cela ne me fait rien, *no se me da nada de eso*, ou *eso no me importa*; il ne m'est rien, *no me toca en nada*, *no es pariente mio.*

Remarque.

Lorsque ces pronoms ou d'autres mots négatifs sont accompagnés en français de cette autre négation *ne*, on les rend en espagnol de deux manières, ou en mettant l'adverbe *no* devant le verbe, ou en le supprimant tout-à-fait; en sorte qu'on peut dire : *no quiero nada*, ou *nada quiero*, je ne veux rien; mais non, *no nada quiero*. De même l'on peut dire : *no vendrá nunca*, ou *nunca vendrá*, il ne viendra jamais; mais non, *nunca no vendrá*, ou *no nunca vendrá*. On voit par ces exemples que l'adverbe *no* a seul le privilége d'admettre un autre mot négatif, non pas immédiatement après lui, mais il faut que le verbe soit placé entre les deux négations.

DES PRONOMS *y* ET *en*.

Ces deux pronoms, ou soit adverbes relatifs, quoique de signification différente, suivent à peu près les mêmes règles pour la construction; aussi ils se rendent en espagnol presque de la même manière. Le pronom *en* tient la place de la préposition *de* et des pronoms lui, elle, eux, elles, ou aussi des pronoms possessifs mon, ton, son, mes, etc.; ou enfin des adverbes de lieu ici, là. Ex. : quand ton cousin est arrivé, j'en parlais à ma sœur, c'est-à-dire, je parlais de lui à ma sœur, *quando tu primo llegó, yo estaba hablando de él á mi hermana;* cette maison est vaste, mais les appartemens en sont mal distribués, c'est-à-dire, ses appartemens sont mal distribués, *esta casa es vasta, pero sus cuartos son mal distribuidos;* vous allez en Espagne, et j'en viens, c'est-à-dire, je viens de là, *usted va á España, y yo vengo de allá.* Il ne faut pas confondre le pronom *en* avec la préposition *en*.

On fait usage du pronom *y* à la place des prépositions *á*, *dans* ou *en*, et des pronoms personnels lui, elle, eux, elles, du pronom démonstratif *cela*, et des adverbes *ici*, *là*. Ex. : C'est une maison agréable, je m'y plais beaucoup, c'est-à-dire, je me plais beaucoup dans elle, *es una casa agradable, me hallo bien en ella;* voilà ce que vous devez faire, pensez-y, c'est-à-dire, pensez à cela, *esto es lo que usted debe hacer, piense usted en ello;* vous venez de Paris, et j'y vais, c'est-à-dire, et je vais là, *usted viene de Paris, y yo voy allá.*

Quand l'objet est énoncé d'une manière assez claire, on supprime souvent la traduction de ces deux pronoms. Ex. : vous me demandez des livres, et je n'en ai point, *usted me pide libros, y yo no tengo;* irez-vous ce soir à l'Opéra? Non, je ne puis pas y aller, *irá usted esta tarde á la Opera? No, ne puedo ir.* Il y a encore d'autres manières de rendre ces deux pronoms, que l'usage apprendra.

C'est bien dommage qu'il n'y ait pas dans la langue espagnole deux mots équivalens à ces deux prônoms si laconiques, et par conséquent si élégans : il ne faudrait pas nous servir de ces tournures, qui nous forcent à supposer un mauvais français.

Le pronom *y*, suivi du verbe *avoir,* ne se traduit pas en espagnol, ni quand il exprime le lieu, ni quand il marque le temps : car alors *y avoir,* verbe impersonnel, a une signification toute particulière. Ex. : il y a bien du monde à la promenade, *hay mucha gente en el paseo;* il y a quatre ans, *cuatro años ha*, ou *hace cuatro años.*

CHAPITRE X.

DES VERBES EN GÉNÉRAL.

Il y a dans la langue espagnole six sortes de verbes : les auxiliaires, les actifs, les passifs, les neutres, les pronominaux et les impersonnels ou unipersonnels.

Les auxiliaires sont ceux qui aident à conjuguer les temps composés des autres verbes. Il y en a quatre : *haber* et *tener*, avoir ; *ser* et *estar*, être. *Haber* sert à conjuguer tous les temps composés, de la même manière que *avoir* et *être* aident à conjuguer les temps composés des verbes français. A la rigueur, c'est le seul verbe auxiliaire de la langue espagnole ; car

Tener est plutôt un verbe possessif qu'un auxiliaire, et il n'a quelque apparence d'auxiliaire que quand on dit : *yo tengo que partir,* j'ai à partir ; *tu tienes que comprar*, tu as à acheter ; *él tiene que aprender,* il a à apprendre, etc. Les verbes *querer*, vouloir ; *mandar*, ordonner, et une infinité d'autres, ne pourraient-ils pas être dans ce sens regardés comme auxiliaires ?

Ser est de sa nature un verbe substantif, qui indique l'essence des choses d'une manière absolue, et il est seulement auxiliaire pour les temps simples et composés des verbes passifs en cette manière : *yo soy amado*, je suis aimé ; *tu eras querida*, tu étais chérie ; *él ha sido engañado,* il a été trompé.

Estar désigne la manière d'être du sujet ; mais il est en quelque sorte auxiliaire quand il est suivi d'un gérondif. Ex. : *yo estoy comiendo*, je dîne actuellement, comme s'il y avait *je suis dînant ; tu estabas durmiendo*, tu dormais alors, ou tu étais dormant, etc., et lorsqu'il est suivi de la préposition *para* et l'infinitif d'un autre verbe. Ex. : *yo estoy para irme*, je vais m'en aller, ou je suis prêt à m'en aller ; *él estaba para montar á caballo,* il allait monter à cheval, ou il était sur le point de monter à cheval, etc.

Les verbes actifs sont ceux dont l'action commence en celui qui la fait, et passe dans celui qui la souffre ou la reçoit. Celui qui fait l'action du verbe se nomme le *sujet*, et celui qui reçoit l'action s'appelle *régime* ou *objet*. Ex. : *yo estudio la leccion*, j'étudie la leçon : l'action d'étudier commence en *yo*, et la *leccion* reçoit l'action de *estudiar*.

Les verbes passifs expriment l'action reçue ou soufferte par le sujet. Ex. : *el perezoso será castigado por el maestro*, le paresseux sera puni par le maître : dans cette phrase, qui équivaut à cette autre : *el maestro castigará al perezoso*, le maître punira le paresseux, le sujet devient régime, et le régime sert de sujet.

Les verbes neutres expriment une action, ou plutôt un état qui ne passe pas hors du sujet, mais qui se concentre en lui-même. Ex. : *el niño duerme*, l'enfant dort : l'action de dormir ne se communique pas au dehors de l'enfant, mais elle reste et se renferme en lui.

Les verbes pronominaux se nomment ainsi, parce qu'on les conjugue avec le double pronom, *yo me*, *tu te*, *él se*, *nosostros nos*, *vosostros os*, *ellos se*, je me, tu te, il se, etc. A cette classe de verbes appartiennent les *réfléchis*, qui sont ceux dont l'action se réfléchit sur le sujet même qui la fait. Ex. : *yo me siento aqui*, je m'assieds ici; *él se arrepentirá*, il se repentira ; et les *réciproques*, qui expriment l'action de plusieurs sujets qui agissent mutuellement les uns sur les autres. Ex.: *los dos hermanos se aman*, les deux frères s'aiment. Ces verbes réciproques n'ont pas de singulier. Souvent, pour bien exprimer la réciprocité, il faut ajouter : *mutuamente*, mutuellement; *uno á otro*, ou *unos á otros*, l'un l'autre, ou les uns les autres, ou d'autres mots équivalens. Ex. : *ellos se alaban uno á otro*, ils se louent l'un l'autre, ou réciproquement.

Les verbes impersonnels, appelés avec plus de propriété unipersonnels, sont ceux dont on n'emploie que la troisième personne du singulier dans chaque temps. Ex. : *llueve*, il pleut ; *será menester*, il faudra ; *el invierno pasado heló mucho*, l'hiver dernier, il gela beaucoup ; *es medio dia*, il est midi ; *convendria estudiar*, il faudrait étudier.

DE LA CONJUGAISON DES VERBES.

On conjugue un verbe en parcourant et en récitant ses différentes terminaisons dans ses modes, dans ses temps, dans ses nombres et personnes. Les modes sont les diverses manières de s'exprimer; il y en a quatre dans chaque verbe : l'*indicatif*, l'*impératif*, le *subjonctif* et l'*infinitif*. Plusieurs grammairiens font un cinquième mode du conditionnel; mais dans cette Grammaire on parlera du conditionnel simple et composé, non comme d'un mode, mais comme des temps appartenant au mode indicatif.

L'*indicatif* sert à affirmer d'une manière positive et absolue qu'une chose est ou se fait, était ou se faisait, etc. Il sert aussi à affirmer qu'une chose n'est ou ne se fait pas, n'était ou ne se faisait pas, etc., ainsi qu'à affirmer qu'une chose se ferait moyennant une condition.

L'*impératif* exprime l'action de commander, de prier ou d'exhorter.

Le *subjonctif*, ainsi appelé, parce qu'il est subordonné à quelque temps de l'indicatif ou à quelque autre partie du discours, est souvent précédé d'une conjonction, et par lui seul il ne formerait pas un sens clair.

L'*infinitif* se borne à un seul mot invariable, qui exprime l'action du verbe vaguement, sans nombre et sans personne. C'est par la terminaison de l'infinitif qu'on désigne chaque verbe, en espagnol comme en français.

DES TEMPS DANS LES VERBES.

Le temps, en général, désigne l'époque à laquelle se rapporte l'action du verbe. A proprement parler, il n'y a que le temps *présent*, le *passé* et l'*avenir*; mais ces temps-là ont des nuances et des rapports qui ont nécessité quelques divisions.

Le mode indicatif comprend dix temps, cinq simples et cinq composés; les simples sont : le *présent*, l'*imparfait*, le *passé* ou *prétérit défini*, le *futur et le conditionnel* présent; les composés sont les trois prétérits, *indéfini*, *antérieur* et *plusqueparfait*, le *futur* composé et le *conditionnel* passé.

L'impératif n'a qu'un temps, qui est *présent* par rapport à celui qui commande, prie ou exhorte, et *futur* par rapport à celui qui doit obéir.

Le subjonctif comprend huit temps, quatre simples, qui

sont le *présent*, le *premier* et le *second imparfait*, et le *futur*; et quatre composés, le *prétérit*, le *premier* et le *second plusqueparfait*, et le *futur* composé.

L'infinitif a le *présent*, le *passé*, le *gérondif présent* et *passé*, et le *participe*, qui ne sont pas des temps, mais des manières d'exister, de produire ou de recevoir l'action du verbe.

DES TEMPS DE L'INDICATIF.

Le *présent* de l'indicatif marque qu'une chose existe ou se fait au moment où l'on parle. On se sert de ce temps quand on parle des choses qu'on a l'habitude de faire. Ex. : *come á las cinco*, il dîne à cinq heures. Pour parler d'une action prochaine, on fait souvent usage du présent au lieu du futur. Ex.: *mañana vamos á cazar*, nous allons demain à la chasse. Dans les narrations un peu animées, on se sert du présent au lieu du prétérit défini. Ex. : *viene, resuelto á vencer ó morir, exhorta á sus soldados, los anima con su ejemplo, ataca al enemigo, y consigue una victoria completa*, il vient, décidé à vaincre ou à mourir, exhorte ses soldats, les encourage par son exemple, attaque l'ennemi, et remporte une victoire complète.

L'*imparfait* désigne qu'une chose existait ou se faisait au moment dont on parle, ou au moment qu'une autre action venait de se faire. *Cuando llegó, yo le escribia*, quand il arriva, je lui écrivais. (Sur la manière de rendre en espagnol l'imparfait d'indicatif dans les phrases conditionnelles, voyez les deux imparfaits du subjonctif.)

Le *prétérit défini* marque une action qui fut faite dans un temps entièrement écoulé. Ex. : *ayer lluvió*, hier, il plut; *el año pasado vi al rey*, l'année dernière, je vis le roi. En espagnol on ne se sert pas, comme en français, du prétérit indéfini à la place du prétérit défini, lorsque l'époque à laquelle se rapporte l'action du verbe est tout-à-fait passée. Voici la règle qu'il faut observer : si l'année ou le siècle, le jour, la semaine, le mois, ou toute autre période de temps, comme le carnaval, le carême, etc., dont on parle, et où l'action a eu lieu, dure encore au moment où l'on en parle, il faut se servir du prétérit indéfini. Ex. : *esta semana ha hecho buen tiempo*, cette semaine, il a fait beau temps; *hoy he escrito á mi padre*, aujourd'hui, j'ai écrit à mon père; *en este siglo ha habido muchas revoluciones políticas*, dans ce siècle, il y a eu beaucoup de révolutions politiques. Mais si la mesure du temps dont on parle, ou que l'on sous-entend, est absolument passée, on doit se servir du prétérit défini, et non de l'indéfini. Ex. : *la semana pasada hizo buen tiempo*, la semaine dernière, il fit beau temps; *esta mañana* (supposé qu'on parle dans l'après-midi ou le soir), *escribí á mi padre*, ce matin, j'ai écrit à mon père; *en el año 1830, hubo una gran revolucion política en Francia*, dans l'année 1830, il y eut une grande révolution politique en France.

Le *prétérit indéfini* désigne qu'une action a existé ou a été faite dans un temps indéterminé, ou dans un temps qui n'est pas entièrement écoulé. (Voyez ce qu'on vient de dire sur le prétérit défini.)

Le *prétérit antérieur* marque qu'une chose se fit ou exista quand une autre n'était pas encore arrivée. Pour s'en former une idée plus claire, il faut observer qu'on le fait précéder de quelque conjonction: *cuando*, quand; *luego que*, aussitôt que, etc.; car sans cela ce temps ne formerait pas un sens complet et clair. Ex. : *luego que hubo pagado su rescate, fué puesto en libertad*, dès qu'il eut payé sa rançon, il fut mis en liberté.

Le *plusqueparfait* désigne qu'une chose avait existé ou avait été faite quand une autre arriva. Ex. : *el gobernador había entregado la plaza, cuando llegó el refuerzo*, le gouverneur avait livré la place quand le renfort arriva. (Sur l'usage de ce temps qu'on fait en français pour les phrases conditionnelles, voyez les deux plusqueparfaits du subjonctif.)

Le *futur simple* montre qu'une chose existera ou sera faite dans un temps qui n'est pas encore arrivé. Ex. : *mañana compraré los libros*, demain, j'achèterai les livres. Quelquefois on se sert du futur simple à la place de l'impératif. Ex. : *no hurtarás*, tu ne voleras point.

Le *futur composé* marque qu'une chose aura existé ou sera faite quand une autre arrivera. Ex. : *cuando esto sucediere, nosotros habremos muerto*, quand cela arrivera, nous serons morts.

Le *conditionnel simple* montre qu'une chose existerait ou se ferait moyennant une condition. Ex. : *si tuviera hambre, comería*, si j'avais faim, je mangerais. Souvent on se sert de ce conditionnel d'une manière absolue. Ex. : *querria estar en Madrid*, je voudrais être à Madrid; *sería útil el viajar*, voyager serait utile. Ces phrases peuvent se tourner par l'indicatif présent : la première, *tengo deseo de estar en Madrid*, j'ai le désir d'être à Madrid; la deuxième, *el viajar es útil*, il est utile de voyager. On s'en sert aussi après quelques verbes et la conjonction *que*. Ex. : *dijo que vendria hoy*, il a dit qu'il viendrait aujourd'hui.

Le *conditionnel passé* ou *composé* montre qu'une chose aurait existé ou serait faite moyennant une condition. Ex. : *si usted hubiera venido, habriamos jugado*, si vous étiez venu, nous aurions joué. On emploie quelquefois ce conditionnel, comme le précédent, d'une manière absolue. Ex. : *habria querido ir á Madrid*, j'aurais voulu aller à Madrid ; *habria sido bueno y útil el viajar*, il aurait été bon et utile de voyager.

DU TEMPS DE L'IMPÉRATIF.

Ce temps tient du *présent* par rapport à celui qui commande, exhorte, prie, etc., et du *futur* par rapport à celui qui obéit, ou plutôt par rapport à la chose commandée. Ex. : *venga usted acá*, venez ici ; *traeme mañana las cartas*, apporte-moi demain les lettres. L'impératif en espagnol a toutes les personnes, la première du singulier seule exceptée.

Remarque très essentielle.

Il faut distinguer l'impératif *positif* et le *négatif*. Le *positif*, c'est-à-dire, quand on commande une chose sans aucune négation, se rend par l'impératif. Le *négatif*, c'est-à-dire, lorsqu'on défend de faire quelque chose, avec une négation, se rend par le présent du subjonctif. Ex. : viens ce soir, *ven esta noche*; ne viens pas ce soir, *no vengas esta noche*. Dans les impératifs on supprime les pronoms *tu*, *él* ou *ella*, *nosotros*, *as*, *vosotros*, *as*, *ellos*, *as*; mais on dit le pronom *usted* et *ustedes*, qui suit toujours l'impératif.

DES TEMPS DU SUBJONCTIF.

On a déjà dit que les temps du subjonctif sont subordonnés à ceux de l'indicatif, ou à quelque autre partie du discours. Voyons maintenant dans quelles occasions doit-on faire usage de ces temps.

On se sert du *présent* en espagnol dans les mêmes circonstances qu'en français. Outre cela, on emploie ce temps pour les impératifs négatifs, comme il vient d'être dit. Lorsqu'on se sert en français d'un des verbes prier, ordonner, dire, conseiller, et quelques autres, suivi de la préposition *de* et de l'infinitif d'un autre verbe, cet infinitif se rend en espagnol par le présent du subjonctif, si les verbes susmentionnés sont au présent, au futur, ou à l'impératif, et la préposition *de* se rend par la conjonction *que*. Ex. : tu me conseilles de quitter le commerce, *me aconsejas que deje el comercio;* il te dira d'être obéissant et soumis, *te dirá que seas obediente y sumiso;* écrivez-lui de revenir tout de suite, *escribale usted que vuelva de seguida*. Ce présent du subjonctif est aussi employé au lieu du futur simple du même mode, comme nous le verrons en parlant du futur.

Le premier *imparfait*, qui n'existe pas dans les verbes français, sert principalement pour les phrases conditionnelles. L'imparfait de l'indicatif, précédé de la conjonction conditionnelle *si*, se rend en espagnol par l'un des deux imparfaits du subjonctif, à volonté. Ex. : s'il m'aimait, *si él me amara* ou *amase*. Quand on emploie les verbes prier, ordonner, etc., suivis de la préposition *de* et d'un autre verbe à l'infinitif, celui-ci se rend en espagnol par l'un des imparfaits du subjonctif, si lesdits verbes prier, etc., sont à un des cinq temps passés de l'indicatif, et la préposition *de* par la conjonction *que*. Ex. : il me priait de lui pardonner, *me rogaba que le perdonara*, ou *perdonase;* il me conseilla de me marier, *me aconsejó que me casara* ou *casase;* il t'avait ordonné de te taire, *te habia ordonado que callases*. Ce premier imparfait peut aussi remplacer le conditionnel présent. Ex. : je serais content, si mes désirs étaient satisfaits, *estuviera contento si mis deseos fuesen cumplidos*.

Le second imparfait est celui qu'on nomme en français imparfait du subjonctif. On s'en sert dans les mêmes circonstances que du premier imparfait ; en sorte que l'un remplace l'autre, excepté lorsque le premier imparfait remplace le conditionnel présent. L'imparfait suivi d'un pronom personnel, duquel il n'est séparé que par un trait d'union, se rend en espagnol par l'un des deux imparfaits, précédé de la conjonction *aunque*. Ex. : fût-il plus riche que Crésus, *aunque fuera* ou *fuese mas rico que Creso*.

Le *prétérit* sert à désigner une action passée, mais subordonnée à un autre temps de l'indicatif. Ex. : *no ama menos á su padre, aunque le haya desobedecido*, il n'aime pas moins son père, quoiqu'il lui ait désobéi. (Voyez plus bas, sur le futur simple et composé du subjonctif.)

Le premier *plusqueparfait* est, ainsi que le premier imparfait, un temps particulier aux verbes espagnols, qui contribue à la riche variété de cette langue. Il sert à former les phrases conditionnelles, lorsqu'après la conjonction *si* on place en français le plusqueparfait de l'indicatif. Ex. : s'il avait plu davantage, *si hubiera llovido mas*. Ce premier plusqueparfait peut remplacer le conditionnel passé. Ex. : *yo hubiera venido, si usted me lo hubiese dicho*, je serais venu, si vous me l'aviez dit.

Le second *plusqueparfait* répond au plusqueparfait des verbes français. On se sert indifféremment de celui-ci ou du premier dans les phrases conditionnelles. Lorsqu'en français on emploie le plusqueparfait suivi et séparé par un trait d'union d'un pronom personnel, il se rend en espagnol par l'un des deux plusqueparfaits précédé de la conjonction *aunque*, ou *aun cuando*. Ex. : Eût-il eu une fortune plus considérable, il l'aurait dissipée, *aun cuando hubiera* ou *hubiese tenido una fortuna mas considerable, la habria disipado*. Dans les phrases conditionnelles, on se sert quelquefois en français du plusqueparfait du subjonctif au lieu de celui de l'indicatif, et quelquefois aussi à la place du conditionnel passé. Dans le premier cas, il se rend en espagnol par le premier ou le second plusqueparfait indifféremment. Ex. : s'il eût voulu m'écouter, *si él hubiera* ou *hubiese querido escucharme*; et dans le second cas, on le rend par le conditionnel passé. Ex.: s'il m'avait écouté, il eût vécu heureux, *si me hubiese escuchado, habria vivido feliz*.

Le *futur simple* et le *composé* du subjonctif sont encore des temps qui ne se trouvent pas dans les verbes français; ils remplacent le futur simple et le composé de l'indicatif: 1° lorsque dans la même phrase il y a deux verbes au futur, dont l'un exprime l'action d'une manière contingente et conditionnelle, et l'autre exprime une idée absolue, comme suite et conséquence de la condition, le premier se rend par le futur du subjonctif, et le second par celui de l'indicatif, et dans ce cas le futur conditionnel ou contingent est précédé d'une des conjonctions *lorsque*, *quand*, *dès que*, *aussitôt que*, *d'abord que*, *pendant que*, et quelques autres semblables. Ex.: quand je l'aurai fini, je vous l'enverrai, *quando le hubiere acabado, se le enviaré á usted;*

2° Quand le futur est précédé des comparatifs *le plus*, *le moins*, *le mieux*, *le meilleur*, *le pire*, *le moindre*, *le plus joli*, etc., ou par les comparatifs d'égalité *aussi*, *autant*, etc., tous suivis de la conjonction *que*. Ex. : fais cela le mieux que tu pourras, *hazlo lo mejor que pudieres;* j'attendrai autant que je pourrai, *esperaré cuanto pudiere;*

3° Lorsque le futur est précédé des relatifs, *celui qui*, *celle qui*, *ce qui*, *quiconque*, et d'autres semblables. Ex. : prête-moi de ces deux dictionnaires celui que tu voudras, *préstame el que quisieres de esos dos diccionarios*. Dans tous ces cas, et généralement lorsqu'il faut faire usage en espagnol du futur du subjonctif, le plus souvent, et surtout dans la conversation ordinaire, le futur simple est remplacé par le présent, et le composé par le prétérit du subjonctif. Ex. : fais-le comme tu pourras, *hazlo como puedas*, au lieu de *pudieres;* quand j'aurai fini de le lire, je te l'enverrai, *cuando haya acabado,* au lieu de *hubiere acabado de leerle*, *te le enviaré;*

4° Enfin, lorsqu'après l'impératif on se sert du présent de l'indicatif avec la particule conditionnelle *si*, ce présent se rend, ou par le même temps, ou par le futur simple du subjonctif. Ex. : viens, si tu peux, *ven*, *si puedes*, ou *si pudieres*.

DES TEMPS DE L'INFINITIF.

Quoique improprement, on appelle des temps l'*infinitif*, le *gérondif* et le *participe passé*. Les deux premiers sont invariables. L'*infinitif* désigne l'action du verbe vaguement et sans aucun rapport ni au temps, ni au lieu, ni aux personnes : il faut quelque autre mot pour que l'infinitif signifie quelque chose. Ex. : *dormir*, dormir; *pasear*, promener, présentent à l'esprit l'idée vague et confuse du sommeil et de la promenade; mais *quiero dormir*, je veux dormir; *vamos á pasear*, allons promener, offrent des idées claires et déterminées par les mots *quiero* et *vamos*. On fait quelquefois usage des infinitifs substantivement, et moyennant l'article masculin il répond aux substantifs français qui marquent l'action des verbes. Ex. : *el dormir*, le sommeil; *el cantar*, le chant, etc. (Voyez sur l'infinitif, ce qui a été dit en parlant du présent et du premier imparfait du subjonctif; voyez aussi ce qui suit sur le gérondif.)

Le *gérondif présent*, qui répond au participe présent des verbes français, désigne la simultanéité ou la coexistence de l'action de son verbe et l'action d'un autre verbe de la même phrase. Ex. : *combatiendo por la patria perdió la vida*, en combattant pour la patrie, il perdit la vie. Cette préposition *en*, que l'on fait ordinairement précéder au participe présent, est rarement d'usage devant le gérondif espagnol, et quand elle s'y trouve, ce n'est pas dans le même sens qu'en français: car alors *en* signifie *après que*, *aussitôt que*, etc. Ex. : *en diciendo estas palabras*, *levantó los ojos al cielo*, ayant dit, ou après qu'il eut dit ces paroles, il leva les yeux au ciel.

Bien souvent, au lieu du gérondif, on se sert en espagnol de l'infinitif, précédé de l'article masculin *al*. Ex. : *al salir de casa*, en sortant de la maison, *al acostarse*, en se couchant; mais cette manière ne peut pas être employée partout : il y a des nuances difficiles à saisir, et que l'usage peut apprendre à distinguer. Quelquefois aussi on se sert au lieu du gérondif de l'infinitif précédé de la préposition *con*. Ex. : *con hacer lo que Dios manda no haremos mas que nuestro deber,* en faisant ce que Dieu ordonne, nous ne ferons que notre devoir.

L'usage le plus général du gérondif est avec le verbe *estar* ou *ir*, être ou aller, dans tous leurs temps, l'impératif excepté; mais cet usage n'a lieu que lorsque le gérondif marque une action de quelque durée ou de quelque continuité, en sorte que l'action prolongée du gérondif puisse exister ou être faite dans le temps marqué par le verbe *estar* ou *ir*: alors le temps s'exprime par *estar* ou *ir*, et l'action par le gérondif. Ex. : *estoy escribiendo*, j'écris; *estábamos comiendo*, nous dînions; *estuvieron jugando todo la noche*, ils jouèrent toute la nuit; comme s'il y avait : je suis écrivant, nous étions dînant, ils furent jouant. Avec le verbe *ir*, le gérondif marque une action encore plus longue, plus lente et comme progressive. Ex. : *fué vendiendo todo su patrimonio*, il vendit (peu à peu) son patrimoine ; *se va consolando de la muerte de su marido*, elle se console (par degrés) de la mort de son mari. Lorsque l'action du verbe est momentanée, on ne peut pas se servir de cette façon de parler ; car on ne dit pas : *le estuvo dando una puñalada*, ou *le han estado nombrando arzobispo ;* mais, *le dió una puñalada*, il lui donne un coup de poignard ; *le han nombrado arzobispo*, on l'a nommé archevêque.

Le *gérondif passé* suit les mêmes règles que le gérondif présent, excepté la dernière dont on vient de parler au paragraphe précédent.

Le *participe*, étant considéré dans cette Grammaire comme une partie du discours distincte du verbe, est renvoyé à sa place naturelle, après qu'on aura parlé des verbes réguliers et irréguliers.

CHAPITRE XI.

CONJUGAISON DES VERBES.

Il n'y a dans la langue espagnole que trois conjugaisons : la première comprend tous les verbes qui font l'infinitif en *ar*, comme *amar ;* la deuxième, tous ceux qui font l'infinitif en *er*, comme *temer*, et la troisième, ceux dont l'infinitif est terminé en *ir*, comme *partir*. Avant que de donner le tableau de la conjugaison de ces trois verbes, qui doivent servir de modèle pour conjuguer tous les autres, il faut donner la conjugaison du verbe auxiliaire *haber*. On n'y trouvera que les temps simples, puisque ses composés sont de nul usage en espagnol, et que ces temps simples servent à conjuguer les composés de tous les autres verbes, de quelle nature qu'ils soient. Ce verbe auxiliaire, par l'addition de quelques participes, formera la conjugaison des temps composés des autres verbes.

Après le verbe *haber*, suivra la conjugaison du verbe *tener*, et des remarques sur ces deux verbes auxiliaires ; puis celle des deux autres, *ser* et *estar*, aussi avec des remarques sur leur usage.

CONJUGAISON DU VERBE AUXILIAIRE *haber*, avoir.

INFINITIF PRÉSENT.

Haber, avoir, *llevado*, *venido*, *hecho*.

GÉRONDIF.

Habiendo, ayant, *llevado*, *venido*, *hecho*.

PARTICIPE PASSÉ.

Habido, eu. (1)

INDICATIF PRÉSENT.

Yo he, j'ai, *llevado*, *venido*, *hecho*.
Tu as, tu as.
El, *ella*, *Pedro*, *Maria*, *el padre*, *la mesa*, etc., *ha*, il, elle, Pierre, Marie, le père, la table, etc., a.
Nosotros, *nosotras hemos*, nous avons.
Vosotros, *vosotras habeis*, v. avez.
Ellos, *ellas*, *los hombres*, *las mugeres*, etc., *han*, ils, elles, les hommes, les femmes, etc., ont.

IMPARFAIT.

Yo habia, j'avais, *llevado*, *venido*, *hecho*.
Tu habias, tu avais.
El, *ella*, etc., *habia*, il, elle, etc., avait.
Nosotros, *nosotras habíamos*, n. avions.
Vosotros, *vosotras habiais*, vous aviez.
Ellos, *ellas*, etc., *habian*, ils, elles, etc., avaient.

PRÉTÉRIT DÉFINI.

Yo hube (2), j'eus, *llevado*, *venido*, *hecho*
Hubiste, tu eus.
Hubo, il eut.
Hubimos, nous eûmes.
Hubisteis, vous eûtes.
Hubieron, ils eurent.

FUTUR SIMPLE.

Habré, j'aurai, *llevado*, *venido*, *hecho*.
Habrás, tu auras.
Habrá, il aura.
Habremos, nous aurons.
Habreis, vous aurez.
Habrán, ils auront.

CONDITIONNEL PRÉSENT.

Habria, j'aurais, *llevado*, *venido*, *hecho*.
Habrias, tu aurais.
Habria, il aurait.
Habríamos, nous aurions.
Habriais, vous auriez.
Habrian, ils auraient. (3)

SUBJONCTIF PRÉSENT.

Haya, que j'aie, *llevado*, *venido*, *hecho*.
Hayas, que tu aies.
Haya, qu'il ait.
Hayamos, que nous ayons.
Hayais, que vous ayez.
Hayan, qu'ils aient.

PREMIER IMPARFAIT.

Hubiera, si j'avais, *llevado*, *venido*, *hecho*.
Hubieras, si tu avais.
Hubiera, s'il avait.
Hubiéramos, si nous avions.
Hubierais, si vous aviez.
Hubieran, s'ils avaient.

(1) Le participe passé *habido* sert seulement pour le verbe *haber* lorsqu'il est impersonnel.

(2) On supprimera désormais les pronoms dans la conjugaison des verbes.

(3) Le verbe *haber* n'a pas d'impératif comme auxiliaire; et comme possessif, il n'est presque plus en usage.

SECOND IMPARFAIT.

Hubiese, que j'eusse, *llevado, venido, hecho.*
Hubieses, que tu eusses.
Hubiese, qu'il eût.
Hubiésemos, que nous eussions.
Hubieseis, que vous eussiez.
Hubiesen, qu'ils eussent.

FUTUR SIMPLE.

Hubiere, q. j'aurai, *llevado, venido, hecho.*
Hubieres, quand tu auras.
Hubiere, quand il aura.
Hubiéremos, quand nous aurons.
Hubiereis, quand vous aurez.
Hubieren, quand ils auront.

CONJUGAISON DU VERBE *tener*, avoir.

INFINITIF PRÉSENT.

Tener, avoir.

INFINITIF PASSÉ.

Haber tenido, avoir eu.

GÉRONDIF PRÉSENT.

Teniendo, ayant.

GÉRONDIF PASSÉ.

Habiendo tenido, ayant eu.

PARTICIPE PASSÉ.

Tenido, eu.

INDICATIF PRÉSENT.

Tengo, j'ai.
Tienes, tu as.
Tiene, il a.
Tenemos, nous avons.
Teneis, vous avez.
Tienen, ils ont.

IMPARFAIT.

Tenia, j'avais.
Tenias, tu avais.
Tenia, il avait.
Teníamos, nous avions.
Teniais, vous aviez.
Tenian, ils avaient.

PRÉTÉRIT DÉFINI.

Tuve, j'eus.
Tuviste, tu eus.
Tuvo, il eut.
Tuvimos, nous eûmes.
Tuvisteis, vous eûtes.
Tuvieron, ils eurent.

PRÉTÉRIT INDÉFINI.

He tenido, j'ai eu.
Has tenido, tu as eu.
Ha tenido, il a eu.
Hemos tenido, nous avons eu.
Habeis tenido, vous avez eu.
Han tenido, ils ont eu.

PRÉTÉRIT ANTÉRIEUR.

Hube tenido, j'eus eu.
Hubiste tenido, tu eus eu.
Hubo tenido, il eut eu.
Hubimos tenido, nous eûmes eu.
Hubisteis tenido, vous eûtes eu.
Hubieron tenido, ils eurent eu.

PLUSQUEPARFAIT.

Habia tenido, j'avais eu.
Habias tenido, tu avais eu.
Habia tenido, il avait eu.
Habiamos tenido, nous avions eu.
Habiais tenido, vous aviez eu.
Habian tenido, ils avaient eu.

FUTUR SIMPLE.

Tendré, j'aurai.
Tendrás, tu auras.
Tendrá, il aura.
Tendremos, nous aurons.
Tendreis, vous aurez.
Tendrán, ils auront.

FUTUR COMPOSÉ.

Habré tenido, j'aurai eu.
Habrás tenido, tu auras eu.
Habrá tenido, il aura eu.
Habremos tenido, nous aurons eu.
Habreis tenido, vous aurez eu.
Habrán tenido, ils auront eu.

CONDITIONNEL PRÉSENT.

Tendria, j'aurais.
Tendrias, tu aurais.
Tendria, il aurait.

ayo hice haré
hacer

Tendríamos, nous aurions.
Tendriais, vous auriez.
Tendrian, ils auraient.

CONDITIONNEL PASSÉ.

Habria tenido, j'aurais eu.
Habrias tenido, tu aurais eu.
Habria tenido, il aurait eu.
Habríamos tenido, n. aurions eu.
Habriais tenido, vous auriez eu.
Habrian tenido, ils auraient eu.

IMPÉRATIF.

Ten, aie.
Tenga, qu'il ait.
Tengamos, ayons.
Tened, ayez.
Tengan, qu'ils aient.

SUBJONCTIF PRÉSENT.

Tenga, que j'aie.
Tengas, que tu aies.
Tenga, qu'il ait.
Tengamos, que nous ayons.
Tengais, que vous ayez.
Tengan, qu'ils aient.

PREMIER IMPARFAIT.

Tuviera, si j'avais.
Tuvieras, si tu avais.
Tuviera, s'il avait.
Tuviéramos, si nous avions.
Tuvierais, si vous aviez.
Tuvieran, s'ils avaient.

SECOND IMPARFAIT.

Tuviese, que j'eusse.
Tuvieses, que tu eusses.
Tuviese, qu'il eût.
Tuviésemos, que nous eussions.
Tuvieseis, que vous eussiez.
Tuviesen, qu'ils eussent.

PRÉTÉRIT.

Haya tenido, que j'aie eu.
Hayas tenido, que tu aies eu.
Haya tenido, qu'il ait eu.
Hayamos tenido, que nous ayons eu.
Hayais tenido, que vous ayez eu.
Hayan tenido, qu'ils aient eu.

PREMIER PLUSQUEPARFAIT.

Hubiera tenido, si j'avais eu.
Hubieras tenido, si tu avais eu.
Hubiera tenido, s'il avait eu.
Hubiéramos tenido, si nous avions eu.
Hubierais tenido, si vous aviez eu.
Hubieran tenido, s'ils avaient eu.

SECOND PLUSQUEPARFAIT.

Hubiese tenido, que j'eusse eu.
Hubieses tenido, que tu eusses eu.
Hubiese tenido, qu'il eût eu.
Hubiésemos tenido, que nous eussions eu.
Hubieseis tenido, que vous eussiez eu.
Hubiesen tenido, qu'ils eussent eu.

FUTUR SIMPLE.

Tuviere, quand j'aurai.
Tuvieres, quand tu auras.
Tuviere, quand il aura.
Tuviéremos, quand n. aurons.
Tuviereis, quand vous aurez.
Tuvieren, quand ils auront.

FUTUR COMPOSÉ.

Hubiere tenido, quand j'aurai eu.
Hubieres tenido quand tu auras eu.
Hubiere tenido, quand il aura eu.
Hubiéremos tenido, q. nous aurons eu.
Hubiereis tenido, q. vous aurez eu.
Hubieren tenido, q. ils auront eu.

Remarques sur les verbes haber *et* tener.

1. Le verbe *haber* est le seul qui soit rigoureusement auxiliaire, c'est-à-dire, le seul qui sert à conjuguer tous les temps composés, quand même ce serait pour les verbes neutres et pronominaux, pour lesquels on emploie en français le verbe

être. Ex. : je l'ai vu, *yo le he visto;* il est venu, *ha venido;* nous nous sommes occupés, *nos hemos ocupado*. Avec le verbe auxiliaire *haber*, le participe qui le suit est toujours invariable, et tant au féminin qu'au masculin, au pluriel qu'au singulier, il prend toujours la terminaison masculine du singulier en *o;* mais avec *ser*, *estar*, *tener*, etc., le participe passé s'accorde en genre et en nombre avec le pronom ou avec le substantif. Ex. : elle est fâchée, *ella está enojada;* ils furent vaincus, *ellos fueron vencidos;* la vertu sera récompensée, *la virtud será recompensada*.

2. En français, on place très souvent un ou plusieurs adverbes entre le verbe auxiliaire et le participe passé; mais en espagnol on ne sépare que rarement l'un de l'autre; et s'il faut des adverbes avec un temps composé de quelque verbe, on les place après le participe, et quelquefois devant le verbe *haber*, mais presque jamais entre celui-ci et le participe qu'il régit. Ex. : j'ai peu dormi cette nuit, *he dormido poco esta noche;* il a bien et dûment répondu, *ha respondido bien y como debia;* tu as très mal agi, *muy mal has procedido*.

3. Le verbe *haber* est quelquefois possessif, et alors il a un impératif qui n'a pas de seconde personne du singulier: *haya*, *hayamos*, *habed*, *hayan*. L'usage de cet impératif est aujourd'hui très rare; mais anciennement on s'en servait plus fréquemment.

4. Le verbe *avoir*, lorsqu'il est possessif, se rend toujours par *tener* : il est possessif toutes les fois qu'il n'est pas suivi d'un participe passé. *Avoir à*, se rend en espagnol par *tener que*. Ex. : j'ai à écrire, *tengo que escribir*.

5. *Haber de* répond au verbe *devoir*, lorsque ce verbe ne marque pas une obligation rigoureuse. Ex. : *he de hablar á su padre*, je dois parler à son père. Mais quand le verbe *devoir* désigne une obligation de conscience, de bienséance, de convention, qu'on ne peut pas transgresser sans se rendre coupable, il se traduit par *deber*, ou par une autre locution équivalente. Ex. : l'homme doit se conduire selon les règles de l'honnêteté, *el hombre debe*, ou *está obligado á conducirse segun las reglas de la honestidad*.

6. *Haber* est aussi un verbe impersonnel qui répond au français *y avoir*. En cette qualité, il n'a que les troisièmes personnes du singulier de chaque temps, et alors l'indicatif pré-

sent fait *hay*, il y a, et les autres temps simples et composés comme il est marqué à la conjugaison de ce verbe. Ex. : *hay en Francia mas de un millon de médicos*, il y a en France plus d'un million de médecins. Le verbe *être*, lorsqu'il est impersonnel, se rend aussi en espagnol par *haber*. Ex. : il est des circonstances où l'on doit mépriser la vie, *hay circunstancias en que debemos menospreciar la vida*.

7. *Haber* et *hacer*, verbes impersonnels pour marquer le temps, répondent en français au verbe *y avoir*. Ordinairement, on se sert du verbe *hacer* devant le temps ou l'époque, et du verbe *haber* après. Ex. : il y a huit jours, *hace ocho dias*, ou *ocho dias ha*; il y avait long-temps, *hacia mucho tiempo*, ou *mucho tiempo habia*.

CONJUGAISON DES VERBES *ser* et *estar*, être.

INFINITIF PRÉSENT.

Ser, *estar*, être.

INFINITIF PASSÉ.

Haber sido, *estado*, avoir été.

GÉRONDIF PRÉSENT.

Siendo, *estando*, étant.

GÉRONDIF PASSÉ.

Habiendo sido, *estado*, ayant été.

PARTICIPE PASSÉ.

Sido, *estado*, été.

INDICATIF PRÉSENT.

Soy, *estoy*, je suis.
Eres, *estás*, tu es.
Es, *está*, il est.
Somos, *estamos*, nous sommes.
Sois, *estais*, vous êtes.
Son, *están*, ils sont.

IMPARFAIT.

Era, *estaba*, j'étais.
Eras, *estabas*, tu étais.
Era, *estaba*, il était.
Éramos, *estábamos*, nous étions.
Erais, *estabais*, vous étiez.
Eran, *estaban*, ils étaient.

PRÉTÉRIT DÉFINI.

Fuí, *estuve*, je fus.
Fuiste, *estuviste*, tu fus.
Fué, *estuvo*, il fut.
Fuimos, *estuvimos*, nous fûmes.
Fuisteis, *estuvisteis*, vous fûtes.
Fueron, *estuvieron*, ils furent.

PRÉTÉRIT INDÉFINI.

He sido, *estado*, j'ai été.
Has sido, *estado*, tu as été.
Ha sido, *estado*, il a été.
Hemos sido, *estado*, nous avons été.
Habeis sido, *estado*, vous avez été.
Han sido, *estado*, ils ont été.

PRÉTÉRIT ANTÉRIEUR.

Hube sido, *estado*, j'eus été.
Hubiste sido, *estado*, tu eus été.
Hubo sido, *estado*, il eût été.
Hubimos sido, *estado*, nous eûmes été.
Hubisteis sido, *estado*, vous eûtes été.
Hubieron sido, *estado*, ils eurent été.

PLUSQUEPARFAIT.

Habia sido, *estado*, j'avais été.
Habias sido, *estado*, tu avais été.
Habia sido, *estado*, il avait été.

Habíamos sido, estado, nous avions été.
Habiais sido, estado, vous aviez été.
Habian sido, estado, ils avaient été.

FUTUR SIMPLE.

Seré, estaré, je serai.
Serás, estarás, tu seras.
Será, estará, il sera.
Seremos, estaremos, nous serons.
Sereis, estareis, vous serez.
Serán, estarán, ils seront.

FUTUR COMPOSÉ.

Habré sido, estado, j'aurai été.
Habrás sido, estado, tu auras été.
Habrá sido, estado, il aura été.
Habremos sido, estado, nous aurons été.
Habreis sido, estado, vous aurez été.
Habrán sido, estado, ils auront été.

CONDITIONNEL PRÉSENT.

Seria, estaria, je serais.
Serias, estarias, tu serais.
Seria, estaria, il serait.
Seríamos, estaríamos, nous serions.
Seriais, estariais, vous seriez.
Serian, estarian, ils seraient.

CONDITIONNEL PASSÉ.

Habria sido, estado, j'aurais été.
Habrias sido, estado, tu aurais été.
Habria sido, estado, il aurait été.
Habríamos sido, estado, nous aurions été.
Habriais sido, estado, vous auriez été.
Habrian sido, estado, ils auraient été.

IMPÉRATIF.

Sé, está, sois.
Sea, esté, qu'il soit.
Seamos, estemos, soyons.
Sed, estad, soyez.
Sean, estén, qu'ils soient.

SUBJONCTIF PRÉSENT.

Sea, esté, que je sois.
Seas, estés, que tu sois.
Sea, esté, qu'il soit.
Seamos, estemos, que nous soyons.
Seais, esteis, que vous soyez.
Sean, estén, qu'ils soient.

PREMIER IMPARFAIT.

Fuera, estuviera, si j'étais.
Fueras, estuvieras, si tu étais.
Fuera, estuviera, s'il était.
Fuéramos, estuviéramos, si nous étions.
Fuerais, estuvierais, si vous étiez.
Fueran, estuvieran, s'ils étaient.

SECOND IMPARFAIT.

Fuese, estuviese, que je fusse.
Fueses, estuvieses, que tu fusses.
Fuese, estuviese, qu'il fût.
Fuésemos, estuviésemos, que nous fussions.
Fueseis, estuvieseis, que vous fussiez.
Fuesen, estuviesen, qu'ils fussent.

PRÉTÉRIT.

Haya sido, estado, que j'aie été.
Hayas sido, estado, que tu aies été.
Haya sido, estado, qu'il ait été.
Hayamos sido, estado, que nous ayons été.
Hayais sido, estado, que vous ayez été.
Hayan sido, estado, qu'ils aient été.

PREMIER PLUSQUEPARFAIT.

Hubiera sido, estado, si j'avais été.
Hubieras sido, estado, si tu avais été.
Hubiera sido, estado, s'il avait été.
Hubiéramos sido, estado, si nous avions été.
Hubierais sido, estado, si vous aviez été.
Hubieran sido, estado, s'ils avaient été.

SECOND PLUSQUEPARFAIT.

Hubiese sido, estado, que j'eusse été.
Hubieses sido, estado, que tu eusses été.
Hubiese sido, estado, qu'il eût été.

Hubiésemos sido, *estado*, que nous eussions été.
Hubieseis sido, *estado*, que vous eussiez été.
Hubiesen sido, *estado*, qu'ils eussent été.

FUTUR SIMPLE.

Fuere, *estuviere*, quand je serai.
Fueres, *estuvieres*; quand tu seras.
Fuere, *estuviere*, quand il sera.
Fuéremos, *estuviéremos*, quand nous serons.
Fuereis, *estuviereis*, quand vous serez.
Fueren, *estuvieren*, quand ils seront.

FUTUR COMPOSÉ.

Hubiere sido, *estado*, quand j'aurai été.
Hubieres sido, *estado*, quand tu auras été.
Hubiere, *sido*, *estado*, quand il aura été.
Hubiéremos, *sido*, *estado*, quand nous aurons été.
Hubiereis sido, *estado*, quand vous aurez été.
Hubieren sido, *estado*, quand ils auront été.

REMARQUES

Sur la manière d'employer les verbes ser *et* estar.

SUR LE VERBE *ser*.

1. Le verbe *ser* est auxiliaire, mais seulement pour exprimer la voix passive des autres verbes. Ainsi l'on dit : *soy amado*, je suis aimé; *será castigado*, il sera puni; *fueron aplaudidas*, elles furent applaudies; *seríamos admitidos*, nous serions admis. Il faut pourtant bien faire attention à ne le point prendre comme auxiliaire de la même manière et dans toutes les circonstance que le verbe *être* l'est en français; car toutes les fois qu'on se sert en français du verbe *être*, comme rigoureusement auxiliare, c'est-à-dire, comme faisant partie des temps composés des verbes neutres et pronominaux, on emploie en espagnol le verbe *haber*, le seul vraiment et rigoureusement auxiliaire qui soit dans cette langue. Ex. : il est venu me voir, *ha venido á verme*; il se serait jeté à la rivière, *se habria arrojado al rio*; je suis arrivé à temps, *he llegado á tiempo*; elle s'était évanouie, *ella se habia desmayado*. Dans tous ces exemples, on dirait mal : *es venido*, *se seria arrojado*, *soy llegado*, *ella se era desmayada*.

2. Le verbe *ser* est un verbe substantif, et en cette qualité il est employé dans tous les cas et de toutes les manières que le verbe *être* l'est en français, pour exprimer ce qui regarde l'essence ou la nature des choses. Ces exemples, être homme, être cheval, être arbre, être enfant, être pierre, etc., montrent

clairement la nature des objets et la substance des choses, et c'est pour cela qu'on les rend par le verbe *ser : ser hombre, ser caballo, ser árbol, ser niño, ser piedra, etc.*

3. L'usage le plus fréquent du verbe *ser*, lorsqu'il est accompagné de quelque adjectif, est d'attribuer quelque qualité à une substance ou à une chose. Mais il faut observer que lorsqu'une qualité est énoncée, non comme intrinsèque, inhérente et habituelle, mais comme accessoire, accidentelle et momentanée, elle ne s'explique plus par le verbe *ser*, mais par *estar*. On comprendra mieux ceci par quelques exemples :

Un enfant est sage, respectueux et tranquille, soit par son tempérament, soit par son éducation ; mais il l'est habituellement. Quant on dit donc que cet enfant est tranquille et sage, on dit en espagnol : *este muchacho es quieto y modesto.* Mais un autre enfant est quelquefois tranquille et sage, contre son habitude, dans des momens nommés, alors on dit : *este muchacho está quieto y modesto.*

Il est une chambre dans l'intérieur d'une maison, très mal éclairée, parce que le jour y entre très difficilement ; on dit donc : cette chambre est obscure, *este cuarto es obscuro.* Mais une autre chambre, ordinairement bien éclairée, ne l'est pas dans ce moment-ci, parce qu'on a fermé les fenêtres, alors on dit : cette chambre est obscure, *este cuarto está obscuro.*

Un homme qui habituellement est pris de vin donne occasion de dire : il est ivre, c'est un ivrogne, *es borracho, es un borracho ;* mais un autre s'est soûlé par accident, quoique ce ne soit pas son habitude, et l'on dit de lui : il est ivre, *está borracho.*

Ces exemples doivent suffire pour faire comprendre l'objet de cette règle, qui tend à établir la vraie et légitime application du verbe *ser*, lorsqu'il est joint à des adjectifs qui donnent des qualités aux substantifs. Il faut que les qualités qu'on attribue à quelque chose soient connaturelles, inhérentes ou habituelles, pour être exprimées par le verbe *ser ;* ainsi l'on dit : il est savant, il est paresseux, il est blanc, il est doux, il est grand, il est large, amer, discret, carré, etc., *es doctó, es perezoso, es blanco, es dulce, es grande, es ancho, amargo, discreto, cuadrado, etc.*

Par cette même règle, on explique par le verbe *ser* la privation de ces mêmes qualités ; car il n'est pas nécessaire qu'elles existent réellement, mais il suffit qu'elles puissent convenir aux choses ou aux personnes, ou pour mieux dire, il suffit que les qualités mêmes soient de nature à pouvoir être appliquées aux objets. Dans cette phrase : Dieu n'est pas mortel, *Dios no es mortal*, il ne faut pas considérer si Dieu est susceptible de la mortalité, mais si la mortalité est applicable essentiellement à quelque chose. De même, l'air n'est point vert, le feu n'est pas carré, le sable n'est pas prudent, etc., *el aire no es verde*, *el fuego no es cuadrado*, *la arena no es prudente, etc.*, ne se dit pas parce que l'air, le feu et le sable peuvent être vert, carré ou prudent, mais parce que les qualités verte, carrée et prudente conviennent essentiellement à plusieurs objets ; ce qui n'arrive pas aux qualités qui s'expliquent par le verbe *estar*.

4. Le verbe *ser* exprime la dignité, le titre d'honneur, la religion, le grade, la profession, l'emploi, le métier, l'état et la condition des différentes personnes dans la société. La dignité : il est duc, il est archevêque, *es duque*, *es arzobispo ;* le titre d'honneur : il est pair de France, il est chevalier de Calatrava, *es par de Francia, es caballero de Calatrava;* la religion : il est juif, il est chrétien, *es judío*, *es cristiano;* le grade : il est colonel, il est bachelier, *es coronel, es bachiller;* la profession : il est soldat, il est philosophe, *es soldado*, *es filósofo ;* l'emploi : il est secrétaire, il est portier, *es secretario*, *es portero ;* le métier : il est maçon, il est serrurier, *es albañil*, *es cerrayero;* l'état : il est marié, il est veuf, *es casado, es viudo* ; la condition : il est libre, il est esclave, *es libre*, *es esclavo*.

5. Le verbe *ser* désigne aussi l'origine, la patrie, la famille des personnes et des choses : il est du ciel, il est de la mer des Indes, il est des mines du Mexique, *es del cielo*, *es del mar de las Indias*, *es de las minas del Méjico ;* il est Polonais, il est Napolitain, de Rome, de Madrid, *es Polaco*, *es Napolitano, de Roma*, *de Madrid ;* il était de la famille, de la race, de la tribu, de la dynastie, de l'ordre, etc., *era de la familia, de la casta*, *de la tribu*, *de la dinastía*, *de la orden*, *etc.* Il exprime aussi la matière dont une chose est faite : cette maison est de briques, *esta casa es de ladrillos ;* cette bague est d'or, *esta sortija es de oro ;* cette statue est

de marbre, *esta estatua es de mármol;* cette table est d'acajou, *esta mesa es de caoba.*

6. Le verbe *ser* marque encore le temps et l'époque : il est jour, il est nuit, il est tard, il est de bonne heure, *es de dia, es de noche, es tarde, es temprano;* il est midi, il est dimanche, il est quatre heures, *es medio día, es domingo, son las cuatro;* c'était la fête de Pâques, de Noël, *era Pascua, era Navidad;* ce fut alors que..., *entonces fué cuando...*

7. Le verbe *ser* répond à la question *qui est-il? qu'est-ce?* Ex. : *¿ quien es? Es un muchacho, es un pobre, es el señor N.,* qui est-il? C'est un enfant, c'est un pauvre, c'est monsieur N.; *¿ qué es eso? Es una carta, es el viento, es una mala noticia,* qu'est-ce que c'est? C'est une lettre, c'est le vent, c'est une mauvaise nouvelle.

8. On se sert du verbe *ser* pour exprimer une qualité particulière d'une manière générale, ayant le même sens que si on appliquait la qualité particulière au mot *chose.* Ex. : il est clair, il est constant, il est faux, il est probable, *es claro, es constante, es falso, es probable;* il est facile, il est possible, il est naturel, *es facil, es posible, es natural.* On peut dire également : c'est une chose claire, constante, fausse, probable, facile, possible, naturelle.

Il y a dans la langue espagnole un autre usage du verbe *ser*, approchant de celui de cette règle, qui consiste à lui joindre le mot *menester*, qui d'ailleurs ne sert que pour exprimer le verbe français *falloir.* On rend donc il faut, il fallait, il faudra, il aurait fallu, etc., par *es menester, era menester, será menester, habria sido menester,* etc. *Es preciso, es necesario,* sont des expressions synonymes de *es menester.* Il est indispensable, se traduit par *es fuerza, es forzoso, es indispensable.*

9. Le même verbe sert aussi pour quelques locutions particulières. Ex. : c'est la mode, *es moda;* il est d'usage, *es uso;* c'était la coutume, *era costumbre;* le bruit court, *es fama.* — C'est la même chose, *es lo mismo;* c'est le contraire, *es lo contrario.* — C'est ce qu'on dit, *eso es lo que dicen;* c'est ce qu'on a raconté, *esto es lo que han referido.* — C'est se moquer, c'est se plaindre, c'est aller, c'est venir, etc., *eso es burlarse, es quejarse, es ir, es venir,* etc. — Si ce n'est parce qu'il vint m'avertir, *á no ser porque vino á avi-*

sarme. — De belles choses, telles que la vertu, la santé, la réputation, *buenas cosas, como son la virtud, la salud, la reputacion.*

Si cela est certain ou non, les uns disent oui, les autres non, *si eso es cierto ó no, unos dicen que lo es, otros que no lo es.* — Ce qui est certain, ce qui est avéré, ce qui n'a pas de doute, ce qui est bon, ce qui est plaisant, c'est que... *lo que es cierto es que, lo que está averiguado es que, lo que no tiene duda es que, lo bueno es que, lo gracioso es que...* — Ce que c'est qu'avoir du talent! ce que c'est qu'être imbécille! *¡lo que es tener talento! ¡qué cosa es ser necio!*

C'est-à-dire, savoir, il est à croire, *esto es, es decir, es á saber, es de creer.* — Ceci me plaît, cela ne me plaît pas, *esto es de mi gusto, eso no lo es.* — C'est le cas, c'est l'affaire, *es el caso, es el asunto.* — Voilà la difficulté, *ahí será ello.* — Il y a de quoi s'étonner, *es para alabar á Dios.* — Il faut prendre patience, *sea por amor de Dios.* — Cela ne vaut pas la peine (ironiquement), *ahí es un grano de anis.* — Il ne sait ni *a*, ni *b*, *no sabe cuantas son cinco.* — Il y a de quoi devenir fou, *es cosa de espiritarse.* — Comment vous appelez-vous? *¿cómo es su gracia de usted?* — Quoique, *con ser asi que, siendo asi que.* — Ceci demande du temps, *esto es para mas despacio.* — Tant soit peu, *un si es no es.* — Ainsi donc, *asi es que.* — Il ne faut que commencer, *todo es empezar.* — Je suis à vous, *soy con usted.*

Voici à peu près l'usage que l'on fait du verbe *ser* dans la langue espagnole. Je sais bien que plusieurs des phrases dernièrement notées pourraient être comprises dans les règles précédentes; mais pour éviter toute confusion, et pour mieux distinguer les diverses nuances de ces locutions, j'ai préféré les placer séparément, et rendre ainsi plus facile l'étude de ce verbe aux élèves français qui voudront approfondir la langue espagnole et goûter les différentes beautés dont elle est remplie, et dont une bonne partie consistent dans le vrai et légitime usage du verbe *ser*.

SUR LE VERBE *estar*.

1. On se sert du verbe *estar* pour désigner le lieu, la place, l'endroit où l'objet se trouve, et c'est par ce verbe qu'on répond à la question *où*. Ex. : où est le livre? *¿donde está el*

libro? il est sur la table, *está sobre la mesa;* mon père était au lit, *mi padre estaba en la cama;* le roi serait à Versailles, *el rey estaria en Versalles;* Dieu étant partout, *Dios estando en todas partes.*

2. On répond aussi par le verbe *estar* à la question *comment*, et alors il marque la manière d'être, et les qualités accidentelles des objets. Ex. : comment est-il? *¿cómo esta?* il est bien portant, ou malade, *está bueno, ó enfermo;* il est content, ou mécontent, *está contento, ó descontento;* il est propre, ou sale, *está limpio, ó puerco;* il est couché, ou assis, *está echado, ó sentado;* il est triste, ou gai, *está triste ó alegre;* il est déchiré, taché, blanchi, peint, etc., *está rasgado, manchado, blanqueado, pintado*, etc.

3. Le verbe *estar* marque encore la compagnie ou les personnes avec qui l'on est, ou même les affections et les souffrances que l'on éprouve. Ex. : il était avec son frère, *estaba con su hermano;* il sera avec son tailleur, *estará con su sastre;* il a la fièvre, *está con calentura;* je suis en peine, *estoy con cuidado.*

4. Le verbe *estar*, suivi du gérondif d'un autre verbe, désigne l'action de ce dernier au temps où l'on met le verbe *estar;* mais il faut pour cela que l'action du verbe mis au gérondif soit de quelque durée, en sorte que son action puisse avoir lieu au moment exprimé par le verbe *estar*. Ex. : je dînais quand tu es venu, *yo estaba comiendo cuando has venido;* je dors encore quand on m'apporte le journal, *todavia estoy durmiendo cuanto me traen el diario.* Si l'action du verbe au gérondif est rapide et momentanée, on ne saurait se servir de cette façon de parler. (Voyez l'application du gérondif des verbes, page 51.)

5. *Estar*, avec la préposition *para* et l'infinitif d'un autre verbe, signifie être prêt à..., ou être sur le point de... Ex. : il est prêt à s'embarquer, *está para embarcarse;* je suis sur le point d'être reçu membre de l'Académie, *estoy para ser recibido miembro de la Academia.*

6. En comparant les cas où l'on doit se servir des verbes *ser* et *estar*, on peut observer la différence qu'il y a entre ces phrases : *Pedro es borracho*, ou *está borracho*, Pierre est ivrogne; *es colérico,* ou *está colérico*, il est colère, ou en colère; *es alegre* ou *está alegre*, il est gai; *es viejo,* ou *está*

viejo, il est vieux, etc. Avec le verbe *ser*, ces expressions désignent le caractère, ou l'habitude, qui, comme l'on sait, est une espèce de nature ; et avec le verbe *estar*, elles marquent des qualités accidentelles, qui ne tiennent ni au caractère, ni à l'habitude.

7. Le verbe *estar* sert aussi pour quelques idiotismes ou locutions particulières, qu'on ne peut assujettir à des règles fixes: *estar ageno de sí*, être exempt d'amour propre. — *Estar hecho un agua*, être tout en eau. — *Estar con todos sus alfileres*, être tiré à quatre épingles. — *Estar ojo alerta*, avoir l'œil au guet. — *Estar sobre aviso*, être sur ses gardes. — *Estar á diente ó en ayunas*, être à jeûn. — *Estar con la boca abierta*, rester bouche béante.

¿ Estás en tu camisa ? as-tu perdu la tête ? — *Estar á la capa*, attendre une occasion favorable. — *Estar de casa*, être en négligé. — *Estemos á cuentas*, entendons-nous. — *Eso no me está á cuento*, cela ne fait pas mon compte. — *Estar en cueros*, *en carnes*, *en pelota*, être tout nu. — *Dicho se está*, cela va sans dire. — *Estar mano sobre mano*, rester les bras croisés. — *No está para fiestas*, il est de mauvaise humeur. — *Estar de espacio, de vagar*, avoir du loisir. — *Estar de priesa*, être pressé. — *Estar á lo que venga*, s'attendre à tout. — *Bien está*, *está bien*, c'est bien. — *Estar á obscuras*, *estar sin luz*, *estar en tinieblas*, être à l'obscur, sans lumière, dans les ténèbres. — *Todavía estamos á tiempo*, nous sommes encore à temps. — *Estar de guardia*, *estar de gobernador*, être de garde, être gouverneur. — *Estar de acuerdo*, être d'accord.

Ce sont les principales locutions où l'on doit employer le verbe *estar* pour expliquer le verbe *être* du français. Je suis loin de me flater d'avoir développé dans toute leur étendue les deux verbes *ser* et *estar* ; aussi je ne me suis pas proposé d'en faire un traité fini, mais seulement j'ai voulu donner des explications un peu plus détaillées que celles que l'on trouve ordinairement dans les grammaires espagnoles.

L'usage de ces deux verbes est aussi fréquent en espagnol que celui du verbe *être* l'est en français ; il est donc très important de bien saisir les règles qui déterminent leur légitime emploi. La plupart des élèves croient avoir compris la différence qui existe entre ces deux verbes en se laissant guider par l'oreille, et disant les temps ou les personnes de ces verbes indifféremment, selon que les temps du verbe *être* ont de l'analogie de son avec l'un ou avec l'autre. Par exemple, l'indicatif présent, *je suis*, *tu es*, *il est*, *nous sommes*, etc., rappelle le son de l'indicatif présent du verbe *ser*, *yo soy*, *tu eres*, *el es*, *nosotros somos*, etc. Alors ils n'hésitent pas ; ils traduisent, dans toutes les circonstances, je suis par *yo soy*, tu es par *tu eres*, etc. Mais l'imparfait d'indicatif du verbe *être* fait *j'étais*, *tu étais*, *il était*, etc. ; et comme ce temps n'a plus aucune analogie pour l'oreille avec *ser*, ils se garderont bien de dire *yo era*, *tu eras*, *él era*, etc., mais ils diront volontiers *yo estaba*, *tu estabas*, *él estaba*, etc., parce que entre *j'étais* et *yo estaba* leur oreille trouve de la conformité ou de l'analogie.

Un professeur doit donc combattre ce préjugé de toutes ses forces, et bien montrer à ses élèves que la différence qui existe entre *ser* et *estar* ne consiste pas dans les divers sons des temps et personnes de ces deux verbes, mais dans leur signification respective, que j'ai tâché d'expliquer de mon mieux dans les règles ci-dessus établies.

Malgré ce qu'on vient de dire, on se sert dans quelques occasions indifféremment du verbe *ser* ou *estar*, surtout dans les locutions suivantes: *es claro*, ou *está claro*, c'est clair. — *Ser pobre ó rico*, ou *estar pobre ó rico*, être pauvre ou riche. — *Ser salado*, ou *estar salado*, être salé. — *Ser* ou *estar derecho ó torcido*, être droit ou inégal, etc. On dit dans la salutation angélique : *el Señor es contigo*, le Seigneur est avec toi, au lieu de dire, *está contigo*. (Voyez le n° 3 ci-dessus.)

MODÈLE

DE CONJUGAISON DES VERBES ESPAGNOLS RÉGULIERS,

En *ar*, en *er* et en *ir*.

INFINITIF PRÉSENT.

Amar, aimer.	*Temer*, craindre.	*Partir*, partager.

INFINITIF PASSÉ.

Haber amado, avoir aimé.	*Haber temido*, avoir craint.	*Haber partido*, avoir partagé.

GÉRONDIF PRÉSENT.

Amando, aimant.	*Temiendo*, craignant.	*Partiendo*, partageant

GERONDIF PASSÉ.

Habiendo amado, ayant aimé.	*Habiendo temido*, ayant craint.	*Habiendo partido*, ayant partagé.

PARTICIPE PASSÉ.

Amado, aimé.	*Temido*, craint.	*Partido*, partagé.

INDICATIF PRÉSENT.

Amo, j'aime.	*Temo*, je crains.	*Parto*, je partage.
Amas, tu aimes.	*Temes*, tu crains.	*Partes*, tu partages.
Ama, il aime.	*Teme*, il craint.	*Parte*, il partage.
Amamos, nous aimons.	*Tememos*, nous craignons.	*Partimos*, nous partageons.
Amais, vous aimez.	*Temeis*, vous craignez.	*Partís*, vous partagez.
Aman, ils aiment.	*Temen*, ils craignent.	*Parten*, ils partagent.

IMPARFAIT.

Amaba, j'aimais.	*Temia*, je craignais.	*Partia*, je partageais.
Amabas, tu aimais.	*Temias*, tu craignais.	*Partias*, tu partageais.
Amaba, il aimait.	*Temia*, il craignait.	*Partia*, il partageait.
Amábamos, nous aimions.	*Temíamos*, nous craignions.	*Partíamos*, nous partagions.
Amabais, vous aimiez.	*Temiais*, vous craigniez.	*Partiais*, vous partagiez.
Amaban, ils aimaient.	*Temian*, ils craignaient.	*Partian*, ils partageaient.

PRÉTÉRIT DÉFINI.

Amé, j'aimai.	*Temí*, je craignis.	*Partí*, je partageai.
Amaste, tu aimas.	*Temiste*, tu craignis.	*Partiste*, tu partageas.
Amó, il aima.	*Temió*, il craignit.	*Partió*, il partagea.
Amamos, nous aimâmes.	*Temimos*, nous craignîmes.	*Partimos*, nous partageâmes.
Amasteis, vous aimâtes.	*Temisteis*, vous craignîtes.	*Partisteis*, vous partageâtes.
Amaron, ils aimèrent.	*Temieron*, ils craignirent.	*Partieron*, ils partagèrent.

PRÉTÉRIT INDÉFINI.

He amado, j'ai aimé.	*He temido*, j'ai craint.	*He partido*, j'ai partagé.
Has amado, tu as aimé.	*Has temido*, tu as craint.	*Has partido*, tu as partagé.
Ha amado, il a aimé.	*Ha temido*, il a craint.	*Ha partido*, il a partagé.

Hemos amado, nous avons aimé.	*Hemos temido*, nous avons craint.	*Hemos partido*, nous avons partagé.
Habeis amado, vous avez aimé.	*Habeis temido*, vous avez craint.	*Habeis partido*, vous avez partagé.
Han amado, ils ont aimé.	*Han temido*, ils ont craint.	*Han partido*, ils ont partagé.

PRÉTÉRIT ANTÉRIEUR.

Hube amado, j'eus aimé.	*Hube temido*, j'eus craint.	*Hube partido*, j'eus partagé.
Hubiste amado, tu eus aimé.	*Hubiste temido*, tu eus craint.	*Hubiste partido*, tu eus partagé.
Hubo amado, il eut aimé.	*Hubo temido*, il eut craint.	*Hubo partido*, il eut partagé.
Hubimos amado, nous eûmes aimé.	*Hubimos temido*, nous eûmes craint.	*Hubimos partido*, nous eûmes partagé.
Hubisteis amado, vous eûtes aimé.	*Hubisteis temido*, vous eûtes craint.	*Hubisteis partido*, vous eûtes partagé.
Hubieron amado, ils eurent aimé.	*Hubieron temido*, ils eurent craint.	*Hubieron partido*, ils eurent partagé.

PLUSQUEPARFAIT.

Habia amado, j'avais aimé.	*Habia temido*, j'avais craint.	*Habia partido*, j'avais partagé.
Habias amado, tu avais aimé.	*Habias temido*, tu avais craint.	*Habias partido*, tu avais partagé.
Habia amado, il avait aimé.	*Habia temido*, il avait craint.	*Habia partido*, il avait partagé.
Habíamos amado, nous avions aimé.	*Habíamos temido*, nous avions craint.	*Habíamos partido*, nous avions partagé.
Habiais amado, vous aviez aimé.	*Habiais temido*, vous aviez craint.	*Habiais partido*, vous aviez partagé.
Habian amado, ils avaient aimé.	*Habian temido*, ils avaient craint.	*Habian partido*, ils avaient partagé.

FUTUR SIMPLE.

Amaré, j'aimerai.	*Temeré*, je craindrai.	*Partiré*, je partagerai.
Amarás, tu aimeras.	*Temerás*, tu craindras.	*Partirás*, tu partageras.
Amará, il aimera.	*Temerá*, il craindra.	*Partirá*, il partagera.
Amaremos, nous aimerons.	*Temeremos*, n. craindrons.	*Partiremos*, nous partagerons.
Amareis, vous aimerez.	*Temereis*, vous craindrez.	*Partireis*, vous partagerez.
Amarán, ils aimeront.	*Temerán*, ils craindront.	*Partirán*, ils partageront.

FUTUR COMPOSÉ.

Habré amado, j'aurai aimé.	*Habré temido*, j'aurai craint.	*Habré partido*, j'aurai partagé.

Hbrás amado, tu auras aimé.	*Habrás temido*, tu auras craint.	*Habrás partido*, tu auras partagé.
Habrá amado, il aura aimé.	*Habrá temido*, il aura craint.	*Habrá partido*, il aura partagé.
Hbremos amado, nous aurons aimé.	*Habremos temido*, nous aurons craint.	*Habremos partido*, nous aurons partagé
Hbreis amado, vous aurez aimé.	*Habreis temido*, vous aurez craint.	*Habreis partido*, vous aurez partagé.
Habrán amado, ils auront aimé.	*Habrán temido*, ils auront craint	*Habrán partido*, ils auront partagé.

CONDITIONNEL PRÉSENT.

Amaria, j'aimerais.	*Temeria*, je craindrais.	*Partiria*, je partagerais.
Amarias, tu aimerais.	*Temerías*, tu craindrais.	*Partirias*, tu partagerais.
Amaria, il aimerait.	*Temeria*, il craindrait.	*Partiria*, il partagerait.
Amaríamos, nous aimerions.	*Temeríamos*, nous craindrions.	*Partiríamos*, nous partagerions.
Amariais, vous aimeriez.	*Temeriais*, vous craindriez.	*Partiriais*, vous partageriez.
Amarian, ils aimeraient.	*Temerian*, ils craindraient.	*Partirian*, ils partageraient.

CONDITIONNEL PASSÉ.

Habria amado, j'aurais aimé.	*Habria temido*, j'aurais craint.	*Habria partido*, j'aurais partagé.
Hbrias amado, tu aurais aimé.	*Habrias temido*, tu aurais craint.	*Habrias partido*, tu aurais partagé.
Habria amado, il aurait aimé.	*Habria temido*, il aurait craint.	*Habria partido*, il aurait partagé.
Habríamos amado, nous aurions aimé.	*Habríamos temido*, nous aurions craint.	*Habríamos partido*, n. aurions partagé.
Habriais amado, vous auriez aimé.	*Habriais temido*, vous auriez craint.	*Habriais partido*, vous auriez partagé.
Habrian amado, ils auraient aimé.	*Habrian temido*, ils auraient craint.	*Habrían partido*, ils auraient partagé.

IMPÉRATIF.

Ama tu, aime.	*Teme tu*, crains.	*Parte tu*, partage.
Ame él, qu'il aime.	*Tema él*, qu'il craigne.	*Parta él*, qu'il partage.
Amemos, aimons.	*Temamos*, craignons.	*Partamos*, partageons.
Amad, aimez.	*Temed*, craignez.	*Partid*, partagez.
Amen, qu'ils aiment.	*Teman*, qu'ils craignent.	*Partan*, qu'ils partagent.

SUBJONCTIF PRÉSENT.

Ame, que j'aime.	*Tema*, que je craigne.	*Parta*, que je partage.
Ames, que tu aimes.	*Temas*, que tu craignes.	*Partas*, que tu partages.
Ame, qu'il aime.	*Tema*, qu'il craigne.	*Parta*, qu'il partage.
Amemos, que nous aimions.	*Temamos*, que nous craignions.	*Partamos*, que nous partagions.
Ameis, que vous aimiez.	*Temais*, que vous craigniez.	*Partais*, que vous partagiez.
Amen, qu'ils aiment.	*Teman*, qu'ils craignent.	*Partan*, qu'ils partagent.

PREMIER IMPARFAIT.

Amara, si j'aimais.	*Temiera*, si je craignais.	*Partiera*, si je partageais.
Amaras, si tu aimais.	*Temieras*, si tu craignais.	*Partieras*, si tu partageais.
Amara, s'il aimait.	*Temiera*, s'il craignait.	*Partiera*, s'il partageait.
Amáramos, si nous aimions.	*Temiéramos*, si nous craignions.	*Partiéramos*, si nous partagions.
Amarais, si vous aimiez.	*Temierais*, si vous craigniez.	*Partierais*, si vous partagiez.
Amaran, s'ils aimaient.	*Temieran*, s'ils craignaient.	*Partieran*, s'ils partageaient.

SECOND IMPARFAIT.

Amase, que j'aimasse.	*Temiese*, que je craignisse.	*Partiese*, que je partageasse.
Amases, que tu aimasses.	*Temieses*, que tu craignisses.	*Partieses*, que tu partageasses.
Amase, qu'il aimât.	*Temiese*, qu'il craignît.	*Partiese*, qu'il partageât.
Amásemos, que nous aimassions.	*Temiésemos*, que nous craignissions.	*Partiésemos*, que n. partageassions.
Amaseis, que vous aimassiez.	*Temieseis*, que vous craignissiez.	*Partieseis*, que vous partageassiez.
Amasen, qu'ils aimassent.	*Temiesen*, qu'ils craignissent.	*Partiesen*, qu'ils partageassent.

PRÉTÉRIT.

Haya amado, que j'aie aimé.	*Haya temido*, que j'aie craint.	*Haya partido*, que j'aie partagé.
Hayas amado, que tu aies aimé.	*Hayas temido*, que tu aies craint.	*Hayas partido*, que tu aies partagé.
Haya amado, qu'il ait aimé.	*Haya temido*, qu'il ait craint.	*Haya partido*, qu'il ait partagé.
Hayamos amado, que nous ayons aimé.	*Hayamos temido*, que nous ayons craint.	*Hayamos partido*, q. nous ayons partagé.

Hayais amado, que vous ayez aimé.	*Hayais temido*, que vous ayez craint.	*Hayais partido*, que vous ayez partagé.
Hayan amado, qu'ils aient aimé.	*Hayan temido*, qu'ils aient craint.	*Hayan partido*, qu'ils aient partagé.

PREMIER PLUSQUEPARFAIT.

Hubiera amado, si j'avais aimé.	*Hubiera temido*, si j'avais craint.	*Hubiera partido*, si j'avais partagé.
Hubieras amado, si tu avais aimé.	*Hubieras temido*, si tu avais craint.	*Hubieras partido*, si tu avais partagé.
Hubiera amado, s'il avait aimé.	*Hubiera temido*, s'il avait craint.	*Hubiera partido*, s'il avait partagé.
Hubiéramos amado, si nous avions aimé.	*Hubiéramos temido*, si nous avions craint.	*Hubiéramos partido*, si n. avions partagé.
Hubierais amado, si vous aviez aimé.	*Hubierais temido*, si vous aviez craint.	*Hubierais partido*, si vous aviez partagé.
Hubieran amado, s'ils avaient aimé.	*Hubieran temido*, s'ils avaient craint.	*Hubieran partido*, s'ils avaient partagé.

SECOND PLUSQUEPARFAIT.

Hubiese amado, que j'eusse aimé.	*Hubiese temido*, que j'eusse craint.	*Hubiese partido*, que j'eusse partagé.
Hubieses amado, que tu eusses aimé.	*Hubieses temido*, que tu eusses craint.	*Hubieses partido*, q. tu eusses partagé.
Hubiese amado, qu'il eût aimé.	*Hubiese temido*, qu'il eût craint.	*Hubiese partido*, qu'il eût partagé.
Hubiésemos amado, que nous eussions aimé.	*Hubiésemos temido*, que n. eussions craint	*Hubiésemos partido*, que nous eussions partagé.
Hubieseis amado, que vous eussiez aimé.	*Hubieseis temido*, que vous eussiez craint.	*Hubieseis partido*, q. vous eussiez partagé
Hubiesen amado, qu'ils eussent aimé.	*Hubiesen temido*, qu'ils eussent craint.	*Hubiesen partido*, qu'ils eussent partagé.

FUTUR SIMPLE.

Amare, quand j'aimerai.	*Temiere*, quand je craindrai.	*Partiere*, quand je partagerai.
Amares, quand tu aimeras.	*Temieres*, quand tu craindras.	*Partieres*, quand tu partageras.
Amare, quand il aimera.	*Temiere*, quand il craindra.	*Partiere*, quand il partagera.
Amáremos, quand nous aimerons.	*Temiéremos*, quand n. craindrons.	*Partiéremos*, quand nous partagerons.
Amareis, quand vous aimerez.	*Temiereis*, quand vous craindrez.	*Partiereis*, quand v. partagerez.
Amaren, quand ils aimeront.	*Temieren*, quand ils craindront.	*Partieren*, quand ils partageront.

FUTUR COMPOSÉ.

Hubiere amado, quand j'aurai aimé.	*Hubiere temido*, quand j'aurai craint.	*Hubiere partido*, q. j'aurai partagé.

Hubieres amado, quand tu auras aimé.
Hubiere amado, quand il aura aimé.
Hubiéremos amado, q. nous aurons aimé.
Hubiereis amado, q. vous aurez aimé.
Hubieren amado, q. ils auront aimé.

Hubieres temido, q. tu auras craint.
Hubiere temido, q. il aura craint.
Hubiéremos temido, q. n. aurons craint.
Hubiereis temido, q. vous aurez craint.
Hubieren temido, q. ils auront craint.

Hubieres partido, q. tu auras partagé.
Hubiere partido, q. il aura partagé.
Hubiéremos partido, q. n. aurons partagé
Hubiereis temido, q. vous aurez partagé.
Hubieren partido, q. ils auront partagé.

DES LETTRES RADICALES ET FINALES.

Il faut distinguer, dans les verbes réguliers, les lettres radicales, qui n'éprouvent aucun changement, et les finales, qui changent à chaque temps et à chaque personne. Les radicales sont toutes celles qui précèdent les terminaisons *ar*, *er*, *ir*, dans les infinitifs, comme *cant* dans *cantar*, *exâmin* dans *exâminar*, *com* dans *comer*, *pretend* dans *pretender*, *abr* dans *abrir, discurr* dans *discurrir;* et les finales sont celles qui terminent les temps et les personnes, comme *ar*, *er, ir*, pour l'infinitif des trois conjugaisons; *o*, *as*, *a*, *amos*, *ais*, *an*, pour l'indicatif présent de la première conjugaison; *aba*, *abas*, *aba*, *ábamos*, *abais*, *aban*, pour l'imparfait d'indicatif de la même conjugaison.

TABLEAU
DES LETTRES FINALES DES VERBES ESPAGNOLS
DES TROIS CONJUGAISONS
En *ar*, en *er* et en *ir*.

INFINITIF.

ar.	er.	ir.

GÉRONDIF.

ando.	iendo.	iendo.

PARTICIPE PASSÉ.

ado.	ido.	ido.

INDICATIF PRÉSENT.

o, as, a, amos, ais, an.	o, es, e, emos, eis, en.	o, es, e, *imos*, *is*, en.

IMPARFAIT.

aba, abas, aba, ábamos, abais, aban.	ia, ias, ia, íamos, iais, ian.	ia, ias, ia, íamos, iais. ian.

PRÉTÉRIT DÉFINI.

é, aste, ó, amos, asteis, aron.	í, iste, ió, imos, isteis, ieron.	í, iste, ió, imos, isteis, ieron.

FUTUR SIMPLE.

aré, arás, ará, aremos, areis, arán.	eré, erás, erá, eremos, ereis, erán.	*iré, iràs, irá, iremos, ireis, irán.*

CONDITIONNEL PRÉSENT.

aria, arias, aria, aríamos, ariais, arian.	eria, erias eria, eríamos, eriais, erian.	*iria, irias, iria, iríamos, iriais, irian.*

IMPÉRATIF.

— a, e, emos, ad, en.	— e, a, amos, ed, an.	— e, a, amos, *id*, an.

SUBJONCTIF PRÉSENT.

e, es, e, emos, eis, en.	a, as, a, amos, ais, an.	a, as, a, amos, ais, an.

PREMIER IMPARFAIT.

ara, aras, ara, áramos, arais, aran.	iera, ieras, iera, iéramos, ierais, ieran.	iera, ieras, iera, iéramos, ierais, ieran.

SECOND IMPARFAIT.

ase, ases, ase, ásemos, aseis, asen.	iese, ieses, iese, iésemos, ieseis, iesen.	iese, ieses, iese, iésemos, ieseis, iesen.

FUTUR SIMPLE.

are, ares, are, áremos, areis, aren.	iere, ieres, iere, iéremos, iereis, ieren.	iere, ieres, iere, iéremos, iereis, ieren.

Nota. Il y a, comme l'on voit dans ce tableau, une grande conformité entre la deuxième et la troisième conjugaison, pour les lettres finales, puisqu'il n'y a que l'infinitif, la première et deuxième personne de l'indicatif présent, le futur, le conditionnel et la deuxième personne du pluriel de l'impératif qui soient différens. Cette conformité a fait dire à quelques grammairiens qu'il n'y a dans la langue espagnole que deux conjugaisons.

DES VERBES PASSIFS ET PRONOMINAUX.

Tout verbe actif peut devenir passif, en plaçant le régime au lieu du sujet, et le sujet au lieu du régime : l'action du verbe et la signification de la phrase sont les mêmes, quoique avec une tournure différente, pour l'actif et pour le passif; mais, avec ce dernier, le régime qui était sujet pour l'actif doit être précédé de la préposition *por*, par, ou *de*, et devant le sujet on supprime la préposition *á*, si elle avait lieu devant le régime, avec l'actif. Ex. : *vencer*, vaincre; *amar*, aimer; *aborrecer*, haïr, verbes actifs, se tournent par *ser vencido*, être vaincu; *ser amado*, être aimé; *ser aborrecido*, être haï, c'est-à-dire, par le verbe *ser*, être, et le participe passé des verbes actifs. Ainsi, *la paciencia vence todos los obstáculos*, la patience surmonte tous les obstacles, se change en cette autre phrase équivalente: *todos los obstáculos son vencidos por la paciencia; un buen soldado ama la patria*, un bon soldat aime la patrie: *la patria es amada por un buen soldado; todos aborrecen la ingratitud*, tout le monde hait l'ingratitude: *la ingratitud es aborrecida de todos.*

Les verbes pronominaux ont deux pronoms personnels, l'un qui sert de sujet, et qui le plus souvent est sous-entendu, et l'autre de régime; ces deux pronoms doivent précéder le verbe dans tous les temps et personnes, excepté dans l'infinitif, le gérondif et toutes les personnes de l'impératif, où le pronom régime suit le verbe auquel il est lié, sans aucun trait d'union, et avec lequel il forme un seul mot; comme *pararse*, s'arrêter; *disputarnos*, nous disputer; *engreiros*, vous enorgueillir; *paseándome*, me promenant; *divirtiendonos*, nous amusant; *siéntate*, assieds-toi; *vámonos*, allons-nous-en, etc.

MODELES

DES VERBES PASSIFS ET PRONOMINAUX.

INFINITIF PRÉSENT.

Ser amado, être aimé. *Consarse*, se fatiguer.

INFINITIF PASSÉ.

Haber sido amado, avoir été aimé. *Haberse cansado*, s'être fatigué.

GÉRONDIF PRÉSENT.

Siendo amado, étant aimé.	*Cansándose*, se fatigant.

GÉRONDIF PASSÉ.

Habiendo sido amado, ayant été aimé.	*Habiendose cansado*, s'étant fatigué.

INDICATIF PRÉSENT.

Soy amado, je suis aimé.	*Yo me canso*, je me fatigue.
Eres amado, tu es aimé.	*Tu te cansas*, tu te fatigues.
Es amado, il est aimé.	*El se cansa*, il se fatigue.
Somos amados, nous sommes aimés.	*Nosotros nos cansamos*, nous nous fatiguons.
Sois amados, vous êtes aimés.	*Vosotros os cansais*, vous vous fatiguez.
Son amados, ils sont aimés.	*Ellos se cansan*, ils se fatiguent.

IMPARFAIT.

Era amado, j'étais aimé.	*Yo me cansaba*, je me fatiguais.
Eras amado, tu étais aimé.	*Tu te cansabas*, tu te fatiguais.
Era amado, il était aimé.	*El se cansaba*, il se fatiguait.
Éramos amados, nous étions aimés.	*Nosotros nos cansábamos*, nous nous fatiguions.
Erais amados, vous étiez aimés.	*Vosotros os cansabais*, vous vous fatiguiez.
Eran amados, ils étaient aimés.	*Ellos se cansaban*, ils se fatiguaient.

PRÉTÉRIT DÉFINI.

Fuí amado, je fus aimé.	*Yo me cansé*, je me fatiguai.
Fuiste amado, tu fus aimé.	*Tu te cansaste*, tu te fatiguas.
Fué amado, il fut aimé.	*El se cansó*, il se fatigua.
Fuimos amados, nous fûmes aimés.	*Nosotros nos cansamos*, nous nous fatiguâmes.
Fuisteis amados, vous fûtes aimés.	*Vosotros os cansasteis*, vous vous fatiguâtes.
Fueron amados, ils furent aimés.	*Ellos se cansaron*, ils se fatiguèrent (1).

PRÉTÉRIT INDÉFINI.

He sido amado, j'ai été aimé.	*Me he cansado*, je me suis fatigué.
Has sido amado, tu as été aimé.	*Te has cansado*, tu t'es fatigué.
Ha sido amado, il a été aimé.	*Se ha cansado*, il s'est fatigué.

(1) Pour la suite du verbe *Cansarse* on supprimera le premier pronom, puisque c'est la même répétition pour tous les temps.

Hemos sido amados, nous avons été aimés.
Habeis sido amados, vous avez été aimés.
Han sido amados, ils ont été aimés.

Nos hemos cansado, nous nous sommes fatigués.
Os habeis cansado, vous vous êtes fatigués.
Se han cansado, ils se sont fatigués.

PRÉTÉRIT ANTÉRIEUR.

Hube sido amado, j'eus été aimé.
Hubiste sido amado, tu eus été aimé.
Hubo sido amado, il eut été aimé.
Hubimos sido amados, nous eûmes été aimés.
Hubisteis sido amados, vous eûtes été aimés.
Hubieron sido amados, ils eurent été aimés.

Me hube cansado, je me fus fatigué.
Te hubiste cansado, tu te fus fatigué.
Se hubo cansado, il se fut fatigué.
Nos hubimos cansado, nous nous fûmes fatigués.
Os hubisteis cansado, vous vous fûtes fatigués.
Se hubieron cansado, ils se furent fatigués.

PLUSQUEPARFAIT.

Habia sido amado, j'avais été aimé.
Habias sido amado, tu avais été aimé.
Habia sido amado, il avait été aimé.
Habíamos sido amados, n. avions été aimés.
Habiais sido amados, vous aviez été aimés.
Habian sido amados, ils avaient été aimés.

Me habia cansado, je m'étais fatigué.
Te habias cansado, tu t'étais fatigué.
Se habia cansado, il s'était fatigué.
Nos habíamos cansado, nous nous étions fatigués.
Os habiais cansado, vous vous étiez fatigués.
Se habian cansado, ils s'étaient fatigués.

FUTUR SIMPLE.

Seré amado, je serai aimé.
Serás amado, tu seras aimé.
Será amado, il sera aimé.
Seremos amados, nous serons aimés.
Sereis amados, vous serez aimés.
Serán amados, ils seront aimés.

Me cansaré, je me fatiguerai.
Te cansarás, tu te fatigueras.
Se cansará, il se fatiguera.
Nos cansaremos, n. n. fatiguerons.
Os cansareis, vous v. fatiguerez.
Se cansarán, ils se fatigueront.

FUTUR COMPOSÉ.

Habré sido amado, j'aurai été aimé.
Habrás sido amado, tu auras été aimé.
Habrá sido amado, il aura été aimé.
Habremos sido amados, nous aurons été aimés.

Me habré cansado, je me serai fatigué.
Te habrás cansado, tu te seras fatigué.
Se habrá cansado, il se sera fatigué
Nos habremos cansado, nous nous serons fatigués.

Habreis sido amados, vous aurez été aimés.
Habrán sido amados, ils auront été aimés.

Os habreis cansado, vous vous serez fatigués.
Se habrán cansado, ils se seront fatigués.

CONDITIONNEL PRÉSENT.

Seria amado, je serais aimé.
Serias amado, tu serais aimé.
Seria amado, il serait aimé.
Seríamos amados, n. serions aimés.
Seriais amados, vous seriez aimés.
Serian amados, ils seraient aimés.

Me cansaria, je me fatiguerais.
Te cansarias, tu te fatiguerais.
Se cansaria, il se fatiguerait.
Nos cansaríamos, n.n. fatiguerions.
Os cansariais, vous v. fatigueriez.
Se cansarian, ils se fatigueraient.

CONDITIONNEL PASSÉ.

Habria sido amado, j'aurais été aimé.
Habrias sido amado, tu aurais été aimé.
Habria sido amado, il aurait été aimé.
Habríamos sido amados, nous aurions été aimés.
Habriais sido amados, vous auriez été aimés.
Habrian sido amados, ils auraient été aimés.

Me habria cansado, je me serais fatigué.
Te habrias cansado, tu te serais fatigué.
Se habria cansado, il se serait fatigué.
Nos habríamos cansado, nous nous serions fatigués.
Os habriais cansado, vous vous seriez fatigués.
Se habrian cansado, ils se seraient fatigués.

IMPÉRATIF.

Sé amado, sois aimé.
Sea amado, , qu'il soit aimé.
Seamos amados, soyons aimés.
Sed amados, soyez aimés.
Sean amados, qu'ils soient aimés.

Cánsate, fatigue-toi.
Cánsese, qu'il se fatigue.
Cansémonos , fatiguons-nous.
Cansaos, fatiguez-vous.
Cansense, qu'ils se fatiguent.

SUBJONCTIF PRÉSENT.

Sea amado, que je sois aimé.
Seas amado, que tu sois aimé.
Sea amado, qu'il soit aimé.
Seamos amados, que n. soyons aimés.
Seais amados, que v. soyez aimés.
Sean amados, qu'ils soient aimés.

Me canse, que je me fatigue.
Te canses, que tu te fatigues.
Se canse, qu'il se fatigue.
Nos cansemos, que n. n. fatiguions.
Os canseis, que vous vous fatiguiez
Se cansen, qu'ils se fatiguent.

PREMIER IMPARFAIT.

Fuera amado, si j'étais aimé.
Fueras amado, si tu étais aimé.
Fuera amado, s'il était aimé

Me cansara, si je me fatiguais.
Te cansaras, si tu te fatiguais.
Se cansara, s'il se fatiguait.

Fuéramos amados, si nous étions aimés. *Nos cansáramos*, si n. n. fatiguions.
Fuerais amados, si v. étiez aimés. *Os cansárais*, si vous v. fatiguiez.
Fueran amados, s'ils étaient aimés. *Se cansaran*, s'ils se fatiguaient.

SECOND IMPARFAIT.

Fuese amado, que je fusse aimé. *Me cansase*, que je me fatiguasse.
Fueses amado, que tu fusses aimé. *Te cansases*, que tu te fatiguasses.
Fuese amado, qu'il fût aimé. *Se cansase*, qu'il se fatiguât.
Fuésemos amados, que nous fussions aimés. *Nos cansásemos*, que nous nous fatiguassions.
Fueseis amados, que vous fussiez aimés. *Os cansaseis*, que v. v. fatiguassiez.
Fuesen amados, qu'ils fussent aimés. *Se cansasen*, qu'ils se fatiguassent.

PRÉTÉRIT.

Haya sido amado, que j'aie été aimé. *Me haya cansado*, que je me sois fatigué.
Hayas sido amado, que tu aies été aimé. *Te hayas cansado*, que tu te sois fatigué.
Haya sido amado, qu'il ait été aimé. *Se haya cansado*, qu'il se soit fatigué.
Hayamos sido amados, que nous ayons été aimés. *Nos hayamos cansado*, que nous nous soyons fatigués.
Hayais sido amados, que vous ayez été aimés. *Os hayais cansado*, que vous vous soyez fatigués.
Hayan sido amados, qu'ils aient été aimés. *Se hayan cansado*, qu'ils se soient fatigués.

PREMIER PLUSQUEPARFAIT.

Hubiera sido amado, si j'avais été aimé. *Me hubiera cansado*, si je m'étais fatigué.
Hubieras sido amado, si tu avais été aimé. *Te hubieras cansado*, , si tu t'étais fatigué.
Hubiera sido amado, s'il avait été aimé. *Se hubiera cansado*, s'il s'était fatigué.
Hubiéramos sido amados, si nous avions été aimés. *Nos hubiéramos cansado*, si nous nous étions fatigués.
Hubierais sido amados, si vous aviez été aimés. *Os hubierais cansado*, si vous vous étiez fatigués.
Hubieran sido amados, s'ils avaient été aimés. *Se hubieran cansado*, s'ils s'étaient fatigués.

SECOND PLUSQUEPARFAIT.

Hubiese sido amado, que j'eusse été aimé. *Me hubiese cansado*, que je me fusse fatigué.
Hubieses sido amado, que tu eusses été aimé. *Te hubieses cansado*, que tu te fusses fatigué.

Hubiese sido amado, qu'il eût été aimé.
Hubiésemos sido amados, que nous eussions été aimés.
Hubieseis sido amados, que vous eussiez été aimés.
Hubiesen sido amados, qu'ils eussent été aimés.

Se hubiese cansado, qu'il se fût fatigué.
Nos hubiésemos cansado, que nous nous fussions fatigués.
Os hubieseis cansado, que vous vous fussiez fatigués.
Se hubiesen cansado, qu'ils se fussent fatigués.

FUTUR SIMPLE.

Fuere amado, quand je serai aimé.
Fueres amado, quand tu seras aimé.
Fuere amado, quand il sera aimé.
Fuéremos amados, quand nous serons aimés.
Fuereis amados, quand vous serez aimés.
Fueren amados, quand ils seront aimés.

Me cansare, quand je me fatiguerai.
Te cansares, quand tu te fatigueras.
Se cansare, quand il se fatiguera.
Nos cansáremos, quand nous nous fatiguerons.
Os cansareis, quand vous vous fatiguerez.
Se cansaren, quand ils se fatigueront.

FUTUR COMPOSÉ.

Hubiere sido amado, quand j'aurai été aimé.
Hubieres sido amado, quand tu auras été aimé.
Hubiere sido amado, quand il aura été aimé.
Hubiéremos sido amados, quand nous aurons été aimés.
Hubiereis sido amados, quand vous aurez été aimés.
Hubieren sido amados, quand ils auront été aimés.

Me hubiere cansado, quand je me serai fatigué.
Te hubieres cansado, quand tu te seras fatigué.
Se hubiere cansado, quand il se sera fatigué.
Nos hubiéremos cansado, quand nous nous serons fatigués.
Os hubiereis cansado, quand vous vous serez fatigués.
Se hubieren cansado, quand ils se seront fatigués.

DES VERBES IMPERSONNELS.

Les verbes impersonnels ou unipersonnels n'ont que la troisième personne du singulier dans chaque temps. Le pronom *il*, que l'on place en français devant cette espèce de verbes, ne se traduit pas en espagnol. Voici deux modèles de conjugaisons des verbes impersonnels:

CONJUGAISON DES VERBES IMPERSONNELS.

INFINITIF PRÉSENT.	*Importar*, importer.	*Llover*, pleuvoir.
INFINITIF PASSÉ.	*Haber importado*, avoir importé.	*Haber llovido*, avoir plu.

Gérondif prés.	*Importando*, important.	*Lluviendo*, pleuvant.
Gérondif passé.	*Habiendo importado*, ayant importé.	*Habiendo llovido*, ayant plu.
Participe passé.	*Importado*, importé.	*Llovido*, plu.
Indicatif prés.	*Importa*, il importe.	*Llueve*, il pleut.
Imparfait.	*Importaba*, il importait.	*Llovia*, il pleuvait.
Prétérit défini.	*Importó*, il importa.	*Lluvió*, il plut.
Prétérit indéfini.	*Ha importado*, il a importé.	*Ha llovido*, il a plu.
Prétérit antér.	*Hubo importado*, il eut importé.	*Hubo llovido*, il eut plu.
Plusqueparfait.	*Habia importado*, il avait importé.	*Habia llovido*, il avait plu.
Futur simple.	*Importará*, il importera.	*Lloverá*, il pleuvra.
Futur composé.	*Habrá importado*, il aura importé.	*Habrá llovido*, il aura plu.
condition. prés.	*Importaria*, il importerait.	*Lloveria*, il pleuvrait.
Condition. passé.	*Habria importado*, il aurait importé.	*Habria llovido*, il aurait plu.
Impératif.	*Importe*, qu'il importe.	*Llueva*, qu'il pleuve.
Subjonctif prés.	*Importe*, qu'il importe.	*Llueva*, qu'il pleuve.
Premier imparf.	*Importara*, s'il importait.	*Lluviera*, s'il pleuvait.
Second imparf.	*Importase*, qu'il importât.	*Lluviese*, qu'il plût.
Prétérit.	*Haya importado*, qu'il ait importé.	*Haya llovido*, qu'il ait plu.
Premier plusque.	*Hubiera importado*, s'il avait importé.	*Hubiera llovido*, s'il avait plu.
Second plusque.	*Hubiese importado*, qu'il eût importé.	*Hubiese llovido*, qu'il eût plu.
Futur simple.	*Importare*, quand il importera.	*Lluviere*, quand il pleuvra.
Futur composé.	*Hubiere importado*, q. il aura importé.	*Hubiere llovido*, quand il aura plu.

CHAPITRE XII.

DES VERBES IRRÉGULIERS.

DES IRRÉGULARITÉS D'ORTOGRAPHE DANS LES VERBES.

La régularité de la prononciation exige dans quelques verbes un changement dans les lettres finales, sans que ces verbes doivent être pour cela regardés comme irréguliers. Ainsi,

Les verbes qui font l'infinitif en *car* changent le *c* en *qu* devant *e*, comme *tocar, toque*.

Les verbes terminés en *cer* changent le *c* en *z* devant *a* et *o*. Ex. : *vencer, venza, venzo*.

Ceux terminés en *cir* changent le *c* en *z* devant *a* et *o*. Ex. : *esparcir, esparza, esparzo*.

Ceux terminés en *gar* ajoutent un *u* au *g* devant *e*. Ex. : *pagar, pagué, paguemos*.

Ceux terminés en *ger* changent le *g* en *j* devant *a* et *o*. Ex. : *escoger, escoja, escojo*.

Ceux terminés en *gir* changent le *g* en *j* devant *a* et *o*. Ex. : *fingir, finja, finjo*.

Ceux terminés en *guar* ajoutent un tréma sur l'*u* devant *e*. Ex. : *averiguar, averigüe, averigües*.

Ceux terminés en *guir* perdent l'*u* devant *a* et *o*. Ex. : *distinguir, distinga, distingo*.

Ceux terminés en *quir* changent le *qu* en *c* devant *a* et *o*. Ex. : *delinquir, delinca, delinco*.

Ceux terminés en *zar* changent le *z* en *c* devant *e*. Ex. : *punzar, punce, punces*.

Ceux terminés en *eer* changent l'*i* final en *y* devant *e* et *o*. Ex. : *leer, leyera, leyó*.

Ceux terminés en *uir* changent l'*i* final en *y* devant *a*, *e* et *o*, excepté à l'imparfait de l'indicatif. Ex. : *concluir, concluya, concluye, concluyo*; l'imparfait fait *concluia, concluias*, etc.

VERBES IRRÉGULIERS DE LA PREMIÈRE CONJUGAISON.

Irrégularités des Verbes

Pensar, *penser;* contar, *compter*, *et* jugar, *jouer*.

L'irrégularité du verbe *pensar*, et de ceux de la liste suivante, consiste à ajouter un *i* devant *e* aux lettres radicales, et toujours à l'avant-dernière syllabe, aux trois personnes du singulier de l'indicatif présent, à la deuxième et troisième de l'impératif, aux trois personnes du singulier du subjonctif présent, et aux troisièmes personnes du pluriel dans ces trois temps.

L'irrégularité du verbe *contar* consiste à changer l'*o* radical en *ue* aux mêmes temps et personnes où le verbe *pensar* ajoute un *i* à l'*e* radical.

Le verbe *jugar* ajoute un *e* à l'*u* radical aux mêmes temps et personnes où les verbes *pensar* et *contar* éprouvent des changemens.

Nota. Pour la conjugaison des verbes irréguliers, on ne mettra que les temps et les personnes irrégulières, puisque celles qui sont régulières se conjuguent sur *amar, temer* ou *partir*, selon la terminaison de l'infinitif de chaque verbe irrégulier.

INFINITIF.

Pensar, *penser*.	Contar, *compter*.	Jugar, *jouer*.

INDICATIF PRÉSENT.

Pienso, piensas, piensa, piensan.	Cuento, cuentas, cuenta, cuentan.	Juego, juegas, juega, juegan.

IMPÉRATIF.

Piensa, piense, piensen.	Cuenta, cuente, cuenten.	Juega, juegue, jueguen.

SUBJONCTIF PRÉSENT.

Piense, pienses, piense, piensen.	Cuente, cuentes, cuente, cuenten.	Juegue, juegues, juegue, jueguen.

LISTE DES VERBES QUI SE CONJUGUENT COMME *pensar*.

Acrecentar, accroître.
Adestrar, instruire.
Alentar, respirer.
Apacentar, mener paître.
Apernar, saisir par la patte.
Apretar, étreindre.
Arrendar, prendre à ferme.
Asentar, asseoir.
Aserrar, scier.
Atentar, attenter.
Atravesar, traverser.
Aventar, vanner.
Calentar, chauffer.
Cegar, aveugler.
Cerrar, fermer.
Comenzar, commencer.
Concertar, concerter.
Confesar, avouer.
Decentar, entamer.
Denegar, nier.
Dentar, endenter.
Derrengar, éreinter.
Desacertar, se tromper.
Desaferrar, décrocher.
Desalentar, décourager.
Desapretar, desserrer.
Desasentarse, se lever du siége.
Desasosegar, inquiéter.
Desatentar, troubler l'esprit.
Desconcertar, déranger.
Desdentar, arracher les dents.
Desempedrar, dépaver.
Desencerrar, tirer de prison.
Desenterrar, déterrer.
Desgobernar, détruire le bon ordre.
Deshelar, dégeler.
Desherrar, déferrer.
Deslendrar, ôter les lentes.
Desmembrar, démembrer.
Desnevar, dégeler.
Despedrar, épierrer.
Despertar, réveiller.
Desplegar, déployer.
Desterrar, exiler.
Dezmar, dîmer.
Desventar, éventer.
Dispertar, éveiller.
Emendar ou *enmendar*, corriger.
Emparentar, s'allier.
Empedrar, paver.
Empezar, commencer.
Encentar, entamer.
Encerrar, enfermer.

Encomendar, recommander.
Encubertar, couvrir.
Endentar, endenter.
Enhestar, élever, dresser.
Enmelar, emmieller.
Ensangrentar, ensanglanter.
Enterrar, enterrer.
Entesar, tendre, raidir.
Errar, se tromper.
Escarmentar, s'instruire par l'expérience.
Fregar, laver la vaisselle.
Gobernar, gouverner.
Hacendar, donner un fonds.
Hacendarse, s'enrichir.
Helar, geler.
Herrar, ferrer.
Incensar, encenser.
Infernar, mettre le trouble.
Invernar, passer l'hiver.
Jamerdar, vider la tripaille.
Manifestar, manifester
Mentar, mentionner.
Merendar, goûter.
Negar, nier.
Nevar, neiger.
Perniquebrar, casser les jambes.
Plegar, plier.
Quebrar, rompre, casser.
Reapretar, serrer de nouveau.
Reaventar, vanner de nouveau.
Recalentar, réchauffer.
Recomendar, recommander.
Refregar, frotter.
Regar, arroser.
Remendar, rapiécer.
Renegar, renier.
Repensar, réfléchir.
Replegar, replier.
Requebrar, cajoler.
Resegar, faucher de nouveau.
Resembrar, semer de nouveau.
Resquebrar, fendre.
Retemblar, vibrer.
Retentar, menacer de rechute.
Reventar, crever.
Sarmentar, ramasser les sarmens.
Segar, faucher.
Sembrar, semer.
Sentar, asseoir.
Sentarse, s'asseoir.
Serrar, scier.
Soarrendar, sous-fermer.
Sobresembrar, sursemer.
Sosegar, calmer, tranquilliser.
Soterrar, enterrer.
Subarrendar, sous-affermer.
Temblar, trembler.
Tentar, tenter.
Trasegar, transvaser.
Tropezar, broncher.
Tropezarse, s'entretailler.

LISTE DES VERBES QUI SE CONJUGUENT COMME *contar*.

Acordar, décider, arrêter.
Acordarse, se souvenir
Acostar, coucher.
Agorar, augurer.
Almorzar, déjeuner.
Amoblar, meubler.
Amolar, aiguiser.
Aporcar, enchausser.
Apostar, parier, gager.
Aprobar, approuver.
Asolar, ravager.
Asoldar, soudoyer.
Asonar, former assonnance.
Atronar, faire grand bruit.
Atronarse, être étourdi
Avergonzar, faire honte.
Colar, couler.
Colgar, suspendre.
Comprobar, collationner.
Concordar, s'accorder.
Consolar, consoler.
Consonar, former consonnance.
Costar, coûter.
Degollar, égorger.
Demostrar, démontrer
Denodarse, se montrer hardi.
Denostar, injurier.
Desacordar, être discordant
Desacordarse, oublier.
Desaforar, priver de certains priviléges appelés *fueros*.
Desaprobar, désapprouver.
Descolgar, décrocher.
Descollar, surpasser en hauteur.
Desconsolar, désoler.
Descontar, escompter.
Descornar, ôter les cornes.
Desencordar, ôter les cordes.
Desengrosar, dégrossir.
Desfogar, exhaler la bile.
Desmajolar, arracher les vignes.
Desolar, dévaster, ruiner.
Desollar, écorcher.
Desosar, désosser.
Desovar, frayer les poissons.

Despoblar, dépeupler.
Destrocar, défaire un troc.
Desvengonzarse, agir effrontément.
Discordar, discorder.
Disonar, être dissonnant.
Emporcar, salir.
Enclocarse, glousser.
Encontrar, rencontrer, trouver.
Encorar, garnir de cuir
Encordar, garnir de cordes.
Engrosar, grossir.
Enrodar, rouer.
Ensoñar, rêver.
Entortar, rendre borgne.
Esforzar, encourager.
Estercolar, fumer la terre.
Follar, souffler le feu.
Forzar, forcer.
Holgar, reposer.
Hollar, fouler aux pieds.
Mostrar, montrer.
Novar, renouveler.
Poblar, peupler.
Probar, prouver.
Recontar, recompter.
Recordar, rappeler.
Recostar, coucher sur le côté.
Reforzar, renforcer.
Regoldar, roter.
Renovar, renouveler.
Repoblar, repeupler.
Reprobar, réprouver.
Rescontrar, compenser.
Resollar, respirer.
Resonar, résonner.
Retronar, recommencer à tonner.
Revolar, voler de nouveau.
Revolcarse, se rouler sur la terre, se vautrer.
Rodar, rouler.
Rogar, prier.
Sobresolar, mettre une seconde semelle, ou un second plancher.
Solar, ressemeler, carreler.
Soldar, souder.
Soltar, délier, lâcher.
Sonar, sonner.
Sonarse, se moucher.
Soñar, rêver.
Tostar, rôtir.
Trascolar, filtrer.
Trascordarse, oublier.
Trasoñar, rêver.
Trasvolar, traverser en volant.
Trocar, troquer.
Trocarse, changer d'humeur, changer de place.
Tronar, tonner.
Volar, voler en l'air.
Volcar, renverser.

CONJUGAISON DES VERBES

Estar, *être ;* dar, *donner*, et andar, *marcher*.

INFINITIF.

Estar, *être*.	Dar, *donner*.	Andar, *marcher, ou aller*.

INDICATIF PRÉSENT.

Estoy.	Doy.	*Régulier*.

PRÉTÉRIT DÉFINI.

Estuve, estuviste, estuvo, estuvimos, estuvisteis, estuvieron.	Dí, diste, dió, dimos, disteis, dieron.	Anduve, anduviste, anduvo, anduvimos, anduvisteis, anduvieron.

PREMIER IMPARFAIT.

Estuviera, estuvieras, estuviera, estuviéramos, estuvierais, estuvieran.	Diera, dieras, diera, diéramos, dierais, dieran.	Anduviera, anduvieras, anduviera, anduviéramos, anduvierais, anduvieran.

SECOND IMPARFAIT.

Estuviese, estuvieses, estuviese, estuviésemos, estuvieseis, estuviesen.

Diese, dieses, diese, diésemos, dieseis, diesen.

Anduviese, anduvieses, anduviese, anduviésemos, anduvieseis, anduviesen.

FUTUR DE SUBJONCTIF.

Estuviere, estuvieres, estuviere, estuviéremos, estuviereis, estuvieren.

Diere, dieres, diere, diéremos, diereis, dieren.

Anduviere, anduvieres, anduviere, anduviéremos, anduviereis, anduvieren.

L'emploi du verbe *estar,* comme celui du verbe *ser*, pour rendre le verbe français *être*, étant une des plus grandes difficultés de la langue espagnole, exige des règles spéciales qui méritent la plus grande attention. (Voyez ces règles après la conjugaison du verbe *ser,* page 59.)

Le verbe *desandar*, rétrograder, se conjugue comme *andar.*

VERBES IRRÉGULIERS DE LA DEUXIÈME CONJUGAISON.

Irrégularités des Verbes

Perder, *perdre;* volver, *rendre*, *et* oler, *sentir.*

L'irrégularité du verbe *perder,* de la deuxième conjugaison, est la même que celle du verbe *pensar*, de la première, aux mêmes temps et aux mêmes personnes.

Celle du verbe *volver* est la même du verbe *contar*, aussi aux mêmes temps et personnes: ce verbe signifie rendre un objet prêté, retourner dans quelque endroit, et la répétition d'action d'un verbe quelconque, en cette forme; le verbe simple qui marque l'action se met à l'infinitif, précédé de la préposition *á*, dans tous les temps et personnes, et le verbe *volver,* qui marque la répétition de l'action, se conjugue sur *temer* dans ses temps réguliers, et dans les irréguliers comme il l'est ci-dessous. On fait en français une quantité de verbes composés, en prenant les verbes simples et les faisant précéder de la préposition *re,* pour exprimer une action répétée, comme retrouver, *volver á hallar;* resserrer, *apretar de nuevo;* reprendre, *volver á tomar,* ou *tomar de nuevo,* etc. En espagnol, on prend les verbes simples *hallar*, trouver; *apretar,* serrer; *tomar*, prendre, etc., à l'infinitif précédé de la préposition *á*; et au lieu qu'en français on conjugue ces temps composés de la préposition *re* par tous leurs temps et personnes, on ne conjugue en espagnol que le verbe *volver*. Ex.: je retrouve, *yo vuelvo á hallar;* tu retrouves, *tu vuelves á hallar;* je resserrais, *yo volvia á apretar;* nous reprenions, *nosotros volvíamos á tomar*, etc.

Il y a cependant aussi en espagnol plusieurs verbes qui, étant composés de la préposition *re*, signifient, comme en français, une répétition d'action; mais leur usage n'est pas si fréquent, ni aussi généralement reçu que les verbes de la même espèce le sont en français.

L'irrégularité du verbe *oler* consiste à remplacer l'*o* radical par *hue* dans les mêmes temps et personnes où le verbe *contar* est irrégulier.

INFINITIF.

Perder, *perdre*.	Volver, *rendre*.	Oler, *sentir*.
	PARTICIPE PASSÉ.	
Régulier.	Vuelto.	*Régulier*.
	INDICATIF PRÉSENT.	
Pierdo, pierdes, pierde, pierden.	Vuelvo, vuelves, vuelve, vuelven.	Huelo, hueles, huele, huelen.
	IMPÉRATIF.	
Pierde, pierda, pierdan.	Vuelve, vuelva, vuelvan.	Huele, huela, huelan.
	SUBJONCTIF PRÉSENT.	
Pierda, pierdas, pierda, pierdan.	Vuelva, vuelvas, vuelva, vuelvan.	Huela, huelas, huela, huelan.

LISTE DES VERBES QUI SE CONJUGUENT COMME *perder*.

Ascender, monter.
Atender, faire attention.
Cerner, bluter.
Coestenderse, s'étendre en même temps et également.
Condescender, condescendre.
Contender, disputer.
Defender, défendre.
Desatender, ne pas faire attention.
Descender, descendre.
Desentenderse, feindre d'ignorer.
Encender, allumer.
Entender, comprendre.
Estender, étendre.
Heder, puer.
Hender, fendre.
Perder, perdre.
Reverter, déborder.
Sobre entender, sous-entendre.
Subtender, mener une sous-tendante à un arc.
Tender, tendre.
Transcender, passer, monter, aller au delà, sentir bon.
Trascender, pénétrer, découvrir, exhaler une bonne odeur.
Verter, verser.

LISTE DES VERBES QUI SE CONJUGUENT COMME *volver*.

Absolver, absoudre.
Amover, écarter.
Cocer, cuire.
Condolerse, compatir.
Conmover, émouvoir.
Contorcerse, se tordre.
Demoler, démolir.
Desenvolver, développer.
Destorcer, détordre.
Desvolver, développer.
Devolver, renvoyer.
Disolver, dissoudre.
Doler, faire mal.
Envolver, envelopper.
Escocer, démanger.
Llover, pleuvoir.
Moler, moudre.
Morder, mordre.
Mover, mouvoir.
Promover, avancer, élever à une dignité.
Recocer, recuire.
Remorder, causer des remords.
Remover, remuer.
Resolver, résoudre.
Retorcer, retordre.
Revolver, remuer, troubler.
Soler, avoir coutume.
Solver, résoudre.
Torcer, tordre.

Irrégularités des Verbes

Crecer, *croître*; nacer, *naître*, *et* caer, *tomber*.

Les verbes *crecer*, *nacer*, et tous ceux qui font l'infinitif en *cer*, excepté *vencer*, *convencer*, *ejercer*, qui sont réguliers, et *cocer*, *torcer*, et leurs composés, qui se conjuguent comme *volver*, sont terminés à la première personne du singulier de l'indicatif présent par *zco*; la troisième du singulier, la première et troisième du pluriel de l'impératif, et tout le subjonctif présent, par *zca*, *zcas*, *zca*, *zcamos*, *zcais*, *zcan*. Ex. : *perecer*, périr; *perezco*, *perezca*, *perezcas*, *perezca*, *perezcamos*, *perezcais*, *perezcan*. Comme cette règle est générale, et que la liste des verbes terminés en *cer* serait trop longue, je me dispenserai de la donner.

INFINITIF.

Crecer, *croître*.	Nacer, *naître*.	Caer, *tomber*.

INDICATIF PRÉSENT.

Crezco.	Nazco.	Caigo.

IMPÉRATIF.

Crezca, crezcamos, crezcan.	Nazca, nazcamos, nazcan.	Caiga, caigamos, caigan.

SUBJONCTIF PRÉSENT.

Crezca, crezcas, crezca, crezcamos, crezcais, crezcan.	Nazca, nazcas, nazca, nazcamos, nazcais, nazcan.	Caiga, caigas, caiga, caigamos, caigais, caigan.

Les verbes *decaer*, déchoir; *descaer*, déchoir, et *recaer*, retomber, se conjuguent comme *caer*.

Irrégularités des Verbes

Poner, *mettre*; poder, *pouvoir*, et hacer, *faire*.

	INFINITIF PRÉSENT.	
Poner, *mettre*.	Poder, *pouvoir*.	Hacer, *faire*.
	GÉRONDIF.	
Régulier.	Pudiendo.	*Régulier*.
	PARTICIPE PASSÉ.	
Puesto.	*Régulier*.	Hecho.
	INDICATIF PRÉSENT.	
Pongo.	Puedo, puedes, puede, pueden.	Hago.
	PRÉTÉRIT DÉFINI.	
Puse, pusiste, puso, pusimos, pusisteis, pusieron.	Pude, pudiste, pudo, pudimos, pudisteis, pudieron.	Hice, hiciste, hizo, hicimos, hicisteis, hicieron.
	FUTUR SIMPLE.	
Pondré, pondrás, pondrá, pondremos, pondreis, pondrán.	Podré, podrás, podrá, Podremos, podreis, podrán.	Haré, harás, hará, haremos, hareis, harán.
	CONDITIONNEL PRÉSENT.	
Pondria, pondrias, pondria, pondríamos, pondriais, pondrian.	Podria, podrias, podria, podríamos, podriais, podrian.	Haria, harias, haria, haríamos, hariais, harian.
	IMPÉRATIF.	
Pon, ponga, pongamos, pongan.	Puede, pueda, puedan.	Haz, haga, hagamos, hagan.
	SUBJONCTIF PRÉSENT.	
Ponga, pongas, ponga, pongamos, pongais, pongan.	Pueda, puedas, pueda, puedan.	Haga, hagas, haga, hagamos, hagais, hagan.
	PREMIER IMPARFAIT.	
Pusiera, pusieras, pusiera, pusiéramos, pusierais, pusieran.	Pudiera, pudieras, pudiera, pudiéramos, pudierais, pudieran.	Hiciera, hicieras, hiciera, hiciéramos, hicierais, hicieran.

SECOND IMPARFAIT.

Pusiese, pusieses, pusiese, pusiésemos, pusieseis, pusiesen.	Pudiese, pudieses, pudiese, pudiésemos, pudieseis, pudiesen.	Hiciese, hicieses, hiciese, hiciésemos, hicieseis, hiciesen.

FUTUR SIMPLE.

Pusiere, pusieres, pusiere, pusiéremos, pusiereis, pusieren.	Pudiere, pudieres, pudiere, pudiéremos, pudiereis, pudieren.	Hiciere, hicieres, hiciere, hiciéremos, hiciereis, hicieren.

Le verbe ***poner***, et ses composés, compris dans la liste suivante, sont des plus irréguliers de la langue espagnole, puisqu'il n'y a que le gérondif et l'imparfait d'indicatif qui soient réguliers.

Anteponer, préférer.
Componer, composer, arranger.
Contraponer, opposer.
Deponer, déposer.
Descomponer, déranger.
Disponer, disposer.
Esponer, exposer.
Imponer, imposer.
Indisponer, indisposer.
Interponer, interposer.
Oponer, opposer.
Posponer mettre après
Preponer, préposer.
Presuponer, présupposer.
Proponer, proposer.
Reponer, remettre.
Sobreponer, mettre par dessus.
Sobreponerse, se placer au dessus.
Suponer, supposer.
Trasponer, transporter.
Trasponerse, sommeiller.

On conjugue comme le verbe ***hacer*** ses composés ***contrahacer***, contrefaire; ***deshacer***, défaire; ***hacerse***, se rendre; ***rehacer***, refaire; ***liqüefacer***, liquéfier; ***rarefacerse***, se raréfier; ***satisfacer***, satisfaire. Ces trois derniers verbes font la seconde personne du singulier de l'impératif ***liqüeface***, ***rareface*** et ***satisface***.

Irrégularités des Verbes

Saber, ***savoir***; caber, ***être contenu***, et querer, ***vouloir***.

INFINITIF.

Saber, *savoir*.	Caber, *être contenu*.	Querer, *vouloir*.

INDICATIF PRÉSENT.

Sé, sabes, etc.	Quepo, cabes, etc.	Quiero, quieres, quiere, quieren.

PRÉTÉRIT DÉFINI.

Supe, supiste, supo, supimos, supisteis, supieron.	Cupe, cupiste, cupo, cupimos, cupisteis, cupieron.	Quise, quisiste, quiso, quisimos, quisisteis, quisieron.

FUTUR SIMPLE.

Sabré, sabrás, sabrá, sabremos, sabreis, sabrán.	Cabré, cabrás, cabrá, cabremos, cabreis, cabrán.	Querré, querrás, querrá, querremos, querreis, querrán.

CONDITIONNEL PRÉSENT.

Sabria, sabrias, sabria, sabríamos, sabriais, sabrian.	Cabria, cabrias, cabria, cabríamos, cabriais, cabrian.	Querria, querrias, querria, querríamos, querriais, querrian.

IMPÉRATIF.

Sepa, sepamos, sepan.	Quepa, quepamos, quepan.	Quiere, quiera, quieran.

SUBJONCTIF PRÉSENT.

Sepa, sepas, sepa, sepamos, sepais, sepan.	Quepa, quepas, quepa, quepamos, quepais, quepan.	Quiera, quieras, quiera, quieran.

PREMIER IMPARFAIT.

Supiera, supieras, supiera, supiéramos, supierais, supieran.	Cupiera, cupieras, cupiera, cupiéramos, cupierais, cupieran.	Quisiera, quisieras, quisiera, quisiéramos, quisierais, quisieran.

SECOND IMPARFAIT.

Supiese, supieses, supiese, supiésemos, supieseis, supiesen.	Cupiese, cupieses, cupiese, cupiésemos, cupieseis, cupiesen.	Quisiese, quisieses, quisiese, quisiésemos, quisieseis, quisiesen.

FUTUR SIMPLE.

Supiere, supieres, supiere, supiéremos, supiereis, supieren.	Cupiere, cupieres, cupiere, cupiéremos, cupiereis, cupieren.	Quisiere, quisieres, quisiere, quisiéremos, quisiereis, quisieren.

Comme le verbe *saber*, se conjugue son composé *resaber*, faire le savant. *Saber* et *caber* ont les mêmes irrégularités, excepté à la première personne de l'indicatif, *yo sé*, *yo quepo*.

Comme le verbe *querer*, se conjuguent ses composés *bienquerer*, vouloir du bien, et *malquerer*, vouloir du mal.

Irrégularités des Verbes

Traer, *apporter*, ver, *voir*, et valer, *valoir*.

	INFINITIF.	
Traer, *apporter*.	Ver, *voir*.	Valer, *valoir*.
	PARTICIPE PASSÉ.	
Régulier.	Visto.	*Régulier*.
	INDICATIF PRÉSENT.	
Traigo.	Veo, ves, etc.	Valgo.
	IMPARFAIT.	
Régulier.	Veia, veias, veia, veíamos, veiais, veian.	*Régulier*.
	PRÉTÉRIT DÉFINI.	
Traje, trajiste, trajo, trajimos, trajisteis, trajeron.	*Régulier*	*Régulier*.
	FUTUR SIMPLE.	
Régulier.	*Régulier*.	Valdré, valdrás, valdrá, valdremos, valdreis, valdrán.
	CONDITIONNEL PRÉSENT.	
Régulier.	*Régulier*.	Valdria, valdrias, valdria, valdríamos, valdriais, valdrian.
	IMPÉRATIF.	
Traiga, traigamos, traigan.	Vé, vea, veamos, vean.	Valga, valgamos, valgan.
	SUBJONCTIF PRÉSENT.	
Traiga, traigas, traiga, traigamos, traigais, traigan.	Vea, veas, vea, veamos, veais, vean.	Valga, valgas, valga, valgamos, valgais, valgan.
	PREMIER IMPARFAIT.	
Trajera, trajeras, trajera, trajéramos, trajerais, trajeran.	*Régulier*.	*Régulier*.

SECOND IMPARFAIT.

Trajese, trajeses, trajese trajésemos, trajeseis, trajesen.	*Régulier.*	*Régulier.*

FUTUR SIMPLE.

Trajere, trajeres, trajere, trajéremos, trajereis, trajeren.	*Régulier.*	*Régulier.*

Comme le verbe ***traer***, se conjuguent ses composés ***abstraer***, abstraire ; ***atraer,*** attirer ; ***contraer***, contracter ; ***detraer***, éloigner ; ***distraer***, distraire ; ***estraer***, exporter ; ***retraer,*** dissuader ; ***retrotraer***, rapporter à un temps antérieur, et ***sustraer,*** soustraire.

Les verbes ***antever***, prévoir ; ***entrever,*** entrevoir ; ***prever***, prévoir ; ***rever***, revoir, ont les mêmes irrégularités que ***ver***, dont ils sont composés.

Comme le verbe ***valer***, se conjugent ses composés ***equivaler***, équivaloir, et ***prevaler***, prévaloir.

VERBES IRRÉGULIERS DE LA TROISIÈME CONJUGAISON.

Irrégularités des Verbes

Lucir, ***luire***, oir, ***entendre***, et asir, ***saisir.***

INFINITIF.

Lucir, *luire*.	Oir, *entendre*.	Asir, *saisir*.

INDICATIF PRÉSENT.

Luzco.	Oigo, oyes, oye, oyen.	Asgo.

IMPÉRATIF.

Luzca, luzcamos, luzcan.	Oiga, oigamos, oigan.	Asga, asgamos, asgan.

SUBJONCTIF PRÉSENT.

Luzca, luzcas, luzca, luzcamos, luzcais, luzcan.	Oiga, oigas, oiga, oigamos, oigais, oigan.	Asga, asgas, asga, asgamos, asgais, asgan.

Les verbes ***prelucir,*** briller d'avance ; ***relucir***, reluire, et ***traslucirse***, paraître à travers, ont la même irrégularité que ***lucir***.

Comme ***oir***, se conjugue aussi son composé ***entreoir,*** entr'ouïr.

Irrégularités des Verbes

Conducir, *conduire*; bendecir, *bénir*, *et* pedir, *demander*.

	INFINITIF.	
Conducir, *conduire*.	Bendecir, *bénir*.	Pedir, *demander*.
	GÉRONDIF.	
Régulier.	Bendiciendo.	Pidiendo.
	INDICATIF PRÉSENT.	
Conduzco.	Bendigo, bendices, bendice, bendicen.	Pido, pides, pide, piden.
	PRÉTÉRIT DÉFINI.	
Conduje, condujiste, condujo, condujimos, condujisteis, condujeron.	Bendije, bendijiste, bendijo, bendijimos, bendijisteis, bendijeron.	Pidió, pidieron.
	IMPÉRATIF.	
Conduzca, conduzcamos, conduzcan.	Bendiga, bendigamos, bendigan.	Pide, pida, pidamos, pidan.
	SUBJONCTIF PRÉSENT.	
Conduzca, conduzcas, conduzca, conduzcamos, conduzcais, conduzcan.	Bendiga, bendigas, bendiga, bendigamos, bendigais, bendigan.	Pida, pidas, pida, pidamos, pidais, pidan.
	PREMIER IMPARFAIT.	
Condujera, condujeras, condujera, condujéramos, condujerais, condujeran.	Bendijera, bendijeras, bendijera, bendijéramos, bendijerais, bendijeran.	Pidiera, pidieras, pidiera, pidiéramos, pidierais, pidieran.
	SECOND IMPARFAIT.	
Condujese, condujeses, condujese, condujésemos, condujeseis, condujesen.	Bendijese, bendijeses, bendijese, bendijésemos, bendijeseis, bendijesen.	Pidiese, pidieses, pidiese, pidiésemos, pidieseis, pidiesen.
	FUTUR SIMPLE.	
Condujere, condujeres, condujere, condujéremos, condujereis, condujeren.	bendijere, bendijeres, bendijere, bendijéremos, bendijereis, Bendijeren.	Pidiere, pidieres, pidiere, pidiéremos, pidiereis, pidieren.

Comme *conducir*, se conjuguent aussi les verbes suivans : *deducir*, déduire ; *educir*, tirer, extraire ; *inducir*, induire ; *introducir*, introduire ; *producir*, produire ; *reducir*, réduire ; *reproducir*, reproduire ; *seducir*, séduire ; *traducir*, traduire.

Le verbe *maldecir*, maudire, se conjugue aussi comme *bendecir*.

Les verbes compris dans la liste suivante ont les mêmes irrégularités que le verbe *pedir*.

Arrecirse, être engourdi par le froid.
Ceñir, ceindre.
Colegir, conclure.
Comedirse, se modérer, se régler.
Competir, être en concurrence.
Concebir, concevoir.
Conseguir, obtenir.
Constreñir, contraindre.
Corregir, corriger.
Derretir, fondre, liquéfier.
Desceñir, ôter la ceinture.
Descomedirse, manquer à la politesse.
Deservir, désobliger.
Desleir, délayer.
Despedir, congédier, renvoyer.
Desteñir, déteindre.
Elegir, choisir.
Embestir, attaquer.
Engreirse, s'énorgueillir.
Envestir, investir.
Espedir, expédier.
Estreñir, étreindre.
Freir, frire.
Gemir, gémir.
Henchir, remplir, enfler.
Heñir, pétrir la pâte.
Impedir, empêcher.
Investir, investir.
Medir, mesurer.
Perseguir, persécuter.
Proseguir, continuer.
Reelegir, réélire.
Regir, régir, guider.
Rehenchir, remplir de nouveau.
Reir, rire.
Rendir, soumettre.
Rendirse, se fatiguer.
Reñir, gronder, se disputer.
Repetir, répéter.
Reteñir, reteindre.
Revestir, revêtir.
Seguir, suivre.
Servir, servir.
Sofreir, frire légèrement.
Sonreir, sourire.
Teñir, teindre.
Vestir, habiller.

Irrégularités des Verbes

Ir, *aller*; sentir, *sentir*, et dormir, *dormir*.

INFINITIF PRÉSENT.

Ir, *aller*.	Sentir, *sentir*.	Dormir, *dormir*.

GÉRONDIF PRÉSENT.

Yendo.	Sintiendo.	Durmiendo.

INDICATIF PRÉSENT.

Voy, vas, va, vamos, vais, van.	Siento, sientes, siente, sienten.	Duermo, duermes, duerme, duermen.

IMPARFAIT.

Iba, ibas, iba, íbamos, ibais, iban.	*Régulier*.	*Régulier*.

PRÉTÉRIT DÉFINI.

Fuí, fuiste, fué, fuimos, fuisteis, fueron.	Sintió, sintieron.	Durmió, durmieron.

IMPÉRATIF.

Ve, vaya, vayamos, vayan.	Siente, sienta, sintamos, sientan.	Duerme, duerma, durmamos, duerman.

SUBJONCTIF PRÉSENT.

Vaya, vayas, vaya, vayamos, vayais, vayan.	Sienta, sientas, sienta, sintamos, sintais, sientan.	Duerma, duermas, duerma, durmamos, durmais, duerman.

PREMIER IMPARFAIT.

Fuera, fueras, fuera, fuéramos, fuerais, fueran.	Sintiera, sintieras, sintiera, sintiéramos, sintierais, sintieran.	Durmiera, durmieras, durmiera, durmiéramos, durmierais, durmieran.

SECOND IMPARFAIT.

Fuese, fueses, fuese, fuésemos, fueseis, fuesen.	Sintiese, sintieses, sintiese, sintiésemos, sintieseis, sintiesen.	Durmiese, durmieses, durmiese, durmiésemos, durmieseis, durmiesen.

FUTUR SIMPLE.

Fuere, fueres, fuere, fuéremos, fuereis, fueren.	Sintiere, sintieres, sintiere, sintiéremos, sintiereis, sintieren.	Durmiere, durmieres, durmiere, durmiéremos, durmiereis, durmieren.

Dans le verbe ***ir***, l'usage a introduit le mot ***vamos*** au lieu de ***vayamos***, pour la première personne du pluriel de l'impératif, et même quelquefois pour le subjonctif présent.

Le verbe ***morir***, mourir, se conjugue comme le verbe ***dormir***.

Les irrégularités du verbe ***sentir*** sont communes aux verbes de la liste suivante :

Adherir, adhérer.
Advertir avertir, prendre garde.
Arrepentirse, se repentir.
Asentir, consentir.
Conferir, conférer.
Consentir, consentir.
Controvertir, discuter.
Convertir, convertir.
Deferir, déférer.
Desconsentir, refuser le consentement.
Desmentir, démentir.
Diferir, différer.
Digerir, digérer.
Disentir, être d'avis contraire.
Divertir, amuser.
Erguir, dresser, lever.
Hervir, bouillir.
Herir, blesser, frapper.
Inferir, inférer.
Ingerir, enter.

Inquirir, s'enquérir.
Invertir, transposer.
Mentir, mentir.
Pervertir, pervertir.
Preferir, préférer.
Presentir, pressentir.
Proferir, proférer.
Referir, rapporter.
Reherir, étalonner de nouveau.
Rehervir, rebouillir, s'enflammer d'amour
Rementir, mentir de nouveau.
Requerir, requérir.
Resentirse, se ressentir, avoir du ressentiment.
Subvertir, subvertir.
Sugerir, suggérer.
Transferir, transférer.
Zaherir, faire des reproches, réprimander

Irrégularités des Verbes

Decir, *dire ;* venir, *venir*, *et* salir, *sortir*.

	INFINITIF.	
Decir, *dire*.	Venir, *venir*.	Salir, *sortir*.
	GÉRONDIF.	
Diciendo.	Viniendo.	*Régulier.*
	PARTICIPE PASSÉ.	
Dicho.	*Régulier.*	*Régulier.*
	INDICATIF PRÉSENT.	
Digo, dices, dice, dicen.	Vengo, vienes, viene, vienen.	Salgo.
	PRÉTÉRIT DÉFINI.	
Dije, dijiste, dijo, dijimos, dijisteis, dijeron.	Vine, viniste, vino, vinimos, vinisteis, vinieron.	*Régulier.*
	FUTUR SIMPLE.	
Diré, dirás, dirá diremos, direis, dirán.	Vendré, vendrás, vendrá, vendremos, vendreis, vendrán.	Saldré, saldrás, saldrá, saldremos, saldreis, saldrán.
	CONDITIONNEL PRÉSENT.	
Diria, dirias, diria, diríamos, diriais, dirian.	Vendria, vendrias, vendria, vendríamos, vendriais, vendrian.	Saldria, saldrias, saldria, saldríamos, saldriais, saldrian.
	IMPARFAIT.	
Dí, diga, digamos, digan.	Ven, venga, vengamos, vengan.	Sal, salga, salgamos, salgan.

SUBJONCTIF PRÉSENT.

Diga, digas, diga, digamos, digais, digan.	Venga, vengas, venga, vengamos, vengais, vengan.	Salga, salgas, salga, salgamos, salgais, salgan.

PREMIER IMPARFAIT.

Dijera, dijeras, dijera, dijéramos, dijerais, dijeran.	Viniera, vinieras, viniera, viniéramos, vinierais, vinieran.	*Régulier.*

SECOND IMPARFAIT.

Dijese, dijeses, dijese, dijésemos, dijeseis, dijesen.	Viniese, vinieses, viniese, viniésemos, vinieseis, viniesen.	*Régulier.*

FUTUR SIMPLE.

Dijere, dijeres, dijere, dijéremos, dijereis, dijeren.	Viniere, vinieres, viniere, viniéremos, viniereis, vinieren.	*Régulier.*

Les irrégularités du verbe *decir* sont communes à ses composés *contradecir*, contredire ; *desdecirse*, se dédire, et *predecir*, prédire.

Comme *venir* se conjuguent aussi ses composés *avenir*, accomoder ; *avenirse*, s'accommoder, s'arranger ; *contravenir*, s'opposer ; *convenir*, convenir ; *desavenir*, ne pas s'accorder ; *disconvenir*, être d'un avis différent ; *intervenir*, intervenir ; *prevenir*, prevenir ; *provenir*, provenir ; *reconvenir*, reprocher ; *revenirse*, se consumer peu à peu, *sobrevenir*, survenir.

Resalir, saillir, et *sobresalir*, surpasser, se conjuguent de la même manière que le verbe *salir*.

DES VERBES DÉFECTIFS.

La grammaire de l'Académie espagnole ne compte parmi les verbes défectifs que les suivans :

Podrir, pourrir. Dans ce verbe on fait usage de l'infinitif *podrir*, du participe passé *podrido*, et par conséquent de tous les temps composés ; du conditionnel *podriria*, *podrias*, etc., et de la deuxième personne du pluriel de l'impératif, *podrid*. Pour les autres temps, on dit *pudrir*, qui n'est pas défectif, et non *podrir*.

Placer, plaire. Ce verbe, étant impersonnel, n'a que les troisièmes personnes du singulier du présent de l'indicatif, *place*, de l'imparfait, *placia*, du prétérit défini, *plugo*, du subjonctif présent, *plegue*, des deux imparfaits, *pluguiera*, *pluguiese*, et du futur, *pluguiere*.

Yacer, giser. On dit à l'indicatif présent, *yace*, *yacen*; à l'imparfait, *yacia*, *yacian*, et au subjonctif présent, *yaga*. On lit dans quelques auteurs *yago*, première personne de l'indicatif présent, et toutes les personnes de l'imparfait d'indicatif, *yacia*, *yacias*, etc.

Soler, avoir coutume. Tous les temps de ce verbe sont en usage, excepté le futur simple de l'indicatif, et le conditionnel présent; il est irrégulier, comme *volver*.

Abolir, abolir. Ce verbe n'est jamais employé à l'indicatif présent, à l'impératif, ni au subjonctif présent; on ne sait pas même si en voulant s'en servir, ces temps seraient réguliers ou irréguliers. L'Académie espagnole ne parle pas de ce verbe, comme défectif.

TABLEAU GÉNÉRAL

DES IRRÉGULARITÉS DES VERBES ESPAGNOLS.

INFINITIF.	INDICATIF PRÉSENT.	PRÉTÉRIT DÉFINI.	FUTUR D'INDICATIF.
Haber.	He, has, ha, hemos, habeis, han.	Hube, hubiste, etc.	Habré, habrás, etc.
Tener.	Tengo, tienes, tiene, tienen.	Tuve, tuviste, etc.	Tendré, tendrás, etc.
Ser.	Soy, eres, es, somos, sois, son.	Fui, fuiste, fué, etc.	
Estar.	Estoy.	Estuve, estuviste, etc.	
Pensar.	Pienso, piensas, piensa, piensan.		
Contar.	Cuento, cuentas, cuenta, cuentan.		
Jugar.	Juego, juegas, juega, juegan.		

Andar.		Anduve, anduviste, etc.	
Dar.	Doy.	Di, diste, dió, etc.	
Perder.	Pierdo, pierdes, pierde, pierden.		
Volver.	Vuelvo, vuelves, vuelve, vuelven.		
Crecer.	Crezco.		
Caer.	Caigo.		
Poner.	Pongo.	Puse, pusiste, etc.	Pondré, pondrás, etc.
Poder.	Puedo, puedes, puede, pueden.	Pude, pudiste, etc.	Podré, podrás, etc.
Hacer.	Hago.	Hice, hiciste, etc.	Haré, harás, etc.
Saber.	Sé.	Supe, supiste, etc.	Sabré, sabrás, etc.
Caber.	Quepo.	Cupe, cupiste, etc.	Cabré, cabrás, etc.
Querer.	Quiero, quieres, quiere, quieren.	Quise, quisiste, etc.	Querré, querrás, etc.
Ver.	Veo.		
Valer.	Valgo.		Valdré, valdrás, etc.
Traer.	Traigo.	Traje, trajiste, etc.	
Lucir.	Luzco.		
Oir.	Oigo, oyes, oye, oyen.		
Asir.	Asgo.		
Bendecir.	Bendigo, bendices, bendice, bendicen.	Bendije, bendijiste, etc.	
Conducir.	Conduzco.	Conduje, condujiste, etc.	
Pedir.	Pido, pides, pide, piden.	Pidió, pidieron.	
Sentir.	Siento, sientes, siente, sienten.	Sintió, sintieron.	
Ir.	Voy, vas, va, vamos, vais, van.	Fui, fuiste, fué, etc.	
Dormir.	Duermo, duermes, duerme, duermen.	Durmió, durmieron.	
Decir.	Digo, dices, dice, dicen.	Dije, dijiste, etc.	Diré, dirás, etc.
Venir.	Vengo, vienes, viene, vienen.	Vine, viniste, etc.	Vendré, vendrás, etc.
Salir.	Salgo.		Saldré, saldrás, etc.

Le tableau précédent comprend : 1° l'infinitif ; 2° l'indicatif présent ; 3° le prétérit défini, et 4° le futur d'indicatif. L'infinitif étant toujours régulier marque que toutes les personnes qui ne sont pas irrégulières ont les mêmes lettres radicales que lui ; et quant aux finales, qu'elles doivent être les mêmes que dans les verbes modèles, *amar, temer* et *partir,* ou dans le tableau des finales des trois conjugaisons. La seconde personne du pluriel de l'impératif est toujours régulière, et toujours comme l'infinitif, en changeant l'*r* en *d,* quelles que soient d'ailleurs ses irrégularités.

L'indicatif présent, le prétérit défini et le futur d'indicatif sont les trois sources ou racines des irrégularités dans les verbes espagnols : en sorte que si l'indicatif présent est irrégulier, quand même il ne le serait que dans une seule personne, l'impératif et le subjonctif présent sont en entier irréguliers de la même irrégularité. Il faut cependant remarquer :

1° Que le verbe *haber*, qui fait à l'indicatif présent *he, has, ha,* etc., fait au subjonctif présent *haya*, *hayas*, *haya,* etc.; que le verbe *ir* fait *vaya*, *vayas*, *vaya*, etc. ; que les verbes *ser* et *ver* font *sea*, *seas*, etc., *vea, veas,* etc.; que les verbes *sentir* et *dormir*, et tous ceux qui se conjuguent comme eux, font, aux premières et deuxièmes personnes du pluriel, *sintamos*, *sintais*, *durmamos*, *durmaîs;*

2° Que les verbes *pensar, contar*, *jugar*, *perder, volver, oler, poder*, *querer*, et leurs semblables et composés, ont à l'impératif et au subjonctif présent, ainsi qu'à l'indicatif présent, la première et la deuxième personne du pluriel régulières ;

3° Que les verbes *tener, oir, bendecir, decir* et *venir*, qui ont deux irrégularités à l'indicatif présent, n'ont pour l'impératif et le subjonctif présent que celle qui est marquée pour la première personne du singulier : *tenga*, *tengas*, etc., *oiga, oigas*, etc.

Si le prétérit défini est irrégulier, le premier et le second imparfait, et le futur du subjonctif, sont irréguliers de sa même irrégularité ; et cette règle a lieu même pour les verbes *pedir, sentir* et *dormir,* qui n'ont d'irrégulières que les troisièmes personnes du singulier et du pluriel.

Lorsque le futur d'indicatif est régulier, le conditionnel présent l'est aussi de sa même irrégularité, sans aucune exception.

Le gérondif est irrégulier aux verbes *poder*, *bendecir*, *decir*, *dormir, pedir*, *sentir* et *venir,* et ils prennent leur irrégularité à la troisième personne du singulier du prétérit défini, excepté *bendecir* et *decir*, qui semblent le prendre à la troisième personne de l'indicatif présent.

L'imparfait d'indicatif est irrégulier aux verbes *ser*, *ver* et *ir*.

L'impératif, à la seconde personne du singulier, est irrégulier aux verbes *hacer*, *poner*, *tener*, *decir*, *ir*, *salir* et *venir*, et à leurs composés.

Quant aux participes passés irréguliers, nous en donnerons ci-après la liste.

CHAPITRE XIII.

DU PARTICIPE PASSÉ.

Le participe, ainsi nommé parce qu'il tient de la nature du verbe et de celle de l'adjectif, est divisé en présent et passé. Le participe présent français répond au gérondif espagnol ; et quoique il y ait aussi dans cette dernière langue des participes présens terminés en *ante* pour les verbes de la première conjugaison, et en *iente* pour ceux de la seconde et de la troisième, ils ne sont jamais employés comme participes, mais comme adjectifs verbaux. Le participe passé sert à former les temps composés des verbes avec les auxiliaires, avec cette différence que, lorsqu'il est joint au verbe auxiliaire *haber*, il est toujours indéclinable, et prend constamment la terminaison masculine du singulier ; et lorsqu'il est joint à quelque autre verbe, il se décline et s'accorde en genre et en nombre avec un substantif exprimé ou sous-entendu, comme un véritable adjectif.

Le participe passé de la première conjugaison est terminé en *ado*, et celui de la seconde et de la troisième en *ido*. Il y a cependant quelques participes irréguliers qui ont une terminaison différente, et qui sont compris dans la liste qui suit :

INFINITIF.	PARTICIPE PASSÉ.
Abrir, ouvrir.	*Abierto*, ouvert.
Absolver, absoudre.	*Absuelto*, absous.
Anteponer, préférer.	*Antepuesto*, préféré.
Antever, prévoir.	*Antevisto*, prévu.
Componer, arranger.	*Compuesto*, arrangé.
Contradecir, contredire.	*Contradicho*, contredit.
Contrahacer, contrefaire.	*Contrahecho*, contrefait.
Contraponer, opposer.	*Contrapuesto*, opposé.
Cubrir, couvrir.	*Cubierto*, couvert.
Decir, dire.	*Dicho*, dit.
Deponer, déposer.	*Depuesto*, déposé.
Descomponer, déranger.	*Descompuesto*, dérangé.
Descubrir, découvir.	*Descubierto*, découvert.
Desdecir, dédire.	*Desdicho*, dédit.
Desenvolver, développer.	*Desenvuelto*, développé.
Deshacer, défaire.	*Deshecho*, défait.
Desvolver, développer.	*Desvuelto*, développé.
Devolver, rendre.	*Devuelto*, rendu.
Disolver, dissoudre.	*Disuelto*, dissous.
Disponer, disposer.	*Dispuesto*, disposé.
Encubrir, couvrir.	*Encubierto*, couvert.
Entrever, entrevoir.	*Entrevisto*, entrevu.
Envolver, envelopper.	*Envuelto*, enveloppé.
Escribir, écrire.	*Escrito*, écrit.
Esponer, exposer.	*Espuesto*, exposé.
Hacer, faire.	*Hecho*, fait.
Imponer, imposer.	*Impuesto*, imposé.
Indisponer, indisposer.	*Indispuesto*, indisposé.
Interponer, interposer.	*Interpuesto*, interposé.
Morir, mourir.	*Muerto*, mort.
Oponer, opposer.	*Opuesto*, opposé.
Poner, mettre.	*Puesto*, mis.
Posponer, mettre après.	*Pospuesto*, mis après.
Predecir, prédire.	*Predicho*, prédit.
Preponer, préposer.	*Prepuesto*, préposé.
Presuponer, présupposer.	*Presupuesto*, présupposé.
Prever, prévoir.	*Previsto*, prévu.
Proponer, proposer.	*Propuesto*, proposé.
Rehacer, refaire.	*Rehecho*, refait.
Reponer, remettre.	*Repuesto*, remis.
Resolver, résoudre.	*Resuelto*, résolu.
Rever, revoir.	*Revisto*, revu.
Revolver, remuer.	*Revuelto*, remué.
Satisfacer, satisfaire.	*Satisfecho*, satisfait.
Sobreponer, mettre sur...	*Sobrepuesto*, mis sur...
Solver, délier.	*Suelto*, délié.
Suponer, supposer.	*Supuesto*, supposé.
Trasponer, transposer.	*Traspuesto*, transposé.
Ver, voir.	*Visto*, vu.
Volver, revenir.	*Vuelto*, revenu.

Outre ces verbes, qui ont le participe passé irrégulier, il y en a quelques autres qui en ont deux, l'un régulier, terminé en *ado* ou *ido*, et l'autre irrégulier. Le régulier sert toujours à conjuguer, avec le verbe auxiliaire *haber*, les temps composés des autres verbes, et l'irrégulier n'est employé que comme adjectif, et il ne peut servir à la conjugaison des temps composés. De cette règle sont exceptés les participes *injerto*, *opreso*, *prescrito*, *preso*, *provisto*, *roto* et *supreso* : en sorte que l'on peut dire également, *yo he injerido*, ou *yo he injerto*, etc. Le participe irrégulier *roto* est plus en usage que le régulier *rompido*. Voici la liste de ces participes :

INFINITIF.	PARTICIPE RÉGULIER.	PARTICIPE IRRÉGULIER.
Ahitarse, se donner une indigestion.	*Ahitado.*	*Ahito.*
Bendecir, bénir.	*Bendecido.*	*Bendito.*
Compeler, forcer.	*Compelido.*	*Compulso.*
Concluir, conclure.	*Concluido.*	*Concluso.*
Confundir, confondre.	*Confundido.*	*Confuso.*
Convencer, convaincre.	*Convencido.*	*Convicto.*
Convertir, convertir.	*Convertido.*	*Converso.*
Despertar, éveiller.	*Despertado.*	*Despierto.*
Elegir, élire, choisir.	*Elegido.*	*Electo.*
Enjugar, essuyer.	*Enjugado.*	*Enjuto.*
Escluir, exclure.	*Escluido.*	*Escluso.*
Espeler, chasser.	*Espelido.*	*Espulso.*
Espresar, exprimer.	*Espresado.*	*Espreso.*
Estinguir, éteindre.	*Estinguido.*	*Estinto.*
Fijar, fixer.	*Fijado.*	*Fijo.*
Freir, frire.	*Freido.*	*Frito.*
Hartar, rassasier.	*Hartado.*	*Harto.*
Incluir, renfermer.	*Incluido.*	*Incluso.*
Incurrir, encourir.	*Incurrido.*	*Incurso.*
Insertar, insérer.	*Insertado.*	*Inserto.*
Invertir, transposer.	*Invertido,*	*Inverso.*
Ingerir, enter.	*Ingerido.*	*Ingerto.*
Juntar, joindre.	*Juntado.*	*Junto.*
Maldecir, maudire.	*Maldecido.*	*Maldito.*
Manifestar, manifester.	*Manifestido.*	*Manifiesto.*
Marchitar, flétrir.	*Marchitado.*	*Marchito.*
Omitir, omettre.	*Omitido.*	*Omiso.*
Oprimir, opprimer.	*Oprimido.*	*Opreso.*
Perfeccionnar, perfectionner.	*Perfeccionado.*	*Perfecto.*
Prender, saisir, arrêter.	*Prendido.*	*Preso.*
Prescribir, prescrire.	*Prescribido.*	*Prescrito.*
Proveer, pourvoir.	*Proveido.*	*Provisto.*
Recluir, renfermer.	*Recluido.*	*Recluso.*
Reelegir, réélire.	*Reelegido.*	*Reelecto.*
Romper, rompre.	*Rompido.*	*Roto.*

Sofreir, frire légèrement. *Sofreido*. *Sofrito*.
Soltar, délier. *Soltado*. *Suelto*.
Suprimir, supprimer. *Suprimido*. *Supreso*.

Il y a aussi quelques participes passés qui, joints à des subtantifs, ont une signification active, et alors ils ne sont pas considérés comme de vrais participes, mais comme de simples adjectifs verbaux. En voici la liste.

Acostumbrado, qui a coutume.
Agradecido, reconnaissant.
Atrevido, hardi.
Bien cenado, qui a bien soupé.
Bien comido, qui a bien dîné.
Bien hablado, qui parle bien.
Callado, qui sait se taire.
Cansado, ennuyeux.
Comedido, mesuré, prudent.
Desesperado, désespéré.
Disimulado, dissimulé.
Entendido, intelligent.
Esforzado, courageux, intrépide.
Fingido, dissimulé, faux.
Leido, qui a beaucoup lu.
Medido, mesuré.
Mirado, prudent, modéré.
Moderado, modéré.
Ocasionado, querelleur, facile à se fâcher.
Osado, audacieux, hardi.
Parado, lent, tardif.
Parecido, ressemblant.
Partido, libéral, généreux.
Pausado, posé, qui n'agit pas légèrement.
Porfiado, opiniâtre, entêté.
Precavido, qui a de la précaution.
Preciado, vain, présomptueux.
Presumido, présomptueux.
Recatado, circonspect.
Sabido, instruit, savant.
Sacudido, qui sait se défendre.
Sentido, sensible, susceptible.
Sufrido, patient, qui a de la patience.
Trascendido, qui a l'esprit pénétrant.
Valido, favori, qui est en faveur.

CHAPITRE XIV.

DE L'ADVERBE.

L'adverbe, une des parties du discours indéclinables, est du même usage en espagnol qu'en français ; mais tout ce qui est adverbe en français ne l'est pas en espagnol. Nous allons donner une liste alphabétique des adverbes et locutions adverbiales qui sont d'un plus fréquent usage en français, avec l'interprétation espagnole ; mais on n'y trouvera pas les adverbes terminés en *ment*, en espagnol en *mente*, afin de la rendre moins longue. Nous ferons sur chacun les remarques que nous croirons nécessaires pour leur propre et légitime usage.

LISTE ALPHABÉTIQUE

Des principaux Adverbes français, non compris ceux terminés en ment,

Avec l'interprétation espagnole.

A.

A l'abandon, *al pillage.*
Ab hoc et ab hac, *disparatadamente, fuera de propósito, fuera de razon.*
Ab intestat, *abintestato.*
D'abord, *luego, al punto.—Desde luego, primeramente.*
Par accident, *por accidente.*
D'accord, *de acuerdo.— Enhorabuena, sea asi, convengo en ello.*
A l'accoutumée, *á lo acostumbrado, segun la costumbre.*
Acompte, *á cuenta.*
Adagio, en musique, *de espacio, lentamente.*
Adieu, *á Dios.* Adieux, substantif pluriel, *despedida.*
Ailleurs, *en otra parte, á otra parte.*
D'ailleurs, *de otra parte, por otra parte.*
Ainsi, *asi, como, del mismo modo.*
Ainsi soit-il, *asi sea, amen.*
A l'entour, *al rededor, en contorno.*
Alerte, *alerta, cuidado.*
Alinéa, *á la linea.*
Allegro, en musique, *vivamente, alegro.*
Alors, *entonces, en ese caso.*
A l'amiable, *amigablemente.*
Pour l'amour de, *por amor de.*
Andante, en musique, *andante.*
Par anticipation, *anticipadamente, con anticipacion.*
A l'antique, *á lo antiguo.*
A-peu-près, *con poca diferencia, poco mas ó menos, casi.*
Aplomb, d'aplomb, *á plomo, perpendicularmente.*
Après, *despues.*
Après-demain, *despues de mañana.*
Arrière, *atras.*
Assez, *harto, bastante.* (Voyez *beaucoup.*)
A tort, *sin razon.*
A tort et à travers, *á tuerto y derecho.*
Attenant, *cerca, junto, inmediatamente.*
En attendant, *entre tanto, interim.*
Attendu, *atento, en atencion, en consideracion.*
Au deçà, *de esta parte, de la parte de acá.*
Au delà, *de la otra parte, de la parte de allá.*
Au devant, *delante, al encuentro.*
Aujourd'hui, *hoy, hoy dia, ahora.*
Auparavant, *antes, primero, antes de todo.*
Auprès, *junto, cerca.*
Aussitôt, *luego, inmediatamente, al punto.*
Autant, *tanto, otro tanto.* (Voyez *beaucoup.*)
Autant de fois, *tantas veces.*
D'autant plus que..., *tanto mas, quanto...*
D'autant moins, *tanto menos.*
D'autant mieux, *tanto mejor.*
Autour, *al rededor.*
Autrefois, *antiguamente, en otro tiempo.*
Autrement, *de otro modo, de otra suerte.*
Autre part, *á otra parte, en otra parte.*
Avant, en avant, *adelante.*
Avant-hier, *anteayer, antes de ayer.*
A l'avenant, *á proporcion.*
A l'avenir, *en adelante, en lo sucesivo.*

A l'aventure, d'aventure, *por aventura, á la ventura, de acaso, por casualidad.*
En aveugle, *á ciegas.*

B.

Bas, *bajo, en voz baja.*
De haut en bas, *con orgullo y desprecio.*
A bas, *abajo, á tierra, por tierra.*
En bas, *abajo.*
Ici bas, là bas, *aqui bajo, allá bajo.*
Beau, *en vano.—Nota.* Ce mot, pris adverbialement, est précédé du verbe *avoir,* et suivi d'un autre verbe à l'infinitif, et cette façon de parler se rend en espagnol de plusieurs manières. Ex. : il a beau promettre, 1° *en vano promete ;* 2° *por mas que prometa ;* 3° *aunque prometa ;* 4° *no importa que prometa.*
Beaucoup, *mucho. — Nota.* Les adverbes *beaucoup, bien, peu, assez, trop, guère, tant, autant* et *combien,* suivis de la préposition *de* et d'un substantif, se rendent en espagnol par des adjectifs qui s'accordent avec les substantifs. Ex.: beaucoup de périls, *muchos peligros ;* bien des années, *muchos años ;* assez de patience, *bastante,* ou *harta paciencia;* combien de fois, *cuantas veces.* S'il n'y a pas de substantif, ou exprimé, ou sous-entendu, avec lequel ces adverbes puissent s'accorder, ils se rendent par la terminaison masculine du singulier, et sont aussi en espagnol de véritables adverbes. Ex.: il travaille beaucoup, *trabaja mucho;* elle parle peu, *habla poco.*
De biais, *al sesgo, oblicuamente, al traves.*
Bien, *bien, rectamente, segun se debe.*
— *Con gusto, de buena gana.*
— *Felizmente.*
En bien, *en bien, bien.*
Bien loin de..., *bien lejos de..., en vez de...*
Bientôt, *luégo, presto, al momento.*
Bis, *dos veces, con repeticion.*
En blanc, *en blanco.*
De bouche, *de viva voz.*
A boule-vue, *á bulto, inconsideradamente.*
Pied-à-boule, *pié con bola, justamente, sin sobrar ni faltar nada.*
Bout à bout, *de cabo.*
Venir à bout, *salir con su intento.*
A bout portant, *á quema ropa.*
A bras, *á brazos.*
A tour de bras, *á fuerza de brazos.*
Bras dessus, bras dessous, *á brazo partido.*
Bref, *breve, en una palabra.*
A bride abattue, à toute bride, *á rienda suelta.*
A petit bruit, *con tiento, poco á poco.*
A brûle-pourpoint, *á quema ropa.*
Sur la brune, *al anochecer.*
De but en blanc, *de punta en blanco. — Sin mas ni mas, inconsideradamente.*

C.

Ah çà, *vamos claros.* Venez çà, *venga usted acá.* — Çà et là, *acá y acullá.*
En cachette, *á escondidas, en secreto.*
Cahin-caha, *asi, asi.*
Céans, *aqui dentro.*
Cependant, *en tanto, entre tanto.* — *Sin embargo, no obstante, con todo eso.*
Certes, *por cierto, en verdad.*
Sans cesse, *sin cesar, sin intermision.*
A la charge de...., *á condicion que...*
Chaud, *caliente.*
Chemin faisant, *de paso, al mismo tiempo.*
Cher, *caro, á un precio alto y subido.* (Voyez *à bon compte.*)
Entre chien et loup, *entre dos luces.*
Ci : il n'est jamais seul, *aquí, en esta parte.*

Ci-après, *abajo, despues, mas adelante.*
Ci-devant, *antes.*
Ci-dessous, *abajo, aquí bajo.*
Ci-dessus, *arriba, aquí arriba.*
Clair, *claro, claramente.*
A cloche-pied, *á cox cojita, á la pata coja.*
Clopin-clopant, *cojeando.*
A yeux clos, *á ciegas, á ojos cerrados.*
Par cœur, *de memoria.*
A cœur ouvert, *á pecho abierto.*
Combien, *cuan, cuanto, a, os, as.* (Voyez *beaucoup.*)
Comme, *como, así que.* — *Cuando.*
Comment, *cómo, de qué manera.*
En commun, *en comun.*
De compagnie, *en compañia, juntos.*
En comparaison de..., *en comparacion de..., respecto de...*
Sans comparaison, *sin comparacion.*
Y compris, *comprehendiendo en eso.*
Non compris, *sin comprehender en eso.*
A bon compte, *barato.* — Avec un substantif, *barato* et *caro* deviennent des adjectifs, et ils s'accordent en genre et en nombre avec le substantif. Ex. : j'ai eu cette montre bon marché, ou à bon compte, *he logrado este relox barato.*
Concernant, *tocante á, acerca de...*
De concert, *de concierto, de acuerdo.*
En conformité, *conforme, segun, al tenor.*
En conséquence, *por consecuencia.*
Par conséquent, *por consiguiente.*
Au contraire, *al reves, al contrario.*
A contre-cœur, *con disgusto, de mala gana.*
Par contre-coup, *de rebote.*
Sans contredit, *sin contradiccion.*
A contre-poil, *á contra pelo.*
A contre-sens, *en sentido contrario, al reves.*
A contre-temps, *á contra tiempo.*
A corps perdu, *con ardor, con ímpetu.*
Côte à côte, *lado á lado.*
A côté, *al lado, cerca.*
De côté, *de costado.*
De mon côté, *por mi parte.*
Mettre de côté, *poner á parte.*
Sous-couleur, *so color, so capa, con pretexto.*
A coup sûr, *ciertamente.*
Après coup, *tarde, fuera de tiempo.*
Coup sur coup, *inmediatamente, uno tras otro.*
Tout-à-coup, *de golpe, de repente.*
Tout d'un coup, *de un golpe, de una vez.*
Tout court, *ni mas ni menos, sin añadidura, sin restriccion.*
A couvert, *á cubierto, en seguridad.*
A crédit, *al fiado.*
Songer creux, *ocupar la imaginacion con ideas vanas y quiméricas.*
A cru, *sobre la piel desnuda.*

D.

Davantage, *mas.*
Debout, *de piés, en pié.*
A découvert, *á descubierto, sin rebozo.*
Dedans, *dentro.* — Au dedans, *adentro.*
Au défaut de... *en falta de... en lugar de...*
En définitive, *definitivamente.*
Dehors, *fuera, afuera.* — Au dehors, *por de afuera.* — En dehors, *por fuera.*
Déjà, *ya.*
De là, *de allí, de allá.*
Demain, *mañana.* *La mañana* signifie le matin, la matinée.
Demain matin, *mañana por la mañana.*
Au demeurant, *en cuanto á lo demas.*
A demi, *medio, á médias.*
En dépit, *á despecho, á pesar de...*

De plus, *ademas, fuera de eso.*
Au dépourvu, *descuidado, sin prevencion.*
Depuis, *despues.*
Derechef, *de nuevo, otra vez.*
A la dérobée, *á hurtadillas.*
Derrière, *detras.*
Désormais, *en adelante, en lo sucesivo.*
A dessein, *adrede, de propósito.*
Dessous, *debajo, abajo.*
Dessus, *encima.*
Ci-dessus, *aqui arriba, mas arriba.*
Par dessus, *ademas, á mas de esto.*
Là dessus, *sobre eso, en eso.*
Deux à deux, *dos á dos, de dos en dos.*
Devant, *delante.*
Au devant, *al encuentro.*
A discretion, *á discrecion.*
Dorénavant, *de aqui adelante, en adelante.*
Dos à dos, *de espaldas el uno del otro.*
Au double, *al doble.*
Sans doute, *sin duda, ciertamente.*
Doux, tout doux, *poco á poco.*
A la douzaine, *á docenas.*
Droit, tout droit, *derechamente, en derechura.*
A bon droit, *de derecho, con razon.*
A droite, *á mano derecha.*
En droiture, *en derechura, directamente.*
Dru, *a menudo.*

E.

A l'écart, *á parte, separadamente.*
En échange, *en cambio.*
Rire aux éclats, *reir á carcajadas.*
Par écrit, *por escrito.*
A l'égard de..., *acerca de..., tocante á..., en cuanto á..., respecto á..., en razon de...*
D'emblée, *de repente, de asalto, de golpe.*
Encore, *aun, todavía. De nuevo. Ademas.*
Enfin, *enfin, finalmente, última-mente.*
Ensemble, *juntos, juntas, junto.*
Ensuite, *en seguida, despues.*
Bien entendu, *bien entendido, sin duda.*
En entier, *enteramente, del todo.*
A l'envers, *al enves, al reves.*
A l'envi, *á porfia, á competencia.*
Environ, *cerca de, poco mas ó menos.*
A l'étourdie, *desatinadamente.*
A l'étroit, *al estrecho, con estrechez.*
Par excellence, *por escelencia.*
A l'exception de, *escepto.*
Par exemple, *por ejemplo, verbi gratia.*
Exprès, *adrede, de intento, espresamente, de propósito, de caso pensado.*
Ex-professo, *de propósito, de intento, espresamente.*

F.

En face, *enfrente.*
A la face, *delante.*
Face à face, *cara á cara, frente á frente.*
De façon, *de manera, de suerte, de forma.*
Sans façon, *sin ceremonia, sin cumplimiento.*
De fait, *de hecho, efectivamente.*
En fait de..., *en materia de..., tocante á...*
Tout-à-fait, *enteramente, absolutamente.*
Faute de..., *falta de..., por falta de...*
Sans faute, *sin falta.*
Faux, chanter faux, *cantar falso.*
A faux, *falsamente, injustamente, en falso.*
A la faveur de..., *por medio de...*
En faveur de..., *en consideracion, en favor de...*
Ferme, *firmemente, fuertemente.*
A feu et à sang, *á fuego y á sangre.*
A petit feu, *á fuego lento.*
A la file, *en fila, uno tras de otro.*
A la fin, *al fin, por fin.*
A fleur, *á flor, á raiz, á nivel.*
A flots, à grands flots, *con abundancia.*

En bonne foi, *en buena fé, de buena fé.*
A la fois, tout à la fois, *de una vez.*
Parfois, quelquefois, *alguna vez, algunas veces.*
D'autres fois, *otras veces.*
Une autre fois, *otra vez.*
A foison, *abundantemente.*
A la folie, *hasta la locura, estremadamente.*
A fond, *á fondo, enteramente, perfectamente.*
A force de..., *á fuerza de...*
De vive force, *á viva fuerza.*
Par force, *por fuerza, necesariamente.*
En forme de..., *en forma de...*
Pour la forme, *por cumplimiento.*
Fort, *mucho, con fuerza, recio.*
Fort bien, fort mal, *muy bien, muy mal.*
En foule, *en tropel, en gran número.*
Frais, *recien*; frais cueilli, *recien cogido.* (Voyez *nouveau-né.*)
En fraude, *fraudulentamente.*
A froid, *en frio.*
De front, *de frente.*
Au fur et à mesure, *cada vez, todas las veces que, á proporcion, á medida.*

G.

Gai, gaîment, *alegremente, gozosamente.*
De gaité de cœur, *de propósito, de intento.*
A gauche, *á la izquierda.*
En général, *en general, generalmente.*
A genoux, *de rodillas.*
A gogo, *á pedir de boca, abundantemente.*
Goutte à goutte, *gota á gota.*
Goutte, *nada.*
De grace, *de gracia, por favor.*
En grand, *noblemente.*
Gras, *de carne*; faire gras, *comer de carne.*
Parler gras, *pronunciar defectuosamente las rr ú otras letras.*
Gratis, *de balde, de gracia, gratis.*
De bon gré, *de buen grado, con gusto.*
Contre son gré, *de mal grado, contra su gusto.*
Au gré de..., *al grado, ó á la voluntad de...*
Au gré de ses désirs, *á medida de su deseo.*
De gré à gré, *de comun acuerdo, amigablemente.*
Savoir bon ou mauvais gré d'une chose, *quedar satisfecho, ó mal contento de una cosa.*
Bon gré, mal gré, *de buena ó mala gana.*
De gré ou de force, *de buena gana ó por fuerza.*
Gros, *mucho.* — En gros, *en grueso, por mayor.—A bulto, poco mas ó menos, por mayor.*
Guère ou guères, *poco, no mucho, casi nada.*
En guise de..., *en guisa, á modo de...*

H.

Par habitude, *por hábito, por costumbre, de vicio.*
En haine de..., *en odio de...*
Par hasard, *por acaso, sin pensar.*
A la hâte, *á toda prisa, con precipitacion.*
A haute voix, *en alta voz.*
Au haut, en haut, *arriba, en lo alto.*
Haut, *alto, en alta voz.*
A cette heure, *ahora.*
A la bonne heure, *en hora buena, bien está.*
De bonne heure, *temprano.*
A une heure indue, *á deshora.*
Tout-à-l'heure, *luego, poco ha.*
Hier, *Ayer.*

I.

Ici, *aquí, acá.* — L'usage de ces adverbes espagnols, *aquí* et *acá*, *allí* et *allá*, n'est pas arbitraire. Avec des verbes de mouvement, tels que *ir*, aller; *venir*, venir; *volver*, retourner; *correr*, courir; *subir*, monter; *entrar*, entrer, etc., si ces verbes marquent le but où le mouvement doit s'arrêter, on dit *acá* et non *aquí*, *allá* et non *allí*. Ex.: venez ici, *venga usted acá*; allons là, *vamos allá*; porte-le ici, *traele acá*; entrez là-dedans, *entre usted allá dentro*; il reviendra ici, *volverá acá*. Mais avec des verbes qui ne marquent pas de mouvement, ou avec des verbes de mouvement qui n'en désignent pas le but et le terme, on dit *aquí* et non *acá*, *allí* et non *allá*. Ex. : restons ici, *quedémonos aquí*; ils jouent là, *juegan allí*; ils courent, ils dansent ici, *corran, bailan aquí*. On peut dire cependant il court, il se promène, il va, il vient par-ci par-là, d'ici là, *corre, se pasea, va, viene por aquí y por allá, por aqui y por allí, de aquí para allá*, ou *de aquí para allí*. Quelquefois même, par une espèce de licence, on prend les uns pour les autres, *aquí* pour *acá*, *allí* pour *allá*, et vice versâ; mais il faut un grand usage de l'espagnol pour pouvoir en user à propos.

Ici bas, *aquí bajo*.

A l'imitation, *á imitacion, á semejanza*.

D'importance, *mucho, sumamente*.

A l'improviste, *de improviso*.

Incognito, *incógnito*.

Incontinent, *incontinente, luego, al punto*.

A l'infini, *al infinito*.

A l'insu, *Sin saberlo*.

A l'instant, *al instante, luego*.

A l'instar, *á ejemplo, á imitacion*.

Par intervalle, *á pausas, de tiempo en tiempo*.

Ipso facto, *ipso facto, luego, al punto*.

Item, *item, item mas*.

J.

Jadis, *en tiempo pasado, antiguamente*.

Jamais, *jamas, nunca*. — *Nota*. Après l'adverbe *jamais*, on ajoute ordinairement en français la particule négative *ne*, qui ne se traduit pas en espagnol si *jamas* ou *nunca* est placé devant le verbe; mais si la particule *no* précède le verbe, on doit placer *jamas* ou *nunca* après, et le sens est le même. Ex. : il ne viendra jamais, *nunca* ou *jamas vendrá*, ou *no vendra jamas*.— Ces deux adverbes ensemble, *nunca jamas*, donnent plus de force à l'expression. Ex. : je ne l'oublierai jamais, *no lo olvidaré nunca jamas*; et *siempre jamas* sert aussi à donnner plus d'énergie à l'expression, quoique en sens contraire. Ex. : les justes seront heureux à jamais, *los justos serán felices para siempre jamas*.

Jambe de çà, jambe de là, *á horcajadas*.

A jeûn, *en ayunas*.

A jour, *de parte á parte*.

A la journée, *á jornal*.

L.

Là, *allí, allá, ahí*. (Voyez l'adverbe *ici*.)

Là haut, *allá arriba*.

Là bas, *allá abajo*.

Là dedans, *allá adentro*.

La la, *ya, ya, bien está, ea, ea, poco á poco*.

Au large, *anchamente, dilatadamente*.

Largo, en musique, *muy lentamente*.

A chaudes larmes, *á lágrima viva*.

A la lettre, *á la letra, literalmente*.

D'une lieue, *á una legua, desde muy lejos*.

Loin, *lejos*

Au loin, *á lo lejos*.

De loin en loin, *á largos trechos, á larga distancia; de tarde en tarde, de cuando en cuando*.

A loisir, *de espacio, con toda comodidad*.

Au long, *á lo largo, largamente*.

A la longue, *á la larga, con el tiempo*.

Long-temps, *largo tiempo*, *mucho tiempo.*
Dès-lors, *desde entonces.*
Pour lors, *por entonces.*
Jusqu'alors, *hasta entonces.*

M.

Maigre, faire maigre, *comer de vigilia.*
De la main à la main, *de una mano á otra.*
A toutes mains, *á todas manos.*
Sous la main, *á la mano, cómodamente.*
Sous main, *debajo de mano*, *con disimulo.*
Maintes fois, *muchas veces.*
Maintenant, *ahora.*
Mal, *mal.*
De mal en pis, *de mal en peor.*
Bon gré mal gré, *quiera ó no quiera.*
Malgré qu'il en ait, *mal que le pese.*
Par malheur, *por desgracia.*
De manière ou d'autre, *de un modo ó de otro.*
Par manière de... *á manera, á modo de...*
Manque de... *á falta de...*
De manque, *de menos.*
Bon marché, *barato.*
Par dessus le marché, *ademas*, *de añadidura.*
En matière de..., *en materia de...*
Matin, *temprano*, *de mañana.*
Mauvais, *mal*, *malo.*
De même, tout de même, *lo mismo, como.*
Même, *aun, hasta, y aun.* — (Voyez ce qui a été dit sur les pronoms indéterminés, page 38.)
Être à même de..., *estar en el caso de...*
Au mépris de..., *con desprecio de...*
A la merci de..., *á la merced, á la discrecion.*
Dieu merci, *gracias á Dios.*
Grand merci, *muchas gracias.*
A merveille, *á las mil maravillas.*
Outre mesure, *con esceso, sin medida.*
En plein midi, *á la luz del sol, publicamente.*
Mieux, *mejor, mas.*
Au mieux, *á mas y mejor, con primor.*
De mieux en mieux, *siempre mejor.*
Au milieu, *en medio.*
A la mode, *á la moda.*
Moins, *menos.*
A moins que vous ne préfériez, *á menos que usted prefiera*, ou *si usted no prefiere.*
Au moins, *á lo menos.*
Ni plus ni moins, *ni mas ni menos.*
A moitié, *medio*, *á medias.*
Moitié, *parte*, *por mitad.*
A tout moment, *á cada instante.*
Blessé à mort, *herido de muerte.*
A demi mot, *á media palabra.*
Mot à mot, *palabra por palabra.*
En un mot, *en una palabra.*
Au moyen de..., *por medio de...*

N.

A la nage, *á nado.*
Naguères, *de poco acá*, *nuevamente.*
De naissance, *de nacimiento.*
De nécessité, *por necesidad*, *necesariamente.*
Ne... que, *solo, solamente.* — *No... mas que, no... sino.* Ex. : la satisfaction que l'on tire de sa vengeance ne dure qu'un moment, *la satisfaccion que se logra de la venganza solo dura un momento;* il ne fait que dormir, *no hace mas que dormir;* je ne veux qu'un morceau de pain, *no quiero sino un pedazo de pan.*
Au net, *en limpio.*
Net, *llanamente*, *sin rebozo.*
A neuf, *de nuevo.*
De niveau, au niveau, *igual, á nivel.*
Au nom de..., *en nombre de..., de parte de.*
Sans nombre, *sin número.*
Non, *no.* — Ne, *no.* — Ni, *ni.* — En français, on se sert de la particule *ne* après les verbes *craindre*,

redouter, appréhender, avoir peur, empêcher, redouter et *nier*, quand ils sont suivis de la conjonction *que* et d'un temps du subjonctif; mais en espagnol on ne traduit pas *ne*, si ce que l'on craint est un mal, et on le traduit, si ce que l'on craint est l'absence ou la privation d'un bien. Ex. : je crains que mon père ne meure, *temo que mi padre muera;* je crains qu'il ne pleuve, *temo que llueva;* je crains qu'il ne pleuve pas, *temo que no llueva.* Si je regarde la pluie comme un mal, je dois me servir de la première phrase, et si je la regarde comme un bien, de la seconde. — On se sert quelquefois en espagnol de l'adverbe *no* dans les comparaisons de supériorité et d'infériorité, pour donner plus de force à l'affirmation. Ex. : *la salud vale mas que no el dinero*, la santé vaut mieux que l'argent; *estimo menos á un amigo adulador que no á un enemigo sincero*, je tiens moins à un ami flatteur qu'à un ennemi sincère.

Non plus, *tampoco, no mas.* — *Aussi*, avec une négation, se rend par *tampoco.* Ex. : aussi je ne vous demande rien, *tampoco le pido á usted nada.*

Non seulement, *no solo, no solamente.*

De nouveau, *de nuevo.*

Nouveau-né, *recien nacido.* — Le mot *recien*, devant un participe passé, signifie *nouvellement* ou *récemment.* Ex. : *recien cogido*, récemment cueilli; *recien muerto*, récemment mort; *recien llegado*, nouvellement arrivé.

A nu, *desnudamente, sin velo.*

De nuit, *de noche.*

Nullement, *de ningun modo.*

O.

De bon, de mauvais œil, *de buen, ó mal ojo, con buenos, ó con malos ojos.*

D'office, *de oficio, por obligacion.*

Sous ombre, *so color, con pretexto.*

A l'opposite, *enfrente.*

A l'ordinaire, *al ordinario.*

En ordre, *en órden.*

En sous ordre, *bajo las órdenes de otro.*

Où, *donde, adonde, en donde, en que.* — Avec un verbe qui marque le but du mouvement, on rend l'adverbe *où* par *adonde.* Ex.: où allez-vous? où me menez-vous? *¿ adonde va usted? ¿ adonde me lleva usted?* Si le verbe ne marque pas le but ou le terme du mouvement, si c'est un lieu, on le rend par *donde.* Ex. : où dînez-vous? où êtes-vous? *¿ donde come usted? ¿ donde está usted?* Si ce n'est pas un lieu, il se traduit par *en que*, ou par *en el cual, en la cual, en los cuales, en las cuales.* Ex. : c'est la saison où il fait le plus de chaleur, *esa es la estacion en que*, ou *en la cual hace mas calor;* ce sont les heures où il donne audience, *esas son las horas en que*, ou *en las cuales da audiencia.*

Oui, *Sí.* — *Sí*, en espagnol, signifie souvent *certes, vraiment, certainement.* Ex. : *pero el hombre virtuoso, ese sí que será grato á Dios y á los hombres*, mais l'homme vertueux sera vraiment agréable à Dieu et aux hommes.

Par ouï dire, *de oidas.*

A outrance, *á todo trance.*

Outre, *ademas, fuera de esto.* — *Mas allá, mas lejos, mas adelante.*

Outre cela, *á mas de esto.*

P

De pair, *á la par, sin distincion.*

En paix, *en paz.*

Par aventure, *por acaso, por casualidad.*

Par deçà, *á esta parte.*

Par delà, *de la otra parte.*

Par derrière, *por detras, con traicion.*

Par dessous, *por debajo.*

Par dessus, *arriba, por arriba, encima de...*
Par devant, *por delante, delante.*
Parfois, *á veces.*
Par ici, *por aquí.*
Par là, *por allí, por allá.* — *Y asi, por eso.*
Par ma foi, *por vida mia.*
Partout, *en todas partes.*
Par trop, *demasiado.*
De par..., *de parte de, en nombre de...*
Parci-parlà, *acá y acullá, algunas veces.*
Quelque part, *en alguna parte.*
A part, *á parte, separadamente.*
De part et d'autre, *de una y otra parte.*
De toute part, *de todas partes.*
D'une part, *de una parte.*
D'autre part, *por otra parte.*
De bonne part, *de buena tinta.*
Partant, *por tanto, por consiguiente.*
En particulier, *en particular.*
En partie, *en parte.*
A grands pas, *á paso largo.*
A pas de tortue, *á paso de buey.*
A chaque pas, *á cada paso, frecuentemente.*
Pas à pas, *despacio, paso á paso.*
De ce pas, *al instante mismo, en seguida.*
Pas, *no.* — Pas un, *ni uno.*
Passe, *sea asi, pase.*
A quatre pattes, *á gatas.*
A peine, *apenas.*
Sous peine, *so pena, bajo pena.*
Pêle-mêle, *confusamente, todo mezclado.*
Pendant que, *mientras que, mientras.*
A perpétuité, *perpetuamente, para siempre.*
En personne, *en persona, por sí mismo.*
A perte, *Con pérdida.*
A perte de vue, *á perder de vista.*
Pesant, *pesante.*
En petit, *abreviado, en poco espacio.*
Petit à petit, *poco á poco, poquito á poco.*
Peu, *poco.*
Dans peu, *dentro de poco.*
Peu à peu, *poco á poco.*
Tant soit peu, *un poquito.*
Peut-être, *quizá, acaso, tal vez, puede ser.*
A pic, *perpendicularmente.*
A pied, *á pié.*
A pied sec, *á pié enjuto.*
De pied ferme, *á pié firme.*
Au pied de la lettre, *al pié de la letra.*
Pis, *peor, mas mal.*
Au pis aller, *á mal andar.*
A plaisir, *á placer, con todo gusto.*
A plat, *de lleno.*
A pleines mains, *à manos llenas.*
Plus, *mas.*
Au plus, tout au plus, *á lo mas, á lo sumo, á todo tirar.*
De plus en plus, *de mas à mas, cada vez mas.*
Ni plus ni moins, *ni mas ni menos.*
Plus ou moins, *mas ó menos.*
Plus tôt, *antes, antes bien.*
Au plus tôt, *lo mas pronto.*
A point, *á punto.*
A point nommé, *á punto fijo.*
De point en point, *punto por punto.*
De tout point, *de todo punto, enteramente.*
Point, *no, nada, de ningun modo.*
Sur la pointe du pied, *de puntillas.*
A portée, *á tiro, en estado.*
Au préalable, *antes de eso, ante todas cosas.*
A tout prendre, *todo bien pensado.*
A-peu-près, *poco mas ó menos.*
Près, *cerca.*
A cela près, *escepto eso, esceptuando eso.*
A présent, *al presente, ahora.*
Presque, *casi.*
Presto, en musique, *prestamente.*
De prime abord, *á primera vista, al primer aspecto.*
Primo, *primeramente.*
Hors de prix, *muy caro.*
Au prix, *en comparacion.*
De proche en proche, *de cerca, de seguida.*
Proche, *cerca, al lado, junto.*
A proportion, *á proporcion, á medida.*

A propos, *á propósito, al caso, ó pelo.*
Au prorata, *á prorata, rata por cantidad.*
En public, *en público.*
Puis, *despues.*

Q.

Quand, *cuando, en el tiempo que.*
Quasi, *casi, cerca de, poco mas ó menos.*
Que, *qué, cuan, cuanto.* Ex. : que de vertus dans une seule action! *¡qué de virtudes en una sola accion!* Qu'il est terrible dans ses jugemens! *¡cuan terrible es en sus juicios!* Que de méchanceté dans un âge si tendre! *¡cuanta malicia en una edad tan juvenil!*
Quelque, *casi, cerca. — Por, por mas, por muy.*
Quelquefois, *alguna vez, algunas veces.*

R.

A raison de... *á razon de...*
A la raison, *en razon.*
Par rapport à..., *respecto de..., en cuanto à...*
De sang rassis, *á sangre fria.*
A ravir, *á las mil maravillas, primorosamente.*
Au rebours, *al contrario, al reves.*
A rebrousse-poil, *al redopelo.*
A reculons, *hacia atrás, al reves.*
A regret, *con pesar, de mala gana.*
Sans relâche, *sin descanso.*
A la renverse, *hacia atrás, de espaldas.*
A la réserve de..., *escepto.*
Sans réserve, *sin reserva, sin escepcion.*
Au reste, du reste, *por lo demas, en fin.*
De reste, *con sobras, mas de lo necesario.*
Au retour, *á la vuelta.*
En revanche, *en recompensa.*
A la rigueur, *en rigor, con todo rigor.*
A la ronde, *á la redonda.*

S.

Hors de saison, *fuera de propósito.*
De sang froid, *á sangre fria, sin cólera.*
A sec, *en seco.*
En secret, *en secreto.*
Sens-dessus-dessous, *de arriba abajo.*
Soit, *enhorabuena, sea asi.*
En somme, *en suma, en resúmen.*
De la sorte, *de esa manera.*
De telle sorte, *de tal modo, de modo.*
Soudain, *al punto, de repente.*
A souhait, *á pedir de boca, á medida del deseo.*
A la sourdine, *á la sordina, en silencio.*
En sous-ordre, *debajo de las órdenes de otro.*
Souvent, *á menudo, muchas veces.*
En substance, *en substancia.*
De suite, *de seguida, sin interrupcion.*
Supposé que..., *puesto que, supuesto que, bien que.*
Au surplus, *ademas de esto, finalmente.*
Surtout, *sobre todo, principalmente.*
En suspens, *con suspension, en duda.*

T.

Tant, *tan, tanto.*
Tant mieux, *tanto mejor, mejor que mejor.*
Tant pis, *tanto peor, peor que peor.*
Tant que, *mientras que.*
Tantôt, *luego, de aquí á poco.* Cet adverbe, répété dans une période, se rend par *ya*, ou *unas veces, otras veces.* Ex. : il disait tantôt oui, tantôt non, *ya decia que sí, ya que no, unas veces decia que sí, otras que no.*
En tapinois, *secretamente, sin ruido.*
Tard, *tarde, fuera de tiempo.*
Tôt ou tard, *tarde ó temprano.*

A tâtons, *á tientas, á obscuras.*
A temps, *á tiempo, en coyuntura.*
De temps en temps, *de cuando en cuando, de tiempo en tiempo.*
De tout temps, *de todo tiempo, siempre.*
Tête levée, *con la cabeza levantada.*
A tue-tête, *á grito herido.*
Tête-à-tête, *á solas.*
A tire-d'ailes, *de un vuelo.*
A tort, *sin razon, injustamente.*
Tôt, *presto, luego.*
Sitôt que..., *luego que...*
Touchant, *tocante, acerca de...*
Toujours, *siempre.*
Tour-à-tour, *alternativa ó succesivamente.*
A tout hasard, *á todo riesgo.*
A toute heure, à tout moment, *á cada hora, á cada instante.*
Après tout, *despues de todo, finalmente.*
En tout, *en todo.*
Partout, *por todas partes, en todas partes.*
Tout-à-coup, *de repente, de golpe, de improviso.*
Tout au moins, *á lo menos, por lo menos.*
Tout au plus, *á lo mas.*
Tout-à-l'heure, si l'action est passée, se rend par *poco ha*, ou *ahora poco, ahora mismo* : Ex. : je l'ai vu tout-à-l'heure, *le he visto poco ha, le he visto ahora poco, ahora mismo.* Si l'action est à venir, il se rend par *luego, al instante, ahora mismo.* Ex. : je vais le faire tout-à-l'heure, *voy á harcelo luego, ahora mismo, al instante.*
Tout bas, *quedo, quedito.*
Tout beau, *despacio, poco á poco.*
Tout contre, *junto.*
Tout de bon, *de veras.*
Tout de suite, *luego, de seguida.*
Tout d'un coup, *de un golpe.*
Tout ensemble, *todo junto.*
Tout haut, *en alto, en voz alta.*
Tout nu, *en cueros, en carnes.*
Toutefois, *con todo eso, no obstante, sin embargo.*
De travers, en travers, *de traves, oblicuamente.*
Trop, *demasiadamente, con esceso.*
Pas trop, *poco, no mucho.*
Trop peu, *muy poco.*

U.

Un à un, *uno á uno, uno por uno.*
Uni, tout uni, *lisa y llanamente.*

V.

Va, *enhorabuena, vaya, me conformo.*
En vain, *en vano, en valde.*
En vérité, *en verdad, verdaderamente.*
A verse, *á cántaros.*
En vertu de..., *en virtud de...*
A vide, *de vacío.*
Vis-à-vis, *enfrente.*
Vite, *prontamente, de priesa.*
Voici, *he aquí, aquí está.*
Voilà, *he aquí, allí está.*
A toutes voiles, *á velas tendidas ó desplegadas.*
Voire, *verdaderamente, de veras.*
A demi voix, *á media voz.*
A voix basse, *en voz baja.*
De vive voix, *de boca, de viva voz.*
Tout d'une voix, *á una voz.*
A la volée, *al vuelo, ligeramente.*
Volontiers, *de buena gana.*
Vrai, *verdaderamente, cierto.*
A perte de vue, *á perder de vista.*
De vue, *de vista.*
A vue d'œil, *á ojo de buen cubero, á poco mas ó menos.*

Y.

Y, *allí, allá, aquí, acá, ahí.*

Il n'a pas été question dans la liste précédente des adverbes terminés en *mente*, qui répondent aux français terminés en *ment* : la plupart des adjectifs en fournissent un dans les deux langues, et en espagnol il faut ajouter les adverbes formés des adjectifs superlatifs. Ces adverbes se forment en ajoutant *mente* à la terminaison féminine des adjectifs; en sorte que pour ceux qui finissent en *o*, et dont la terminaison féminine est en *a*, il faut prendre cette dernière et lui ajouter *mente*. Ex. : *claro, á, claramente*, clairement; *loco, a, locamente*, follement; *brevísimo, a, brevísimamente*, très briévement, etc.; et pour tous les autres adjectifs qui ont la même terminaison pour le masculin et pour le féminin, on y ajoute les mêmes syllabes que pour les autres. Ex. : *fuerte, fuertemente*, fortement; *grande, grandemente*, grandement; *liberal, liberalmente*, libéralement; *cortés, cortésmente*, civilement; *hábil, hábilmente*, habilement.

Tous les adverbes qui, en espagnol, ont la terminaison en *mente*, n'ont pas en français la terminaison en *ment*. Ex. : *desnudamente*, à nu; *repentinamente*, tout-à-coup, ainsi que tous les adverbes français terminés en *ment*, ne répondent pas à d'autres adverbes espagnols en *mente*. Ex. : rarement, *rara vez*; nullement, *de ningun modo*; nuitamment, *de noche*.

Quand il y a dans une même phrase deux ou plusieurs adverbes de suite ayant la même terminaison en *mente*, on dit simplement les adjectifs à la terminaison féminine, et seulement, au dernier, on ajoute *mente*. Ex.: *la amó tierna y constantemente*, il l'aima tendrement et constamment; *Neuton esplica su sistema clara, concisa y elegantemente*, Newton développe son système clairement, briévement, et élégamment.

CHAPITRE XV.

DES PREPOSITIONS.

Quoiqu'en général on emploie les prépositions d'après les mêmes règles en espagnol qu'en français, il est cependant des cas où cet emploi est différent. Ordinairement, en espagnol, chaque verbe qui régit une préposition la régit toujours, comme le verbe *ir*, aller, régit toujours la préposition *á*; et le verbe *estar*, quand il signifie être dans quelque lieu, régit toujours la préposition *en*. Les principales prépositions sont :

A, à ; *ante*, devant ; *bajo*, sous ; *con*, avec ; *contra*, contre ; *de*, de ; *desde*, dès ; *durante*, pendant ; *en*, en, dans ; *entre*, entre, parmi ; *escepto*, hors ; *hácia* ou *ácia*, vers ; *hasta*, jusque ; *mediante*, moyennant ; *mientras*, pendant ; *para*, pour ; *por*, par, pour ; *salvo*, sauf ; *segun*, selon, suivant ; *sin*, sans ; *sobre*, sur ; *tras*, après, derrière.

Prépositions composées : *Ademas de*, outre ; *antes de*, avant ; *cerca de*, près de ; *debajo de*, sous ; *delante de*, devant ; *dentro de*, dans, dedans ; *despues de*, après ; *detras de*, derrière ; *encima de*, sur ; *fuera de*, hors ; *lejos de*, loin de ; *para con*, envers ; *tocante á*, touchant, relativement ; *respecto á*, ou *respecto de*, par rapport à ; *junto á*, ou *junto de*, près de ; *por entre*, entre, ou à travers.

Sur l'usage respectif de chaque préposition espagnole, on peut consulter la liste des verbes et des autres mots suivis d'une préposition, dans la Grammaire de l'Académie de Madrid. Cependant, quant à l'usage de certaines prépositions, qui n'est pas le même dans les deux langues, nous en remarquerons quelques-unes qui demandent des éclaircissemens.

La préposition *á* doit être employée : 1° devant le régime direct de tous les verbes actifs, lorsque l'action de ces verbes s'adresse à des êtres raisonnables ou à des objets personnifiés. Ex. : *debemos amar á Dios*, nous devons aimer Dieu ; *es preciso castigar á los malhechores*, il faut punir les malfaiteurs ; *los Ingleses tomaron á Gibraltar*, les Anglais prirent Gibraltar ; *no quiso obedecer al precepto*, il ne voulut pas obéir au précepte. Mais si l'action des verbes actifs ne s'adresse pas à des êtres raisonnables, on ne se sert pas de la préposition *á*. Ex. : *la leona ama sus cachorros*, la lionne aime ses petits ; *adorar las imágenes*, adorer les images ; *vencer sus pasiones*, vaincre ses passions ;

2° Après tout verbe de mouvement, pour exprimer le terme ou le but de ce mouvement, on emploie la préposition *á*. Ex. : *viene á Burdeos*, il vient à Bordeaux ; *volvió á España*, il retourna en Espagne ; *no bajes á la calle*, ne descends pas dans la rue. Cependant, on ne se sert pas de cette préposition devant les adverbes *acá*, ici ; *allá*, là ; *adentro*, *arriba*, dedans, en haut, etc.

Les verbes *correr*, courir, et tous ceux de mouvement, ne marquant pas un but vers lequel le mouvement est dirigé et auquel il se termine, régissent la préposition *en* ou *por*, ou même quelque autre. Ex. : *corre por el cuarto*, il court dans la chambre ; *baylaba en la maroma*, ou *sobre la maroma*, il dansait sur la corde ; *nos pasearemos en el soto*, nous nous promènerons dans le bocage ; *va de aquí para allí*, il va parci-parlà.

Nota. Les verbes *estar*, être quelque part ; *vivir*, vivre ; *habitar*, habiter ; *quedarse*, rester ; *morar*, demeurer, et autres semblables, régissent la préposition *en*, pour marquer le lieu. Ex. : *está en América*, il est en Amérique ; *vive*, ou *mora en Roma*, il demeure à Rome ; il est logé au premier étage, *está alojado en el primer piso*, etc.

La préposition *de* se place en espagnol au lieu de la préposition *á* : 1° pour exprimer l'usage auquel une chose est destinée. Ex. : *una bacía de afeytar*, un plat à barbe ; 2° l'âge d'une personne. Ex. : à l'âge de quarante ans, *de edad de cuarenta años* ; 3° la propriété d'une personne sur une chose. Ex. : la maison est à mon oncle, *la casa es de mi tío*. Il y a encore quelques façons particulières de parler où l'on rend *á* par *de*. Ex. : le potage au riz, *el potage de arroz* ; il est à croire, *es de creer* ; donner à manger, *dar de comer*. La préposition *de* se place devant le nom du mois et devant celui de l'année, dans toutes les dates. Ex. : *murió el cuatro de enero de mil ochocientos y quince*, il mourut le 4 janvier 1815 ; *Madrid, á diez de julio de mil ochocientos veinte y cinco*, Madrid, le 10 juillet 1825.

Quant aux prépositions *por* et *para*, il faut observer que *par* se rend toujours par *por* ; mais *pour* offre des difficultés qu'il faut expliquer, car cette préposition tantôt se traduit par *por* et tantôt par *para*.

Pour se rend par *por* : 1° lorsque cette préposition marque la valeur, le prix ou l'estimation d'une chose, soit par achat, soit par échange. Ex. : il m'a donné sa montre pour cent francs, *me ha dado su relox por cien francos* ; pour un service que je lui ai rendu, *por un favor que le he hecho* ; pour ma tabatière d'or, *por mi caja de oro* ; 2° lorsqu'elle signifie en faveur de quelqu'un. Ex. : priez pour moi, *rogad por mi* ; 3° lorsqu'elle signifie *au lieu de* ou *á la place de*. Ex. : je veillerai pour vous auprès du malade, *yo velaré por usted el enfermo*; tu m'apportes des figues pour des raisins, *tu me traes higos por ubas;* 4° lorsqu'elle marque la réputation de quelqu'un. Ex. : Cette femme passe pour riche, *esa muger pasa por rica;* pour médisante, *por murmuradora*; pour une bonne personne, *por muger de bien;* 5° lorsqu'elle marque le temps de l'absence de quelqu'un. Ex. : je vais à la campagne pour quelques jours, *voy al campo por algunos dias.*

On se sert encore de la préposition *por* dans plusieurs locutions particulières. Ex. : *ir por agua*, aller chercher de l'eau; *por la mañana*, le matin; *la cama está por hacer*, le lit est à faire, et quelques autres. Par régle générale, *por* répond aux prépositions latines *ob* ou *propter* et *pro*. Ex. : ob eam causam, *por esa causa*; propter nostram salutem, *por nuestra salud;* pro pátribus tuis nati sunt tibi filii, *por tus padres te han nacido hijos.*

Pour se rend par *para* ou par *por*, indifféremment, lorsque cette préposition désigne le but ou l'objet vers lequel tend une action. Ex. : il faut travailler pour vivre, *es preciso trabajar para vivir*, ou *por vivir;* je suis venu pour voir la fête, *he venido para ver*, ou *por ver la fiesta.*

Pour se traduit par *para* : 1° lorsque cette préposition marque l'usage des choses. Ex. : les plumes sont pour écrire, *las plumas son para escribir;* 2° lorsqu'elle désigne le lieu où l'on va. Ex. : il est parti pour l'armée, *marchó para el ejército;* 3° lorsqu'elle marque le temps où l'on se propose de faire une chose. Ex. : il m'a prié à dîner pour demain, *me ha convidado á comer para mañana;* 4° lorsqu'elle désigne le rapport d'une personne à une action, ou d'une action à une personne ou chose. Ex. : pour son âge, il dessine très bien, *para su edad dibuja muy bien.*

On emploie aussi la préposition *para* dans quelques phrases ou locutions particulières. Ex. : avec le verbe *estar*, pour marquer que l'on est sur le point de faire quelque chose : il est prêt à partir dans une heure, *está para marchar dentro de una hora. Para*, avec la préposition *con*, signifie envers. Ex. : *ha sido ingrato para con su bienhechor*, il a été ingrat envers son bienfaiteur. — Venez jeudi, *venga vm. para el jueves;* soyez prêt dans un mois, *esté vm. presto para dentro de un mes*, etc.

Pour ceux qui connaissent le latin, on se sert de la préposition *para*, lorsque *pour* répond à un datif ou aux prépositions *ad* et *in*, du latin, avec un accusatif. Ex. : Non vobis mellificatis apes, *no haceis, ó abejas, la miel para vosotras;* dies aptus est ad laborem, et nox ad quietem, *sirve el dia para el trabajo, y la noche para el descanso;* in gloriam et laudem Dei, *para gloria y alabanza de Dios.*

La préposition *sobre*, sur, sert : 1° à marquer la position. Ex. : le livre est sur la table, *el libro está sobre la mesa;* 2° le sujet dont on parle. Ex. : il a prêché sur l'avarice, *ha predicado sobre la avaricia;* 3° la supériorité d'une chose. Ex. : la paix est sur tous les biens, *la paz es sobre todos los bienes. Sobre* signifie aussi à-peu-près ou environ. Ex. : elle avait environ dix-huit ans, *tenia sobre diez y ocho años. Sobre* marque aussi le temps ou l'heure. Ex. : il a plu vers quatre heures du matin, *ha llovido sobre las cuatro de la mañana. Sobre* répond aussi à *outre que*. Ex. : outre qu'il ne me paye pas ce qu'il me doit, il veut que je lui prête de l'argent, *sobre no pagarme lo que me debe, quiere que le preste dinero.*

Chez, préposition française, quand elle a rapport à la maison de quelqu'un, se traduit par *en casa de*. Ex. : il n'était pas chez lui quand j'ai été le voir, *no estaba en casa*, ou *en su casa* (ou *en casa de él*), *quando he ido á verle.* Lorsque cette préposition se rapporte à une nation, à une religion ou à une société quelconque, elle se rend par *entre*. Ex. : chez les juifs, l'adultère était puni de mort, *entre los judíos se castigaba con pena de muerte el adulterio;* chez les marchands, le mensonge n'est pas en horreur, *entre los mercaderes no se mira con horror la mentira.*

La préposition *con* est toujours exprimée en espagnol, même dans les phrases françaises où *avec* est sous-entendu. Ex. : il écoutait bouche béante, *escuchaba con la boca abierta;* il vint un bâton à la main, *vino con un palo en la mano.*

CHAPITRE XVI.

DES CONJONCTIONS ET INTERJECTIONS.

Les principales conjonctions espagnoles sont *y*, et (cette conjonction se change en *é*, lorsqu'elle précède un mot qui commence par *i* ou *hi*); *aun*, aussi; *tambien*, aussi; *ni*, ni; *que*, que (cette conjonction se supprime quelquefois en espagnol, mais elle est sous-entendue). Ex.: *le ruego á vm. me escriba cuanto antes,* je vous prie de m'écrire au plus tôt. De même, lorsque la conjonction *que* sert à lier un membre d'une phrase à une autre précédée des conjonctions *si*, *lorsque*, *parce que*, et quelques autres, le *que* se supprime en espagnol. Ex.: s'il venait et qu'il voulût me parler, *si viniese y quisiese hablarme;* lorsqu'il aura apporté l'argent et que tu l'auras compté, tu lui donneras une quittance, *cuando hubiere traido el dinero, y le hubieres contado, le darás un recibo. Que,* conjonction espagnole, signifie souvent *car,* conjonction causative. Ex.: *levántate, que es tarde,* lève-toi, car il est tard.

Pues, donc; *asi que,* ainsi donc; *en fin*, enfin; *ahora bien*, or; *ó*, ou (cette conjonction se change en *ú*, si elle précède un mot qui commence par *o* ou *ho*); *ya*, soit ou tantôt.

Mas, pero, et *empero*, mais; *aunque,* quoique; *bien que,* bien que; *sino*, sinon que, si ce n'est; *á lo menos* et *siquiera,* au moins; *á menos que*, à moins que; *si*, si; *con tal que,* pourvu que; *dado que, puesto que* et *supuesto que,* supposé que; *caso que,* au cas que; *como*, lorsqu'elle signifie *si*, si. Ex.: *como me pagues, di lo que quieras*, si tu me paies, dis ce que tu voudras; *pues,* car; *porque*, car ou parce que; *pues que,* puisque; *como*, comme; *asi,* ainsi; *asi como,* ainsi que; *con que,* ainsi donc; *porque* ou *para que*, pour que; *á fin que* et *á fin de que*, afin que. De toutes ces conjonctions, les unes sont copulatives, d'autres disjonctives, adversatives, etc., qui répondent aux conjonctions françaises des mêmes dénominations.

Les interjections, mots indéclinables, servent à exprimer les sentimens de joie, de douleur, d'admiration, d'étonnement, ou à exciter l'attention de ceux à qui l'on parle.

Les interjections les plus en usage sont : *ah!* interjection de douleur, ah! *ay,* ah! hélas! *ó!* ô! *ha!* ha! *he!* eh! *ola!* hola! *ta! tate*, *to!* pour appeler les chiens, taï! *ea!* courage! *ea pues, ea sus*, Hé bien, voyons; *vamos*, allons; *vaya*, allons; *ay de mi!* hélas! *chito*, *chiton, chitito,* silence! *cuidado!* gare.

SECONDE PARTIE.

COURS DE THÊMES,

SUR LES PRINCIPALES RÈGLES DE CETTE GRAMMAIRE.

THÊME Ier.

SUR LES ARTICLES

(Pages 7 , 8 , 9 et 10).

L'amour démesuré des richesses mène les hommes au vol
amor escesivo riquezas conduce á hombres robo
et à l'injustice. L'histoire est un miroir qui représente fidèle-
y á injusticia. historia es un espejo que representa fiel-
ment les vices et les vertus, les crimes et les actions illustres
mente vicios virtudes, crímenes acciones ilustres
des rois et des sujets, des grands et des petits. La condition
reyes vasallos, grandes pequeños. condicion
de l'homme dans ce monde est *de* jouir peu, *de* souffrir beau-
en este mundo gozar poco, padecer mu-
coup et *de* toujours espérer. Quel rapport peut-*il y* avoir
cho siempre esperar. ¿Qué relacion puede haber
entre le fini et l'infini ? L'important et rare n'est *pas*
entre finito infinito? importante raro no
|de tout savoir,(1)|mais *d'*être adroit en quelque chose. Le oui
el saberlo todo, sino diestro en alguna cosa. sí
et le non dans la langue de l'honnête homme a plus *d'*autorité
no lengua hombre de bien tiene mas autoridad

(1) Les mots qui se trouvent dans ces thèmes, renfermés entre deux barres perpendiculaires, se traduisent comme il est marqué au-dessous, sans rien changer.

que le serment dans celle du méchant. L'eau éteint le feu, et les
que juramento la malvado. agua apaga fuego,
douces paroles calment l'esprit irrité. En toute affaire, *il* est
dulces palabras calman ánimo irritado. todo negocio
toujours important *de* bien commencer. Céder à la force est
bien comenzar. Ceder á fuerza
un acte de nécessité, non de volonté; *c'*est tout au plus un
acto de necesidad voluntad; todo lo mas
acte de prudence.
prudencia.

THÈME II.

SUITE DES ARTICLES

(Pages 7, 8, 9 et 10).

L'Espagne méridionale produit des citrons, des oranges,
España meridional produce limones, naranjas,
des poncires, des dattes, des cannes à sucre, des olives,
ponciles, dátiles, cañas de azucar, aceitunas,
des raisins et toutes sortes de fruits. Donne des conseils à
ubas toda especie frutas. Da consejos
l'insensé, et *il* te répondra par des injures. Si les rois étaient
insensato, te responderá con injurias. Si reyes fuesen,
d'une nature supérieure à celle des autres hommes, *il* s'en
de una naturaleza superior la otros se
suivrait, ou que les rois seraient des dieux, ou que les peuples
seguiria de ahí ó que serian dioses pueblos
seraient des bêtes. Ne parle *pas* à des ignorans, à des sots,
bestias. No hables ignorantes necios
à des imbécilles, car *ce* serait des paroles perdues. Adresse-
tontos, pues serian palabras perdidas. Dirige-
toi plutôt à des sages, et ils t'écouteront et te comte mas bien sabios te escucharán en-
prendront. Quelle doctrine consolante pour les malheureux
tenderán ¡Qué doctrina consolante para infelices
que celle de l'immortalité de l'ame! Monsieur l'ambassadeur
la de inmortalidad alma! Señor embajador

d'Espagne a reçu, dit-on, des dépêches de sa cour, par
ha recibido, dicen, despachos su corte, por
lesquelles *il* est autorisé à négocier un emprunt de seize
cuales autorizado negociar empréstito diez y seis
millions de réaux. On croit qu'*il* éprouvera des difficultés,
millones reales. Se cree que hallará dificultades,
et même des refus de la part des principaux banquiers de
aun negativas parte principales banqueros
Paris.

THÈME III.

SUR LES NOMS SUBSTANTIFS

(*Pages* 10, 11, 12, 13 *et* 14).

L'ignorante superstition du peuple espagnol redoute les
teme
mardi, et celle du peuple français les vendredi, comme
mártes, viérnes, como
des jours malheureux. Les opinions sont souvent aussi
dias aciagos. opinion son muchas veces tan
discordantes que les montres. Bordeaux, la première ville
como relox. Burdeos primera ciudad
de France après Paris, a un pont magnifique sur la
despues de tiene un puente magnífico sobre
Garonne, un théâtre qui est peut-être le plus beau de la
Garona, teatro que quizá mas hermoso
France, une quantité d'édifices publics très majestueux, la
cantidad edificio público muy majestuoso
Bourse, la Douane, l'Entrepôt, le Palais-Royal, *des* temples
Lonja, Aduana, Depósito, Palacio-Real, templo
d'une architecture noble et imposante, *des* rues larges et
arquitectura grave calle ancha
belles, *des* places, *des* promenades très régulières; ses
bella, plaza paseo regular; sus
maisons, surtout les modernes, sont jolies et commodes;
casa sobre todo moderna son linda cómoda
ses jardins délicieux; son port, toujours rempli de navires,
jardin delicioso puerto lleno navio

est vaste et commode; son commerce très considérable sur
vasto cómodo comercio
toutes sortes d'objets et marchandises des quatre parties
toda suerte objeto mercadurías cuatro parte
du monde.
mundo.

THÈME IV.

SUR LES NOMS ADJECTIFS

(Pages 14, 15, 16 et 17).

Quelle est la nation riche, forte et heureuse? Celle qui,
Cual rico fuerte feliz? La que
ayant *de* bonnes et sages lois, jouit d'une honnête liberté
teniendo bueno sabio ley goza honesto libertad
au dedans, et d'une considération méritée au dehors. Un bon
en el interior, merecido en el esterior.
roi n'est *pas* un mauvais politique; car la bonne politique est
político pues política está
fondée sur la justice. Une femme causeuse et fainéante porte
fundada justicia. muger hablador holgazan lleva
la désunion dans les familles, et le désordre chez ses voisines.
á familia desórden entre vecina.
Les pauvres ne jouissent d'aucun plaisir; car leur esprit est
pobre gozan ninguno placer su espíritu está
sans cesse préoccupé par l'image de leur pauvreté. Le pre-
continuamente preocupado por imágen su pobreza pri-
mier pas vers la richesse est de retrancher les dépenses inutiles.
mero paso hácia cercenar gasto inútil.
Il m'a donné cent piastres, et *il* m'en doit encore cent vingt.
me ha dado peso me debe todavía y veinte.
Voilà une petite maison très jolie, qui appartient à cette petite
Vea um. casa pertenece esa
femme que *nous* venons de voir. Les petits animaux jouissent
muger acabamos ver. animal
comme nous des bienfaits de la Providence.
nosotros beneficio Providencia.

THÈME V.

SUR LES DEGRÉS DE SIGNIFICATION DES ADJECTIFS

(*Pages* 17 *et* 18).

Si l'Espagne est moins peuplée que l'Angleterre, *elle* est
menos poblado Inglaterra
plus fertile. La santé est un bien plus précieux que les riches-
fértil. salud precioso
ses. Socrate montra dans ses derniers momens autant de courage
Sócrates mostró último momento valor
qu'un homme irréprochable puisse *en* avoir. Charles quatre
irreprehensible pueda tener. Carlos cuarto
n'a *pas* régné en Espagne aussi heureusement que son père
reinó felizmente padre
Charles trois. Jean-Jacques Rousseau n'a *pas* autant écrit que
tercero. Juan Jacobo Rousseau escribió
Voltaire; mais le premier est plus profond que le second. Sa-
pero profundo segundo.
ragosse resista le plus qu'*elle* put aux efforts de l'armée fran-
resistió pudo esfuerzo ejército
çaise. Malgré les philosophes Sénèque et Burrhus, Neron,
A pesar de filósofo Séneca Burrho
leur élève, fut le plus exécrable des hommes. Plus le titre d'un
su discípulo fué título
livre est bizarre, plus *il* excite la curiosité. Moins un homme
libro estravagante escita curiosidad.
est rusé, mieux *il* est trompé. Plus un avare a *d'*argent, plus
astuto, engañado avaro tiene dinero
il se tourmente pour en acquérir.
atormenta por adquirirlo.

THÈME VI.

SUR LES SUPERLATIFS

(*Page* 19).

Les projets de l'homme sont très vastes, et cependant
proyecto vasto sin embargo

sa vie est très courte. Qui ne sait que Démosthènes chez les
vida corto. Quien sabe Demóstenes entre
Grecs, et Cicéron chez les Romains, ont été *des* hommes très
Griego Romano fueron
savans et très éloquens? Il faudrait être bien fort pour
docto elocuente? Seria menester ser fuerte para
terrasser un lion. Le cristal et la porcelaine étant *des* objets
aterrar leon. porcelana siendo objeto
très fragiles, sont cependant fort chers. | Tout le monde |
frágil caro. Todos
sait que les terres polaires sont très froides, et au contraire
saben tierra polar frío por el contrario
que sous l'équateur la température est très chaude. On voit
bajo ecuador temperatura cálido. Se vé
très clairement que la lune change ses phases chaque mois.
luna muda sus fases cada mes.
Les anciens payens regardaient Jupiter comme le père des
antiguo pagano miraban á como
dieux, le dieu suprême, le dieu très bon, très grand.
dios
Quoiqu'une fourmi soit un animal très petit, la sagesse et
Aunque hormiga sea chico sabiduría
la puissance de Dieu n'y paraît moins que dans la
poder se muestran en ella menos
baleine, animal très gros.
ballena grueso.

THÊME VII.

SUR LES NOMS DE NOMBRE.

(Pages 19, 20, 21 *et* 22 *).*

Abram était âgé de soixante-quinze ans, quand *il* sortit
era de edad años cuando salió
de Caran. Louis IX, François premier, Louis XII, Henri IV
Luis Francisco Enrique
et Louis XVI, | sont les rois de France *les* plus dignes du
digno

respect de cette nation. 560 livres de blé donnent 420
respeto esta nacion. libra trigo dan
livres de farine, 126 de son : il y a 14 livres de déchet,
harina salvado, hay merma,
et *il* en provient 550 livres de pain. Le mot français Hainaut
salen de allí pan. palabra
peut s'écrire de 2304 manières, *en* se prononçant de
puede escribirse manera pronunciandose del
même. Un levrier parcourt 88 pieds par seconde. Le
mismo modo. galgo corre piés por segundo.
Mont-Blanc a en hauteur au dessus du niveau de la mer
tiene de alto sobre el nivel mar
2391 toises; le Mont-Cénis, 1807; les plus hauts sommets
toesas; cimas
des Pyrénées, 1763; l'Etna en Sicile, 1713. Jésus-Christ
Pireneos, Sicilia; Jesu-Cristo
était le 77° en ligne directe depuis le premier homme. La
era linea recta desde
hauteur de l'eau de la Seine était, au 25 décembre 1740,
altura agua Sena en
de 25 pieds 3 pouces. Cervantes, auteur du *don Quichotte*,
pulgada. autor *don Quijote,*
mourut le 23 avril 1616.
murió

THÈME VIII.

SUR LES PRONOMS PERSONNELS

(Pages 23 et suivantes).

Vous l'entendez, monsieur, cet insolent nous insulte, à vous
oye señor ese insolente insulta
et à moi; mais faisons-lui voir que *nous* méprisons ses fan-
hagamosle ver despreciamos fan-
faronnades. Oui, mon cher ami, tu seras toujours l'unique
farronadas. Si, querido amigo, único
confident de mes chagrins et de mes plaisirs; car ton amitié
confidente penas tu amistad

est aussi sincère que mon amour pour toi est vif et ardent. Si le
sincera por
soldat est vainqueur, *il* acquiert *de la* gloire pour lui; mais s'*il*
soldado vencedor adquiere
succombe, l'honneur le suit au delà du trépas. Venez avec moi,
sucumbe sigue mas allá muerte. Venga Vm.
et *je* vous indiquerai la maison que vous cherchez. Dieu,
indicaré busca.
ayant créé l'homme, le plaça dans le paradis, et lui donna
habiendo criado colocó paraiso dió
l'empire sur toutes les choses qu'*il* avait faites. Les prophètes
imperio habia hecho.
furent envoyés aux enfans d'Israël pour leur annoncer les
enviados hijos anunciar
desseins et la volonté de Dieu sur eux; ils leur promirent la
designios prometieron
protection du Très-Haut, s'*ils* persévéraient fidèles à ses com-
altisimo perseveraban man-
mandemens, et *ils* les menacèrent des plus grands châtimens,
damientos amenazaron con los mayores castigos
s'*ils* étaient rebelles à ses ordonnances.
rebeldes ordenanzas

THÈME IX.

SUR LES PRONOMS PERSONNELS

(*Pages* 23 *et suivantes*).

C'est à vous seul, ô Dieu! *qu'*appartient l'honneur, la
solo pertenece
puissance et la gloire aux siècles des siècles. L'homme
potencia por los
a vraiment en soi de quoi s'énorgueillir, s'*il* se regarde comme
tiene á la verdad que engreir mira
le chef-d'œuvre de la création, et comme destiné à imposer ses
obra-maestra destinado imponer
lois à toute la nature sublunaire. Les opinions des philosophes
sublunar.

sont bien souvent différentes entre elles, et cependant *ils* pré-
muy á menudo pre-
tendent éclairer les hommes! L'Évangile prêche à l'homme
tenden ilustrar á predica
de bonne volonté la paix avec Dieu, avec les autres et avec
paz
lui-même. Si ton frère t'a fait une offense, pardonne-la lui,
ha hecho ofensa perdona
afin que Dieu te pardonne aussi les offenses que tu lui as faites.
á fin tambien
Levez-vous, et allons-nous-en; car celui qui doit me trahir
Levantad vamonos de aqui pues el ha de entregar
est près. Je ne vous attendais *pas* si | de bonne heure; | car
está cerca. le esperaba tan temprano
votre domestique m'a dit ce matin que vous étiez indisposé.
criado dicho esta mañana estaba indispuesto.

THÈME X.

SUR LES PRONOMS POSSESSIFS

(Pages 28, 30 et 31).

| Qu'ai-je à faire | de vos sacrifices ni de vos offrandes?
Qué necesito yo sacrificios ofrendas
Mon nom sera révéré dans toutes les nations. *Il* n'est pas
venerado ningun
de héros pour son valet de chambre. *J*'ai entendu dire que
héroe ayuda de cámara. he oido
votre méthode pour apprendre le latin n'est *pas* aussi bonne
método aprender
que la nôtre; mais je sais que notre langue a plus *de* con-
sé tiene con-
formité avec la latine que la vôtre. *Je* suis forcé de vous
formidad soy forzado
dire, monsieur, que vos marchandises ne sont *pas* aussi
señor mio mercadurías
bonnes que vous me *le* dites; | et d'ailleurs | leur prix est
dice, y por otra parte precio.

trop élevé; je conçois qu'|*en* vous en débarrassant|vous
demasiado elevado concibo desembarazandose de ellas
pouvez faire vos affaires; mais je ne fais *pas* les miennes
puede su negocio hago el
en les recevant. *Il* vaut mieux enrichir ses ennemis
recibiendo. vale mas enriquecer
qu' | être à charge | à ses amis. Rendez à Dieu ce qui est
ser molesto Dad
à Dieu, et à César ce qui est à César. Ce livre est à moi,
mais *j'en* ai *un* autre à vous, ou pour mieux dire, à votre
tengo otro ó por mejor decir
père.

THÊME XI.

SUR LES PRONOMS DÉMONSTRATIFS

(Pages 32, 33 *et* 34 *).*

N'ôtez *pas* au malheureux la foi et l'espoir de la vie fu-
quiteis infeliz fé esperanza
ture; car cette foi et cet espoir soutiennent son courage.
sostienen valor.
Dans ce malheureux siècle où *nous* vivons, la guerre, la
en que vivimos guerra,
peste, la famine, la rigueur des saisons et le désordre des
hambre, rigor estaciones desórden
élémens sont venus tour à tour nous donner *des* leçons de
elementos han venido vez á vez á lecciones
sagesse, et *il* est à craindre que ces leçons aient été pour nous
cordura es de temer
sans fruit. Cette vie heureuse que les philosophes de tous
sin fruto.
les siècles ont tant cherchée ne peut *pas* se trouver ici-bas,
buscado hallar aquí bajo
sur la terre, mais là-haut, au sein de la divinité. Ceux qui
sino allá arriba en el seno
combattirent pour a patrie | ont été mis à mort, | et ceux
combatieron fueron condenados á muerte

qui la trahirent ont été honorés ! Parmi les femmes, celles qui
vendieron honrados ! Entre
joignent à la beauté une bonne éducation et *de* la fortune
juntan hermosura fortuna
sont sûres d'être estimées et recherchées. Ce qui désole un
están seguras buscadas. aflige á
| honnête homme | *c*'est l'impunité des méchans. La vertu
hombre de bien impunidad malvados.
honore celui qui l'exerce, et le vice flétrit ceux qui
honra infama
| s'y adonnent : | celle-là inspire la confiance, et celui-ci
se entregan á él infunde
l'aversion.

THÈME XII.

SUR LES PRONOMS RELATIFS

(*Pages* 34, 35 *et* 36).

Ce n'est *pas* le père qui doit obéir à son fils; *c*'est au
debe obedecer al
contraire le fils qui doit tout respect et toute soumission à
contrario respeto sumision
son père. Je ne sais lequel d'Abraham, ou de son fils Isaac,
montra plus *de* résignation aux ordres du ciel. Celui qui
mostró órdenes
voudra fréquenter ma maison devra s'abstenir de la
quisiere frecuentar deberá abstenerse de la
détraction. Vous ne savez *pas* ce que *vous* demandez. *Il*
murmuracion. sabeis pedis
perdit la vie avec le trône, ce qui ordinairement arrive aux
perdió trono sucede
princes trop ambitieux. La femme qui voudra être respectée,
ambiciosos. quisiere respetada
et que tout le monde respectera, est celle qui se respecte
elle-même. Socrate, dont *la* doctrine était si pure, et les
á Sócrates era pura

mœurs si chastes, fut sacrifié à la haine *la* plus injuste.
costumbres castas sacrificado odio
Cet homme, dont le monde n'était *pas* digne, montra dans
mostró
ses derniers momens un courage tel qu'aucun homme *n'*a ja-
últimos momentos ningun
mais fait paraître. Quelle patience ! quelle vertu ! Et quelle
hecho parecer. paciencia
fut sa vengeance? Celle de l'homme juste, le pardon.
venganza? perdon.

THÈME XIII.

SUR LES PRONOMS INDÉFINIS

(*Pages* 37, 38, 39 *et* 40).

On nous inonde de livres; mais est-on pour cela plus
inundan
savant? Lorsqu'on est entiché d'un système, *on* en revient
sabios? está encasquetado sistema m. deja
difficilement. Convoiter le bien d'autrui est le premier pas
con. dificultad. Codiciar hacienda paso
pour se rendre voleur. Quelque honnête homme que vous
hacer ladron.
soyez, vous ne serez *pas* | à l'abri | de la calomnie. Quel-
estará esento
ques efforts que *l'on* oppose contre la puissance de la na-
esfuerzos opongamos poder
ture, *ils* seront nuls et sans effet. Quoique *nous* fassions, la
efecto. hagamos
mort viendra renverser nos projets. La fièvre ne le quitte
vendrá á destruir proyectos. calentura deja
pas même un instant. Peu d'enfans répondent à la tendresse
hijos responden ternura
maternelle. Personne *ne* savait mieux que lui combien les
materna. sabia
passions sont tyranniques. Rien *n'*exaspère tant un cœur
pasiones tiránicas. exaspera

bienfaisant que l'ingratitude. Y a-*t-il* aucun vice moins
benéfico ingratitud. Hay
sujet à la vengeance des lois? Ne faisons rien qui ne puisse
sujeto hagamos pueda
être approuvé par notre conscience.
aprobado conciencia.

THÈME XIV.

SUR LES PRONOMS *en* ET *y*

(*Pages* 40 *et* 41).

Mon pauvre oncle a une maladie très dangereuse; *je*
pobre tio tiene enfermedad peligrosa
crains bien qu'*il* n'en guérisse *pas*. Vous n'êtes *pas* haï
temo mucho, sane aborrecido
pour votre fortune, mais pour le mauvais usage que *vous* en
uso
faites. Paris est une ville grande, riche, peuplée; mais *les*
hace. rica, poblada,
rues en sont sales. *Des* amis fidèles! vous n'en trouverez
calles sucias. hallará
pas. Votre maison vaudrait cinquante mille francs, si *les*
valdria
appartemens en étaient moins sombres. Monsieur, *j*'ai ici
cuartos fuesen lóbregos. tengo
de belles oranges, achetez-en. Il la vit, *il* en | devint
bellas naranjas compre vió se
amoureux, | mais sans y prétendre. Lorsque l'empereur
enamoró pretender emperador
Henri III vint à Rome, *il* y exerça une autorité sans bornes.
vino ejerció autoridad límites.
Je vous parle pour votre intérêt, pensez-y bien. Otez à
interes piense. Quite Vm.
la poésie orientale le soleil, la lune, les étoiles et les montagnes,
oriental montañas
il n'y reste plus rien. *Il* y a bien plus *d*'ingrats que *de*
queda muchos ingratos

personnes reconnaissantes. *Il* y a une heure que le théâtre
agradecidas. hace teatro
est ouvert; vous pouvez y entrer.
está abierto entrar.

THÈME XV.

SUR LES VERBES *haber* et *tener*

(*Pages* 55, 56 *et* 57).

Qui est monté au ciel, pour pouvoir dévoiler les secrets
subido descubrir arcanos
de la divinité? Les lois ont été établies pour poser *des*
establecidas poner
bornes à l'ambition et à la cupidité des hommes. *Je* vous ai
límites avaricia
dit mon avis, vous n'avez rien plus à me demander. *Il*
parecer que pedir.
n'y a *pas* un seul homme qui ait fait constamment ce qui est
constantemente
bon. L'incrédule a raison de trembler aux approches de la
incrédulo temblar proximidad
mort; car, qu'aura-*t-il* à répondre quand *il* paraîtra
que responder comparezca
devant ce Dieu qu'*il* a méconnu? Autrefois, *il* y avait
desconocido? Antiguamente
en France plus *d'*évêchés qu'*il n'*y en a aujourd'hui. *Il* est
obispados hoy dia.
des crimes qui restent impunis par l'insuffisance des lois.
crímenes quedan impunes insuficiencia
Il y a long-temps que la paix de l'Europe a été troublée : y
mucho tiempo paz Europa turbada
aura-*t-il des* jours sereins pour nous? *Il* est à craindre
serenos de
que le temps de calme et de bonheur *ne* se soit écoulé pour
calma felicidad pasado
ne plus revenir. Le monde a toujours été tel qu'*il* est aujour-
volver.
d'hui.

THÊME XVI.

SUR LE VERBE *ser*

(*Pages* 59, 60, 61, 62 *et* 63).

Qui est celui qui peut dire: je suis innocent et exempt de
esento

péché? *Il* est doux d'aimer; mais *il* est encore plus agréable
pecado? dulce todavia agradable

d'être aimé par | celui qu'on aime. | Pardonner les in-
aquel á quien se ama.

jures est d'un cœur généreux, et ne *pas* pardonner est une

lâcheté, | dont on éprouve tôt ou tard les fatales conséquences. |
cobardía cuyas fatales consecuencias se esperimentan tarde ó temprano.

Voulez-vous être considéré dans la société? ne soyez *pas* ni

intrigant ni médisant, et soyez poli et prévenant envers
maldiciente urbano comedido con

| tout le monde. | Monsieur, *ce* n'est *pas* parce que *je* suis
todos porque

son père; mais lorsqu'*il* était petit, *il* n'a jamais été ce
pero pequeñito

qu'on appelle mièvre et éveillé. Être roi n'est *pas* le plus
llama travieso despierto.

grand bonheur; car sous l'éclat du diadème sont souvent
pues brillo

cachés les soucis *les* plus cuisans. *Il* est vrai que la
escondidos cuidados amargos. verdad

ressemblance est tout-à-fait grande; mais *ce* n'est *pas* la pre-
semejanza del todo

mière fois qu'on a vu de ces *sortes de* choses, et les histoires
vez visto estas cosas

ne sont pleines *que* de ces jeux de la nature.
juegos

THÈME XVII.

SUR LE VERBE *estar*

(*Pages* 63, 64, 65 *et* 66).

L'honneur du soldat est dans la discipline, et son courage
honor disciplina
dans l'obéissance. Quand *tu* seras avec tes supérieurs, ne
obediencia.
parle *pas* sans être interrogé. Lorsque la tête est malade,
preguntado. cabeza enferma
tout le corps est malade. Tandis que l'homme diligent et
cuerpo Mientras
actif profite *de* tous les momens, le paresseux perd son
activo aprovecha perezoso pierde
temps. M. Purgon dit que je succomberais, s'il était seule-
dice moriria sola-
ment trois jours sans prendre soin de moi. Jacob, étant
mente tener cuidado
| sur le point de mourir, | fit venir ses enfans devant
para morir hizo á delante de
lui, pour leur donner sa bénédiction. Puisqu'*il* a exécuté
bendicion. Ya que ejecutado
votre volonté, et qu'*il* vous montre tant *de* soumission, vous
muestra sumision
devez être content de lui. Comment pouvons-*nous* être sans
Cómo podemos
crainte, lorsque les plus grands malheurs nous menacent? Je
temor desdichas amenazan?
partis de Bordeaux le 13 avril, et *j'*étais à Paris le 16
salí
au matin, tant le service des diligence est bien réglé.
por la mañana arreglado.

THÈME XVIII.

SUR LES TEMPS DE L'INDICATIF

(Pages 45, 46 et 47).

Voilà un homme heureux, il travaille s'*il* veut, et quand
He aqui trabajar querer
il veut *il* se repose ; personne *ne* lui commande, et il est le
holgar mandar
maître de lui-même. Demain *je* ne dîne *pas* chez moi,
dueño Mañana comer en mi casa
car on m'a prié, et j'ai promis. *Il* était un peu mieux quand
pues convidar prometer
le médecin vint le visiter. Dieu fit au commencement le ciel
médico visitar hacer principio
et la terre, et *il* créa l'homme à son image et à sa ressem-
criar imágen
blance. Ce matin, le vent a arraché le plus bel arbre de mon
viento arrancar árbol
jardin, et cette après-midi *je* l'ai fait couper pour le feu.
tarde cortar fuego.
Presque aussitôt qu'*il* eut fini de dîner, *il* se sentit malade.
Casi luego acabar comer sentir
Je te l'avais bien dit, mais tu n'as *pas* voulu me croire.
querer creer.
Vous ferez ce que votre maître vous ordonnera, ou bien vous
amo ordenar
serez renvoyé. Venez, si vous voulez, à six heures, car alors,
despedir. Venir entonces
probablement, *nous* aurons fini de dîner. Si l'or et l'argent
probablemente oro plata
n'existaient *pas*, on ne commetrait *pas* tant *de* crimes. Ce
existir cometer crímenes.
malheur ne vous serait *pas* arrivé, si vous aviez écouté mes
desgracia llegado, escuchar
avis.
consejos.

THÈME XIX.

SUR L'IMPÉRATIF

(*Page* 47).

Venez, madame; regardez ces fleurs, ne sont-*elles pas*
Venir mirar flores
bien belles? Dites-moi, *je* vous prie, où est l'Hôtel-de-
rogar donde casa del
Ville? Mon fils, écoute les paroles de ton père, et
Ayuntamiento?
grave-les profondément dans ton cœur. Soulage ta pauvre
grabar profundamente corazon. Aliviar
mère dans sa solitude et dans son abandon; fuis la société des
soledad abandono; huir sociedad
libertins, qui infailliblement pervertiraient ton cœur. Ne fais
libertinos infaliblemente pervertir
rien d'important sans prendre conseil des personnes pruden-
tomar consejo
tes et expérimentées. Ne juge *pas* précipitamment les actions
juzgar precipitadamente
de ton prochain; ferme ton oreille à la flatterie. Ne repousse
prójimo cerrar oidos lisonja. desechar
pas le pauvre et le malheureux quand *ils* t'implorent dans leur
implorar
détresse. Crains le crime plus que la mort, et aie soin de ta
angustia. cuidado
réputation, car elle vaut plus que l'or. Aime la vérité, et *que*
valer
personne *n'*ait rien à te reprocher. Bénissons et remercions
de que acusar. dar gracias
Dieu à tout moment, car à tout moment *il* nous comble de
cada colmar
ses bienfaits.
beneficios.

THÈME XX.

SUR LE PRÉSENT ET LES DEUX IMPARFAITS DU SUBJONCTIF

(*Pages* 48 *et* 49).

De quoi qu'il parle, *il* veut toujours avoir raison. *Je* vous
prie de m'échanger cette pièce de monnaie. Il vous conseillera
cambiar pieza moneda. aconsejar
d'acheter non seulement la maison, mais aussi ses dépen-
comprar sino tambien depen-
dances. Dites à la fille de nous apporter le déjeuné. Si
dencias. muchacha traer almuerzo.
mon frère arrivait avant moi, dites-lui de m'attendre. Les
llegar ántes que yo esperar
peuples seraient trop heureux, s *il* n'y avait jamais *de* guerres.
Si vous quittiez le commerce, vous seriez plus tranquille.
dejar comercio descansado.
Le menteur n'a *pas le* droit d'être cru, | quand même |
mentiroso derecho creer aun cuando
il dirait la vérité. Cet homme dissiperait tout, quand même
disipar
il aurait à sa disposition les mines du Pérou. Ses maîtres
tener minas del Peru. maestros
lui disaient de s'appliquer. Dieu ordonna à Abraham de
aplicar. mandar
lui sacrifier son fils unique. Je vous ai conseillé mille fois
sacrificar aconsejar
de ne *pas* vous baigner dans l'eau froide. Vous m'aviez
bañar agua fría.
recommandé de ménager la santé de votre fils. Eût-*il* plus
encargar cuidar de salud
de défauts encore, son père les lui dissimulerait tous.
defectos disimular

THÈME XXI.

SUR LE PRÉTÉRIT ET LES DEUX PLUSQUEPARFAITS DU SUBJONCTIF

(*Page* 49).

Il travaille toujours, quoique le travail excessif lui ait été
trabajar
défendu par le médecin. Si le gouverneur de la place avait
prohibir gobernadór plaza
attendu seulement deux jours, *il* lui serait arrivé *du* secours.
esperar socorro.
N'eût-*il* fait que son Illiade, Homère se serait acquis un
mas que Iliada, Homero adquirir
nom immortel. *Nous* ne prîmes rien, quoique *nous* eus-
nombre inmortal. coger
sions chassé toute la journée. Si telle eût été votre inten-
cazar dia.
tion, vous auriez fait les démarches nécessaires. Tous les
diligencias necesarias.
hommes auraient conservé leur innocence, si Adam n'avait
conservar inocencia,
pas désobéi au commandement de Dieu. Vous vouliez que
desobedecer precepto
je vous arrangeasse votre montre en une heure, et cela
componer relox
n'était *pas* possible. Quand *il* n'aurait fallu que la nettoyer,
ser menester mas limpiar
je n'aurais pu le faire en si peu *de* temps. Dès qu'*il* eût
poder Desde que
été de retour, *nous* aurions parlé de cette affaire.
estado de vuelta negocio.

THÈME XXII.

SUR LES FUTURS SIMPLE ET COMPOSÉ DU SUBJONCTIF

(*Pages* 49 *et* 50).

La nation qui négligera l'agriculture pour s'abandonner
descuidar agricultura entregar

au commerce, ne sera *pas* ni heureuse ni florissante. Lors-
florociente.
que cet enfant aura atteint l'âge de la raison, ses habitudes
llegado á edad costumbres
et son caractère changeront. Dès que la reine sera
mudar
accouchée, *il* y aura *de* grandes fêtes. *Je* suis disposé à
parir fiesta. dispuesto á
vous | rendre service | toutes les fois que vous aurez besoin
servir necesidad
de moi. Soyez tranquille, je ferai votre commission le
sosegado encargo
plus tôt que *je* pourrai. Celui qui s'exposera au péril sans
mas pronto esponer peligro
nécessité, agira imprudemment. Quiconque violera cette
obrar imprudentemente. Cualquiera que violar
loi, paiera l'amende convenue. Demandez-moi ce que vous
pagar multa convenida. Pedir
voudrez. Aussitôt que *j*'aurai ramassé ma récolte, *je* vous
Luego recogido cosecha
paierai. Fais le moindre bruit que *tu* pourras, pour ne *pas*
pagar menos ruido
éveiller le malade. *Que* celui qui aura pris mon canif,
despertar tomar cortaplumas
me le rende | tout de suite. |
volver al instante.

THÈME XXIII.

SUR L'INFINITIF ET LE GÉRONDIF

(Pages 51 et 52).

Ils ne font que manger, boire, dormir et s'amuser. En
mas que divertirse.
sortant de l'église *on* me prit ma bourse sans que je | m'en
salir iglesia quitar bolsillo lo
fusse aperçu. | Elle a déchiré sa robe en voulant monter en
hubiese advertido. rasgar ropa montar

voiture. Nous le rencontrâmes sans y penser, en allant à la
coche. encontrar ir
Bourse. Je crois que dormir après dîner est plus nuisible
Lonja. dañoso
qu'utile à la santé, et s'exposer à l'air quand on sue est très
útil esponer aire sudar
dangereux. Que faites-vous ici? *Nous* nous amusons jusqu'à
peligroso. aquí? divertir
l'heure de dîner. *Il* travaille dans son cabinet | depuis plus
gabinete hace mas
d'une heure. | Ayant ainsi fini son sermon, *il* descendit tran-
de una hora. bajar
quillement de la chaire, et s'en alla | chez lui. | Ils couraient
púlpito ir á su casa. correr
sautaient, riaient, chantaient et faisaient *des* folies, comme
saltar reir cantar locuras
des enfans. Si vous venez le matin, *vous* ne pourrez *pas* lui
muchachos. por
parler, parce qu'*il* écrira; et quand *il* écrit, *il* ne veut *pas*
escribir
être interrompu.
interrumpir.

THÊME XXIV.

SUR LES VERBES IRRÉGULIERS DE LA PREMIÈRE CONJUGAISON

(Pages 81, 82, 83, 84 *et* 85*).*

Je pense souvent à mon pays, et surtout à ma mère et à
en pais sobre todo en
mes frères. Approchez-vous du feu et chauffez-vous, car *il*
Acercar al fuego calentar
fait froid. Pourquoi fermez-vous les portes et les croisées? Je
frio. cerrar puertas ventanas?
commence aujourd'hui à prendre leçon de langue espagnole.
empezar tomar
Avouez franchement que votre père vous a puni. Attendons
Confesar francamente castigar. Esperar
qu'*il* se réveille; quel besoin avons-*nous* de revenir? On
despertar volver?

n'enterre *pas* ici, comme en Espagne, les morts dans les
enterrar muertos
églises. Arrosez souvent votre jardin, si vous voulez avoir *de*
Regar
bonnes laitues. *Je* ne me souviens plus du temps de mon
lechugas. acordarse
enfance. Consolez-vous, car *vous* auriez pu perdre davantage.
infancia. Consolarse perder mas.
Je compte sur vous, ne manquez *pas* de venir. *Il* prie son
contar con dejar rogar á
père de le laisser sortir; mais son père ne *le* veut *pas*. *Nous*
salir
marchâmes presque toujours à pied, pour voir | plus à
andar casi á pié ver con mas
notre aise | le pays. Si vous me donniez un bon conseil, je le
comodidad dar
suivrais.
seguir.

THÈME XXV.

SUR LES VERBES IRRÉGULIERS DE LA DEUXIÈME CONJUGAISON

(*Pages 35 et suivantes*).

Je le connais de vue; mais *je* ne l'ai jamais fréquenté. *Je*
conocer vista frecuentar.
ne veux plus jouer, car *je* perds toujours. Ne comprenez-vous
jugar, perder entender
pas ce que *je* dis? Pars, ne t'arrêtes *pas* en chemin, et
Marchar detener en el camino
reviens *tout* de suite. Quelles que soient mes résolutions,
volver de seguida. resoluciones
je tombe toujours dans les mêmes fautes. Supposons que cela
caer faltas. Suponer
soit ainsi, qu'en résultera-*t-il? Il* s'exposa au danger de
resultar esponer peligro
périr, pour sauver les autres. Si vous voulez renvoyer cette
perecer salvar á demas. dejar

affaire pour demain, je ne m'y opposerai *pas*. Mon ami, fais
asunto oponer hacer
constamment ton devoir, et personne *n'*aura rien à te
constantemente obligacion que
reprocher. Lorsqu'*il* viendra, tout le monde saura l'action
reprender. venir saber
brillante qu'il a faite. Une seule caserne ne contiendrait *pas*
cuartel caber
tous les soldats de la garnison. *Il* ne voulut *pas* me croire : *je*
guarnicion. querer creer
veux m'*en* aller, me dit-*il*, et voilà le résultat de son obstina-
ir he aquí resulta
tion. Je ne vois presque plus ; ah ! si *je* voyais comme *il* y a
ver
dix ans, *je* serais heureux. Ce cheval vaudra l'année prochaine
caballo valer que viene
deux mille francs. Ils l'attirèrent par ruse, et *il* tomba dans
atraer astucia caer
leur piége.
red.

THÊME XXVI.

SUR LES VERBES IRRÉGULIERS DE LA TROISIÈME CONJUGAISON

(Pages 92 et suivantes).

Moïse, avant sa mort, bénit les douze tribus d'Israël. On
Moisés bendecir
nous conduisit dans une caverne, on nous demanda la bourse,
conducir á caverna pedir
on nous empêcha de crier, et puis on nous congédia sans
impedir que gritar despues despedir
nous faire *d'*autre mal. *Nous* nous en allions, *les* uns *en*
ir
gémissant, *les* autres *en* riant de l'aventure. *J'*entends sou-
gemir reir aventura oir
vent les marchands se plaindre de leurs mauvaises affaires.
mercaderes quejar negocios

Les apôtres, par la simplicité de leur prédication,
apóstoles con simplicidad
convertirent la moitié du monde connu. Amusez-vous ici
convertir mitad conocido. Divertirse
dedans, mais n'allez *pas* dans la rue. David blessa Goliath
dentro ir á calle. herir á
au front avec une pierre, et *il* mourut *en* proférant
frente piedra morir proferir
des blasphêmes contre le Dieu d'Israël. Allons, dites-moi la
blasfemias Ir decir
vérité, et ne mentez *pas* : avez-vous pris les poires de
mentir tomar peras
l'armoire? Puisque vous me dites qu'*il* viendra, *je* ne
armario? Supuesto que decir venir
sortirai *pas*.
salir

THÈME XXVII.

SUR LES PARTICIPES IRRÉGULIERS
(Pages 102, 103 *et* 104*).*

Dès que le complot fut découvert, les prisons furent
Luego maquinacion cárceles
remplies de monde; *il* est vrai que la plupart furent renvoyés
llenas gente mayor parte despedidos
absous et mis en liberté. J'étais parti à six heures, et *je*
partido
suis revenu à neuf. *J'*ai dit ce que *j'*ai fait, que me demandez
pregunta.
vous encore? Si vous aviez mis la lettre dans votre portefeuille,
aun carta cartera
elle s'y trouverait. *Il* est mort *en* pardonnant à ses bourreaux.
hallaria perdonando verdugos.
Que celui qui vous bénira soit béni. Maudit soit l'homme qui
bendijere
met sa confiance dans l'homme. *Je* l'ai confondu, de manière
qu'*il* ne savait plus que dire. *Je* suis éveillé | depuis une
ya hace una

heure. | Les chiens sont plus reconnaissans que les hommes,
hora. perros
et *ils* ne sont ni dissimulés ni faux comme eux. Quel homme
falsos
opiniâtre ! *il* ne se rend pas même à l'évidence.
ni aun evidencia.

THÊME XXVIII.

SUR LES ADVERBES

(Pages 105 et suivantes).

Il s'est conduit dans cette affaire loyalement, honnêtement
lealmente, honestamente
et prudemment. La mort viendra, et alors tous nos projets
prudentemente.
seront renversés. Vous avez beau dire, cette nouvelle est
trastornados. Por mas que Vd. diga noticia
controuvée. Combien *de* gens avez-vous trouvés qui soient
imaginada hallado
vraiment désintéressés ? Pas autant que *d'*égoïstes et *d'*avares.
egoistas avaros.
Vous travaillez trop, et ne vous ménagez *pas* assez. S'*il* ne
cuida bastante.
vous coûte que cinquante louis, vous l'avez eu | bon marché. |
mas luises logrado barato.
Je ne puis *pas* rester ici davantage : demain *je* reviendrai.
estar
Les méchans ne verront jamais la lumière; mais les justes
seront pour toujours dans le repos. *Nous* n'avons que quel-
descanso. mas
ques momens à vivre : pourquoi n'en profitons-*nous pas ?*
que aprovechamos ?
Que l'homme est inconstant dans ses projets ! tantôt *il* veut
unas veces
une chose, tantôt *il en* désire *une* autre. *Nous* fûmes
otras
éveillés | tout-à-coup | par un bruit extraordinaire.
despertados de repente ruido

THÈME XXIX.

SUR LES PRÉPOSITIONS, CONJONCTIONS ET INTERJECTIONS

(Pages 115 et suivantes).

Celui qui ne craint *pas* Dieu est capable de tous les
capaz
crimes. *Il* harangua ses soldats, et ensuite *il* leur ordonna
crímenes. exhortó á luego
*d'*attaquer l'ennemi. Descends dans le jardin, et regarde
atacar al enemigo.
s'*il* y a *des* fraises. *Il* courait dans le navire, pour ré-
fresas. navío re-
chauffer ses membres engourdis. *J'*ai été trop peu *de* temps
calentar miembros, entorpecidos. muy
à Paris, pour bien connaître les mœurs de ses habitans.
costumbres
Son grand amusement était de donner à manger aux poules.
diversion gallinas.
*J'*aime mieux vous la donner pour rien que pour si
quiero mas
| peu de chose. | Si sa mère intercédait pour lui, son père
poco intercediera
lui pardonnerait. Voulez-vous monter la garde pour moi ?
perdonaria. montar guardia
L'homme est né pour travailler, comme l'oiseau pour voler.
ave
Il s'embarqua pour l'Amérique *il* y a un mois. Pour de-
América hace
main, sans faute, *je* vous attends à dîner. *Il* y a dans ce livre
un beau discours sur l'education des filles. Chez les Chi-
hijas Chi-
nois, *il* n'y a jamais eu *de* monnaies d'or ni d'argent. La
nos
garde le prit un fusil sur l'épaule. *Il* faut ou obéir à la loi,
cogió hombro. ú
ou être puni. Ferdinand et Isabelle chassèrent les Maures d'Es-
ó Fernando Isabel arrojaron Moros

pagne. Lorsqu'*il* viendra et *qu'il* | me demandera, | dites-
preguntare por mi
lui de m'attendre. Ah! le méchant garnement! Hélas! pourquoi
que picaro bribon! para que
suis-*je* né, si *je* devais voir tant *d'*horreurs et *de* crimes!
habia de horrores crímenes!

THÈME XXX.

SUR DIVERSES RÈGLES.

Ce que les Chinois ont le plus connu, *le plus* cultivé, *le plus* perfectionné, *c'*est la morale et les lois. *Il* y a, dit le commentateur du Chumontou, quatre amours de Dieu: le
comentador
premier, est *de* l'aimer pour lui-même, sans intérêt personnel; le second, *de* l'aimer par intérêt; le troisième, *de ne* l'aimer que dans les momens où *l'*on n'écoute *pas* ses pas-
solo en que
sions; le quatrième, *de ne* l'aimer que pour obtenir l'objet
solo
de ces mêmes passions; et ce quatrième amour | n'en mérite
no merece el
pas le nom. | Voilà des mœurs, des usages, des faits si
nombre de amor. usos
différens de ce qui se passe parmi nous, qu'*ils* doivent nous
cuanto
montrer combien le tableau de l'univers est varié, et combien
vario
nous devons être en garde contre notre habitude de juger
con cuidado costumbre
de tout par nos usages. La loi que Mahomet porta, de prier
Mahoma, hizo orar
cinq fois par jour, était gênante; mais qui aurait osé se
al dia incómoda; osado
plaindre que la créature soit obligée d'adorer si souvent son
quejar criatura á menudo á
Créateur?
Criador?

EXEMPLE
DE TRADUCTION LITTÉRALE
DU FRANÇAIS EN ESPAGNOL.

AVANT-PROPOS,
DE L'ESSAI SUR LES MOEURS ET L'ESPRIT DES NATIONS,

Par M. de Voltaire,

En Français et en Espagnol.

Vous voulez enfin surmonter le dégoût que vous cause l'histoire moderne, depuis la décadence de l'empire romain, et prendre une idée générale des nations qui habitent et qui désolent la terre. Vous ne cherchez, dans cette immensité, que ce qui mérite d'être connu de vous : l'esprit, les mœurs, les usages des nations principales, appuyés des faits qu'il n'est pas permis d'ignorer. Le but de ce travail n'est pas de savoir en quelle année un prince indigne d'être connu succéda à un prince barbare chez une nation grossière. Si l'on pouvait avoir le malheur de mettre dans sa tête la suite chronologique de toutes les dynasties, on ne saurait que des mots. Autant il faut connaître les grandes actions des souverains qui ont rendu leurs peuples meilleurs et plus heureux, autant on peut ignorer le vulgaire des rois, qui ne pourrait que charger la mémoire.

A quoi vous serviraient les détails de tant de petits intérêts qui ne subsistent plus aujourd'hui, de tant de familles éteintes qui se sont disputé des provinces englouties ensuite dans de grands royaumes? Presque

Usted quiere enfin vencer el disgusto que le causa la historia moderna, desde la decadencia del imperio romano, y formar una idea general de las naciones que habitan y desuelan la tierra. Usted busca solo en esta inmensidad lo que merece ser conocido; el espíritu, las costumbres, y los usos de las principales naciones, cimentados sobre hechos que no es lícito ignorar. El fin de este trabajo no es el saber en qué año un príncipe indigno de ser conocido, sucedió á otro príncipe bárbaro en una nacion grosera. Si alguno pudiera tener la desgracia de meter en su memoria la succesion cronológica de todas las dinastías, no sabría mas que palabras. Asi como es útil el conocer las grandes hazañas de aquellos soberanos que han hecho á sus pueblos mejores y mas felices, así podemos ignorar el vulgo de los reyes, que no haria mas que cargar la memoria.

¿De qué le servirían á usted los pormenores de tantos pequeños intereses que ya no subsisten hoy dia, de tantas familias acabadas que se disputaron algunas provincias confundidas despues en los grandes

chaque ville a aujourd'hui son histoire vraie ou fausse, plus ample, plus détaillée que celle d'Alexandre. Les seules annales d'un ordre monastique contiennent plus de volumes que celles de l'empire romain.

L'illustre Bossuet, qui, dans son discours sur une partie de l'histoire universelle, en a saisi le véritable esprit, au moins dans ce qu'il dit de l'empire romain, s'est arrêté à Charlemagne. C'est en commençant à cette époque, que votre dessein est de vous faire un tableau du monde; mais il faudra souvent remonter à des temps antérieurs. Cet éloquent écrivain, en disant un mot des Arabes qui fondèrent un si puissant empire et une religion si florissante, n'en parle que comme d'un déluge de barbares. Il paraît avoir écrit uniquement pour insinuer que tout a été fait dans le monde pour la nation juive; que si Dieu donna l'empire de l'Asie aux Babyloniens, ce fut pour punir les Juifs; si Dieu fit régner Cyrus, ce fut pour les venger; si Dieu envoya les Romains, ce fut encore pour châtier les Juifs. Cela peut être. Mais les grandeurs de Cyrus et des Romains ont encore d'autres causes, et Bossuet même ne les a pas omises en parlant de l'esprit des nations.

Il eût été à souhaiter qu'il n'eût pas oublié entièrement les anciens peuples de l'Orient, comme les Indiens et les Chinois, qui ont été si considérables avant que les autres nations fussent formées.

Nourris des productions de leur terre, vêtus de leurs étoffes, amusés par les jeux qu'ils ont inventés, instruits même par leurs anciennes fables morales, pourquoi négligerions-nous de connaître l'esprit de ces nations, chez qui les commerçans de notre Europe ont voyagé dès qu'ils ont pu trouver un chemin jusqu'à elles?

reinos? Casi todas las ciudades tienen hoy sus historias verdaderas ó falsas, mas difusas y circunstanciadas que la de Alejandro. Solamente los anales de un orden monástico contienen mas volúmenes que los del imperio romano.

El ilustre Bosuet, quien en su discurso sobre una parte de la historia universal ha tomado su verdadero espíritu, por lo menos en lo que dice del imperio romano, se ha parado en Carlo Magno. Su intento de usted es formarse un cuadro del mundo, empezando por esta época: pero será necesario á veces retroceder á los tiempos anteriores. Este elocuente escritor, diciendo una palabra de los Arabes, que fundaron un imperio tan poderoso, y una religion tan floreciente, solo habla de ellos como de un diluvio de bárbaros. No parece haber escrito sino para insinuar que en el mundo todo ha sido hecho para la nacion judía: que si el imperio del Asia fué dado á los Babilonios, fué para castigar á los Judíos: si Dios hizo reinar á Ciro, fué por vengarlos: si envió despues á los Romanos, fué tambien por castigar á los Judíos. Eso puede ser verdad; pero las grandezas de Ciro y de los Romanos provinieron tambien de otras causas, que el mismo Bosuet no ha omitido hablando del espíritu de las naciones.

Habria sido de desear que no hubiese enteramente olvidado los antiguos pueblos del Oriente, como los Indios y los Chinos, que fueron tan considerables, antes que fuesen formadas las otras naciones.

Alimentados por las producciones de su terreno, vestidos con sus telas, divertidos con los juegos que ellos han inventado, y aun instruidos por sus antiguas fábulas morales, ¿porqué nos desdeñaríamos de conocer el espíritu de aquellas naciones, en las cuales han viajado los comerciantes de nuestra Europa, luego que se halló un camino hasta ellas?

Les climats orientaux, voisins du Midi, tiennent tout de la nature; et nous, dans notre Occident septentrional, nous devons tout au temps, au commerce, à une industrie tardive: des forêts, des pierres, des fruits sauvages, voilà tout ce qu'a produit naturellement l'ancien pays des Celtes, des Allobroges, des Pictes, des Germains, des Sarmates et des Scythes. On dit que l'île de Sicile produit d'elle-même un peu d'avoine; mais le froment, le riz, les fruits délicieux croissaient vers l'Euphrate, à la Chine et dans l'Inde. Les pays fertiles furent les premiers peuplés, les premiers policés. Tout le Levant, depuis la Grèce jusqu'aux extrémités de notre hémisphère, fut long-temps célèbre avant que nous en sussions assez pour connaître que nous étions barbares. Quand on veut savoir quelque chose des Celtes, nos ancêtres, il faut avoir recours aux Grecs et aux Romains, nations encore très postérieures aux Asiatiques.

Si, par exemple, des Gaulois, voisins des Alpes, joints aux habitans de ces montagnes, s'étant établis sur les bords de l'Eridan, vinrent jusqu'à Rome, trois cent soixante-un ans après sa fondation; s'ils assiégèrent le Capitole, ce sont les Romains qui nous l'ont appris. Si d'autres Gaulois, environ cent ans après, entrèrent dans la Thessalie, dans la Macédoine, et passèrent sur le rivage du Pont-Euxin, ce sont les Grecs qui nous le racontent, sans nous dire quels étaient ces Gaulois, ni quel chemin ils prirent. Il ne reste chez nous aucun monument de ces émigrations, qui ressemblent à celles des Tartares; elles prouvent seulement que la nation était très nombreuse, mais non civilisée. La colonie de Grecs qui fonda Marseille six cents ans avant notre ère vulgaire ne put polir la Gaule: la langue grecque ne s'étendit pas même au delà de son territoire.

Los climas orientales, vecinos del Mediodía, lo han recibido todo de la naturaleza; y nosotros en nuestro Occidente septentrional, lo debemos todo al tiempo, al comercio, y á una industria tardía. Bosques, piedras, frutas silvestres, esto es todo cuanto ha producido naturalmente el antiguo pais de los Celtas, Alóbroges, Pictos, Germanos, Sármatas y Escitas. Dicen que la isla de Sicilia produce por sí misma un poco de avena; pero el trigo, el arroz, las frutas deliciosas crecian cerca del Eufrates, en la China y en la India. Los paises fértiles fueron poblados y civilizados los primeros. Todo el Levante, desde la Grecia hasta las estremidades de nuestro hemisferio, fué célebre mucho tiempo antes que nosotros supiésemos bastante para conocer que éramos bárbaros. Cuando queremos saber algo de los Celtas nuestros abuelos, es preciso recurrir á los Griegos y Romanos, naciones todavía muy posteriores á los Asiáticos.

Si, verbigracia, unos Galos, vecinos de los Alpes, reunidos con los moradores de aquellas montañas, establecidos en las riberas del Eridan, vinieron hasta Roma, trescientos sesenta y un años despues de sa fundacion; si pusieron sitio al Capitolio; los Romanos nos lo han dicho. Si otros Galos, cerca de cien años despues, entraron en la Tesalia y en la Macedonia, y pasaron sobre la playa del Ponto Euxino, los Griegos mismos nos lo refieren, sin decirnos quienes eran aquellos Galos, ni qué camino siguieron. Ningun monumento existe entre nosotros de aquellas emigraciones que se asemejan á las de los Tártaros: y estas prueban unicamente que la nacion era numerosísima, pero no civilizada. La colonia de Griegos que fundó á Marsella seiscientos años antes de nuestra era vulgar, no pudo desbastar la Gaula, y ni aun la lengua griega se estendió fuera de su territorio.

Gaulois, Allemands, Espagnols, Bretons, Sarmates, nous ne savons rien de nous avant dix-huit siècles, sinon le peu que nos vainqueurs ont pu nous en apprendre; nous n'avions pas même des fables, nous n'avions pas osé imaginer une origine. Ces vaines idées que tout cet Occident fut peuplé par Gomer, fils de Japhet, sont des fables orientales.

Si les anciens Toscans, qui enseignèrent les premiers Romains, savaient quelque chose de plus que les autres peuples occidentaux, c'est que les Grecs avaient envoyé chez eux des colonies, ou plutôt, c'est parce que de tout temps une des propriétés de cette terre a été de produire des hommes de génie, comme le territoire d'Athènes était plus propre aux arts que celui de Thèbes et de Lacédémone. Mais quels monumens avons-nous de l'ancienne Toscane? aucun. Nous nous épuisons en vaines conjectures sur quelques inscriptions inintelligibles, que les injures du temps ont épargnées, et qui probablement sont des premiers siècles de la république romaine. Pour les autres nations de notre Europe, il ne nous reste d'elles, dans leur ancien langage, aucun monument antérieur à notre ère.

L'espagne maritime fut découverte par les Phéniciens, ainsi que l'Amérique le fut depuis par les Espagnols. Les Tyriens, les Carthaginois, les Romains y trouvèrent tour-à-tour de quoi s'enrichir dans les trésors que la terre produisait alors. Les Carthaginois y firent valoir des mines, mais moins riches que celles du Méxique et du Pérou: le temps les a épuisées, comme il épuisera celles du Nouveau-Monde. Pline rapporte qu'en neuf ans les Romains en tirèrent huit mille marcs d'or et environ vingt-quatre mille d'argent. Il faut avouer que ces prétendus descendans de Gomer avaient bien mal profité des présens que leur faisait

Galos, Alemanes, Españoles, Bretones, Sármatas, nada sabemos de nosotros antes de diez y ocho siglos, si no es lo poco que nuestros vencedores pudieron enseñarnos. Carecíamos hasta de fábulas, y no habíamos osado imaginarnos un orígen. Esas vanas ideas que todo este occidente fué poblado por Gomer, hijo de Japet, son fábulas orientales.

Si los antiguos Toscanos, que enseñaron á los primeros Romanos, sabian algo mas que los demas pueblos occidentales, fué porque los Griegos habian enviado á aquella tierra algunas colonias; ó mas bien porque en todos tiempos una de las propiedades de aquella region fué el producir hombres de ingenio, como el territorio de Atenas era mas proprio para las artes que el de Tebas y Lacedemonia. Mas ¿qué monumentos tenemos de la antigua Toscana? ninguno. Nos perdemos en vanas conjeturas sobre ciertas inscripciones incomprehensibles que las injurias del tiempo han respetado, y que son probablemente de los primeros siglos de la república romana. En cuanto á las demas naciones de nuestra Europa, no nos queda de ellas, en sus antiguos lenguages, ningun monumento anterior á nuestra era.

La España marítima fué descuvierta por los Fenicios, como la América lo fué despues por los Españoles. Los Tirios, Cartagineses y Romanos hallaron succesivamente con que enriquecerse en los tesoros que entonces producia aquella tierra. Los Cartagineses hicieron valer sus minas, aunque menos ricas que las de Méjico y el Perú: el tiempo las ha consumido como agotará las del Nuevo Mundo. Plinio asegura que en nueve años los Romanos sacaron de ellas ocho mil marcos de oro, y unos veinte y cuatro mil de plata. Es preciso confesar que aquellos supuestos descendientes de Gomer se habian aprovechado muy mal de los dones

la terre, en tout genre, puis qu'ils furent subjugués par les Carthaginois, par les Romains, par les Vandales, par les Goths et par les Arabes.

Ce que nous savons des Gaulois, par Jules César et par les autres auteurs romains, nous donne l'idée d'un peuple qui avait besoin d'être soumis par une nation éclairée. Les dialectes du langage celtique étaient affreux; l'empereur Julien, sous qui ce langage se parlait encore, dit, dans son Misopogon, qu'il ressemblait au croassement des corbeaux. Les mœurs, du temps de César, étaient aussi barbares que le langage. Les Druides, imposteurs grossiers, faits pour le peuple qu'ils gouvernaient, immolaient des victimes humaines, qu'ils brûlaient dans de grandes et hideuses statues d'osier. Les Druidesses plongeaient des couteaux dans le cœur des prisonniers, et jugeaient de l'avenir à la manière dont le sang coulait. De grandes pierres un peu creusées, qu'on a trouvées sur les confins de la Germanie et de la Gaule, vers Strasbourg, sont, dit-on, les autels où l'on faisait ces sacrifices. Voilà tous les monumens de l'ancienne Gaule. Les habitans des côtes de la Biscaye et de la Gascogne s'étaient quelquefois nourris de chair humaine. Il faut détourner les yeux de ces temps sauvages, qui sont la honte de la nature.

Comptons parmi les folies de l'esprit humain l'idée qu'on a eue de nos jours de faire descendre les Celtes des Hébreux. Ils sacrifiaient des hommes, dit-on, parce que Jephté avait immolé sa fille. Les Druides étaient vêtus de blanc pour imiter les prêtres des Juifs; ils avaient, comme eux, un grand-pontife; leurs Druidesses sont des images de la sœur de Moïse et de Débora. Le pauvre qu'on nourrissait à Marseille, et qu'on immolait

que su tierra les ofrecia en todo género, pues fueron subyugados por los Cartagineses, Romanos, Vándalos, Godos y Arabes.

Lo que sabemos de los Galos por Julio César y los otros autores romanos, nos da la idea de un pueblo que necesitaba ser subyugado por una nacion ilustrada. Los dialectos del lenguage céltico eran horrorosos; pues el emperador Juliano, en cuyo reinado se hablaba todavia este lenguage, dice en su Misopogon, que era semejante al graznido de los cuervos. Las costumbres, en tiempo de César, eran tan bárbaras como el lenguage. Los Druidas, impostores groseros, propios para el pueblo que gobernaban, inmolaban víctimas humanas que quemaban en unas grandes y disformes estatuas de mimbres. Las Druidesas clavaban sus cuchillos en el corazon de los prisioneros, y juzgaban de lo venidero segun el modo como corria la sangre. Algunas piedras grandes y algo ahuecadas que se han hallado sobre los limites de la Germania y de la Gaula, cerca de Estrasburgo, se dice que eran los altares en que se hacian aquellos sacrificios. Estos son todos los monumentos de la antigua Gaula. Los habitantes de las costas de Vizcaya y de Gascuña se habian alimentado alguna vez con carne humana. Es necesario apartar los ojos de aquellos tiempos agrestes, que son el oprobrio de la naturaleza.

Contemos entre los desvaríos del espíritu humano la idea que ha cundido en nuestros dias de hacer descender á los Celtas de los Hebreos. Se dice que los Celtas sacrifícaban hombres, porque Jepté habia inmolado á su hija. Los Druidas iban vestidos de blanco por imitar los sacerdotes de los Judíos, y como ellos tenian un sumo Pontífice. Sus Druidesas son imágenes de la hermana de Moyses y de Débora. El pobre que man-

couronné de fleurs et chargé de malédictions, avait pour origine le bouc émissaire. On va jusqu'à trouver de la ressemblance entre trois ou quatre mots celtiques et hébraïques, qu'on prononce également mal, et l'on en conclut que les Juifs et les nations des Celtes sont la même famille. C'est ainsi qu'on insulte à la raison dans des histoires universelles, et qu'on étouffe, sous un amas de conjectures forcées, le peu de connaissance que nous pourrions avoir de l'antiquité.

Les Germains avaient à-peu-près les mêmes mœurs que les Gaulois, sacrifiaient comme eux des victimes humaines, décidaient comme eux leurs petits différens particuliers par le duel, et avaient seulement plus de grossièreté et moins d'industrie. César, dans ses mémoires, nous apprend que leurs magiciennes réglaient toujours parmi eux le jour du combat. Il nous dit que quand un de leurs rois, Arioviste, amena cent mille de ses Germains errans pour piller les Gaules, lui qui voulait les asservir et non pas les piller, ayant envoyé deux officiers romains pour entrer en conférence avec ce barbare, Arioviste les fit charger de chaînes; que les deux officiers furent destinés à être sacrifiés aux dieux des Germains, et qu'ils allaient l'être lorsqu'il les délivra par sa victoire.

Les familles de tous ces barbares avaient, en Germanie, pour uniques retraites, des cabanes où, d'un côté, le père, la mère, les sœurs, les frères, les enfans couchaient nus sur la paille, et de l'autre côté étaient leurs animaux domestiques. Ce sont là pourtant ces mêmes peuples que nous verrons bientôt maîtres de Rome. Tacite loue les mœurs des Germains, mais comme Horace chantait celles des barbares nommés Gètes: l'un et l'autre ignoraient ce qu'ils louaient, et voulaient seulement faire la sa-

tenian en Marsella, y que inmolaban coronado con flores y cargado de maldiciones, tenia por orígen el cabron emisario. Se llega hasta hallar una semejanza entre tres ó cuatro términos célticos y hebraicos que se pronuncian igualmente mal: y de aquí se concluye que los Judíos y las naciones de los Celtas son la misma familia. Así se insulta á la razon en ciertas historias universales, y se ahoga, bajo un monton de conjeturas forzadas el poco conocimiento que podríamos tener de la antigüedad.

Los Germanos tenian con poca diferencia las mismas costumbres que los Galos, como ellos sacrificaban víctimas humanas, como ellos decidian sus disensiones particulares por el duelo, y tenian solamente mas grosería y menos industria. César afirma en sus memorias, que sus encantadoras arreglaban siempre entre ellos el dia de la batalla. Dice tambien que cuando Ariovisto, uno de sus reyes, llevó cien mil de sus Germanos errantes para saquear las Gaulas, él queriendo subyugarlos y no saquearlos, habiendole enviado dos oficiales romanos para conferenciar con aquel bárbaro, Ariovisto los hizo cargar de cadenas: que aquellos dos oficiales fueron destinados á ser sacrificados á los dioses de los Germanos, y que iban á serlo cuando él los libró por su victoria.

Las familias de todos estos bárbaros tenian en Germania, por unicas moradas, unas cabañas, donde por un lado el padre, la madre, hermanas, hermanos, niños dormian desnudos sobre la paja, y por otro estaban sus animales domésticos. Estos mismos pueblos son sin embargo los que vamos luego á ver dueños de Roma. Tácito alaba las costumbres de los Germanos, pero como Horacio cantaba las de los bárbaros llamados Getas: uno y otro ignoraban lo que celebraban, y solo querian hacer la sá-

tire de Rome. Le même Tacite, au milieu de ses éloges, avoue ce que tout le monde savait, que les Germains aimaient mieux vivre de rapine que de cultiver la terre, et qu'après avoir pillé leurs voisins, ils retournaient chez eux manger et dormir. C'est la vie des voleurs de grand chemin d'aujourd'hui et des coupeurs de bourse, que nous punissons de la roue et de la corde: et voilà ce que Tacite a le front de louer, pour rendre la cour des empereurs romains méprisable, par le contraste de la vertu germanique! Il appartient à un esprit aussi juste que le vôtre de regarder Tacite comme un satirique ingénieux, aussi profond dans ses idées que concis dans ses expressions, qui a fait la critique plutôt que l'histoire de son pays, et qui eût mérité l'admiration du nôtre, s'il avait été impartial.

tira de Roma. El mismo Tácito, en medio de sus elogios, confiesa lo que nadie ignoraba, que los Germanos querian mas vivir de rapiña que cultivar la tierra, y que despues de haber robado á sus vecinos, volvian á sus casas para comer y dormir. Esta es la vida de los salteadores de caminos de hoy dia y de los cortabolsas, que castigamos con la rueda y la cuerda. No obstante Tácito ha tenido el descaro de alabarlos, para hacer despreciable la corte de los emperadores romanos, por el contraste de las virtudes germánicas. A un espíritu tan justo como el de usted pertenece el considerar á Tácito como á un satírico ingenioso, tan profundo en sus ideas como conciso en sus espresiones, que ha hecho mas bien la crítica que la historia de su pais, y que habria merecido la admiracion del nuestro si hubiese sido imparcial.

Quand César passe en Angleterre, il trouve cette île plus sauvage encore que la Germanie. Les habitans couvraient à peine leur nudité de quelques peaux de bêtes. Les femmes d'un canton y appartenaient indifféremment à tous les hommes du même canton. Leurs demeures étaient des cabanes de roseaux, et leurs ornemens des figures que les hommes et les femmes s'imprimaient sur la peau en y faisant des piqûres, et en y versant le suc des herbes, ainsi que le pratiquent encore les sauvages de l'Amérique.

Cuando César fué á Inglaterra, halló aquella isla todavia mas salvage que la Germania. Sus moradores apenas cubrian su desnudez con algunas pieles de animales. Las mugeres de un territorio pertenecian indiferentemente á todos los hombres del mismo territorio. Sus viviendas eran unas chozas de cañas, y sus atavíos ciertas figuras que hombres y mugeres se imprimian en la piel, picandose y echando sobre las picaduras el zumo de algunas yerbas, así como lo practican todavía hoy los salvages de la América.

Que la nature humaine ait été plongée, pendant une longue suite de siècles, dans cet état si approchant de celui des brutes, et inférieur à plusieurs égards, c'est ce qui n'est que trop vrai. La raison en est, comme on l'a dit, qu'il n'est pas dans la nature de l'homme de désirer ce qu'il ne connaît pas. Il a fallu partout, non seulement un espace de temps prodigieux, mais des circonstances heureuses, pour que l'homme s'élevât au dessus de la vie animale.

Es mucha verdad que la naturaleza humana ha estado sumergida, por largos siglos, en aquel estado tan próximo del de los brutos, y aun inferior bajo ciertos respectos. La razon de esto es, como se ha dicho, que no cabe en la naturaleza del hombre el desear lo que no conoce. En todas las partes del mundo ha sido necesario, no solamente un espacio prodigioso de tiempo, sino tambien un conjunto de circunstancias propicias, para que se elevase el hombre sobre la vida animal.

Vous avez donc grande raison de vouloir passer tout d'un coup aux nations qui ont été civilisées les premières. Il se peut que, longtemps avant les empires de la Chine et des Indes, il y ait eu des nations instruites, polies, puissantes, que des déluges de barbares auront ensuite replongées dans le premier état d'ignorance et de grossièreté, qu'on appelle l'état de pure nature.

Usted tiene pues mucha razon en querer pasar de un golpe á las naciones que han sido civilizadas las primeras. Es posible que mucho tiempo antes de los imperios de la China y de las Indias, haya habido naciones instruidas, civilizadas y poderosas, que las inundaciones de los bárbaros habrán vuelto á sumergir despues en el primitivo estado de ignorancia y grosería, que se llama estado de la pura naturaleza.

La seule prise de Constantinople a suffi pour anéantir l'esprit de l'ancienne Grèce. Le génie des Romains fut détruit par les Goths. Les côtes de l'Afrique, autrefois si florissantes, ne sont presque plus que des repaires de brigands. Des changemens encore plus grands ont dû arriver dans des climats moins heureux. Les causes physiques ont dû se joindre aux causes morales; car si l'Océan n'a pu changer entièrement son lit, du moins il est constant qu'il a couvert tour-à-tour et abandonné de vastes terrains. La nature a dû être exposée à un grand nombre de fléaux et de vicissitudes. Les terres les plus belles, les plus fertiles de l'Europe occidentale, toutes les campagnes basses arrosées par les fleuves, ont été couvertes des eaux de la mer pendant une prodigieuse multitude de siècles : c'est ce que vous avez déjà vu dans la philosophie de l'histoire.

La sola conquista de Constantinopla bastó para aniquilar el espíritu de la antigua Grecia; el genio de los Romanos fué destruido por los Godos; y las costas de Africa, en otro tiempo tan florecientes, no son hoy mas que guaridas de ladrones. Otras mudanzas todavía mas grandes debieron hacerse en otros climas menos felices, para lo cual las causas físicas y morales debieron obrar de concierto : pues si el Océano no ha podido mudar enteramente su lecho, es cierto á lo menos que ha cubierto y abandonado alternativamente dilatadas regiones. La naturaleza debió estar espuesta á un gran número de males y vicisitudes : y las tierras mas bellas y fértiles de la Europa occidental, todas las bajas campañas, regadas por los grandes rios, han sido cubiertas por las aguas del mar por espacio de una prodigiosa multitud de siglos. Esto lo ha visto usted ya en la Filosofía de la historia.

N'admettons en physique que ce qui est prouvé, et en histoire que ce qui est de la plus grande probabilité reconnue. Il se peut que les pays montagneux aient éprouvé, par les volcans et par les secousses de la terre, autant de changemens que les pays plats; mais partout où il y a eu des sources de fleuves, il y a eu des montagnes. Mille révolutions locales ont certainement changé une partie du globe, dans le physique et dans le moral; mais nous ne les connaissons pas, et les

No admitamos en física sino lo que está probado, y en historia lo que es de la mayor probabilidad reconocida. Puede ser que las tierras montañosas hayan sufrido, por los volcanes y terremotos tantas mudanzas como las regiones llanas: pero donde quiera que ha habido manantiales de rios, ha habido tambien montañas. Seguramente mil revoluciones locales han desfigurado una parte del globo, tanto en lo sico fícomo en lo moral; pero no las conocemos. Los hombres han

hommes se sont avisés si tard d'écrire l'histoire, que le genre humain, tout ancien qu'il est, paraît nouveau pour nous.

D'ailleurs, vous commencez vos recherches au temps où le cahos de notre Europe commence à prendre une forme, après la chûte de l'empire romain. Parcourons donc ensemble ce globe: voyons dans quel état il était alors, en l'étudiant de la même manière qu'il paraît avoir été civilisé, c'est-à-dire, depuis les pays orientaux jusqu'aux nôtres, et portons notre première attention sur un peuple qui avait une histoire suivie dans une langue déjà fixée, lorsque nous n'avions pas encore l'usage de l'écriture.

pensado tan tarde en escribir la historia, que el género humano, aunque antiguo, parece nuevo para nosotros.

Por otra parte, usted empieza sus perquisiciones cuando el cahos de nuestra Europa comienza á tomar una forma, despues de la decadencia del imperio romano. Examinemos pues juntos este globo; veamos en que estado se hallaba entonces, estudiandole del mismo modo que al parecer ha sido civilizado, esto es, desde las regiones orientales hasta las nuestras; y volvamos nuestra primera atencion á un pueblo, que tenia una historia seguida en una lengua ya fija, cuando nosotros no usábamos aun de la escritura.

QUELQUES ANECDOTES CURIEUSES.

1.

Jean de Brogni, cardinal de Viviers, qui présida au Concile de Constance, avait été porcher dans son enfance. Des religieux le rencontrèrent exerçant ce vil emploi; et ayant remarqué en lui beaucoup d'esprit et de vivacité, lui proposèrent d'aller à Rome, dans le dessein de l'y faire étudier. Le jeune garçon accepta la proposition, et pour faire son voyage, alla de ce pas acheter des souliers chez un cordonnier, qui lui fit crédit d'une partie du prix, et ajouta en riant qu'il lui paierait lorsqu'il serait devenu cardinal. Il le devint en effet; et non seulement il n'oublia point la bassesse de sa première condition, mais il voulut en perpétuer le souvenir. On dit que dans une chapelle, qu'il fit bâtir à Genève, il fit graver son aventure, s'étant fait représenter jeune et nu-pieds, gardant des pourceaux sous un arbre; et tout autour de la mu-

1.

Juan de Brogni, cardenal de Viviers, que presidió en el Concilio de Costanza, habia sido porquero en su infancia. Unos religiosos le encontraron ejerciendo aquel vil oficio; y habiendo observado en él mucho espíritu y vivacidad, le propusieron que fuese á Roma, con intencion de hacerle estudiar. El muchacho aceptó la proposicion, y para hacer su viage, fué desde luego á comprar un par de zapatos á la tienda de un zapatero, quien le hizo crédito de una parte del precio, y añadió en chanza que le pagaria cuando viniese á ser cardenal. En efecto llegó á serlo, y no solamente no echó en olvido la vileza de su primera condicion, sino que quiso perpetuar la memoria de ella. Se dice que en una capilla que hizo construir en Ginebra, mandó gravar su aventura, y se hizo representar jóven, con los piés descalzos, guardando puercos, bajo

raille, il fit mettre des figures de souliers, pour marque du service que lui avait rendu le cordonnier.

un arbol; y al rededor de la capilla mandó pintar en la muralla figuras de zapatos, en memoria del favor que le habia hecho el zapatero.

2.

L'amiral de Chatillon étant allé entendre la messe dans l'église des pères Jacobins, le jour de Saint-Dominique, un pauvre vint lui demander l'aumône dans le temps qu'il était le plus occupé à ses prières; il fouilla dans sa poche, et donna à ce pauvre une poignée de pièces d'or, sans les compter et sans les regarder. Cette grosse aumône éblouit le pauvre, qui en demeura tout surpris. Il était fort homme de bien, comme il parut par sa conduite; car il attendit M. de Chatillon à la porte de l'église, et quand il le vit sortir: Monsieur, lui dit-il, en lui montrant ce qu'il avait reçu de lui, je ne sais si vous avez eu l'intention de me donner une si grande somme; mais si cela n'est point, je ne veux pas en profiter. Ce procédé surprit l'amiral, qui, regardant le pauvre avec admiration, lui dit: Mon dessein n'était pas de vous donner tout ce que vous me montrez; mais puisque vous avez eu la générosité de vouloir me le rendre, j'aurai bien celle de vous le laisser.

2.

Habiendo ido el almirante de Chatillon á oir misa à la iglesia de los padres Dominicos el dia de Santo-Domingo, un pobre fué á pedirle limosna en el tiempo que estaba mas ocupado en sus oraciones: echó mano á la faltriquera, y dió al pobre un puñado de monedas de oro sin contarlas ni aun mirarlas. Esta limosna tan grande aturdió al pobre, quien se quedó del todo confuso. Era sin duda muy hombre de bien, como se echó de ver por su conducta; pues aguardó al señor de Chatillon á la puerta de la iglesia, y luego que le vió salir: Señor, le dijo, mostrándole lo que habia recibido de él, yo no sé si usted tuvo intencion de darme una suma tan grande: pero si tal no fuere su intencion, no quiero aprovecharme de ella. Este proceder sorprehendió al almirante, quien mirando al pobre con admiracion, le dijo: Mi intencion no era de dar á usted todo lo que me hace ver; mas ya que usted tiene la generosidad de querermelo restituir, yo tendré tambien la de dejárselo.

3.

Les donneurs de commission doivent commencer par remettre l'argent nécessaire pour les faire, s'ils veulent qu'on les exécute. C'est ce qu'un curé italien, nommé Piovano Arlotto, fit comprendre d'une manière fine et agréable à quelques-uns de ses amis qui lui en avaient donné plusieurs. Ce curé, fameux par ses bonnes réparties, s'embarquant pour Lisbonne, fut prié par nombre de ses amis de leur faire diverses emplettes: ils lui donnèrent des mémoires; mais il n'y en eut qu'un qui s'avisât d'y

3.

Los que gustan de dar encargos deben comenzar remitiendo el dinero necesario para hacerlos, si quieren que los ejecuten. Esto es lo que un cura italiano, llamado Pióvano Arlôtto, hizo entender de una manera fina y graciosa, á algunos amigos suyos, que le habian dado muchos encargos. Este cura, famoso por sus chistes, embarcandose para Lisboa, fué rogado por muchos de sus amigos que les comprase diferentes objetos: ellos le dieron sus memorias por escrito, pero solo hubo uno que tuviese la

joindre l'argent nécessaire pour payer ce qu'il lui demandait. Le curé employa l'argent de cet ami conformément à son mémoire, et il n'acheta rien pour tous les autres. Lorsqu'il fut de retour, ils vinrent en foule pour savoir si leurs ordres avaient été exécutés; mais le curé leur dit : Messieurs, lorsque je fus embarqué, je mis tous vos mémoires sur le pont du vaisseau, à dessein de les mettre en sûreté; mais s'élevant tout-à-coup un vent impétueux, je les vis à regret emporter dans la mer, et pour comble de malheur, il fut impossible de me rappeler le contenu desdits mémoires. Cependant, lui dit un d'entre eux, vous avez fait la commission d'un tel : il est vrai, répondit le curé; mais c'est qu'il avait enveloppé dans son mémoire un nombre de louis, dont le poids empêcha le vent de l'emporter avec les vôtres qui étaient légers, unique cause que je me suis rappelé ce qu'il m'avait demandé.

advertencia de juntar à la suya el dinero necesario para pagar lo que le pedia. El cura empleó el dinero de este amigo conforme á lo que esplicaba su memoria, pero para los demas no compró nada. Cuando estuvo de vuelta, todos ellos fueron de tropel para saber si sus encargos habian sido ejecutados; mas el cura les dijo : Señores mios, despues que me hube embarcado puse todas sus memorias de ustedes sobre el puente del navio, con intencion de ponerlas en lugar seguro : pero levantandose de repente un viento impetuoso, las vi con disgusto arrebatadas y echadas en la mar, y por colmo de desgracia, me fué imposible acordarme del contenido de las dichas memorias. Sin embargo, le dijo uno de ellos, usted ha hecho el encargo de fulano : es verdad, respondió el cura; pero es porque habia envuelto en su memoria cierto número de luises, cuyo peso impidió que el viento los llevase con los de ustedes, que eran ligeros, única causa que me hizo acordar de lo que me habia pedido.

4.

Christophe Colomb fit une descente à la Jamaïque, où il voulait former un établissement. Les insulaires s'éloignèrent du rivage, et laissèrent manquer les Castillans de vivres. Un stratagème très singulier fut mis en usage dans cette occasion pressante. Il devait y avoir bientôt une éclipse de lune. Colomb fait avertir les chefs des peuplades voisines qu'il a des choses très importantes à leur communiquer. Après leur avoir fait des reproches très vifs sur leur dureté, il ajoute d'un ton assuré : Vous en serez bientôt rudement punis; car le Dieu puissant des Espagnols, que j'adore, va vous frapper de ses plus terribles coups. Pour preuve de ce que je vous dis, vous allez voir dès ce soir la lune rougir, puis s'ob-

4.

Christobal Colombo desembarcó en la Jamaica, en donde queria formar un establecimiento. Los isleños se alejaron de la playa, y dejaron faltar los víveres á los Castellanos. En esta ocasion urgente se puso en práctica un estratagema muy singular. Debia haber de allí á poco un eclipse de luna : y Colombo manda avisar à los jefes de las poblaciones vecinas, que tiene que comunicarles cosas muy importantes. Despues de haberles dado quejas muy vivas sobre su dureza, añade con tono de certidumbre : Bien pronto sereis severamente castigados por vuestra inhumanidad; pues el Dios poderoso de los Españoles á quien yo adoro, va á descargar sobre vosotros sus mas terribles golpes. En prueba de lo

scurcir et vous refuser sa lumière ; et ce ne sera que le prélude de vos malheurs, si vous ne profitez pas de l'avis que je vous donne. L'éclipse commença en effet quelques heures après, et la désolation fut extrême parmi les sauvages. Ils vinrent se prosterner aux pieds de Colomb, et jurèrent qu'ils ne le laisseraient plus manquer de rien. Cet homme habile se laisse toucher, s'enferme comme pour appaiser la colère céleste, se montre quelques instans après, annonce que Dieu est appaisé, et que la lune va reparaître. Les sauvages demeurent persuadés que cet étranger dispose à son gré de toute la nature, et ne lui laissent pas dans la suite le temps même de désirer.

que os digo, vais á ver desde esta noche la luna enrojecerse, luego obscurecerse y privaros de su luz : y esto no será mas que el preludio de vuestras desdichas, si no os aprovechais del aviso que os doy. El eclipse comenzó en efecto algunas horas despues, y el terror fué sumo entre los salvages. Vinieron pues á postrarse á los piés de Colombo, y le juraron que no le dejarian faltar cosa alguna. Este hombre astuto se deja persuadir, se encierra como para apaciguar la ira celeste, se deja ver despues de algunos instantes, anuncia que Dios está apaciguado, y que la luna va á parecer de nuevo. Los salvages quedaron persuadidos de que aquel estrangero disponia á su arbitrio de toda la naturaleza, y en adelante no le dejaron ni aun el tiempo de desear.

5.

Un homme de la province, nouvellement arrivé à Paris, était d'un caractère propre à donner dans tous les piéges qu'on voudrait lui tendre. Voulant faire des visites, il demanda à l'aubergiste chez lequel il était logé quelle était la voiture la plus honorable. Celui-ci lui fit entendre que rien ne faisait tant d'honneur à Paris qu'une chaise à porteur. En même temps il résolut de lui faire une petite malice : il envoya chercher des porteurs, et il leur fit ôter le siége et le dessous de la chaise. Il est inutile de dire qu'il les paya bien ; cela se devine aisément. Cet homme donc, entrant dans la chaise, se vit obligé de se tenir debout. Comme les porteurs allaient fort vite, il fallait que dans cette boîte, où il était enfermé, il marchât comme eux : ses jambes se frottaient tantôt contre le devant, tantôt contre le derrière de la chaise. Au bout de deux heures il fut si fatigué, qu'il n'eût plus la force de se tenir debout, et demanda à sortir d'une telle prison.

5.

Un hombre de la provincia, nuevamente llegado á Paris, era de un caracter propio para caer en todos los lazos que querrian armarle. Queriendo hacer algunas visitas, preguntó al posadero en cuya casa estaba alojado, cual era el carruage mas honroso. Este le hizo entender que nada daba tanto honor en Paris como una silla de manos : y al mismo tiempo resolvió hacerle una pequeña burla. Envió á buscar los portadores, y les hizo quitar el asiento y el suelo de la silla. Es escusado el decir que les pagó bien, pues esto se adivina facilmente. Este hombre pues habiendo entrado en la silla, se vió obligado á mantenerse en pié. Como los portadores andaban muy aprisa, era preciso que en aquella caja en que estaba encerrado, anduviese como ellos : y sus piernas se frotaban ya contra la delantera, ya contra la trasera de la silla. Al cabo de dos horas se halló tan rendido que no tuvo ya la fuerza de sostenerse en pié, y pidió que le

Comme il croyait que toutes les chaises étaient faites comme la sienne, il disait : Ma foi, excepté l'honneur d'avoir une chaise, j'aimerais mieux aller à pied.

dejasen salir de semejante prision. Como él creia que todas las sillas de manos estaban hechas como la suya, decia : En verdad, escepto el honor de tener una silla, yo quiero mejor ir á pié.

6.

L'homme ne sait pas jouir du bonheur quand il en a. M. Rotonval avait une femme qui ne parlait point : il en était fort mécontent, croyant être lui-même le sujet de son silence perpétuel. Il s'imagina donc de la faire parler ; et pour cet effet, il alla trouver le curé de sa paroisse, qu'il pria de recommander au prône sa femme qui avait perdu la parole. Le pasteur n'y manqua point : Mes frères, dit-il, je recommande à vos prières la femme du pauvre M. Rotonval, laquelle a perdu la parole, et il en est dans une affliction mortelle. Sa femme, qui était alors à l'église, se leva et dit : Comment, monsieur le curé, j'ai perdu la parole ? cela n'est point vrai, et je parle bien, graces à Dieu : voyez, messieurs, la manière dont M. le curé m'apostrophe ! Elle sortit toute emportée de l'église, et cria si fort dans les rues où elle passait, qu'elle n'eut aucune peine à faire voir la fausseté de ce que le curé avait avancé. Elle connut bien que c'était son mari qui lui avait joué cette pièce, et, comme il est croyable, elle ne manqua pas de lui dire beaucoup d'injures, et de l'insulter d'une telle manière, que le pauvre Rotonval fut obligé d'aller chercher le même curé pour qu'il imposât silence à celle à qui il avait donné la parole.

6.

El hombre no sabe disfrutar de la dicha cuando la tiene. El señor Rotonval tenia una muger que no hablaba nunca : él estaba muy malcontento de ello, creyendo que él mismo era el motivo de su silencio perpetuo. Imaginó pues un arbitrio para hacerla hablar ; y para este efecto fué á verse con el cura de su parroquia, á quien suplicó que recomendase en la plática de la misa à su muger que habia perdido el habla. El pastor no dejó de hacerlo : Hermanos mios, dijo, encomiendo á vuestras oraciones la muger del pobre señor Rotonvàl, la cual ha perdido el habla, y él padece una afliccion mortal. Su muger que entonces estaba en la iglesia, se levantó y dijo : ¡ Cómo, señor cura ¡ ¿ yo he perdido el habla ? eso no es verdad, yo hablo bien, á Dios gracias : ¡ vea ustedes, señores, de que manera el señor cura habla de mi ! Esta muger salió encolerizada de la iglesia, y gritó tanto en las calles por donde pasaba, que no tuvo ningun trabajo en hacer ver la falsedad de lo que el cura habia afirmado. Bien conoció que este chasco se le habia dado su marido, y como es de creer, no dejó de decirle muchas injurias, y de insultarle de tal suerte, que el pobre Rotonval se vió obligado de volver á ver al mismo cura, para que impusiese silencio á aquella misma á quien habia dado el habla.

7.

Henri VIII, roi d'Angleterre, ayant quelques différens avec François Ier, roi de France, résolut de

7.

Teniendo Enrique octavo, rey de Inglaterra, algunas desavenencias con Francisco primero, rey de

lui envoyer un ambassadeur hardi, capable de lui faire certains reproches, et même de le menacer de sa part, s'il était nécessaire. Il choisit pour cela un évêque dont il faisait beaucoup de cas, et sur la fermeté duquel il comptait. Il lui exposa entièrement ses intentions; mais le prélat, qui connaissait le caractère peu endurant de François Ier, lui répondit qu'une pareille ambassade lui coûterait peut-être la vie, et il finit en priant le roi de le dispenser de cette commission. Henri, pour lui ôter tout sujet de crainte, lui dit alors que si François Ier le faisait mourir, il en coûterait la tête à tous les français qui se trouveraient dans ses états. A quoi l'évêque répondit modestement : Je crois sans peine, sire, tout ce que Votre Majesté m'assure; mais parmi toutes ces têtes de Français, vous n'en trouverez aucune qui aille à mon corps aussi bien que la mienne.

Francia, resolvió enviarle un embajador osado, capaz de hacerle ciertas reconvenciones, y aun si fuese necesario, de amenazarle de su parte. Escogió para este efecto un obispo, de quien hacia gran caso, y con cuya firmeza contaba. Le espuso enteramente sus intenciones; pero el prelado, que conocia el genio poco sufrido de Francisco primero, le respondió que semejante embajada le costaria quizá la vida; y concluyó rogando al rey que le dispensase de aquella comision. Enrique, para quitarle todo motivo de temor, le dijo entonces que si Francisco primero le hacia morir, esta accion costaria la cabeza á todos los franceses que se hallasen en sus estados. A lo cual el obispo respondió modestamente: Yo creo sin dificultad, señor, todo cuanto Vuestra Majestad me asegura; pero entre todas esas cabezas de Franceses, vos no hallareis ninguna que se ajuste á mi cuerpo tan bien como la mia.

8.

En 1664, il y eut une grande et cruelle famine à Paris. Un soir d'été que M. de Salvo venait de se promener, suivi seulement d'un petit laquais, un homme l'aborda, lui présenta un pistolet et lui demanda la bourse, mais en tremblant et en homme peu exercé dans ce métier. Vous vous adressez mal, lui dit M. de Salvo, et je ne vous ferai guère riche, je n'ai que trois pistoles, que je vous donne fort volontiers. Il les prit et s'en alla sans demander autre chose. Suis adroitement cet homme-là, dit M. de Salvo à son laquais; observe le mieux qu'il te sera possible où il se retirera, et ne manque pas de venir me le dire. Le laquais fit ce que son maître lui commanda, suivit le voleur dans trois ou quatre petites rues, et le vit entrer chez un boulanger, où il acheta un pain du poids de sept à huit livres, et échan-

8.

En el año 1664, hubo una grande y cruel hambre en Paris. Una tarde de verano que el señor de Salvo venia de pasearse, seguido solamente de un lacayuelo, se llegó á él un hombre apuntandole con una pistola, y le pidió la bolsa, pero temblando, como un hombre poco ejercitado en aquel oficio. Usted se encamina mal, le dijo el señor de Salvo, y yo no le haré á usted muy rico: solo tengo tres doblones, que le doy á usted de muy buena gana. El los tomé y se fué sin pedir nada mas. Sigue con precaucion á ese hombre, dijo el señor de Salvo á su lacayo, observa como mejor pudieres á donde se retirará, y no hagas falta de venir á decirmelo. El lacayo hizo lo que su amo le mandó, siguió al ladron por tres ó cuatro callejuelas, y le vió entrar en la tienda de un panadero, en donde compró un pan del peso de

gea une des pistoles qu'il avait. A dix ou douze maison de là, il entra dans une allée, monta au quatrième étage, et en arrivant chez lui, où l'on ne voyait clair qu'à la faveur de la lune, il jeta son gros pain au milieu de la chambre, et dit en pleurant à sa femme et à ses enfans: mangez, voilà un pain qui me coûtera cher; rassasiez-vous-en, et ne me tourmentez plus comme vous faites: un de ces jours vous aurez la douleur de me voir mourir sur un infâme gibet. Sa femme, fondant en larmes, tâcha d'appaiser son époux le mieux qu'elle put, après quoi, ayant ramassé le pain, elle en donna à quatre pauvres petits enfans qui mourait de faim. Le laquais vint instruire son maître de tout ce qu'il avait vu et entendu. Le lendemain, dès cinq heures du matin, M. de Salvo se fit conduire par son laquais chez cet homme; il s'informa du voisinage ce qu'il était. On lui apprit que c'était un cordonnier honnête homme, mais très pauvre, et chargé de famille. Il monta ensuite chez lui, et il frappa à sa porte. Le malheureux l'ayant ouverte, le reconnut pour celui qu'il avait volé le jour précédent; il se jeta à ses pieds, lui demanda pardon, et il le supplia de ne pas le perdre, non pas pour lui, mais pour sa famille. Ne faites pas de bruit, lui dit M. de Salvo, je ne viens pas ici dans ce dessein-à; vous faites un mauvais métier, et pour peu que vous le fassiez encore, il pourra vous perdre: tenez, voilà trente pistoles que je vous donne, achetez des cuirs, travaillez à gagner votre vie et celle de vos enfans, et surtout ne leur donnez pas d'exemple aussi mauvais que celui que vous avez suivi. Souvenez-vous que je ne vous abandonnerai pas, tant que j'apprendrai que vous travaillez en honnête homme.

siete ú ocho libras, y cambió uno de los doblones que tenia. A diez ó doce casas de allí, entró en un pasadizo, subió al cuarto piso, y al llegar á su aposento, donde solo se veia la luz de la luna, arrojó su grueso pan en medio del cuarto, y dijo llorando á su muger y á sus hijos: comed, aquí teneis un pan que me ha de costar caro: hartaos con él, y no me atormenteis mas como lo haceis: uno de estos dias tendreis el dolor de verme morir en un infame patíbulo. Su muger deshecha en lágrimas, procuró tranquilizar à su esposo del mejor modo que pudo, despues de lo cual, habiendo tomado el pan, dió de él á cuatro pobres muchachuelos que se morian de hambre. El lacayo volvió á informar á su amo de cuanto habia visto y oido. El dia siguiente, desde las cinco de la mañana, el señor de Salvo se hizo conducir por su lacayo á casa de aquel hombre: tomó informes en la vecindad de quien era. Le dijeron que era un zapatero, hombre de bien, pero muy pobre, y cargado de familia. En seguida subió á su cuarto, y llamó á la puerta. Aquel desdichado habiendola abierto, le reconoció por aquel que habia robado el dia precedente: se arrojó á sus piés, le pidió perdon, y le suplicó que no le perdiese, no por sí, sino por su familia. No haga usted ruido, le dijo el señor de Salvo, yo no vengo aquí con tal intencion: usted hace un mal oficio, y por poco que usted continue podrá perderle: tome usted, aquí tiene treinta doblones, que le doy; compre usted cueros, trabaje usted para ganar su vida y la de sus hijos; y sobre todo no les dé usted un ejemplo tan malo como el que usted ha seguido: acuérdese usted que yo no le abandonaré en tanto que sepa que usted trabaja como hombre de bien.

VERSION INTERLINÉAIRE

D'un Morceau tiré de **L'EUSEBIO**,

PAR MONTENGON.

Los vientos amansaban sus iras, y el cielo todavía
Les vents calmaient leur fureur, et le ciel encore
rebozado, abria al alba el horizonte, cuyos dulces albores
voilé ouvrait à l'aube l'horizon, dont la douce blancheur
alegraban la tierra, trabajada de un horrible huracan, que
réjouissait la terre, travaillé par un horrible ouragan, qui
cubrió de espanto y estragos las costas del Mariland y de la
couvrit d'épouvante et ravages les côtes du Mariland et de la
Carolina. Las aves, roto su silencioso pavor, parecia
Caroline. Les oiseaux, déposant leur silencieuse frayeur, semblait
que se regocijaban con blandos quiebros y alborozados
que se réjouissaient avec douces cadences et gais
cantos de la venida de la aurora, que amanecia.
chants de la venue de l'aurore, qui paraissait.

De sus rayos herida la granja de Enrique Myden, honrado
De ses rayons frappée la métairie de Henri Myden, honnête
cuáquero de Filadelfia, dale indicios de la deseada sere-
quaker de Philadelphie, lui donne indices de la désirée séré-
nidad. Ansioso deja el lecho, para gozar del hermoso
nité. Inquiet quitte le lit, pour jouir du beau
espectáculo que el cielo en parte sereno, y la tierra dorada
spectacle que le ciel en partie serein, et la terre dorée
de los vivos resplandores del esperado dia, le presentaban
des vives splendeurs de l'attendu jour, lui présentaient
á la vista.
à la vue.

Mientras se complacia en el cotejo del horror de la
Pendant qu'il se plaisait dans la comparaison de l'horreur de la

pasada tempestad con la dulce quietud y alegría de la
passée tempête avec le doux repos et joie de la
serenidad presente, tiende sus ojos al mar, y llama
sérénité présente, tend ses yeux vers la mer, et frappe
su atencion un objeto que fluctuaba sobre las olas, pareciendole
son attention un objet qui flottait sur les ondes, lui paraissant
fragmento de navío. Empeñada su curiosidad en distinguirlo,
fragment de navire. Excitée sa curiosité à le distinguer,
parecíale descubrir señas y movimientos que escitaban sus
lui semblait découvrir signes et mouvemens qui excitaient ses
dudas compasivas. Instigado de estas, entra á llamar á su
doutes compatissans. Poussé par ceux-ci, entre appeler sa
muger Susana, á quien da parte de sus piadosos recelos;
femme Suzanne, à qui fait part de ses pieuses craintes;
y saliendo con ella á certificarse de la novedad, descubren
et sortant avec elle pour s'assurer de la vérité, aperçoivent
un mástil, sobre el cual venia caballero un náufrago, que
un mât, sur lequel était monté un naufragé, qui,
á vista de la habitacion, duplicaba las señas y roncas voces
à la vue de l'habitation, redoublait les signes et enroués cris
con que imploraba socorro.
avec lesquels implorait secours.

Penetrados de compasion los ánimos de aquellos buenos
Pénétrés de compassion les esprits de ces bons
cuáqueros, dan voces à sus criados, para que salgan à la
quakers, crient à leurs domestiques, pour que sortent au
playa á sacar á aquel infeliz de los brazos de la muerte.
bord retirer ce malheureux des bras de la mort.
Ellos mismos, no sufriendo su corazon dejar de tener parte
Eux-mêmes, ne souffrant leur cœur laisser de prendre part
en obra tan misericordiosa, ayudan á sus criados á echar
à œuvre si miséricordieuse, aident leurs domestiques à jeter
el esquife al agua; y entrando en él, hacen vogar hacia el náu-
l'esquif à l'eau; et entrant dans lui, font voguer vers le nau-
frago, que con palabras mal espresadas de su alborozo,
fragé, qui, avec paroles mal exprimées de sa joie,
bendecia sus vecinos libertadores.
bénissait ses voisins libérateurs.

Mas, ¿cual fué la compasiva admiracion de estos,
Mais quel fut le compatissant étonnement de ceux-ci,
cuando vieron, entre los brazos de aquel náufrago, un
quand virent, entre les bras de ce naufragé, un
niño, como de edad de seis años? La impaciente Susana
enfant, comme d'âge de six ans? L'impatiente Suzanne
insta para que se le entreguen, y recibiéndole en sus brazos,
presse pour que lui le donnent, et le recevant dans ses bras,
sin reparo de los embebidos paños que la mojaban,
sans attention aux trempés vêtemens qui la mouillaient,
desahoga en él su ternura, y apretábale á su seno, para
soulage sur lui sa tendresse, et le pressait sur son sein, pour
recobrarle el aliento que le faltaba; pues transido del
lui rendre la respiration qui lui manquait; car engourdi par le
frio, daba apenas señal de vida, y volviéndose á su
froid, donnait à peine signe de vie, et se tournant vers son
marido, le dice: el cielo que negó á nuestro afecto el
mari, lui dit: le ciel qui refusa à notre tendresse le
deseado fruto, nos le presenta en este nuevo Moisés,
désiré fruit, nous le présente dans ce nouveau Moïse,
para que le reconozcamos por hijo.
pour que le reconnaissions pour fils.

Enrique Myden, atento y afanado en ayudar á sus cria-
Henri Myden, attentif et soigneux à aider ses domes-
dos, venia bien á todo, robándole su empeño el afan
tiques, se conformait à tout, lui ôtant son attention la sollicitude
de trasladar al esquife el náufrago, que apenas podia
de transférer dans l'esquif le naufragé, qui à peine pouvait
valerse de sus miembros yertos, á que tenia pegados sus
se servir de ses membres engourdis, auxquels étaient collés ses
vestidos. Consiguiéronlo con fatigas, y satisfechos todos de
vêtemens. Ils y parvinrent avec fatigue, et satisfaits tous de
su buen oficio, se encaminaron à la playa, trasladando
leur bon office, s'acheminèrent vers le bord, transportant
en brazos los semivivos náufragos à la habitacion.
dans les bras les demi-morts naufragés à l'habitation.

Era esta una granja, que Enrique Myden habia con-
Etait celle-ci une métairie, que Henri Myden avait bâ-

struido sobre una ameno terreno, de blando declive, cerca de
tie sur un agréable terrain, de douce pente, près de
la playa, y no lejos de la embocadura del río Delavare.
la plage, et non loin de l'embouchure du fleuve Delavare.
Sojuzgaba al Oriente la immensa estension del Océano, y
Dominait à l'Orient l'immense étendue de l'Océan, et
por las demas partes una vasta llanura, fertil de pan llevar,
par les autres côtés une vaste plaine, fertile en blé,
y de otras sementeras, cortada hacia el Mediodía por la cor-
et d'autres semences, coupée vers le Midi par le cou-
riente del claro Delavare, y coronada por el Occidente
rant du clair Delavare, et couronnée au Couchant
de amenos y selvosos collados, que hacian su vista mas varia
d'agréables forêts et collines, qui rendaient leur vue plus variée
y deliciosa.
et délicieuse.

La casa manifestaba en sus estancias y muebles todas
La maison montrait dans ses appartemens et meubles toutes
las comodidades sin ostantacion, y el aseo de un rico
les commodités sans ostentation, et la propreté d'un riche
cuáquero sin lujo. Favoreció la fortuna á la industria y ta-
quaker sans luxe. Seconda la fortune l'industrie et talento de Enrique Myden en el comercio, de modo que, aunque
lent de Henri Myden dans le commerce, en sorte que, quoique
hijo de no ricos padres, contaba muchos caudales y dilata-
fils de non riches parens, comptait beaucoup de bien et gran-
das haciendas, en que empleaba sus ganancias, con inten-
des possessions, en quoi employait ses profits, dans l'intencion de desamparar el comercio, para acabar sus dias en el
tion d'abandonner le commerce, pour achever ses jours au
seno de una dulce tranquilidad. Su aspecto era venerable
sein d'une douce tranquillité. Son aspect était vénérable
por la edad y espesas canas, y por la dulzura de su
par l'âge et épais cheveux blancs, et par la douceur de son
bondadoso genio á quien todo se le asentaba,
aimable caractère à qui tout accommodait,
trasluciéndosele en la risueña amabilidad de su rostro el
faisant paraître dans la riante amabilité de son visage le

generoso desinterés y la blanda facilidad de su alma.
généreux désintéressement et la douce facilité de son ame.

Susana, su muger, prendada de la honesta y hermosa
Suzanne, sa femme, éprise de l'honnête et belle
presencia de Enrique Myden en su mocedad, contribuyó
présence de Henri Myden dans sa jeunesse, contribua
con su rica dote á la fortuna de su marido. Sin ser fea
avec sa riche dot à la fortune de son mari. Sans être laide
ni hermosa, tenia gracia y prendas de cuerpo y alma, que
ni belle, avait grace et qualités de corps et ame, qui
condecoraban y hacian respetables los asomos de su vejez.
ornaient et rendaient respectables les indices de sa vieillesse.
Su genio amable, aunque con apariencias de severo,
Son caractère aimable, quoique avec apparences de sévère,
daba á su esterior indicios de viva penetracion, mezclada
donnait à son extérieur indices de vive pénétration, mêlée
de blandura, que la hacian adorable á toda su familia. Inde douceur, qui la rendaient adorable à toute sa famille. In-
struida en las letras sagradas, y dotada de una dulce elo-
struite dans les lettres sacrées, et douée d'une douce élo-
cuencia, era tenida por la mas cabal predicante de su
quence, était regardée comme la plus parfaite prédicante de sa
secta. La paz y la union reinaban en el seno de aquella
secte. La paix et l'union régnaient au sein de cette
dichosa casa, en donde la abundancia, sin desperdicios y
heureuse maison, où l'abondance, sans profusion et
sin superflua magnificencia, se estendia hasta los ínfimos
sans superflue magnificence, s'étendait jusqu'aux inférieurs
criados.
domestiques.

Este dichoso asilo deparó la Providencia á los recobrados
Cet heureux asile destina la Providence aux remis
náufragos, los cuales, despues de haber restablecido sus
naufragés, lesquels, après avoir réparé leurs
fuerzas, no podian satisfacer los deseos de sus buenos li-
forces, ne pouvaient satisfaire les désirs de leurs bons libertadores, que quisieran saber el tiempo y circunstancias de
bérateurs, qui voudraient savoir le temps et circonstances de

su desgracia. Solo el adulto daba á entender que eran
leur malheur. Seul l'adulte donnait à entendre qu'ils étaient
Españoles; que él se llamaba Gil Altano, y el niño Eusebio,
Espagnols; que lui se nommait Gil Altano, et l'enfant Eusèbe,
sin poder dar á entender otra cosa de las muchas que de-
sans pouvoir donner à entendre autre chose des beaucoup que di-
cia, no cesando de bendecirlos con palabras que no com-
sait, ne cessant de les bénir avec paroles qu'ils ne com-
prehendian, y con desmesuradas demostraciones, sacadas de
prenaient, et avec démesurées démonstrations, tirées de
su vivo agradecimiento.
sa vive reconnaissance.

Habia pasado algun tiempo que Altano y Eusebio disfru-
Était passé quelque temps que Altano et Eusèbe jouis-
taban descansadamente la beneficencia de sus generosos
saient tranquillement de la bienfaisance de leurs généreux
huéspedes, cuando le ocurrió á Enrique Myden, que vi-
hôtes, quand vint à l'esprit à Henri Myden, que demeu-
via en Salem un Inglés, el cual entendia y hablaba el espa-
rait à Salem un Anglais, lequel comprenait et parlait l'espa-
ñol. Llamábase Jacobo Camder, y por disgustos habidos con
gnol. Se nommait Jacques Camder, et pour chagrins éprouvés avec
su familia, dejó la Inglaterra, y se estableció en Salem,
sa famille, quitta l'Angleterre, et s'établit à Salem,
donde compró algunas tierras, que le daban una decente
où acheta quelques terres, qui lui donnaient une honnête
subsistencia.
subsistance.

Envióle à llamar Enrique Myden, deseoso de enterarse del
L'envoya appeler Henri Myden, désirant s'informer du
naufragio, y especialmente de la calidad del niño Eusebio,
naufrage, et particulièrement de la qualité du petit Eusèbe,
cuya bondad, al paso que les iba mereciendo mayor
dont la bonté, à mesure que leur allait méritant plùs grand
cariño, los incitaba mas para saber quien era. Llegado
attachement, les excitait plus pour savoir qui il était. Arrivé
Camder à la granja, vióle Gil Altano, y con admirada sor-
Camder à la métairie, le vit Gil Altano, et avec étonnée sur-

presa le pregunta, ¿ si era por ventura el señor Jacobo Cam-
prise lui demande s'il était par hasard le sieur Jacques Camder, capitan que fué de una carraca inglesa? y confimándo-
der, capitaine ci-devant d'une caraque anglaise? et le lui confir-
selo Camder, échase à sus piés Altano, le abraza las ro-
mant Camder, se jette à ses pieds Altano, lui embrasse les ge-
dillas, y en aquella postura esclama : ¡ ó mi antiguo y genoux, et dans cette posture s'écrie : ô mon ancien et gé-
neroso bienhechor! ¡ó tierra bendita que tales hombres pro-
néreux bienfaiteur! ô terre bénie qui tels hommes produce! ¡ cólmela el cielo de bienes, y démela por sepultura
duit! la comble le ciel de biens, et me la donne pour tombeau
de mis huesos! ¡ Ojalá hubiese nacido en ella, pues tal vez
de mes os! Plût à Dieu que je fusse né dans elle, car peut-être
la suerte no me espusiera á tantos trabajos y desgracias! Mas
le sort ne m'exposerait à tant de traverses et malheurs! Mais
sea en buena hora, por el sumo consuelo que pruebo al
soit à la bonne heure, pour la grande consolation que j'éprouve en
verme á los piés y á la presencia de aquellos por quienes
me voyant aux pieds et en présence de ceux par qui
dos veces me veo sacado de los brazos de la muerte.
deux fois me vois retiré des bras de la mort.

Enrique y Susana, que no podian entender lo que Gil
Henri et Suzanne, qui ne pouvaient comprendre ce que Gil
Altano decia, estaban suspensos de las estraordinarias de-
Altano disait, étaient étonnés des extraordinaires dé-
monstraciones que acompañaba con lágrimas á los piés de
monstrations que accompagnait de larmes aux pieds de
Camder. Obligóle este finalmente á levantarse, y á que le
Camder. L'obligea celui-ci enfin à se lever, et à lui
dijese quien era, y en qué habia empeñado tanto su
dire qui il était, et en quoi avait obligé tant sa
agradacimiento, pues él no le conocia ni se acordaba de
gratitude, car il ne le connaissait ni se rappelait de
haberle jamas favorecido. ¡ Cómo! ¿ no se acuerda Vm.,
l'avoir jamais favorisé. Comment! ne vous rappelez-vous,
mi señor, de aquel galeon que iba á Buenos-Aires, hace
monsieur, ce galion qui allait à Buenos-Ayres, il y a

ya cuatro años, y que Vm., dándonos caza, alcanzó á
déjà quatre ans, et que vous, nous donnant chasse, joignites au
tiempo que iba á pique por la grande agua que hacia?
temps que coulait à fond pour la grande eau que faisait?
Sí, me acuerdo, dijo Camder, mas de vos no me acuerdo.
Oui, me souviens, dit Camder, mais de vous ne me souviens.

En ese galeon pues, continuó Gil Altano, iba yo de
Dans ce galion donc, poursuivit Gil Altano, allais je
marinero, y probé entonces la generosa humanidad de Vm.,
matelot, et éprouvai alors la généreuse humanité de vous,
mi señor, haciéndonos pasar à bordo de su carraca, en donde
monsieur, nous faisant passer à bord de votre caraque, où
queriéndonos maniatar sus marineros, tratándonos como
nous voulant attacher les mains vos marins, nous traitant comme
á prisioneros de guerra que habia entonces, Vm., mi señor,
prisonniers de guerre qui était alors, vous, monsieur,
no lo consintió; ántes bien tratándonos como patriotas,
ne le consentîtes; plutôt nous traitant comme compatriotes,
nos llevó á Oporto, en donde à mas de la libertad, nos
nous menâtes à Oporto, où outre la liberté, nous
dió una guinea á cada uno. ¡Bien haya tal bienhechor!
donnâtes une guinée à chacun. Honneur à un tel bienfaiteur!
¡Qué bendiciones no le dimos yo y mis compañeros,
Quelles bénédictions vous donnâmes moi et mes compagnons,
restituyéndonos á nuestras patrias! y avivando ahora
nous rendant dans notre patrie! et ravivant maintenant
mi agradecimiento la presencia de Vm. y la de estos
ma reconnaissance la présence de vous et celle de ces
señores, yo diera de buena gana mi vida en su servicio.
messieurs, je donnerais de bon cœur ma vie pour votre service.

Camder le dijo entonces, que aquellos señores deseaban
Camder lui dit alors, que ces messieurs désiraient
saber las circunstancias de su naufragio, y la calidad de
savoir les circonstances de son naufrage, et la qualité de
aquel niño que consigo habia librado.
cet enfant que avec lui avait délivré.

Sepa pues Vm., mi señor Camder, que soy Andaluz por
Sachez donc, monsieur Camder, que je suis Andalous par

la gracia de Dios, y del puerto de Santa-Maria. Pero
la grace de Dieu, et du port de Sainte-Marie. Mais
aunque mis padres no me dejaron otras haciendas que las
quoique mes parens ne me laissèrent d'autre héritage que les
redes, mis abuelos eran montañeses, y sabe Dios lo que se
filets, mes aïeux étaient montagnards, et sait Dieu ce qu'ils
eran allá en sus tiempos : mas el mundo sufre
étaient dans leur temps : mais le monde éprouve
altos y bajos, y la rueda de la fortuna dicen que anda como
des changemens, et la roue de la fortune on dit que tourne comme
las del molino. En fin yo nací para marinero, y puede
cellés du moulin. Enfin je naquis pour marin, et pouvez
creer Vm. si sé bien lo que es el mar, pues en él ví todos
croire vous si je sais bien ce qu'est la mer, car en elle je vis toutes
los rostros à la muerte, sin mostrarle jamás mis espaldas:
les faces de la mort, sans lui montrer jamais mon dos :
porque, vive Dios! que quien teme, no salga de su hogar.
parce que, vive Dieu! celui qui craint, ne sorte de son foyer.
Si no me cree Vm., vea esta herida que llevo en el brazo,
Si ne me croyez vous, voyez cette blessure que porte dans le bras,
vea esta otra en el pecho : y yéndose à desabrochar, le
voyez cette autre à la poitrine : et allant se découvrir, lui
dijo Camder que no importaba, que le creia sobre su palabra,
dit Camder que n'importait, que le croyait sur sa parole,
y que dijese de su naufragio.
et que parlât de son naufrage.

Voy pues á contársele á Vm., mi señor. Despues de la
Je vais donc le racconter à vous, monsieur. Après la
pasada guerra me ví precisado á entrar en un pingüe,
passée guerre me vis forcé d'entrer dans une pinque,
que partia para Cádiz, y de allí para Málaga. Mas antes
qui partait pour Cadix, et de là pour Malaga. Mais avant
de salir de Cádiz, encontré á un paisano mio, el cual,
de sortir de Cadix, je rencontai un compatriote mien,. lequel,
sabiendo la gran práctica y conocimientos que yo tenia de
sachant la grande pratique et connaissances que j'avais de
la marina, me aconsejó á ir con él en un bergantin que
la marine, me conseilla d'aller avec lui dans un brick qu-

necesitaba gente, y que cuanto antes habia de zarpar para
avait besoin de monde, et qui au plus tôt devait lever l'ancre pour
la Florida, prometiéndome mayor paga que la que
la Floride, me promettant plus grande paie que celle que
tiraba en el pingüe. Así es que el hombre, cebado de la
j'avais sur la pinque. Ainsi est que l'homme, amorcé par la
presente utilidad, déjase llevar de ella, sin saber los malos
présente utilité, se laisse emporter d'elle, sans savoir les mauvaises
fines á que le puede arrastrar, como á mi me sucedió.
suites auxquelles le peut entraîner, comme à moi m'arriva.
Pero mientras el hombre no muere, no se acaba todo para
Mais pendant que l'homme ne meurt, ne s'achève tout pour
él, y pasado un mal trago, viene otro agradable; y así
lui, et passé un mauvais coup, vient autre agréable; et ainsi
campamos los pobretes, bendito sea Dios.
jouissons les pauvres, loué soit Dieu.

Salimos de Cádiz á primeros de abril con viento fresco.
Sortîmes de Cadix au commencement d'avril avec vent frais.
Fuénos propicia la fortuna hasta dar vista á los montes
Nous fut propice la fortune jusqu'à apercevoir les montagnes
de la Florida, en donde nos comenzó á trabajar con tanta
de la Floride, où nous commença à persécuter avec tant
saña, que jamás vieron los hombres tempestad mas desde fureur, que jamais virent les hommes tempête plus af-
hecha. Venian en el bergantin varios pasageros, y entre
freuse. Venaient dans le brick plusieurs passagers, et entre
ellos el padre de este caballerito y una hermana suya,
eux le père de ce jeune monsieur et une sœur sienne
bella como la mejor alba de mayo.
belle comme la meilleure aube de mai.

Creció el viento, y la mar tanto mas se ensoberbecia.
Augmenta le vent, et la mer d'autant plus s'irritait.
Vino con la noche el espanto á emposesionarse de nuestros
Vint avec la nuit l'épouvante s'emparer de nos
corazones. Manda el capitan amainar el trco, para correr
cœurs. Ordonne le capitaine de baisser les voiles, pour courir
fortuna á palo seco. Arremetimos yo y un bravo Gallego
la chance à mât sec. Nous élançâmes moi et un brave Gallicien

al trinquete ; pero una ola mas brava vino á derribarnos
au mât de misaine; mais une vague plus forte vint nous renverser
con tal furia, que no me quedó otro partido que el de
avec telle furie, que ne me resta d'autre parti que celui de
amarrarme á una soga que circuia el mástil, para reponerme.
me saisir à un câble qui entourait le mât, pour me remettre.
Esta fué mi gran ventura, pues de otro modo hubiera ido
Ce fut mon grand bonheur, car d'autre manière je serais allé
con los demas á ser pasto de los fieros tiburones.
avec les autres être pâture des cruels requins.

La grita, llanto y votos de los marineros, los bramidos
Les cris, larmes et vœux des marins, le frémissement
de las olas y los continuos truenos acrecentaban
des flots, et les continuels coups de tonnerre augmentaient
el horror y la confusion en que nos hallábamos, cuando
l'horreur et la confusion où nous trouvions, lorsque
de repente vibrando el cielo cien rayos á una contra el
tout-à-coup lançant le ciel cent foudres à la fois contre le
bergantin, me hallé luchando con las olas, cogido al
brick, me trouvai luttant avec les flots, embrassant le
mástil, en un abrir y cerrar de ojos, sin poder decir
mât, en un clin-d'œil, sans pouvoir dire
cómo fué. Pero vuelto en mi de aquel repentino
comment fut. Mais revenu à moi de ce subit
enagenamiento, aseguro á Vm., mi señor, que casi me
étourdissement, j'assure à vous, monsieur, que presque me
hallaba mas confiado sobre aquel palo en que logré
trouvais plus en sûreté sur ce mât où parvins
ponerme á horcajadas, que sobre la entera embarcacion;
à me mettre à califourchon, que sur l'entier bâtiment;
pues aunque estaba muy sobresaltado, sentia con todo
car quoique j'étais très effrayé, sentais cependant
una interior seguridad, que animaba mis fuerzas y es-
une intérieure sécurité qui soutenait mes forces et esperanzas.
pérances.

Al resplandor de los continuos relámpagos veia algunos
A la lueur des continuels éclairs voyais quelques

desdichados combatir á nado con las olas, resollando bascas
malheureux se débattre à la nage avec les flots, respirant angoisses
de muerte, otros traginados de las olas mismas entre pipas
de mort, d'autres ballotés par les flots mêmes entre futailles
y pedazos del roto navio, entre los cuales la fortuna de este
et morceaux du brisé navire, parmi lesquels la fortune de ce
caballerito, que le queria tambien salvo, me le puso
jeune monsieur, qui le voulait aussi sauf, me le mit
de través sobre el mástil y agarrándole como pude, me
traversé sur le mât, et le prenant comme je pus, me
le acomodé entre los brazos. Confieso mi pecado, que hu-
l'arrangeai entre les bras. J'avoue mon péché, que j'au-
biera deseado mas que fuera aquella señorita su hermana.
rais désiré plus que fût cette demoiselle sa sœur.
¡Pobre doncella! ¡qué suerte te depararon los cielos!
Pauvre demoiselle! quel sort te destinèrent les cieux!
Bendita sea tu alma, y Dios tenga en su gloria á los que,
Bénie soit ton ame, et Dieu tienne dans sa gloire ceux qui,
como tu, no hallaron salvacion en la tierra. ¡Qué horrible
comme toi, ne trouvèrent salut dans la terre. Que horrible
y eterna noche fué para mi aquella! ¡cuan deseada de
et éternelle nuit fut pour moi celle-là! combien désirée dans
mis angustias la luz del siguiente dia!
mes angoisses la lumière du suivant jour!

Rayaron finalmente los primeros albores, que ahuyentaron
Parurent enfin les premières lueurs, qui bannirent
de mi pecho el ciego espanto en que la noche me tenia,
de mon cœur l'aveugle frayeur où la nuit me tenait,
llevándome las olas sin saber adonde, y haciéndome tragar
m'emportant les flots sans savoir où, et me faisant endurer
á cada instante mil muertes: y aunque la furia del mar
à chaque instant mille morts: et quoique la fureur de la mer
y viento era la misma, la luz del dia aseguraba mi con-
et vent était la même, la lumière du jour assurait ma consuelo, esperando no perecer, pues no habia perecido.
solation, espérant ne périr, puisque n'avais péri.

El niño se zabullia entre mis brazos despues de los esfuerzos
L'enfant se cachait entre mes bras après les efforts
que hizo para vomitar el agua que habia tragado. Las antenas
que fit pour vomir l'eau que avait avalée. Les antennes
que quedaron cruzadas en el mástil impedian que no
qui demeurèrent croisées dans le mât empêchaient que ne
diese vueltas sobre el agua, y me aseguraban en mi asiento.
tournât sur l'eau, et m'assuraient sur mon siége.

¿Cómo podré esplicar á Vm. mi contento cuando ya cerca
Comment pourrai expliquer à vous ma joie quand déjà près
del mediodía descubrí montes que no me parecian leja-
de midi découvris montagnes qui ne me paraissaient éloi-
nos, y que parece me animaban para que estuviese firme,
gnées, et qui semblaient m'encourager pour que me tinsse ferme,
y esperase llegar á ellos? Valíame de las piernas, que llevaba
et esperasse arriver à elles? Me servais des jambes, que tenais
metidas en el agua hasta las rodillas, forcejando con ellas,
enfoncées dans l'eau jusqu'aux genoux, travaillant avec elles,
como si fuesen remos, para ganar camino. El viento y el
comme si étaient rames, pour gagner chemin. Le vent et la
mar me ayudaban tambien para llegar á tierra; pero la noche
mer m'aidaient aussi pour arriver à terre; mais la nuit
que se acercaba disminuia mis esperanzas, y acrecentaba mis
qui s'approchait diminuait mes espérances, et accroissait mes
congojas. Mil veces estuve tentado de abandonar el mástil y
angoisses. Mille fois fus tenté d'abandonner le mât et
la carga inocente, para echarme á nado: pero me contuvo
la charge innocente, pour me jeter à la nage; mais me retint
la compasion que me causó el niño, haciendome acordar de
la compassion que me causa l'enfant, me faisant souvenir de
la Providencia, en la cual hasta entonces no habia pensado.
la Providence, à laquelle jusqu'alors n'avais pensé.

Cerró enteramente la noche, cubriendo de sus tinieblas el
S'obscurcit entièrement la nuit, couvrant de ses ténèbres la
mar y la tierra, robándome los montes de la vista y del
mer et la terre, me dérobant les montagnes de la vue et du
corazon, el qual se entregó de nuevo á mayores angustias
cœur, lequel se livra de nouveau à plus grandes angoisses

y temores, recelando engolfarme y perderme enteramente.
et craintes, redoutant m'enfoncer et me perdre entièrement.
La hambre y sed me aquejaban : recurrí á los santos del cielo
La faim et soif me tourmentaient : recourus aux saints du ciel
para que me amparasen ; y así pasé el horror de aquella
pour que me protégeassent ; et ainsi passai l'horreur de cette
eterna noche en continuas plegarias, tropezando con ellas,
éternelle nuit en continuelles prières, bronchant en elles,
pues apenas se me acordaban. Mas debió compadecerse el
car à peine me les rappelais. Mais dut avoir pitié le
cielo de mi, pues al otro dia, dia para mi siempre feliz,
ciel de moi, car le suivant jour, jour pour moi à jamais heureux,
me puso cerca de la playa, y á la vista de estos mis piadosos
me mit auprès de la plage, et à la vue de ces mes pieux
libertadores, que me sacaron de las olas.
libérateurs, qui me retirèrent des ondes.

Acabó de decir Altano su relacion, que Camder refirió en
Acheva de dire Altano son récit que Camder raconta en
pocas palabras á Enrique y Susana Myden : pero como
peu de mots à Henri et Suzanne Myden : mais comme
no dijo nada de la cálidad del niño y de sus padres,
ne dit rien de la qualité de l'enfant et de ses parens,
rogaron á Camder se informase sobre ello. Preguntado Al-
prièrent Camder de s'informer sur cela. Interrogé Altano, respondió que no lo sabia, y que solo le conocia
tano, répondit que ne le savait, et que seulement le connaissait
por el nombre que le daban en la embarcacion de Eusebio.
par le nom qu'on lui donnait dans le bâtiment de Eusèbe.
Deseaba saberlo Enrique Myden, para que en caso que sus
Désirait le savoir Henri Myden, afin que en cas que ses
padres hubiesen naufragado, pudiese escribir á España,
parens eussent fait naufrage, pût écrire en Espagne,
para avisar del hallazgo del niño á sus parientes, si los
pour donner avis de l'existence de l'enfant à ses parens, si les
tenia, y para que, á falta de otros hermanos, pudiese
avait, et pour que à défaut d'autres frères, pût

asegurarle su hacienda. Y no pudiendolo saber de Altano,
lui assurer son bien. Et ne le pouvant savoir d'Altano,
escribió á Cádiz, para certificarse de los de allá.
écrivit à Cadix, pour s'instruire par ceux de là.

Comenzaba el invierno á despojar la tierra de sus verdores,
Commençait l'hiver à dépouiller la terre de ses verdeurs,
haciendo desapacible la estada en el campo: tiempo en que
rendant désagréable le séjour dans la campagne: temps où
Enrique Myden solia restituirse á Filadelfia, á
Henri Myden avait coutume de se rendre à Philadelphie,
donde le llamaban sus negocios. Llevó consigo á Eusebio y
où l'appelaient ses affaires. Emmena avec lui Eusèbe et
á Gil Altano, deseando retener á este en su casa, para
Gil Altano, désirant retenir celui-ci dans sa maison, afin
que sirviese á Eusebio de criado, y al mismo tiempo le
que servit à Eusèbe de domestique, et au même temps lui
conservase la lengua, que era lástima perdiese. Pero
conservât la langue, qu'il était dommage de perdre. Mais
llegado á la ciudad, temiendo forzar la libertad y abusar
arrivé à la ville, craignant de forcer la liberté et d'abuser
de la desgracia de un náufrago, quiso saber de él mismo
du malheur d'un naufragé, voulut savoir de lui-même
cuáles eran sus intentos, si de quedar en la Pensilvania, y
quels étaient ses projets, si de rester dans la Pensilvanie, et
estar con el niño que habia librado de las olas, ó bien de
être avec l'enfant qu'il avait délivré des ondes, ou bien de
volverse á su tierra; pues en este caso le costearia el
s'en retourner à son pays; car dans ce cas-là lui paierait le
viage.
voyage.

¿ A donde iré, señor? esclamó Gil Altano, penetrado
Où irai-je, monsieur? s'écria Gil Altano, pénétré
de la gratitud de su generosa oferta: ¿ á donde iré que mas
de gratitude pour son généreux offre: où irai-je où plus
valga? Aquí quiero quedar para dedicar mis fuerzas,
vaille? Ici veux rester pour consacrer mes forces,
sudores y vida en servicio de mi adorable libertador. Esta
sueurs et vie au service de mon adorable libérateur. Cette

tierra tendré por patria mia, en donde me hizo renacer la
terre aurai pour patrie mienne, où me fit renaître la
fortuna. Serviré al niño, al mas ínfimo de los criados de
fortune. Servirai l'enfant, le plus bas des domestiques de
mi señor, si gustare, y como gustare, para corresponder
mon seigneur, s'il veut, et comme voudra, pour répondre
de algun modo al sumo beneficio que tengo recibido. Con
en quelque sorte au suprême bienfait que j'ai reçu. Con-
descendió entonces Enrique Myden con sus deseos,
descendit alors Henri Myden à ses désirs,
destinándole un crecido salario, sin otra obligacion que de
lui assignant un fort salaire, sans autre obligation que de
servir y cultivar la lengua á Eusebio. Era grande el
servir et cultiver la langue à Eusèbe. Etait grande la
cariño que Enrique y Susana iban cobrando á este, por
tendresse que Henri et Suzanne allaient montrant à celui-ci, pour
el dulce genio que manifestaba, y por la pueril seriedad
le doux caractère que faisait paraître, et pour l'enfantin sérieux
que ennoblecia su presencia, no menos que por la facilidad
qui ennoblissait sa présence, non moins que pour la facilité
de su memoria en aprender la lengua inglesa por lo que
de sa mémoire à apprendre la langue anglaise par ce que
oia: de modo que no se le echaba de ver el nativo
entendait: de manière que on ne lui remarquait le natif
acento al año que estaba en Filadelfia, manteniendo en
accent à l'an que était à Philadelphie, soutenant en
inglés cualquier discurso que su alcance le permitia.
anglais tout discours que sa portée lui permettait

Al cabo de algun tiempo, cuando menos lo esperaba, tuvo
Au bout de quelque temps, quand moins l'attendait, eut
Enrique Myden respuesta y noticias circunstanciadas de la
Henri Myden réponse et nouvelles détaillées de la
familia de Eusebio, con lo cual pudo embiar poderes y
famille d'Eusèbe, avec quoi put envoyer pouvoirs et
establecer apoderados en nombre del niño, para recaudar las
établir procureurs au nom de l'enfant, pour ramasser les
rentas de sus haciendas: y hecho esto, resolvió, á instancias
revenus de ses possessions: et fait cela, résolut, à sollicitation

de Susana, de prohijarle y declararle su heredero, como lo
de Suzanne, de l'adopter et le déclarer son héritier, comme le
hizo por su testamento. Pusieron desde entonces mayor
fit par son testament. Mirent dès-lors plus grand
cuidado en su educacion, sufriéndola ya la edad y el co-
soin à son éducation, la supportant déjà l'âge et la con-
nocimiento que tenia de la lengua inglesa. Determinaron
naissance que avait de la langue anglaise. Résolurent
acostumbrarle á sus usos y al trage sencillo de cuáquero:
l'accoutumer à leurs usages et à la mise simple de quaker:
pero no pudiendo dudar que Eusebio era católico, temieron
mais ne pouvant douter qu'Eusèbe était catholique, craignirent
violentar su voluntad y entendimiento, si le inducian á
faire violence à sa volonté et entendement, si l'induisaient à
profesar su misma religion de cuáqueros, vedándoselo la
professer leur même religion de quakers, le leur défendant la
tolerancia. Y asi, de comun acuerdo resolvieron dejarle
tolérance. Et ainsi, de commun accord, résolurent le laisser
en su creancia, sin apartarle de aquellos sentimientos que
dans sa croyance, sans l'éloigner de ces sentimens que
hubiese podido adquirir en su infancia. Hacíanle tambien
eût pu acquérir dans son enfance. Le faisaient aussi
ejercitar en los actos esteriores de devocion, teniéndole
exercer dans les actes extérieurs de dévotion, l'ayant
presente en todas la plegarias que hacian en su
présent dans toutes les prières que faisaient dans leur
casa.
maison.

DIALOGUES FAMILIERS,

EN PETITES PHRASES,

POUR EXERCER LA MÉMOIRE ET FACILITER LA CONVERSATION.

DIALOGUE 1er.	DIALOGO 1ro.
Pour saluer quelqu'un.	**Para saludar à alguno.**
Monsieur, je vous souhaite le bon jour.	*Tenga usted buenos dias, caballero.*
Monsieur, j'ai l'honneur de vous saluer.	*Beso sus manos de usted, señor.*
Je suis votre très humble serviteur, Madame.	*Me pongo á los pies de usted, señora.*
Bon soir, Messieurs.	*Tengan ustedes buenas tardes, caballeros.*
Comment vous portez-vous?	*¿ Cómo está usted ?*
Comment va l'état de votre santé?	*¿ Cómo va su salud de usted?*
A l'ordinaire, assez bien, à votre service.	*A la costumbre, sin novedad, para servir á usted.*
Très bien, Dieu merci; et vous?	*Muy bien, á Dios gracias; ¿ y usted ?*
A vous rendre mes devoirs.	*Para servir á usted.*
Je vous suis bien obligé.	*Le agradezco á usted la atencion.*
Vous êtes bien bon, bien honnête.	*Usted me hace mucho favor.*
Je suis bien aise de vous voir bien portant.	*Me alegro infinito de verle á usted bueno.*
Je suis charmé de vous voir en bonne santé.	*Celebro mucho el verle á usted en buena salud.*
Je vous remercie infiniment.	*Mil gracias, le agradezco á Vm. el favor.*
Comment vous trouvez-vous?	*¿ Cómo se halla usted ?*
J'ai été hier un peu indisposé.	*Ayer estuve algo indispuesto.*
Mais depuis ce matin je suis mieux.	*Pero estoy mejor desde esta mañana.*
Je n'ai pas d'appétit.	*Me falta el apetito.*
Vous ne faites pas assez d'exercice.	*Usted no hace bastante ejercicio.*
Comment avez-vous passé la nuit?	*¿ Cómo ha pasado usted la noche ?*
Pas trop bien; je n'ai presque pas dormi.	*No muy bien; no he dormido casi nada.*
Il faut vous ménager.	*Es preciso cuidarse.*
J'ai peut-être trop soin de moi.	*Demasiado me cuido quizá.*
Il faut vous coucher de bonne heure.	*Le conviene á Vm. acostarse tempranito.*

Je vous souhaite une bonne nuit.	*Tenga usted buenas noches.*
Je vous la souhaite de même.	*Tengalas usted muy buenas.*
Je vous quitte toujours à regret.	*Siempre me voy con pena de su lado de Vm.*
Vous me faites beaucoup d'honneur.	*Usted me honra mucho.*
Dispensez-moi de vous reconduire.	*Dispénseme usted de acompañarle.*
Ne vous dérangez pas : ne vous donnez pas cette peine.	*No se incomode usted : no se tome Vm. ese trabajo.*

2.	2.
Sur la langue espagnole.	**Sobre la lengua castellana.**
Apprenez-vous l'espagnol?	*¿ Aprende usted el castellano ?*
Oui, Monsieur, depuis un mois.	*Si, señor, hace un mes.*
Que vous semble-t-il de cette langue?	*¿ Qué le parece á usted de esa lengua ?*
Je crois qu'elle est assez facile.	*Creo que es bastante fácil.*
La trouvez-vous aussi belle que la française?	*¿ La halla Vd. tan hermosa como la francesa ?*
Elle est très harmonieuse à l'oreille.	*Es muy armoniosa al oido.*
Surtout quand on l'entend parler à des Espagnols.	*Sobre todo cuando se oye hablarla á los españoles.*
J'aime beaucoup à l'entendre parler.	*Tengo mucho gusto en oirla hablar.*
Je voudrais pouvoir la parler couramment.	*Yo quisiera poderla hablar corrientemente.*
Cela viendra, si vous avez de la persévérance.	*Eso vendrá, si usted tiene perseverancia.*
Si mes affaires me le permettaient, je l'apprendrais aussi.	*Si me lo permitiesen mis quehaceres, yo tambien la aprenderia.*
Traduisez-vous déjà l'espagnol?	*¿ Traduce usted ya el español?*
J'ai commencé à le traduire dès la première leçon.	*Empecé á traducirle desde la primera leccion.*
Il y a en espagnol un grand nombre de mots qui sont presque comme en français.	*Hay en el castellano un gran número de palabras que son casi como en francés.*
C'est bien agréable quand on comprend quelque chose.	*Es un gusto cuando se entiende algo.*
L'étude de l'espagnol n'est pas bien longue.	*El estudio del castellana no es muy largo.*
Cette langue n'est pas aussi difficile que l'anglais.	*Esta lengua no es tan difícil como el inglés.*
Il y a un avantage dans cette langue: les lettres se prononcent toujours de la même manière.	*Hay en esta lengua una ventaja : las letras se pronuncian siempre del mismo modo.*
On la dit majestueuse et poétique.	*Dicen que es majestuosa y poética.*
Je ne suis pas encore capable d'en juger.	*Todavía no soy capaz de juzgarlo.*
Autrefois, cette langue était très répandue.	*Antiguament esta lengua era muy usada.*

Encore aujourd'hui on la parle dans les cinq parties du monde.	*Y aun hoy se habla en las cinco partes del mundo.*
Je la crois fort nécessaire pour le commerce.	*Yo la creo muy necesaria para el comercio.*
3.	3.
De la pluie et du beau temps.	**De la lluvia y del buen tiempo.**
Quel temps affreux!	*¡ Qué maldito tiempo !*
En effet, il pleut tous les jours.	*En efecto, todos los dias llueve.*
On ne voit presque pas le soleil.	*Casi no vemos el sol.*
Il n'y a pas moyen de sortir sans parapluie.	*No hay medio de salir de casa sin paraguas.*
On rentre tout crotté jusqu'aux genoux.	*Vuelve uno á casa enlodado hasta las rodillas.*
Il faut espérer qu'après la pluie viendra le beau temps.	*Es necesario esperar que despues de la lluvia vendrá el buen tiempo.*
Est-il vrai qu'il y a eu un orage vers minuit?	*¿ Es verdad que ha habido una tempestad cerca de media noche ?*
Je n'ai rien entendu.	*No he oido nada.*
Vous dormiez donc bien profondément.	*Usted dormia pues bien profundamente.*
Je crois que nous aurons changement de temps.	*Creo que tendremos mudanza de tiempo.*
Tant mieux : nous pourrons faire un tour de promenade.	*Mejor que mejor; con eso podremos dar una vuelta en el paseo.*
Mais, regardez : le ciel est bien couvert.	*Pero miren ustedes ; el cielo está bien nublado.*
On dit qu'il a grêlé dans le Médoc.	*Dicen que ha granizado en el Medoc.*
Deux villages surtout ont beaucoup souffert de la grêle.	*Dos aldeas sobre todo han padecido mucho de la piedra.*
C'est un pays bien malheureux ; car la gelée y a fait aussi beaucoup de ravages.	*Es un pais bien desgraciado ; pues la helada hizo tambien en él muchos estragos.*
Écoutez, quel est ce bruit?	*Escuchen ustedes, ¿ qué ruido es ese ?*
C'est le vent. — C'est un ouragan.	*Es el viento. — Es un huracan.*
Nous aurons encore de la pluie.	*Todavía tendremos lluvia.*
Les marchands de bois disent que l'hiver sera long et rigoureux.	*Dicen los mercaderes de leña que el invierno será largo y riguroso.*
C'est leur intérêt qui les fait parler ainsi.	*Su interes les hace hablar así.*
L'hiver dernier a été très doux.	*El invierno pasado fué muy benigno.*
Mais la chaleur de l'été a été accablante.	*Pero el calor del verano ha sido molestísimo.*
Le froid commence déjà à se faire sentir.	*El frío empieza ya á hacerse sentir.*
Je voudrais qu'il tombât de la neige.	*Yo quisiera que nevase.*

En effet, la neige est très utile pour les plantes.
Et pour faire bien de la boue.

4.

Du déjeûné.

Voilà bientôt dix heures; il faut déjeûner.
A la bonne heure, c'est parler raisonnablement.
Voulez-vous passer dans la salle à manger?
Laissez-moi finir cette lettre, et je suis à vous.
Mon déjeûné ordinaire est le café au lait.
Moi, je ne quitte pas la mode espagnole : je déjeûne au chocolat.
Pour aujourd'hui, il faut que vous renonciez à vos habitudes.
Nous allons déjeûner plus solidement.
Messieurs, à table. — Asseyez-vous sans façon.
Ah! voilà un plat que j'aime beaucoup.
Des côtelettes rôties? ce n'est pas mon plat favori.
Apportez-nous du vin et de l'eau.
Ce pain est trop tendre : en voulez-vous du rassis?
Vous allez nous dépecer cette dinde.
Messieurs, faites comme moi, prenez ce qui vous conviendra le mieux.
Si vous faites des façons, tant pis pour vous.
Ce vin est délicieux : est-il de votre crû?
Voici du fromage et des fruits.
Voulez-vous de la confiture? prenez-en.
Donnez-moi une de ces poires, je vous prie.
Madame votre éponse a voulu nous surprendre très agréablement.
Elle nous a entendu nommer le chocolat et le café : en voici pour les amateurs.
Elle est bien aimable; il faut profiter de ses bontés.

En efecto, la nieve es muy util para las plantas.
Y tambien para hacer mucho lodo.

4.

Del almuerzo.

Las diez van á dar; es menester almorzar.
En hora buena, eso es hablar con juicio.
¿ Quieren ustedes pasar al comedor?
Déjeme Vm. acabar esta carta, y soy con ustedes.
Mi almuerzo acostumbrado es el café con leche.
Yo no dejo la moda española: yo me desayuno con chocolate.
Por hoy será preciso que ustedes renuncien á su costumbre.
Vamos á almorzar mas á lo sólido.
Señores, á la mesa. — Sientense ustedes sin ceremonia.
Ah! he aquí un plato que me gusta mucho.
¿ Costillas asadas? no es ese mi plato favorito.
Traiganos usted vino y agua.
Este pan es demasiado tierno: ¿ quiere Vm. de otro sentado?
Usted va á trincharnos esta pava.
Caballeros, hagan ustedes como yo, tomen lo que mas les acomode.
Si ustedes gastan cumplimientos, peor para ustedes.
Este vino es delicioso: ¿ es de su cosecha de Vm.?
Aquí tienen ustedes queso y frutas.
¿ Quiere usted almíbar? tome Vm.
Tenga Vm. la bondad de darme una de esas peras.
Su señora de usted ha querido sorprehendernos de un modo muy agradable.
Nos ha oido nombrar el chocolate y el café: aquí hay para los aficionados.
Es muy amable; es preciso aprovecharnos de sus favores.

Messieurs, le dîné sera à cinq heures très précises.	*Señores, la comida será á las cinco en punto.*
Soyez tranquille, nous ne vous ferons pas attendre.	*Esté usted sin cuidado, no le haremos esperar á usted.*

5.

Du dîné.

5.

De la comida.

Messieurs, la soupe est servie.	*Caballeros, la sopa está en la mesa.*
Allons, prenez vos places avant qu'elle ne se refroidisse.	*Vamos, tomen ustedes asiento, ántes que se enfrie.*
Cette soupe est excellente.	*Esta sopa es escelente.*
Donnez-m'en très peu.	*Deme usted muy poca.*
Comment! vous n'en êtes pas amateur?	*¡ Como! ¿ no es usted aficionado á la sopa?*
Ne faites pas attention à moi, je mangerai du bouilli.	*No se ocupe usted de mi, comeré del cocido.*
Ceci est un dédale de plats : par où commençons-nous?	*Esto es un dédalo de platos: ¿ por donde empezamos?*
Voici un ragoût bien appétissant: en voulez-vous?	*Este es un guisado bien apetitoso; ¿ quiere usted gustarle?*
Non, je prendrai une aile de ce poulet.	*No, señor, tomaré un ala de ese pollo.*
Ce vin paraît bien vieux.	*Este vino parece muy añejo.*
Approchez-moi ce plat de ris de veau.	*Alcánceme Vm. ese plato de molleja de ternero.*
Messieurs, voici le rôti.	*Señores, aquí está el asado.*
Garçon, apporte-moi une fourchette propre et un couteau, pour le dépecer.	*Muchacho, traeme un tenedor limpio y un cuchillo, para trincharle.*
Il est bien tendre; donnez-moi votre assiette.	*Está muy tierno; deme Vm. su plato.*
Servez-moi, je vous prie un morceau de l'aile.	*Hágame Vm. el favor de darme un poco del ala.*
Tenez, le voilà, choisissez à votre goût.	*Tome Vm. ahí está, escoja Vm. á su gusto.*
Faites-nous apporter d'autres bouteilles.	*Mande Vm. traernos otras botellas.*
Qui veut de la salade? elle est assaisonnée.	*¿ Quien quiere ensalada? ya está sazonada.*
L'appétit commence à me manquer.	*Empieza á faltarme el apetito.*
Ces fruits ont l'air d'être excellens.	*Estas frutas tienen apariencia de ser escelentes.*
Les pêches sont de mon jardin.	*Los melocotones son de mi huerto.*
Qu'elles sont grosses et belles!	*¡ Qué gruesos y que bellos son!*
J'ai l'honneur de vous offrir une poire bergamote.	*Tengo la honra de ofrecer á Vm. una pera bergamota.*
Je vous remercie; c'est fini.	*Muchas gracias; he acabado.*
Ne prenez-vous pas non plus de la confiture.	*¿ Tampoco toma usted confitura?*
Si vous ne mangez plus, qu'on nous apporte le café.	*Si ustedes no comen mas, que nos traigan el café.*

Où irons-nous cette après-dînée?	*¿ A donde iremos despues de comer?*
Nous irons à la promenade, si vous voulez.	*Iremos al paseo, si ustedes gustan.*

6.

De la promenade. — **Del paseo.**

Que les arbres de cette promenade deviennent beaux!	*¡ Qué hermosos se hacen los árboles de este paseo!*
Qui aurait dit, quand je les vis planter, qu'ils me donneraient un si bel ombrage!	*¡ Quien hubiera dicho, cuando los vi plantar, que me darian una sombra tan agradable!*
Il fait beau se promener aujourd'hui.	*Hoy hace buen pasear.*
Il ne manquera pas de promeneurs.	*No faltarán paseantes.*
Voyez, il en vient de tous côtés.	*Vea Vm., por todos lados acuden.*
Dans une heure, la promenade sera remplie de monde.	*Dentro de una hora el paseo estará lleno de gente.*
Qui sont ces dames qui sont là assises?	*¿ Quienes son aquellas señoras que están allí sentadas?*
Je ne les connais pas.	*No las conozco.*
Est-ce qu'on vient à la promenade pour s'asseoir?	*¿ Acaso se va al paseo para sentarse?*
Quand on est assis on ne se promène pas.	*Cuando uno está sentado no se pasea.*
Les dames ont besoin de s'asseoir.	*Las damas necesitan sentarse.*
Elles ne viennent pas ici pour marcher.	*No vienen acá para andar.*
Elles y viennent pour voir et pour être vues.	*Vienen al paseo para ver y ser vistas.*
Vous croyez peut-être que la marche les fatigue?	*¿ Acaso creia Vm. que el andar las fatiga?*
Tous ces tableaux mouvans qui passent successivement devant elles les amusent.	*Todos esos cuadros mobibles que pasan succesivamente por delante de ellas las divierten.*
Nous aussi, nous en jouissons tout en marchant.	*Nosotros tambien los disfrutamos andando.*
Cette place des Quinconces s'embellit de plus en plus.	*Esta plaza de los Quinconces se hermosea cada vez mas.*
Bientôt elle sera tout entourée des plus belles maisons de Bordeaux.	*Bien pronto estará toda rodeada de las mas hermosas casas de Burdeos.*
Voilà le bateau à vapeur qui arrive.	*Vea usted el barco de vapor que llega.*
Il est toujours rempli de monde.	*Siempre está lleno de gente.*
Que de monde groupé là-bas!	*¡ Cuanta gente apiñada allá bajo!*
Ce sont peut-être ces musiciens italiens qui l'ont rassemblé.	*Quizá son esos músicos italianos los que la han reunido.*
Ils jouent et chantent très bien.	*Tocan y cantan muy bien.*
Particulièrement, celui qui joue du violon est un véritable artiste.	*Especialmente, el que toca el violin es un verdadero artista.*
Allons les écouter?	*? Vamos á escucharlos?*
Je me retire; j'ai des affaires: adieu.	*Yo me retiro; tengo que hacer: á Dios.*

7.	7.
Du théâtre.	**Del teatro.**
Vous avez beau vanter les théâtres de Paris, je doute qu'il y en ait un plus beau que le nôtre.	*Por mas que usted elogie los teatros de Paris, dudo que haya uno mas hermoso que el nuestro.*
En effet, c'est un monument de luxe et de bon goût.	*Efectivamente es un monumento de lujo y buen gusto.*
On dirait pourtant qu'il lui manque quelque chose.	*No obstante podria decirse que le falta algo.*
Il ne lui manque qu'une belle place.	*Solo le falta una gran plaza.*
Pour bien voir ce colosse d'architecture, il faudrait monter au troisième étage d'une des maisons qui sont en face.	*Para ver bien ese coloso de arquitectura, seria necesario subir al tercer piso de una de las casas que están enfrente.*
Quelle est la pièce qu'on y joue aujourd'hui ?	*¿ Qué pieza es la que se representa hoy ?*
Je n'ai pas lu l'affiche.	*No he leido el cartel.*
C'est, je crois, la *Muette de Portici.*	*Creo que es la* Muda de Portici.
Alors je n'irai pas ce soir ; je la sais par cœur.	*Entonces no iré esta tarde ; la sé de memoria.*
Mais cependant je l'entends toujours avec plaisir.	*Yo sin embargo siempre la oigo con gusto.*
L'orchestre est très bon.	*La orquesta es muy buena.*
Pour demain, on annonce une nouvelle pièce de Victor Hugo.	*Para mañana, nos anuncian una pieza nueva de Victor Hugo.*
Il y aura beaucoup de monde.	*Habrá mucha gente.*
Cet auteur s'est acquis une grande réputation.	*Ese autor se ha grangeado mucha reputacion.*
Les émotions qu'il excite sont trop fortes.	*Las agitaciones de espiritu que escita son muy fuertes.*
Cela dépend beaucoup des acteurs.	*Eso depende mucho de los actores.*
Ceux que nous avons à présent ne sont pas mauvais.	*Los que ahora tenemos no son malos.*
Mais il n'y en a aucun de remarquable.	*Pero no hay ninguno sobresaliente.*
Dans la troupe de l'année dernière, il y en avait deux excellens.	*En la compañia del año pasado habia dos escelentes.*
Cette année nous avons gagné en chanteurs ce que nous avons perdu en acteurs.	*Este año hemos ganado en músicos lo que hemos perdido en actores.*
Voilà pourquoi on donne si souvent des opéras.	*He aquí porqué tenemos óperas tan á menudo.*

8.	8.
Du bal.	**Del baile.**
Êtes-vous invité au bal pour ce soir ?	*¿ Está Vm. convidado al baile para esta tarde ?*

Non. Qui le donne? — M. B.	*No, señor. ¿Quien le da? — El señor B.*
On dit qu'il y a deux cents billets distribués.	*Se dice que hay distribuidos doscientos billetes.*
Je sais, par exemple, que de trois chambres on a fait un beau et vaste salon.	*Yo sé, por ejemplo, que de tres cuartos se ha hecho un hermoso y vasto salon.*
Ce matin on y faisait de grands préparatifs.	*Esta mañana hacian grandes preparativos.*
Le salon sera très bien décoré.	*Estará muy bien decorado el salon.*
On vient de suspendre deux beaux lustres.	*Acaban de colgar dos hermosísimas arañas.*
C'est aujourd'hui, je crois, la fête de sa fille.	*Creo que es hoy el dia de cumpleaños de su hija.*
Ajoutez à cela qu'il vient de gagner plus de deux cent mille francs.	*Añada Vm. á eso que acaba de ganar mas de doscientos mil francos.*
M. B. a toujours été fort heureux dans le commerce.	*El señor B. ha sido siempre muy afortunado en el comercio.*
Mais c'est beaucoup d'argent: il peut bien en dépenser une partie.	*Pero es un dineral: bien puede gastar una parte.*
Les musiciens du 57ᵉ y joueront.	*Los músicos del cincuenta y siete tocarán.*
Tenez, les voilà qui s'y rendent.	*Mírelos usted, ya acuden.*
Si vous voulez me croire, suivons-les, vous y entrerez avec moi.	*Si quiere usted creerme, sigamoslos, y entrará Vm. conmigo.*
Mais je n'ai pas de billet.	*Pero yo no tengo billete.*
J'en ai un qui servira pour tous deux.	*Yo tengo uno que valdrá para los dos.*
Écoutez, on a commencé, montons-y.	*Escuche Vm., ya han comenzado, subamos.*
Vous le voyez, on nous a laissé passer sans obstacle.	*Usted lo vé, que nos han dejado pasar sin obstáculo.*
Voici ma place que je ne quitte plus; je veux tout voir.	*Este es mi puesto que no dejaré mas: quiero verlo todo.*
Ah! les belles toilettes! quelle élégance!	*¡Ah! ¡qué hermosos dijes! ¡qué elegancia!*
Quelle est cette dame qui a cette grosse chaîne au cou?	*¿Quien es esa dama que tiene aquella gruesa cadena al cuello?*
C'est la fille de la maison.	*Es la hija de casa.*
Cette chaîne est un cadeau de son père.	*Esa cadena es un regalo de su padre.*
Elle a coûté, dit-on, deux mille francs.	*Dicen que ha costado dos mil francos.*
Connaissez-vous cette autre demoiselle qui danse si bien?	*¿Conoce usted áquella otra señorita que baila tan bien?*
La tête me tourne de voir valser.	*Se me va la cabeza de ver valsar.*
On va commencer la contredanse.	*La contradanza va á empezar.*
Si vous voulez prendre quelque chose, suivez moi.	*Si quiere Vm. tomar algo, sígame.*
Il y a toutes sortes de rafraîchissemens.	*Hay de todas especies de refrescos.*

Non, mon ami, la tête me fait mal, et je m'en vais.	*No, amigo, la cabeza me duele, y me voy de aquí.*
J'ai besoin de respirer l'air de la rue.	*Necesito respirar el aire de la calle.*
9.	9.
De la musique.	**De la música.**
Je ne conçois pas qu'un homme puisse être insensible à une bonne musique.	*Yo no entiendo cómo un hombre puede ser insensible á una buena música.*
Quant à moi, la musique est mon élément.	*En cuanto á mi, la música es mi elemento.*
Quels sont les instrumens que vous préférez?	*¿ Qué instrumentos son los que Vm. prefiere?*
Ils sont tous bons, si l'on sait bien s'en servir.	*Todos son buenos, cuando se sabe servirse de ellos.*
Cependant, parmi les instrumens à cordes, je pencherais pour le violon.	*No obstante entre los instrumentos de cuerdas me inclinaria al violin.*
Et moi pour le piano ou la harpe, quoique la guitare ne soit pas méprisable.	*Y yo al piano ó á la harpa, aunque la guitarra no sea despreciable.*
Quant aux instrumens à vent, la flûte et la clarinette sont les meilleurs, à mon avis.	*En cuanto á los instrumentos de viento, los mejores, á mi parecer, son la flauta y el clarinete.*
Tous ces instrumens sont bons pour s'amuser soi-même en particulier.	*Todos esos instrumentos son buenos para divertirse uno á sí mismo en particular.*
Mais avouez que dans un orchestre tous sont excellens.	*Pero confiese usted que todos son escelentes en una orquesta.*
C'ést vrai : là aucun ne mérite la préférence.	*Es cierto : allí ninguno merece la preferencia.*
Nous ne sommes pas encore bien musiciens.	*Nosotros no somos todavía bien músicos.*
Mais notre goût et notre oreille se forment tous les jours.	*Pero nuestro gustos y nuestro oido se forman todos los dias.*
Y a-t-il en France une musique nationale?	*¿ Hay música nacional en Francia?*
La musique nationale des Espagnols est très caractéristique.	*La música nacional de los Españoles es muy característica.*
Elle est généralement trop gaie, et en même temps très simple.	*Es en general demasiado alegre, y al mismo tiempo muy sencilla.*
Que dites-vous du *bolero* et du *fandango?*	*¿ Qué dice usted del* bolero *y del* fandango?
Le *bolero* est assez estimé dans l'Europe.	*El* bolero *es bastante estimado en la Europa.*
Les Andaloux ont diversifié le *fandango* à l'infini dans leurs *rondeñas.*	*Los Andaluces han diversificado el* fandango *al infinito en sus* rondeñas.
Il ne faut que le râcler sur une mauvaise guitare, pour faire danser tout un village.	*Basta que le rasquen en una mala guitarra, para hacer bailar á todo un lugar.*

Cet air semble inspirer une gaîté folle.	*Ese canto parece que infunde una alegría loca.*
Ce n'est pas comme le *ranz des vaches* de la Suisse, qui inspire une douce mélancolie.	*No es como el* ranz de las vacas *de la Suiza, que infunde una suave melancolía.*
Aujourd'hui la musique italienne se répand partout.	*Hoy dia la música italiana se estiende por todas partes.*
Il faut l'avouer, les Italiens sont les maîtres de l'Europe en fait de musique.	*Es preciso confesarlo, en cuanto á la música los Italianos son los maestros de la Europa.*

10.	10.
Du jeu.	**Del juego.**
Puisque nous ne pouvons pas sortir à cause du mauvais temps, amusons-nous à quelque chose.	*Ya que no podemos salir por causa del mal tiempo, divirtámonos en algo.*
Si vous voulez, nous jouerons aux cartes.	*Si usted quiere, jugaremos á los naypes.*
Volontiers, pourvu que nous ne jouions pas gros jeu.	*Con mucho gusto, con tal que no juguemos mucho dinero.*
Bien entendu; ce ne sera que pour nous amuser.	*Por supuesto; solo será por divertirnos*
Messieurs, voici un jeu de cartes.	*Caballeros, aquí hay una baraja.*
Je préférerais jouer aux dames.	*Yo gustaria mas de jugar á las damas.*
Et moi au domino : voudriez-vous, madame, jouer avec moi au domino?	*Y yo al dómino : ¿ gusta usted, señora, de jugar conmigo al dómino?*
Au domino! c'est un jeu d'enfans.	*Al dómino! ese es juego de niños.*
Doucement, pas autant qu'il vous semble.	*Poco á poco, no tanto como á Vm. le parece.*
Il y a bien des combinaisons à faire pour le bien jouer.	*Hay que hacer muchas combinaciones para jugarle bien.*
A la bonne heure, mais pas autant que pour plusieurs jeux de cartes.	*En hora buena, pero no tantas como en muchos juegos de naypes.*
Ni même autant que pour les dames.	*Ni aun tantas como en las damas.*
Si vous voulez jouer aux dames, voici un damier.	*Si quieren Vm. jugar á las damas, aquí hay un tablero.*
Les jeux de force et d'adresse ne sont pas si en vogue ici qu'en Espagne.	*Los juegos de fuerza y de maña no estan tan en uso aquí como en España.*
Quels sont ces jeux d'adresse et de force?	*¿ Cuales son esos juegos de maña y de fuerza?*
Il y en a plusieurs; mais le jeu de paume est le plus répandu.	*Hay muchos, pero el juego de pelota es el mas estendido.*
Il y a encore le jeu du mail, le jeu des boules, la barre, le saut, etc.	*Hay ademas el juego del mallo, el juego de bochas, la barra, el salto, etc.*
Voilà des jeux bien utiles pour la santé.	*Esos juegos son muy útiles para la salud.*

Ils donnent de la souplesse et de la force. — *Dan agilid y fuerza.*

Mais être toute une nuit assis autour d'une table est nuisible à la santé. — *Mas estarse toda una noche sentado en torno de una mesa es perjudicial á la salud.*

A la santé, dites-vous? et à la bourse, et aux mœurs, et à la réputation. — *¿ Á la salud, dice usted? y tambien á la bolsa, á las costumbres, á la reputacion.*

Quand on y joue avec modération, il n'y a rien à craindre. — *Cuando se juega con moderacion, no hay nada que temer.*

Mais ceux que la passion du jeu domine ne jouent pas avec modération. — *Pero aquellos á quienes domina la pasion del juego no juegan con moderacion.*

Rien de plus funeste que cette malheureuse passion. — *No hay cosa mas funesta que esta malhadada pasion.*

11. — 11.

Du dessin. — **Del dibujo.**

Apprenez-vous le dessin? — *¿ Aprende Vm. el dibujo?*

Pas encore; mais je voudrais bien l'apprendre. — *Todavía no, pero quisiera mucho aprenderle.*

C'est un art très amusant et très utile. — *Es un arte muy divertido, y útil.*

Il n'y a presque aucun art mécanique pour lequel le dessin ne soit pas nécessaire. — *No hay casi ninguna arte mecánica, para la cual el dibujo no sea necesario.*

Même les jeunes messieurs et les jeunes demoiselles peuvent y trouver mille agrémens. — *Hasta los señoritos y señoritas pueden hallar en él mil atractivos.*

Quand on parcourt la campagne, un crayon à la main, on peut dessiner de très beaux paysages. — *Cuando se recorre el campo con un lápiz en la mano, se pueden dibujar paisages hermosísimos.*

Je voudrais pouvoir dessiner cet antique château que nous avons en face. — *Yo quisiera poder dibujar aquel antiguo castillo que tenemos enfrente.*

Ne voudriez-vous pas aussi pouvoir faire les portraits de votre maman et de votre sœur? — *¿ No querria Vm. tambien poder hacer los retratos de su madre y de su hermana?*

Quant aux portraits, je les aime coloriés. — *En cuanto á los retratos me gustan con colores.*

Vous avez donc du goût pour la peinture? — *¿ Usted tiene pues gusto por la pintura?*

Si jamais j'apprends le dessin, ce sera pour être peintre. — *Si llego á aprender el dibujo, sera para echarme á pintor.*

Dans quel genre? en miniature peut-être? — *¿ En qué género? ¿ en miniatura tal vez?*

Non, Monsieur, à l'huile. — *No, señor, al óleo.*

Il est plus difficile de manier le pinceau que le crayon. — *Es mas difícil manejar el pincel que el lápiz.*

Quand vous voudrez apprendre le dessin, je vous indiquerai un excellent professeur. — *Cuando usted quiera aprender el dibujo, le enseñaré un profesor escelente.*

Il a une immense quantité de beaux modèles en tous genres.	*Tiene una cantidad inmensa de hermosos modelos de todos géneros.*
C'est un vrai amateur, qui a dépensé beaucoup d'argent pour acheter des dessins.	*Es un verdadero aficionado, que ha gastado mucha dinero en comprar dibujos.*
Et en même temps, c'est un artiste distingué.	*Y al mismo tiempo es un artista distinguido.*
12.	12.
D'un voyage.	**De un viage.**
Est-il vrai que vous allez bientôt en Espagne?	*¿ Es cierto que Vm. va dentro de poco á España ?*
C'est vrai, mais je ne partirai que le mois prochain.	*Verdad es, pero no marcharé hasta el mes que viene.*
Y allez-vous pour des affaires de commerce?	*¿ Va usted allá por asuntos de comercio ?*
Non, Monsieur, rien que pour voyager.	*No, señor, solamente por viajar.*
Combien de temps croyez-vous rester en Espagne?	*¿Cuanto tiempo piensa usted estar en España ?*
Je ne le sais pas encore; mon père doit régler ma marche.	*Todavía no lo sé; mi padre ha de arreglar mi marcha.*
Je dois lui écrire tous les huit jours, et lui envoyer un détail de tout ce que j'y aurai vu.	*Le he de escribir de ocho en ocho dias, y enviarle una relacion de cuanto hubiere visto.*
C'est une bonne pensée : et par où commencez vous?	*Buen pensamiento : ¿ y por donde empezará Vm.?*
D'abord j'irai à Pampelune, pour m'y procurer de l'argent.	*Primeramente iré á Pamplona, para procurarme dinero en aquella ciudad.*
Vous y remarquerez la propreté de ses rues, la gaîté de ses habitans, ses remparts et sa citadelle.	*Allí notará Vm. la limpieza de sus calles, el buen humor de sus habitantes, sus murallas y su ciudadela.*
Ensuite, j'irai à Saint-Sébastien, Vitoria, Bilbao et Santander.	*En seguida iré á San Sebastian, Vitoria, Bilbao y Santander.*
De là j'entrerai en Galice; je visiterai la Corogne, le Ferrol et Saint-Jacques-de-Compostelle.	*De allí entraré en Galicia, visitaré la Coruña, el Ferrol y Santiago de Compostela.*
Irez-vous aussi en Portugal?	*¿ Irá Vm. tambien á Portugal?*
Je ne le crois pas : de la Galice je passerai par l'Estramadure et Léon, pour aller dans l'Andalousie.	*No lo creo : de Galicia pasaré por la Estremadura y Leon para ir á la Andalucía.*
De manière que vous ferez ainsi le tour de l'Espagne.	*De modo que así dará Vm. la vuelta á la España.*
C'est mon intention : et pour terminer mes voyages j'irai à Madrid.	*Esa es mi intencion : y para terminar mis viages iré á Madrid.*
Vous y arrêterez-vous long-temps?	*¿ Se detendrá Vm. allí mucho tiempo ?*
Autant que mon père voudra me le permettre.	*Tanto cuanto mi padre quiera permitírmelo.*

Je désire que vous profitiez de vos voyages.	*Deseo que Vm. se aproveche de sus viages.*
Je serai bien aise de lire votre journal quand il sera fini.	*Me alegraré mucho de leer su diario de Vm. cuando esté acabado.*
Je me ferai un plaisir de vous le communiquer.	*Tendré mucho gusto en comunicarsele á Vm.*
Je vous remercie infiniment; et si nous ne nous revoyons pas, je vous souhaite un heureux voyage.	*Se lo agradezco á Vm. infinito: y si no nos volvemos á ver, deseo que tenga Vm. un feliz viage.*

13.	13.
De la campagne.	**Del campo.**
Que vous êtes heureux d'avoir cette jolie maison de campagne!	*¡ Qué dichoso es usted de tener esta hermosa casa de campo!*
Je l'ai payée bien cher; mais sa situation est charmante.	*La pagué bien cara, pero su situacion es muy agradable.*
Il paraît aussi que ce terrain est fertile.	*Tambien parece que este terreno es fértil.*
Remarquez ces beaux peupliers: il n'y a que dix ans qu'ils ont été plantés.	*Mire Vm. aquellos hermosos álamos: no hace mas que diez años que fueron plantados.*
Et les arbres fruitiers du verger?	*¿ Y los árboles frutales del vergel?*
Ils datent à-peu-près de la même époque.	*Son poco mas ó menos de la misma época.*
Y a-t-il long-temps que vous avez fait couper le bois?	*¿ Hace mucho tiempo que Vm. ha hecho cortar el bosque?*
J'en fais couper une partie chaque année.	*Hago cortar una porcion cada año.*
Il y a de tout ici: bois, prés, vignes, des terres à blé, verger, jardin, rien n'y manque.	*De todo hay aquí: bosques, prados, viñas, tierras de pan llevar, vergel, huerto, nada falta.*
Vous n'avez pas encore tout vu: après dîner, nous irons voir mes ruches.	*Aun no lo ha visto Vm. todo: despues de comer iremos á ver mi colmenar.*
Voilà ce qui serait bien amusant pour moi.	*Eso seria para mi una cosa muy divertida.*
De là nous irons voir mon petit hermitage.	*De allí iremos á ver mi ermitita.*
Est-ce vous qui l'avez fait bâtir?	*¿ Es usted quien la ha mandado hacer?*
Oui, et c'est là que j'ai transporté ma petite bibliothèque.	*Si, señor, y he transportado á ella mi corta biblioteca.*
A notre retour, nous passerons par l'orangerie.	*A nuestra vuelta pasaremos por el naranjal.*
Je m'aperçois que vous avez ici des plantes rares et curieuses.	*Yo observo que aquí tiene Vm. plantas raras, y curiosas.*
Il n'en manque pas, car c'était la manie du propriétaire de qui j'ai acheté ce bien-ci.	*No faltan, pues esta era la manía del proprietario á quien compré esta posesion.*
Y a-t-il beaucoup de fruit cette année?	*¿ Hay este año mucha fruta?*

Non pas beaucoup, mais assez et du bon.	*No mucha, pero bastante y buena.*
J'ai, par exemple, du muscat, des poires et des pêches d'une excelcellente qualité.	*Por ejemplo, tengo moscatel, peras y melocotones de escelente calidad.*
Nous en mangerons à notre dessert.	*Para los postres comeremos de estas frutas.*
Si je ne me trompe pas, vous avez un bon jardinier.	*Si no me engaño, Vm. tiene un buen jardinero.*
Il paraît assez intelligent et laborieux; j'en suis content.	*Parece bastante inteligente y laborioso; estoy contento con él.*
Je crois que quand vous venez ici le temps ne vous semble pas long.	*Creo que cuando usted viene acá, no le parece largo el tiempo.*
Si la vie de la campagne n'était pas si monotone, je m'y retirerais tout-à-fait.	*Si la vida del campo no fuese tan uniforme, me retiraría á él enteramente.*

14.	14.
De la chasse.	**De la caza.**
Êtes vous disposé à venir demain à la chasse avec moi?	*¿ Está Vm. dispuesto á ir á cazar mañana conmigo?*
J'irais avez plaisir, mais je n'ai pas de poudre.	*Con gusto iria, pero no tengo pólvora..*
Allez-en acheter avant de vous coucher.	*Vaya Vm. á comprar ántes de acostarse.*
Les boutiques doivent déjà être fermées.	*Las tiendas estarán ya cerradas.*
Quelle heure est-il donc?	*¿ Qué hora es pues?*
Il est dix heures passées.	*Son mas de las diez.*
Allons, je vous en donnerai, car j'en ai acheté une livre aujourd'hui.	*Vamos, yo le daré á Vm., porque hoy he comprado una libra.*
A quelle heure partirons-nous?	*¿ A qué hora marcharemos?*
De bien bon matin, à trois heures.	*Muy de mañanita, á las tres.*
Le temps est beau pour la chasse : neige, brouillard, vent de Nord; quel plaisir!	*Hace un tiempo hermoso para cazar: nieve, niebla, cierzo; ¡ qué gusto!*
On dirait que vous allez à une noce.	*Dirian que va Vm. á una boda.*
Certainement, la chasse a pour moi plus d'attraits qu'une noce.	*Ciertamente, la caza tiene para mi mas atractivos que una boda.*
Imaginez-vous que nous attraperons beaucoup de gibier.	*Figurese Vm. que cogeremos mucha caza.*
Deux lièvres, trois lapins, quatre perdreaux, des cailles, des grives, que sais-je?	*Dos liebres, tres conejos, cuatro perdigones, codornices, tordos, ¿ qué sé yo?*
Nous attraperons plutôt un bon rhume, et beaucoup de froid et de faim.	*Antes bien cogeremos un buen reumatismo, y abundancia de frío y hambre.*
Oui, cela s'attrape plus aisément que les lièvres.	*Sí, eso se coge mas fácilmente que las liebres.*
Il est donc convenu que nous partirons à trois heures?	*¿ Estamos pues convenidos que partiremos á las tres?*

Sans doute ; mais vous viendrez m'éveiller.	*Sin duda ; pero venga Vm. á despertarme.*
A deux heures et demie je frapperai à votre porte.	*A las dos y media llamaré á su puerta de Vm.*
J'amènerai quatre bons lévriers.	*Llevaré cuatro buenos galgos.*
Et moi, je porterai un bon saucisson, par précaution contre la faim.	*Yo llevaré un buen salchichon, por precaucion contra el hambre.*
Nous tirerons peut être notre poudre aux moineaux.	*Quizá gastaremos nuestra pólvora en salvas.*
A demain donc ; soyez prêt.	*Hasta mañana pues ; esté Vm. presto.*

15. 15.

De la navigation. — De la navegacion.

Vous allez donc vous embarquer?	*¿ Usted va pues á embarcarse?*
Dans huit jours au plus tard il faudra quitter le port.	*Dentro de ocho dias á mas tardar hemos de salir del puerto.*
Mes malles sont à bord depuis hier.	*Mis baules están desde ayer á bordo.*
Allez-vous dans l'Inde ?	*¿ Va usted á la India?*
Non, Monsieur, à Buénos-Ayres.	*No, señor, á Buenos-Aires.*
Vous avez peut-être le dessein de vous y établir ?	*¿ Tiene Vm. tal vez intencion de establecerse allí?*
Oui, chez un de mes oncles, négociant dans ce pays-là.	*Sí, señor, en casa de un tio mio, negociante, en aquel pais.*
Ne craignez-vous pas la mer?	*¿ No le hace á Vm. miedo el mar?*
Non, Monsieur, parce que notre bâtiment est très bon.	*No, señor, porque nuestro buque es muy bueno.*
On s'expose à bien des dangers sur mer.	*¡ A cuantos peligros se espone el hombre en el mar!*
Cette considération ne doit pas nous arrêter.	*Esa consideracion no debe detenernos.*
On est aussi sur terre entouré de dangers.	*Tambien en tierra estamos rodeados de peligros.*
Une tempête sur mer est si terrible!	*¡ En el mar es tan terrible una tempestad!*
Les tempêtes ne durent pas toujours ; et le danger passé, la joie redouble.	*Las tormentas no duran siempre : y una vez pasádo el peligro, la alegría redobla.*
Ce qu'il y a de bien ennuyeux, c'est d'être là comme dans une prison.	*Lo que es bien molesto es estar allí como en una cárcel.*
On ne peut pas aller au loin se promener.	*No se puede ir á pasear lejos.*
Mais on peut s'y amuser à la lecture, à la musique, à la conversation.	*Se pueden sin embargo entretener con la lectura, la música, la conversacion.*
On peut même se promener sur le pont.	*Tambien se puede pasear sobre el puente.*
Lorsque j'étais embarqué, je m'amusais bien à voir la manœuvre des matelots.	*Cuando yo iba embarcado, me divertia mucho en ver la faena de los marineros.*
Il y en a qui sont très adroits et très lestes.	*Los hay muy diestros y diligentes entre ellos.*

Avec quelle vitesse ils grimpent jusqu'au plus haut des mâts!	¡ *Con qué agilidad trepan hasta lo mas alto de los mástiles!*
Ce sont pour la plupart des gens grossiers, mais très obéissans aux ordres du capitaine.	*Son por la mayor parte unos hombres groseros, pero muy obedientes á las órdenes del capitan.*
Il faut bien qu'il y ait de la subordination, autrement on n'y pourrait pas s'entendre.	*Allí es muy necesaria la subordinacion, pues sin eso no podrian entenderse.*

16.

Du commerce.

16.

Del comercio.

Croyez-vous que la France soit la nation la plus commerçante de l'Europe?	¿ *Cree Vm. que la Francia es la nacion mas comerciante de la Europa?*
Son commerce est très étendu; mais je crois que celui de l'Angleterre l'est davantage.	*Su comercio es muy dilatado; pero creo que el de Inglaterra lo es mas.*
Il y a bien du monde qui s'adonne au commerce.	*Hay mucha gente que se aplica al comercio.*
Voilà pourquoi je crois que l'exercice n'en est pas difficile.	*Vea Vm. porqué yo creo que su ejercicio no es difícil.*
Aussi vous êtes dans l'erreur.	*Usted se equivoca si así lo piensa.*
Il y a des opérations si compliquées!	*Hay en él operaciones muy complicadas.*
Il est un grand nombre de gens qui le pratiquent par pure routine.	*Hay un gran número de personas que le practican por pura rutina.*
Combien y en a-t-il qui n'ont pas la moindre connaissance des plus simples opérations commerciales!	¡ *Cuantos hay que carecen del mas mínimo conocimiento de las operaciones mas simples del comercio!*
Comment! le commerce n'est-il pas l'art d'acheter bon marché et de vendre cher?	¡ *Cómo!* ¿ *no es el comercio el arte de comprar barato y vender caro?*
Ce n'est pas là l'essence du commerce.	*La esencia del comercio no es esa.*
Dans le commerce, on achète, on vend, on échange; mais d'après des règles dictées par l'équité.	*En el comercio se compra, se vende, se cambia; pero segun ciertas reglas dictadas por la equidad.*
Il y a sans doute des marchands de mauvaise foi; mais ce sont plutôt des voleurs que des commerçans.	*No hay duda que hay mercaderes de mala fe; pero estos mas bien son ladrones que comerciantes.*
Pour bien faire le commerce, il faut des fonds, de la probité et beaucoup d'intelligence.	*Para bien practicar el comercio se necesitan fondos, probidad, y mucha inteligencia.*
Si on achetait toujours avec de l'argent comptant, rien ne serait plus simple que le commerce.	*Si siempre se comprase con dinero contante, no habria cosa mas simple que el comercio.*
Mais souvent il faut vendre à crédit.	*Mas muchas veces es preciso vender al fiado.*

Alors il faut mettre en usage les billets à ordre et les lettres de change.

J'ai le dessein d'entrer dans le commerce.

Il vous faut alors étudier le droit commercial.

Si jamais vous êtes dans le commerce, prenez garde de ne pas trop entreprendre.

Ainsi vous éviterez de faire faillite.

Les banqueroutes se sont multipliées d'une manière scandaleuse.

Entonces es menester poner en uso los billetes á órden y las letras de cambio.

Mi intento es entrar en el comercio.

En ese caso Vm. necesita estudiar el derecho comercial.

Si alguna vez Vm. estuviere en el comercio, tenga cuidado de no emprender demasiado.

Así evitará Vm. el hacer quiebra.

Las bancarotas se han multiplicado de una manera escandalosa.

17.

De l'industrie.

Quels progrès l'industrie a faits depuis quelques années !

Il faut avouer que nos pères étaient bien arriérés.

L'industrie nous fournit bien des commodités.

Notre cuisine est meilleure que celle des anciens.

Nous sommes mieux logés qu'Alexandre et Darius.

Nos lits, nos chaises, tous nos meubles sont plus élégans que les leurs.

Et tous ces avantages, c'est à l'industrie que nous les devons.

Nos ancêtres n'auraient pas même soupçonné qu'on pouvait aller en trois jours de Bordeaux à Paris.

Nous devons cet avantage aux diligences.

Et auraient-ils conçu les miracles du télégraphe ?

Par le paratonnerre on dirige à volonté le feu du ciel.

Les machines à vapeur se multiplient tous les jours.

Il n'y a plus de calme, ni vent ni marée qui puissent ralentir la marche d'un bateau à vapeur.

Les femmes n'ont plus besoin de filer la laine et le coton ; les machines font tout cela.

Et quelle utilité ne produisent pas les chemins de fer !

17.

De la industria.

¡ Qué progresos ha hecho la industria de pocos años á esta parte !

Es preciso confesar que nuestros padres estaban bien atrasados.

La industria nos proporciona muchas comodidades.

Nuestra cocina es mejor que la de los antiguos.

Estamos mejor alojados que Alejandro y Darío.

Nuestras camas, nuestras sillas, todos nuestros muebles son mas elegantes que los suyos.

Y todas estas ventajas á la industria las debemos.

Nuestros antepasados ni aun habrian sospechado que se podia ir de Burdeos á Paris en tres dias.

Esta ventaja la debemos á las diligencias.

¿ Y habrian concebido los milagros del telégrafo ?

Con el pararayo se dirige á nuestro arbitrio el fuego del cielo.

Todos los dias se multiplican las máquinas de vapor.

Ya no hay ni calma, ni viento ni marea que puedan retardar la marcha de un batel de vapor.

Ya no necesitan las mugeres hilar la lana y el algodon ; todo eso lo hacen las máquinas.

¡ Y qué utilidad no producen los caminos de hierro !

Mais chaque nouvelle industrie fait aussi le malheur de plusieurs ouvriers.
Pero cada nueva industria hace tambien desgraciados á muchos jornaleros.

Oui, de quelques ouvriers existans, mais non de ceux à venir.
Sí, señor, á algunos jornaleros de los que existen, mas no á los venideros.

C'est un mal nécessaire, mais momentané.
Ese es un mal necesario, pero momentaneo.

Comparez les immenses avantages de l'industrie avec les maux qu'elle produit.
Compare Vm. los inmensos bienes de la industria con los males que produce.

Vous trouverez par ce parallèle que ses avantages sont incalculables, et ses maux très légers.
Usted hallará por este parangon que sus ventajas son incalculables, y sus males muy ligeros.

18.

Avec un tailleur. — **Con un sastre.**

Monsieur, avez-vous du bon drap?
¿Señor maestro, tiene Vm. buen paño?

J'en ai de toutes les qualités, et des meilleures fabriques d'Elbeuf, de Sédan, de Louviers, etc.
Tengo de todas calidades, y de las mejores fábricas, de Elbeuf, de Sedan, de Louviers, etc.

Il me faut une redingote, un habit, un gilet et un pantalon.
Necesito un redingote, una casaca, un chaleco y un pantalon.

J'ai de quoi vous servir à votre volonté.
Tengo con que servir á Vm. á su gusto.

Faites-moi voir du bon drap bleu foncé, du brun et du noir.
Hágame Vm. ver un buen paño azul obscuro, pardo y negro.

En voici du meilleur qu'on fabrique à Sédan.
Este es del mejor que se fabrica en Sedan.

J'espère que vous me servirez bien, étant une de vos pratiques.
Espero que Vm. me servirá bien, siendo como soy su parroquiano.

Je vous servirai comme toujours. Auriez-vous par hasard quelque reproche à me faire?
Le serviré á Vm. como siempre. ¿Acaso tendria Vm. alguna queja contra mi?

Non, Monsieur, je suis au contraire très content de vous.
No, señor, al contrario estoy muy satisfecho de usted.

Voici du bon drap de toutes les couleurs; vous pouvez l'examiner.
Aquí tiene Vm. escelentes paños de todos los colores; Vm. puede exâminarlos.

Vous me ferez une redingote de ce drap brun.
Vm. me hará un redingote de este paño pardo.

Voulez-vous le collet doublé en velours?
¿Quiere Vm. el cuello forrado en terciopelo?

Oui, Monsieur, parce que c'est la mode.
Sí, señor, porque es moda.

Vous voulez encore un habit?
¿Vm. quiere ademas una casaca?

J'en veux un de ce drap noir.
Una quiero de este paño negro.

C'est un drap bien fort et d'un beau noir.
Ese paño es muy fuerte y de un negro hermoso.

Ensuite il me faut un pantalon de ce drap bleu, et un gilet de satin broché.

En seguida necesito un pantalon de este paño azul, y un chaleco de raso bordado.

Du satin broché, en voici un dont le dessin doit vous convenir, car il est très joli.

Raso bordado; vea Vm. aquí uno cuyo diseño le ha de cuadrar, pues es muy lindo.

Combien prendrez-vous pour tout?

¿Cuanto me llevará Vm. por todo?

Laissez-moi faire mon calcul..... 240 francs.

Déjeme Vm. sacar la cuenta...... cuaranta y ocho pesos.

Vous êtes bien raisonnable de ne pas le faire monter à 250.

Vm. es muy razonable porque no la hace llegar á cincuenta.

Vous plaisantez, mais voici : 90 fr. pour la redingote, 100 pour l'habit, 30 pour le pantalon, et 20 pour le gilet.

Vm. se chancea, pero mire Vm. diez y ocho pesos por el redingote, veinte por la casaca, seis por el pantalon, y cuatro por el chaleco.

C'est là votre compte; mais voici le mien : 80 et 80, et 25 et 15, cela fait 220 francs.

Esa es su cuenta de Vm.; mas la mia es: diez y seis, y diez y seis, y cinco, y tres, hacen justo y cabal cuaranta y cuatro pesos.

Ah ça! Monsieur, comme je ne veux pas perdre votre pratique, partageons la différence.

Vaya, caballero, como no quiero perder un parroquiano como Vm., partamos la diferencia.

Vous me donnerez 230 francs : êtes-vous content?

Usted me dará cuarenta y seis pesos : ¿ está Vm. contento?

Allons, soit : prenez-moi mesure.

Vamos, sea así: tómeme Vm. medida.

19. — 19.

Avec un cordonnier. — Con un zapatero.

Monsieur, mes souliers sont-ils prêts?

Señor maestro, ¿ mis zapatos están prestos?

Oui, Monsieur; mais attendez un moment, on va les ôter de la forme.

Sí, señor, pero espere Vm. un instante, van á sacarlos de la horma.

Si je vous commande une paire de bottes, quand les aurai-je?

Si le encargo á Vm. un par de botas, ¿ para cuando las tendré?

Tout de suite; pour dimanche, si vous voulez.

Inmediatamente; para el domingo, si Vm. quiere.

Bien, soit : mais n'y manquez pas.

Bien, sea así, pero no haga Vm. falta.

Soyez tranquille; je vous le promets, et cela suffit.

Esté Vm. sin cuidado: yo se lo prometo, y eso basta.

Ces souliers me serrent trop les pieds.

Estos zapatos me aprietan mucho los piés.

Ce n'est qu'à la première fois qu'on les met.

Eso no es mas que la primera vez que se llevan.

Par la suite ils ne s'élargiront que trop.

Demasiado se ensancharán despues.

A la bonne heure; mais j'aime à avoir les pieds à mon aise.

En hora buena; pero á mi me gusta el tener los piés á mis anchuras.

Si vous voulez, je les remettrai à la forme pour leur donner un peu plus d'ampleur.	*Si Vm. quiere voy á ponerlos otra vez en la horma para darles un poco mas de amplitud.*
Oui, oui; autrement je suis sûr qu'ils me feraient beaucoup de mal.	*Si, señor, si; pues de otro modo estoy cierto que me harian mucho mal.*
C'est parce que vous avez des cors; mais sans cela, je sais que ces souliers vous vont très bien.	*Eso es porque Vm. tiene callos: pero sin eso yo sé que estos zapatos le van á Vm. muy bien.*
Les dernières bottes que vous m'avez faites se sont décousues d'un côté.	*Las últimas botas que Vm. me hizo se han descosido por un lado.*
Cela m'étonne, parce qu'on ne m'a jamais fait de pareils reproches.	*Eso me admira, porque nunca jamás me han dado semejantes quejas.*
Cependant, ce que je vous dis est bien vrai.	*Sin embargo lo que le digo á Vm. es muy verdad.*
Envoyez-les-moi, et je vous les arrangerai.	*Envíemelas Vm., y se las compondré.*
Ayez la bonté de me faire accompagner par un de vos garçons.	*Sírvase Vm. de hacerme acompañar por uno de sus mancebos.*
Avec beaucoup de plaisir. Jean, allez accompagner Monsieur.	*Con muchísimo gusto. Juan, vaya Vm. á acompañar á este caballero.*
Comme je n'ai pas assez d'argent sur moi, le garçon vous apportera le prix des souliers et les bottes.	*Como no llevo bastante dinero en el bolsillo, el muchacho le traerá á Vm. el precio de los zapatos con las botas.*

20.	20.
Avec un chapelier.	**Con un sombrerero.**
Choisissez-moi un bon chapeau de soie.	*Escójame Vm. un buen sombrero de seda.*
Tenez, Monsieur, en voilà un très bon.	*Tome Vm. señor, este es muy bueno.*
Il ne paraît pas mauvais : je vais l'essayer.	*No me parece malo: voy á probármele.*
Quel dommage! il ne me va pas.	*¡Qué lástima: no me va bien.*
Soyez tranquille, nous en trouverons un autre qui vous ira bien, et qui sera aussi bon.	*Pierda Vm. cuidado, hallaremos otro que le irá bien, y que será tan bueno.*
Voyez, essayez celui-ci.	*Vea Vm., pruebese Vm. este.*
Il me va bien; mais il ne me paraît pas aussi bon que l'autre.	*Bien me va; pero no me parece tan bueno como el otro.*
Ils sont tous les deux de la même qualité; mais celui-ci a un peu de poussière.	*Ambos son de la misma calidad; pero este tiene algo de polvo.*
Laissez-moi le brosser et lui passer le fer.	*Déjeme Vm. cepillarle y pasarle la plancha.*
A présent, vous pouvez l'examiner.	*Ahora puede Vm. exáminarle.*
Bien : quel est le prix de ce chapeau?	*Bien: ¿Qué precio es el de este sombrero?*

Il vous coûtera quinze francs.	*Le costará á Vm. quince francos.*
Quinze francs! il n'y a que huit jours, j'en ai acheté un autre aussi bon pour douze.	*¡ Quince francos ! no hace mas de ocho dias he comprado otro tan bueno por doce.*
Pardonnez-moi, Monsieur, vous n'avez pas bien examiné ce chapeau.	*Perdone Vm. caballero, Vm. no ha exâminado bien este sombrero.*
C'est à vous à vanter votre marchandise; mais moi je m'y connais.	*A Vm. le toca alabar su mercaduría; pero yo entiendo de sombreros.*
Je pourrai vous le laisser pour quatorze.	*Podré darsele á Vm. por catorce.*
C'est inutile de perdre notre temps. Voulez-vous douze francs? oui, ou non.	*Es inútil que perdamos el tiempo. ¿ Quiere Vm. doce francos ? ó sí, ó no.*
Je ne puis pas en conscience le donner à moins.	*En conciencia no puedo darle por menos.*
Alors nous n'avons rien fait, et j'en suis fâché.	*Entonces nada hemos hecho, y lo siento mucho.*
Hé bien! pour vous engager à revenir une autre fois, je vous le donne pour douze.	*Pues bien: para obligarle á Vm. á venir otra vez, se le doy por doce.*
Mais certainement je n'y trouve pas de bénéfice.	*Pero á la verdad no hallo aquí ningun beneficio.*
Voilà trois piastres, rendez-moi trois francs.	*Aquí tiene Vm. tres pesos, vuelvame tres francos.*
Monsieur, quand vous en aurez besoin, j'ai un assortiment complet de toutes sortes de chapeaux.	*Señor, cuando Vm. lo necesite, yo tengo un surtido completo de toda especie de sombreros.*

21. — 21.

Avec le médecin. — **Con el médico.**

Comment va notre malade aujourd'hui?	*¿ Cómo va hoy nuestro enfermo ?*
Je me trouve un peu mieux, monsieur le docteur.	*Me hallo un poco mejor, señor doctor.*
Je vous disais bien que vos douleurs se calmeraient.	*Yo se lo decia á Vm. que sus dolores se calmarian.*
Donnez-moi votre main... vous n'avez presque plus de fièvre.	*Deme Vm. su mano... no tiene Vm. ya casi nada de calentura.*
Je sens beaucoup de chaleur au ventre.	*Siento mucho calor en la barriga.*
Avez-vous dormi cette nuit?	*¿ Ha dormido Vm. esta noche ?*
Très peu, et d'un sommeil agité.	*Muy poco, y con un sueño agitado.*
Je vais vous ordonner un calmant, qui finira de vous ôter la fièvre et vous fera dormir.	*Voy á recetarle á Vm. un calmante, que acabará de quitarle la fiebre, y le hará dormir.*
Faites-moi voir votre langue.	*Hágame Vm. ver su lengua.*
Elle n'est pas sale; vous pourrez manger aujourd'hui quelque chose de léger.	*No está cargada; hoy podrá Vm. comer alguna cosa ligera.*

Je n'ai pas d'appétit.	*No tengo apetito.*
Avez-vous été à la selle ?	*¿ Ha hecho Vm. de vientre?*
Non, Monsieur, je n'y ai pas été depuis avant-hier.	*No, señor, no he hecho desde anteayer.*
Dans deux ou trois jours il faudra vous purger.	*Dentro de dos ó tres dias tendrá Vm. que purgarse.*
Tout comme il vous plaira.	*Como Vm. guste.*
Pourrai-je me lever un peu aujourd'hui ?	*¿ Podré levantarme hoy un poco?*
Vers midi vous pourrez essayer de vous lever pour qu'on vous fasse le lit.	*Hacia el medio dia podrá Vm. probar de levantarse para que le hagan la cama.*
Continuez-vous à prendre la tisane ?	*¿ Prosigue Vm. en tomar la tisana?*
On m'en donne assez souvent.	*Me la dan bastante á menudo.*
C'est bien fait; je vous engage à continuer d'en prendre encore.	*Muy bien hecho ; yo le aconsejo á Vm. que prosiga en tomarla aun.*
Qu'on aille chez le pharmacien avec une fiole et cette ordonnance.	*Que vayan á casa del boticario con una redomita y esta receta.*
On vous apportera un sirop ; vous en mettrez une cuillerée à café dans un demi-verre d'eau, et vous en prendrez trois fois par jour.	*Le traerán á Vm. un jarabe; echará Vm. una cucharada pequeña en medio vaso de agua, y le tomará Vm. tres veces al dia.*

COLLECTION

D'HISPANISMES, PROVERBES, LOCUTIONS PROVERBIALES, MÉTAPHORIQUES, ET PHRASES FAMILIÈRES,

Le plus en usage dans la Langue Espagnole,

Avec l'Interprétation Française à la suite, par ordre alphabétique.

A.

Como canta el abad responde el sacristan, tel maître, tel valet.

Dar abasto, fournir à pleines mains. — *Abastecido de todo*, abondamment pourvu de tout.

Abrasarse vivo, être violemment agité de quelque passion.

Abrir el tiempo, se mettre le temps au beau. — *Abrir el dia*, reparaître le jour. — *En un abrir y cerrar de ojos*, en un clin-d'œil.

Cuéntaselo á tu abuela, adressez-vous à d'autres. — *Sí, como mi abuela*, comme je chante, ce n'est pas vrai.

De dos años acá, depuis deux ans. — *Ven acá idiota*, dis-moi, imbécille. — *¿De cuando acá?* depuis quand? — *De entonces acá*, depuis lors.

Acabo de hacerlo, je viens de le faire. — *No puede acabar consigo el aplicarse*, il ne peut se résoudre à s'appliquer. — *Acabaré con él*, je l'anéantirai. — *Acaba ya*, finis donc.

Comer con buenos aceros, manger de bon appétit.

Caro como aceite de aparicio, excessivement cher.

Acomodar de ropa limpia, tacher l'habit. — Communiquer une maladie honteuse.

Acordarse del tiempo del rey que rabió, se souvenir de loin, être vieux.

Acostarse con las gallinas, se coucher de bonne heure, comme les poules.

Acusar á uno la conciencia, avoir des remords. — *Acusar á muerte*, accuser d'un crime capital.

Llevar adelante alguna cosa, pousser une chose jusqu'au bout. — *Vamos adelante*, poursuivons.

No entrar de dientes adentro, ne pouvoir souffrir une personne.

Pasar por todas las aduanas, passer par l'étamine.

Es una admiracion, c'est un prodige.

Aflojar en sus pretensiones, mettre de l'eau dans son vin.

Afórrese usted con ello, c'est de la moutarde après dîner.

Estar hecho un agua, être tout en eau. — *Agua va*, gare l'eau. — *Del agua mansa me libre Dios, que de la brava me guardaré yo*, il n'est pire eau que celle qui dort. — *Bañarse en agua rosada*, nager dans la joie. — *Es claro como el agua*, c'est clair comme le jour.

Agudo como punta de colchon, fin comme gribouille.

Dar aguja, y sacar reja, donner un œuf pour avoir un bœuf.

Alabar sus agujetas, faire valoir sa marchandise. — *Vender bien sus agujetas*, vendre bien ses coquilles.

Ahí me las den todas, cela m'est indifférent. — *Ahí será ello*, c'est là la difficulté.

Ahogarse en poca agua, se noyer dans un verre d'eau. — *Ahogarse de gente*, étouffer de chaleur, à cause de la foule. — *Si es teatino y se ahogó, cuenta le tendría*, il cherche son avantage.

Ahora bien, hé bien ! — *Ahora á mi intento*, Or donc. — *Ahora venga, ahora no venga*, soit qu'il vienne, soit qu'il ne vienne pas.

No hay que mentar la soga en casa del ahorcado, il ne faut pas parler de corde dans la maison d'un pendu.

No ahorrarse con nadie, ni con su padre, dire sa façon de penser à tout le monde. — *Ahorrar de razones*, couper court.

Ajar á uno la vanidad, humilier l'orgueil de quelqu'un.

Ajustar á uno la golilla, serrer les pouces à quelqu'un.

Es para alabar á Dios, il y a de quoi s'étonner. — *No se irá alabando*, il trouvera son compte ; il le paiera.

No le fiaria un saco de alacranes, je ne lui confierais pas la moindre chose.
Alamparse por una cosa, avoir grande envie d'une chose.
Eso es albarda sobre albarda, c'est une surcharge inutile de mots ou de choses. — *Así lo hará como ahora llueven albardas*, il le fera comme il pleut des bâts.
Estar ojo alerta, ó tener el ojo alerta, avoir l'œil au guet.
Está con todos sus alfileres, il est tiré à quatre épingles. — *No estar con sus alfileres*, être de mauvaise humeur.
Es una algaravía, c'est un barragouin.
Allá en mis tiempos, ó en mis mocedades, autrefois, quand j'étais jeune. — *Allá él se tendrá*, qu'il s'arrange comme il pourra. — *Allá se las haya*, je m'en lave les mains.
Alma de caballo, homme sans foi ni loi. — *Alma de cántaro*, homme niais et stupide. — *Alma de Dios*, bon diable. — *Alma en pena*, homme mélancolique. — *Alma mia*, mon cœur, mon amour. — *Me da el alma*, le cœur me dit. — *Tener su alma en su cuerpo*, avoir la liberté de faire quelque chose. — *Tocar en el alma*, toucher au vif. — *Con el alma y la vida*, de tout mon cœur.
Pasarse á uno una cosa por alto, oublier quelque chose.
Amor con amor se paga, à bon chat, bon rat. — *Con mil amores, de mil amores*, avec grand plaisir, de bon cœur. — *Sea por amor de Dios*, souffrons patiemment. — *Dar como por amor de Dios*, donner de mauvaise grace.
A sus anchuras, à son aise.
Puede ir sin andadores, il n'a pas besoin de lisières.
Andar con el tiempo, se conformer au temps. — *Andar á puñadas, á cuchilladas*, se battre à coups de poings ou de couteau. — *A mas andar*, à la hâte, à toutes jambes.
Ahí es un grano de anis (ironiquement), ce n'est rien, cela ne vaut pas la peine.
Tragar el anzuelo, ó caer en el anzuelo, mordre à l'hameçon.
Eso hiede que apesta, cela sent trop mauvais.
Apretar los codos ó los puños, mettre de l'activité à quelque chose.
Aqui de Dios y del rey, avouez donc, connaissez la raison. — *Aquí del rey, aquí de la justicia!* au secours! à la garde! — *Aquí conmigo*, je dis la vérité.

No le arriendo la ganancia, je ne suis pas jaloux de son sort.

No tener arte ni parte, n'avoir aucune part.

Ponerse de asas, *ó andar en asas*, faire le pot à deux anses.

Poner toda la carne en el asador, mettre tous ses œufs dans un panier.

Es un asco, cela ne vaut rien, fi donc! — *Hacer ascos,* faire des minauderies.

Sacar el ascua con la mano agena, se faire tirer les marrons du feu.—*Estar hecho un ascua,* avoir le visage tout en feu. — *Estar en ascuas*, être sur les épines. — *Estar hecho una ascua de oro,* être doré comme un calice.

Aun asi y todo, malgré cela. — *Siendo así que*, puisque. — *Así es que*, ainsi donc. — *Llamarse así ó asá,* s'appeler ceci ou cela, Pierre ou Jean.

Asir la ocasion por los cabellos, saisir l'occasion. — *Asir de los cabezones*, prendre au collet.

Ni ata ni desata, il parle à tort et à travers.

Captar el aurá popular, ambitionner les louanges du peuple.

Estamos bien aviados, nous voilà dans de beaux draps. — *Vamos aviando*, finissons.

Estar sobre aviso, être sur ses gardes.

Estar en ayunas de una noticia, ignorer complètement une nouvelle. — *Quedarse en ayunas de alguna cosa*, ne rien comprendre à une chose.

Es un azogue, c'est un salpêtre. — *Es un azota calles*, il bat le pavé.

B.

Caerse á uno la baba, éprouver un grand plaisir.

Bailar al son que se toca, hurler avec les loups.

Pelarse las barbas, être dans une violente colère.

Sin tropezar en barras, sans rencontrer d'obstacles.

No dejar meter baza, parler sans relâche.

Beber á pote, boire à même. — *Beberse las lágrimas*, retenir ses larmes. — *Beber los pensamientos á alguno*, deviner la pensée de quelqu'un. — *Beber á boca de jarro*, *ó á pico de jarro*, boire avec excès.

Dar un beso al jarro, boire un coup.

De bien á bien, ó de buenas á buenas, de gré à gré. — *Hacerse hombre de bien*, jouer l'honnête homme.

No tiene blanca, ó está sin blanca, il n'a pas le sou.

Mas blando que una breba, souple comme un gant.

Eso importa un bledo, cela ne vaut pas tripette.

Salió á pedir de boca, cela réussit à merveille. — *Estar con la boca á la pared, ó no tener que llegar á la boca*, n'avoir de quoi mettre sous la dent. — *No tiene boca para negar*, il n'a pas la force de nier. — *Punto en boca*, paix! silence! — *Su boca es medida*, ses vœux sont remplis. — *Hablar por boca de ganso*, parler d'après quelqu'un, être son écho. — *Estar ó quedarse con la boca abierta*, rester bouche béante. — *A boca de noche*, à l'entrée de la nuit. — *Boca á boca*, de vive voix. — *Boca con boca*, face à face. — *Hacerse la boca agua*, l'eau en venir à la bouche. — *Estoy con el bocado en la boca*, je sors de table. — *Gobierna tu boca segun tu bolsa*, gouverne ta bouche selon ta bourse.

Irse con la boda, faire rafle, emporter tout.

Echar el bodegon por la ventana, tuer le veau gras, faire un régal. — *¿En qué bodegon hemos comido juntos?* Avons-nous gardé les cochons ensemble?

Echar los bofes por hacer alguna cosa, s'évertuer pour faire une chose.

Ha rodado mucha bola, il a beaucoup voyagé.

Consultar con el bolsillo, consulter la bourse. — *Hacer bolsillo*, remplir la bourse.

Es una borrachera, un pasmo, una admiracion, c'est un prodige.

Estar en brasas, estar en espinas, être sur les épines.

A brazo partido, bras dessus, bras dessous. — *Con los brazos abiertos*, à bras ouverts.

¡Bueno! bueno está; bueno está lo bueno, voilà qui va bien! c'est assez; c'est bon. — *¿A donde bueno? ¿de donde bueno?* où allez-vous? d'où venez-vous? — *De buenas á primeras*, de but en blanc. — *Bueno era eso para su humor*, il ne le souffrirait pas.

Comer como un buitre, manger comme un loup.

Tiene bula para todo, il a carte blanche.

Los pies le bullen, les pieds lui démangent.

No es amigo de burlas, il n'entend pas la plaisanterie. — *De burlas, ó burla burlando*, pour rire, en badinant. — *Quedar burlado*, prendre le change.

Buscar á uno de zeca en meca, chercher quelqu'un par terre et par mer. *Buscar á uno con trompeta ó por pregones*, chercher quelqu'un à cor et à cri.

C.

Andarse en caballerías, s'épuiser en complimens. — *Meterse á caballero, ó hacer del caballero*, se donner des airs, trancher du grand seigneur. — *Huir á uña de caballo*, fuir à toute bride.

No faltar ni un cabello, ne manquer absolument rien. — *Esto no monta un cabello*, cela n'est d'aucune importance. — *Llevar á uno de un cabello*, mener quelqu'un par le nez.

No caber en sí de gozo ó de contento, ne pouvoir contenir sa joie. — *No caber el corazon en el pecho*, avoir le cœur gros. — *No caber en el mundo*, être trop orgueilleux. — *Eso no cabe en él*, il n'en est pas capable.

Hablar de cabeza, parler d'abondance. — *Se le vino á la cabeza*, il lui vint dans l'esprit. — *Poner las cosas pies con cabeza*, mettre les choses sens-dessus-dessous. — *Dar con la cabeza en las paredes*, donner de la tête contre le mur.

Al cabo y á la postre, au bout du compte.

La cabra siempre tira al monte, on se sent toujours de son origine.

Caer de piés, tomber sur ses pieds. — *Le cae bien ese vestido*, cet habit lui va bien. — *Caer en gracia*, donner dans la visière. — *Caer bien á caballo*, se tenir bien à cheval. — *Caer de su asno*, reconnaître son erreur. — *Caer debajo de algun género*, être compris dans une classe. — *Caer debajo de la juridiccion de alguno*, être soumis à la juridiction de quelqu'un. — *Caigo en ello*, je le comprends. — *Caer en nota*, faire parler de soi. — *No tiene de que caerse muerto*, il est sur la paille, dans la dernière misère. — *Caersele á uno la cara de vergüenza*, rougir jusqu'au blanc des yeux. — *Caersele á uno las alas del corazon*, perdre courage. — *Eso se cae de su peso*, cela tombe sous les sens.

Echar á uno con cajas destempladas, chasser quelqu'un tambour battant.

Tener cascos de calabaza, n'avoir du bon sens. — *Darse de calabazadas*, se creuser le cerveau.

Estar con el sombrero ó gorro calado, avoir son chapeau ou son bonnet enfoncé.

Quedarse en la calle, être sur le pavé. — *Echar á uno á la calle*, mettre quelqu'un à la porte.

Usted no sabe quien es calleja, vous ne savez pas à qui l'on a affaire.

Todo se sabe hasta lo de la callejuela, tout se découvre avec le temps.

Calzar sus guantes, mettre ses gants. — *Esa muger calza las bragas*, cette femme porte la culotte. — *El que primero llega ese se la calza*, le premier venu emporte tout. — *Se las calza al revés*, il met ses lunettes de travers.

Todos son lobos de una camada, ils sont tous de la même clique.

Hacer de un camino dos mandados, faire d'une pierre deux coups.

Tomar una muger en camisa, prendre une femme sans dot. — *¿ Estás en tu camisa ?* as-tu perdu la tête ? — *Primero es la carne que la camisa*, la chair est plus proche que la chemise.

Volver á la misma cancion, répéter toujours la même chose.

Eso es otro cantar, c'est une autre chose.

Hubo toros y cañas, il eut de grands débats.

Hacer de su capa un sayo, faire ce que bon lui semble. — *Defender á capa y espada*, défendre à toute outrance. — *Estar á la capa*, attendre une occasion favorable. — *Defender su capa*, défendre ses droits. — *No tiene mas que la capa en el hombro*, il est sans ressources. — *Tener su capa en el hombro*, être un fainéant. — *Es capa de pícaros*, il protége les coquins. — *Es hombre de buena capa*, c'est un homme de bonne mine.

Andar con la cara descubierta, aller tête levée. — *En la cara se le conoce*, sa figure parle. — *No vuelvo la cara atrás*, je ne recule pas. — *Por su buena cara*, pour ses beaux yeux. — *Dar á uno con la puerta en la cara*, fermer à quelqu'un la porte au nez.

Reir á carcajada tendida, rire à gorge déployée.

Sufrir la carga cerrada, endurer une rude semonce. — *Dar con la carga en tierra*, succomber sous le poids.

Hacerse cargo de la razon, connaître la raison, être raisonnable.

Ser de carne y sangre, être de chair et d'os. — *No es carne ni pescado*, il n'est bon ni à rôtir ni à bouillir. — *Tiene carne de perro*, il a un corps de fer.

Untar el carro, graisser la patte. — *Seguir el camino carretero*, agir d'après les règles ordinaires.

Carta canta, les titres parlent. — *Viene con malas cartas*, il s'embarque sans biscuit. — *Estar casado á media carta*, vivre dans le concubinage.

Estar de casa, être en négligé. — *No tener casa ni hogar*, n'avoir ni feu ni lieu. — *Tener casa puesta*, tenir maison. — *Levantar la casa*, déménager.

Poner el cascabel al gato, attacher le grelot au cou du chat.

Tener los cascos á la gineta, avoir la tête verte. — *Ser alegre ó ligero de cascos*, être étourdi, écervelé. — *Quebrar á uno los cascos*, rompre la tête à quelqu'un. — *Labar á uno los cascos*, faire bouillir du lait à quelqu'un. — *Los cascos se parecen á la olla*, tel père, tel fils.

Salirse de sus casillas, sauter aux nues.

Venir ó no venir al caso, être ou n'être pas à propos.

Hacer castillos en el aire, faire des châteaux en Espagne.

Al asno muerto la cebada al rabo, après nous le déluge.

Dar entre ceja y ceja, dire en face.

No tener cera en las orejas, n'avoir pas le sou. — *Hace de él cera y pábilo*, il en fait tout ce qu'il veut. — *No hay mas cera que la que arde*, il n'y a rien de plus.

Tomar una cosa en cerro, prendre une chose en gros, à boule-vue.

Decir unas veces cesta y otras ballesta, dire tantôt blanc, tantôt noir.

Hacer chunga y chacota de todo, se moquer de tout.
Hablar como una chicharra, jaser comme une pie.
Dar en el chiste ó en el hito, comprendre la difficulté.
Andar á ciegas, aller à tâtons.
Tomar el cielo con las manos, jeter feu et flammes. — *Dar una palmada en el cielo*, prendre la lune avec les dents. — *Mudar de cielo,* changer d'air. — *Poner el grito en el cielo*, jeter les hauts cris.
Vino rompiendo cinchas, il vint ventre à terre, à bride abattue.
No saber cuantas son cinco, ne savoir ni *a* ni *b*. — *Tengo mis cinco dedos en la mano*, je vaux autant qu'un autre.
Vamos claros, entendons-nous, parlons franchement. — *Pasar de claro en claro*, percer de part en part. — *Pasar la noche de claro en claro*, passer la nuit blanche. — *Poner de claro en claro la verdad,* montrer clairement la vérité.
Apretarle á uno las clavijas, serrer le bouton à quelqu'un.
Los ojos clavados en el suelo, les yeux fixés sur le plancher. — *Venir una cosa clavada*, cadrer une chose avec une autre.
Un clavo saca otro clavo, un clou chasse l'autre. — *Dar en el clavo,* frapper au but. — *No importa un clavo*, peu importe.
Tirar coces contra el aguijon, regimber contre l'éperon.
Coger ó tomar á uno la palabra, prendre quelqu'un au mot. — *Aquí te cojo, y aquí te mato,* aussitôt dit, aussitôt fait.
Guardar su coleto, garder son corps.
Tener que comer, avoir de quoi vivre. — *Con su pan se lo coma; allá se las haya*, c'est son affaire, cela le regarde. — *Come pan con corteza*, il sait son pain manger. — *Dios no come ni bebe, mas juzga lo que ve,* Dieu voit tout, entend tout.
Como allí se contiene, comme il est dit, sans plus ni moins. — *¿ Y cómo que lo negaré ?* nul doute que je le nierai. — *¿ Como has de saber eso ?* comment peux-tu savoir cela ?
Quien no te conoce te compre, portez ailleurs vos coquilles.
Es tan conocido como la ruda, il est connu comme le loup blanc.

Con que, ya se ve, ainsi donc, vous voyez.

Dar con conveniencia, donner à bon compte.

De corazon, volontiers, de bon cœur. — *Me lo decia el corazon*, j'en avais un pressentiment. — *Llevar ó tener el corazon en las manos*, avoir le cœur à la main.

No es esa la madre del cordero, ce n'est pas le vrai motif.

Andar á todo correr, courir à toutes jambes. — *Déjalo correr, que ello parará*, laissez-le aller, il faudra bien qu'il s'arrête. — *Debieras correrte de eso*, tu devrais en rougir. — *Corran las cosas como corrieren*, que les choses aillent comme elles voudront.

En mi corto entender, d'après ma façon de penser.

¡ Cosa rara ! c'est drôle. — *No hay cosa con cosa*, tout est sens-dessus-dessous. — *No hay tal cosa, no hay tal*, cela n'est pas vrai. — *¡ Ay cosa !* c'est étonnant. — *¿ Qué cosa?* que dites-vous ? qu'est-ce? — *No tener cosa suya*, n'avoir rien à soi, être trop libéral. — *Como cosa de una libra*, une livre à-peu-près.

Tiene malas cosquillas, il ne se laisse pas marcher sur le pied.

Dar de costillas, tomber sur le dos. — *Vivir á las costillas de otro*, vivre aux crochets de quelqu'un.

A cual mas confusas, plus confuses les unes que les autres.

Es á cuanto puede llegar, c'est tout ce qu'on peut faire.

Ese es vino de otra cuba, c'est une autre affaire.

Estar en cuclillas, être accroupi.

Cuenta y razon sustentan amistad, les bons comptes font les bons amis. — *Hacer la cuenta sin la huéspeda*, compter sans son hôte. — *No quiero cuentas con él*, je ne veux rien avoir à démêler avec lui. — *Estemos á cuentas*, entendons-nous. — *Las cuentas del gran capitan*, un mémoire d'apothicaire. — *Por mi la cuenta*, je le prends sur moi. — *Le tomo de mi cuenta*, je m'en charge. — *Sabe su cuenta*, il entend bien ses intérêts.

Dejémonos de cuentos, allons au fait. — *Eso no me está á cuento*, cela ne fait pas mon compte. — *Como digo, ó como iba diciendo de mi cuento*, pour revenir à ce que je disais. — *Me viene mas á cuento*, cela m'est plus avantageux.

No hay hombre cuerdo á caballo, l'occasion fait le larron. — *Con la edad se hace uno cuerdo*, on devient sage avec l'âge.

Sobre cuernos penitencia, les battus paient l'amende. — *Subir á uno sobre los cuernos de la luna*, élever quelqu'un jusqu'au ciel. — *Andar en los cuernos del toro*, être dans la gueule du loup.

Estirar el cuero, allonger la courroie. — *En cueros, en carnes, en pelota*, tout nu. — *Del cuero salen las correas*, les accessoires suivent le principal.

Dar con el cuerpo en tierra, tomber par terre. — *Tratar á uno como cuerpo de rey*, traiter quelqu'un comme un roi. — *Escapar el cuerpo*, s'esquiver. — *Echar al cuerpo*, ó *echarse á pechos*, avaler, mettre dans le ventre.

Suya es la culpa, ó *él se tiene la culpa*, c'est sa faute, c'est lui qui a tort.

Hacer una cosa por cumplir, faire une chose par manière d'acquit.

D.

¿ Por donde va la danza? où en sont les choses? — *Ande la danza*, vive la joie.

Dar de comer, de beber, de vestir, etc., donner de quoi manger, boire, s'habiller, etc. — *Dar el sí*, dire oui, consentir. — *Dar madrugon*, se lever de grand matin. — *Quitar á un santo, para dar á otro*, découvrir saint Pierre, pour couvrir saint Paul. — *Mas vale un toma que dos te daré*, mieux vaut un tiens que deux tu l'auras. — *En tomar y dar es facil errar*, à donner et à prendre on peut aisément se méprendre. — *Andar en dares y tomares*, se mêler dans toutes les disputes. — *Parece al perro de Juan de Ateca, que antes que le den se queja*, il ressemble aux anguilles de Melun, il crie avant qu'on l'écorche. — *Darse buen tiempo*, se donner du bon temps. — *No darse por entendido*, ne faire semblant de rien. — *No se me da nada*, peu m'importe. — *No te dé cuidado*, ne t'en inquiète pas. — *Eso da en los hocicos, da en rostro*, cela saute au visage. — *El corazon me da que...*, j'ai un pressentiment. — *Dar de palos*, donner des coups de bâton. — *No me da mas uno que otro*, autant m'importe l'un que l'autre. — *Dar con una cosa*, trouver une chose. — *Tanto se le da por lo que va como por lo que viene*, tout lui est égal.

Decirse los nombres de las fiestas, se dire les sept péchés mortels. — *No hay mas que decir*, c'est tout dire. — *Dicho y hecho*, aussitôt dit, aussitôt fait. — *Dicho se está*, cela va sans dire. — *Diciendo y haciendo*, aussitôt dit, aussitôt fait. — *No sabe lo que se dice*, il ne connaît rien à cela. — *Lo dicho dicho*, ce qui est dit est dit. — *Digamoslo así, por decirlo así*, pour ainsi dire.

Dejar atrás los vientos, courir plus vite que le vent. — *Dejar una cosa en el tintero*, laisser quelque chose au bout de la plume. — *Dejemoslo al tiempo*, laissons agir le temps. — *Dejar para otro dia*, laisser pour le lendemain. — *No dejar una cosa de la mano*, ne pas perdre de vue une chose. — *Lo que no has de comer déjalo cocer*, ne te mêles pas de ce qui ne te regarde. — *No dejar ni roso ni velloso*, employer le vert et le sec. — *No me dejan á sol ni á sombra*, ils sont toujours à mes trousses.

Descalzarse de risa, rire à gorge déployée. — *Descalzo de pie y pierna*, sans bas et sans souliers.

No descoser la boca ó los labios, ne pas desserrer les dents, les lèvres. — *Come como un descosido*, il mange comme un ogre.

Descuidar en alguno, se reposer sur quelqu'un.

Vender por destajo, á la menuda, vendre en détail.

Desvivirse por alguno, être bien amoureux de quelqu'un.

Yendo dias y viniendo dias, le temps s'écoulait ainsi. — *Es del dia*, c'est à l'ordre du jour. — *En dias de vivos*, tant que le monde sera monde. — *No en mis dias*, de ma vie, ni de mes jours. — *Mas dias hay que longanizas*, il y a plus de jours que de semaines. — *No se van los dias en valde*, on ne vieillit pas impunément.

Ahí será el diablo, c'est là le diable. — *No es muy diablo*, il n'a pas inventé la poudre. — *Tiene el diablo en el cuerpo*, il a le diable au corps. — *Hay muchos diablos que se parecen unos á otros*, il y a dans la foire plus d'une âne qui s'appelle Martin. — *Hubo una de todos los diablos*, il y eut un tapage d'enfer. — *Qué diablos! cómo diablos!* que diable! comment diable! — *Llevóselo el diablo,* le diable s'en est mêlé.

Estar á diente, être à jeûn, mourir de faim. — *Tener buen diente*, avoir bon appétit. — *Tener á uno entre dientes*, avoir une dent contre quelqu'un. — *No tiene para untar un diente,* il n'en a pas pour sa petite dent.

El mas diestro la yerra, le plus habile se trompe quelquefois.

Andar en dimes y diretes, se quereller pour un oui ou pour un non.

Todo lo alcanza el dinero, l'argent fait tout. — *A dinero seco*, argent comptant.

A Dios y á dicha, à tout hasard. — *A la buena de Dios*, tout bonnement.

Disparate de á quintal, très grande sottise.

No sabe distinguir de colores, il ne sait pas estimer les choses ce qu'elles valent.

Dormir á pierna suelta, *á pierna tendida,* dormir sur ses deux oreilles. — *Dormir en el meson de la estrella*, dormir à la belle étoile.

No hay que dudarlo, il n'y a pas de doute.

Soldados de agua dulce, soldats qui n'ont jamais vu le feu.

Duro de cocer, *y peor de comer*, dur à cuire, dur à manger.

E.

Nadie le echaba el pié adelante, personne ne le surpassait. — *Echar agua en el mar*, porter de l'eau à la rivière. — *Echar por esos trigos*, courir à travers les champs.

No embargante todo eso, malgré tout cela.

Sin embargo de embargos, malgré tous les obstacles.

La carta no tiene empacho, le papier souffre tout.

Hacer empeño de una cosa, prendre à cœur une chose.

Nos encontramos con los pensamientos, nous avons la même pensée.

Enfrascarse en algun negocio, s'embarrasser dans une affaire.

Engañar el tiempo, tuer le temps. — *La desconfianza aparta el engaño*, la méfiance est mère de la sûreté.

A pie enjuto, à pied sec, sans peine, sans travail.

No se deja ensillar, il ne se laisse pas marcher sur le pied.
Hacer la gata ensogada, faire la Sainte-Nitouche.
A buen entendedor pocas palabras, le sage entend à demi-mot.
Cada uno se entiende, chacun sait ce qu'il a à faire. — *No se entiende eso con usted*, cela ne vous regarde pas. — *No lo entenderá Galvan*, le diable n'y entendrait rien. — *¿ Qué se entiende ? ó ¿ cómo se entiende ?* qu'est-ce que cela veut dire? — *No entiendo de eso*, je n'entends pas cela, je ne le veux pas. — *Dar en que entender*, donner à penser.
Eso me llega á las entrañas, cela me déchire le cœur.
Entrar en los usos, en las modas, etc., suivre les usages, les modes, etc. — *Ahora entro yo*, c'est à présent mon tour.
Entre dos luces, entre chien et loup. — *Entre dia, entre semana, entre año*, dans le jour, dans la semaine, dans l'année. — *Entre los cuarenta y los cincuenta*, entre 40 et 50 ans.
Tan ignorante es como todo eso, tant il est ignorant. — *¡ Eso de pensar que he de ir, tararira !* si l'on croit que j'irai, l'on se trompe. — *Ni por esas lo conseguí*, ce moyen-là même ne me réussit pas.
Gato escaldado del agua fria huye, chat échaudé craint l'eau froide.
Gente de escalera abajo, gens de bas étage.
Ya escampa y llovía á cántaros, loin de cesser, la pluie augmente.
Escapar en una tabla, l'échapper belle.
Un lenguage esguízaro, un langage obscur, inintelligible.
Me dan mala espina acerca de ese hombre, je ne pense pas bien de cet homme.
Espiritarse de cólera, étouffer de colère.
Venir á casa con las estrellas, se retirer de nuit.
Nos tiene estomagados á todos, il nous a tous ennuyés.
Habla ó dice el evangelio, c'est vrai comme mot d'évangile.

F.

Sin faltar punto ni coma, avec les points sur les *i*.

Cobra buena fama y échate á dormir, acquiers bonne renommée, et dors la grasse matinée. — *Mas vale buena fama que cama dorada*, mieux vaut bonne renommée que ceinture dorée.

Hágame usted el favor de..., ayez la bonté de... — *Usted me hace poco favor,* vous ne me flattez pas.

A fé que tiene razon, il dit certainement vrai.

Quien feo ama, hermoso le parece, tout ce qu'on aime paraît beau.

Salir por fiador, ó salir fiador, répondre pour quelqu'un.

No está para fiestas, il n'est pas de bonne humeur.

Al fin se canta la gloria, il ne faut pas chanter victoire d'avance. — *Por fin y postre*, enfin, en conclusion.

Como mil flores, joli comme un cœur. — *Andarse en flores,* donner de l'eau bénite de cour.

Es un sujeto de forma, c'est un homme comme il faut. — *No hay forma de convencerle*, il n'y a pas moyen de le convaincre.

Fraile que pide por Dios pide por dos, celui qui quête pour Dieu quête pour deux.

Está hecho un fuego, il est tout en feu. — *Donde fuego se hace, humo sale,* il n'y a point de feu sans fumée.

Su razon me hace fuerza, sa raison me convainc. — *A viva fuerza*, de vive force. — *Sacar fuerza de flaqueza,* faire de la nécessité vertu. — *Dar á toda fuerza,* frapper à tour de bras.

En la fuga de la conversacion, dans la chaleur de la conversation.

G.

Vestirse de gala, prendre ses meilleurs habits.

Salió con una pata de gallo, il répondit hors de propos.

A buena gana no hay pan duro, l'appétit fait trouver tout bon. — *Donde hay gana, hay maña,* rien n'est impossible à celui qui a bonne envie.

A padre ganador, hijo gastador, à père ménager, enfant prodigue.

No se ganó Zamora en una hora, Paris n'a pas été fait dans un jour.

A rio revuelto, ganancia de pescadores, il fait bon pêcher en eau trouble.

Le hule la garganta á esparto, il sent la corde.

Andar á gatas, aller à quatre pattes.

Buscar cinco piés al gato, chercher midi à quatorze heures. — *Comprar gato en saco,* acheter chat en poche. — *De noche todos los gatos son pardos*, la nuit tous les chats sont gris.

Dar golpe, frapper l'esprit. — *De golpe y zumbido*, de but en blanc.

¿ Cómo es su gracia de usted ? comment vous appelez-vous ?

A grito herido, à grands cris. — *A buen bocado, buen grito,* à bon chat bon rat.

No son todas fiestas de guardar, il ne faut pas faire tout ce qu'on nous dit.

Eso es pedir gullerías, c'est demander l'impossible.

Sobre gusto no hay disputa, il ne faut pas disputer des goûts. — *Hablar al gusto*, dire des choses agréables.

H.

Hablar con los ojos, parler des yeux. — *Hablar como una cotorra*, parler comme un perroquet. — *Hablar á bulto, ó á tiento*, parler à l'aventure. — *Habla á borbotones,* il bredouille. — *Hablar en romance*, parler clair, parler français. — *Hablar á tontas y á locas*, parler à tort et à travers. — *Cada uno habla como quien es,* chacun parle comme il peut. — *Es hablar por demas*, ce sont des paroles perdues. — *No se hable mas en ello*, qu'il n'en soit plus question. — *Mas vale buen callar que mal hablar,* mieux vaut se taire que mal parler.

Diciendo y haciendo, aussitôt dit aussitôt fait. — *Hacer del bobo*, faire le niais. — *Hacer de las suyas*, faire des siennes. — *Hacer torres de viento*, faire des châteaux en Espagne. — *Hacer corrales*, faire l'école buissonnière. — *Por mas que haga*, il a beau faire. — *No saber qué hacerse,* ne savoir de quel bois faire flèche. — *El que me la hace me la paya*, celui qui me trompera me le paiera. — *¿ Qué hemos de hacer ?* qu'y faire ? — *¿ Qué haremos con eso ?* à quoi bon cela ? — *No hay que hacer,* il n'y a point de difficulté. — *Buen provecho le haga*, grand bién lui fasse.

Hallár por bueno, trouver bon. — *Halla siempre que decir*, il trouve toujours à redire.

Eso es harina de otro costal, c'est un autre paire de manches.

Ayunar despues de harto, jeûner le ventre plein.

Traer el hato á cuestas, n'avoir ni feu ni lieu. — *Dar al diablo el hato y el garabato*, donner tout au diable.

Herir de punta y tapon, frapper d'estoc et de taille.

En casa del herrero cuchillo de palo, les cordonniers sont toujours les plus mal chaussés.

Al hierro caliente machacar de repente, il faut battre le fer pendant qu'il est chaud.

Estar colgado de un hilo, ne tenir qu'à un fil.

Hipar por una cosa, désirer ardemment une chose.

Meter el hocico en todo, fourrer son nez partout.

Volver la hoja, tourner casaque. — *Es todo hoja, ú hojarasca*, il parle beaucoup sans rien dire.

Es hombre de buenas letras, c'est un homme instruit. — *Ser hombre de su palabra*, être esclave de sa parole. — *Es un hombre que huele á horca*, c'est un homme de sac et de corde. — *No será usted hombre para ello*, vous n'êtes pas homme à le faire. — *Es muy hombre*, il est homme de cœur. — *No tiene hombre*, il est sans protection.

Lo mismo es á cuestas que á hombros, c'est bonnet blanc et blanc bonnet.

De hoy á mañana, du soir au lendemain.

Hacer hucha, garder une poire pour la soif.

A otro perro con ese hueso, adressez-vous à d'autres.

Húndase el mundo, quoi qu'il en arrive.

Cogido con el hurto en las manos, pris en flagrant délit.

Es derecho como un huso, il est droit comme un jonc.

I.

Ir por pan, por vino, etc., aller chercher du pain, du vin, etc. — *Vamos adelante*, poursuivons. — *Váyale usted con eso*, il ne vous écoutera pas. — *Vaya una preguntita*, je vous fais une petite question. — *No le va en zaga al otro*, il ne lui cède en rien. — *Tanto se le da por lo que va como por lo que viene,* tout lui est égal. — *Vaya, vaya,* allons, allons. — *¿ Cuanto va que esto sucede?* je gage que cela arrivera. — *En esto le va la vida*, il y va de sa tête.

J.

Jarabear la paciencia, exercer la patience.

Echar un jarro de agua á la fiesta, déranger ou troubler la fête.

Jugar el sol antes que nazca, jouer jusqu'à sa chemise.

Tras los años viene el juicio, la raison vient avec l'âge. — *En mi juicio,* à mon avis.

Cada uno juzga por su corazon del ageno, chacun mesure les autres à son aune.

L.

Una mano lava la otra, y las dos la cara, un barbier rase l'autre.

Está como una leche, c'est tendre comme rosée.

Se le conoce á la legua, cela paraît de loin.

Quien tiene lengua á Roma va, qui a une langue va à Rome. — *Tener algo en el pico de la lengua,* avoir quelque chose sur le bout de la langue.

Del arbol caido todos hacen leña, quand l'arbre est à bas, chacun se plaît à lui arracher des branches.

A ley de caballero, foi d'honnête homme.

Librarse de buena, l'échapper belle.

Quedar limpio, être à sec, sans argent.

Estamos lindos, nous voilà dans de beaux draps.

Salir de llamas y caer en las brasas, tomber de Carybde en Scylla.

El llanto sobre el difunto, il faut battre le fer pendant qu'il est chaud.

No llevarlas ó tenerlas todas consigo, n'être pas content.

Llorar á lágrima viva, pleurer à chaudes larmes. — *No lloraré yo sus lástimas*, tant pis pour lui. — *Llorar de risa*, rire aux larmes.

Llover á cántaros, pleuvoir à verse.

Quien con lobos anda á aullar se enseña, avec les loups

on apprend à hurler. — *El lobo y la vulpeja, ambos son de una conseja,* les méchans sont d'accord pour mal faire.

Estar loco por una persona, être fou d'une personne.

Sacar el pié del lodo, se tirer d'affaire.

M.

A quien madruga Dios le ayuda, aide-toi, Dieu t'aidera.

El uso hace maestro, en forgeant on devient forgeron.

Del mal el menos, de deux maux il faut choisir le moindre.

No vale para maldita la cosa, cela ne vaut absolument rien.

Hacer la mamola, passer la main sous le menton.

No sér cojo ni manco, avoir bon pied, bon œil.

Tener á uno á su mandar, avoir quelqu'un à sa disposition.

Estar mano sobre mano, rester les bras croisés. — *En buena mano está el pandero,* l'affaire est en bonne main. — *Darse la mano unos á otros,* se prêter du secours mutuellement.

Mas vale maña que fuerza, mieux vaut adresse que force.

Los mas de ellos, la plupart d'entre eux. — *Mas es el ruido que las nueces,* plus de bruit que de besogne. — *Tan necio, grande, etc., como el que mas,* aussi ignorant, grand, etc., que les plus ignorans, grands, etc.

Catar el melon, sonder le terrain.

Mentir por la barba, ó mentir sin suelo, mentir impudemment. — *Miente mas que da por Dios,* il ment comme un arracheur de dents. — *El mentir pide mémoria,* il faut qu'un menteur ait bonne mémoire. — *Miente mas que habla,* il dit plus de mensonges que de paroles.

En su mesma mesmedad, lui-même en personne.

Es muy mio, c'est mon ami intime.

Mireme usted en esta cara, regardez-moi bien. — *Mirar de socarron,* regarder du coin de l'œil. — *Mirar de medio ojo,* regarder en tapinois.

Prometer montes de oro, promettre monts et merveilles.

Me muero por estas cosas, j'aime passionnément ces choses-là.

Andar con mosca, prendre la mouche. — *A quien se hace*

miel, moscas se le comen, qui se fait brebis, le loup le mange.

¿ Qué mucho haya sucedido eso ? qu'est-il étonnant que cela soit arrivé ?

Ser flojo de muelles, se laisser persuader facilement ; manquer de fermeté.

Pensar en las musarañas, bâiller aux corneilles.

No entender la música, faire la sourde oreille.

N.

No digo nada, soit, j'y consens. — *¿ No es nada ?* n'est-ce donc rien ? — *En un nada*, en moins de rien.

Tener largas narices, avoir bon nez. — *Se le van hinchando las narices*, la moutarde lui monte au nez.

Ni siquiera una palabra, pas un mot.

La noche es capa de pícaros, la nuit sert de voile aux méchans.

Lo firmaré de mi nombre, je suis prêt à le signer.

O.

¿ Qué obligacion tiene á entender eso ? pourquoi entendrait-il cela ?

Es la obra del Escorial, c'est une affaire longue à terminer.

Métase usted en su oficio, avisez-vous de vos affaires.

Se le ofreció un pensamiento, il lui vint dans la pensée. — *¿ Qué se le ofrece á Vm. ?* que demandez-vous ? que désirez-vous ?

Hacer oidos de mercader, faire la sourde oreille.

No tener donde volver los ojos, ne savoir où donner de la tête. — *No se halla uno por un ojo de la cara*, on n'en trouve pas pour tout au monde. — *A ojos vistas*, à vue d'œil.

Es un orate, c'est un imbécille.

Le guarda como oro en paño, il le garde soigneusement. — *Mi palabra es prenda de oro*, ma parole vaut de l'or.

Cada oveja con su pareja, chacun cherche son semblable.

Por el hilo se saca el ovillo, par l'échantillon on juge de la pièce.

P.

Con la paciencia todo se logra, la patience vient à bout de tout.
Todo el mundo es país, les hommes sont les mêmes partout.
No tiene mas que palabras, il n'est brave qu'en paroles. — *No tengo palabras hechas*, les expressions me manquent. — *Sanan llagas y no malas palabras*, un coup de langue est pire qu'un coup de lance.
Estar debajo de la palamenta de alguno, être sous la férule de quelqu'un.
Ignorante á par de su presuncion, aussi ignorant que présomptueux.
Esto es para mas despacio, ceci demande du temps. — *Estoy para irme mañana*, je dois partir demain.
Como mejor le parezca, comme bon lui semblera. — *Quien no parece, perece*, les absens ont tort. — *De buen parecer*, de bonne mine.
Taladrado de parte á parte, percé à travers.
Tener un buen pasar, avoir de quoi vivre. — *Quien no se aventura no pasa la mar*, qui ne risque rien n'a rien.
Hacer retirar á uno mas que de paso, forcer quelqu'un à une prompte retraite. — *Advertir de paso*, remarquer en passant. — *A ese paso el dia es un soplo*, de ce train on va vite.
Con paz sea dicho, soit dit sans vous déplaire.
Hablar á pecho abierto, parler à cœur ouvert.
No hay mas que pedir, il n'y a rien plus à désirer.
Reparar en pelillos, faire attention à des bagatelles. — *Dejemonos de estos pelillos*, laissons à côté ces petites difficultés. — *Pelillos á la mar*, nous sommes quittes.
Si yo estuviera en su pellejo, si j'étais à sa place.
No tocar al pelo de la ropa, ne pas toucher du bout du doigt.
A duras penas, à grand'peine, difficilement.
Lo peor del caso es que..., ce qu'il y a de pire, c'est que...
Venir una cosa de perlas ó de molde, arriver quelque chose à propos.
Perro ladrador nunca buen mordedor, chien qui aboie ne

mord pas. — *Por dinero baila el perro,* on ne fait rien pour rien.

De persona á persona, tête à tête.

Sin saber lo que se pesca, sans savoir ce qu'il fait, ce qu'il dit.

Eso se está cayendo de su peso, cela va sans dire.

Quien se pica ajos come, qui se sent morveux se mouche.

Tener el pié en dos zapatos, avoir deux cordes à son arc. — *Ha nacido de piés*, il est né coiffé. — *A pié llano,* de plein pied. — *Está en pié, ó se queda en pié la dificultad,* la difficulté n'est pas résolue. — *Estar en pié*, être debout.

Sacar agua de las piedras, tirer de l'huile d'un mur.

Tener piernas de palillos de tambor, avoir des jambes de fuseaux. — *Nadie me echará la pierna adelante*, personne ne me surpassera.

Hablar con un granito de pimienta, dire des paroles piquantes.

No la pierden pinta, ils lui sont tout-à-fait ressemblans.

Como el mas pintado, comme le plus adroit.

Es la tierra del pipiripao, c'est le pays de Cocagne.

Mas vale ajuste que buen pleito, un mauvais arrangement vaut mieux qu'un bon procès.

Pobreza no es vileza, pauvreté n'est pas vice.

Poco á poco hila la vieja el copo, petit à petit l'oiseau fait son nid. — *Quien poco tiene poco teme*, qui n'a rien ne craint rien.

Hasta mas no poder, à n'en pouvoir plus.

Gastar la pólvora en salvas, tirer sa poudre aux moineaux.

Por mal que vaya, au pis aller.

A porrillo, à tort et à travers.

Es un pozo de ciencia, c'est un homme très savant.

Hombre prevenido vale por dos, un bon averti en vaut deux.

Principio quieren las cosas, il y a commencement à tout.

Probar mal la tierra, se trouver mal du changement d'air.

Hace de prohombre, il fait le monsieur.

Enseñar á uno la puerta de la calle, montrer à quelqu'un le chemin de la porte.

Andar de puntillas, aller sur la pointe du pied.

¡ *Punto en boca !* chut ! paix ! — *Punto menos que borracho*, presque ivre.

Poner los puntos muy altos, porter ses vues trop haut.

Todo él es una pura gracia, il est rempli de qualités aimables.

Q.

¿ *De qué sirve eso?* à quoi sert cela ? à quoi bon cela ?

Que quiera que no quiera, bon gré, mal gré.

Quien todo lo quiere todo lo pierde, qui veut tout avoir n'a rien. — *Quien mas tiene mas quiere*, plus on a, plus on veut avoir. — *Quien bien te quiere te hará llorar*, qui aime bien châtie bien. — *Sabe con quien ha de tratar*, il connaît bien son monde.

Nadie le quitó que lo dijese, personne ne l'empêcha de le dire.

R.

Tomar el rábano por las hojas, prendre son bonnet pour ses chausses.

Estoy rabiando por oirlo, je suis impatient de l'entendre. — *Es del tiempo del rey que rabió*, il est du temps du roi Dagobert.

No es rana, il n'est pas nigaud.

El comer y el rascar todo es empezar, l'appétit vient en mangeant.

Entiende de eso como de enfrenar ratones, il s'y entend comme à ramer des choux.

La razon no quiere fuerza, tout par raison et rien par force.

A red barradera, sans ménagement.

Riase usted de eso, moquez-vous-en.

Tener de repuesto, avoir de réserve.

Estaba reventando por pedirle, je crevais d'envie de lui demander. — *Comer á reventar*, manger à ventre déboutonné. — *Reventar de gordo*, crever dans sa peau.

Al que no tiene el rey le hace libre, où il n'y a rien le roi perd ses droits.

Entender á media rienda, comprendre un peu.

Allá va Sancho con su rocin, voilà saint Roch et son chien.

Dar bien que roer, donner du fil à retordre.
Quien rompe paga, qui casse les vitres les paie.
Eso da en rostro, cela saute au visage.

S.

A saber eso, si j'avais su cela. — *¿ A saberlo?* qui le sait? qui sait si cela est vrai? — *Saber á la pez*, sentir la poix, le goudron.

Dos al saco, y el saco en tierra, entre deux selles le cul par terre. — *La codicia rompe el saco*, la convoitise rompt le sac.

Los dineros del sacristan cantando se vienen y cantando se van, ce qui vient au son de la flûte, s'en retourne au son du tambour.

Hablar con sal, parler avec grace.

A lo que salga, à tout événement.

Cuesta mas la salsa que los caracoles, la sausse est plus chère que le poisson.

En un santi-amen, en un clin-d'œil.

Saltar de la sarten y dar en las brasas, tomber de fièvre en chaud mal.

Entre sastres no se pagan hechuras, les loups ne se mangent pas.

Sentenciar sin ver los autos, juger sur l'étiquette du sac.

Soy con usted, je suis à vous. — *Esto es*, c'est-à-dire. — *Si yo fuera que fulano*, si j'étais à la place d'un tel. — *Si bien es verdad que...*, il est vrai que... — *Un si es no es*, tant soit peu. — *Este si que es hombre*, voilà ce qui s'appelle un homme. — *No es nada lo del ojo, y llevábale en la mano*, ce n'est rien, il porte son œil dans la main. — *No fue visto ni oido*, aussitôt pris, aussitôt pendu.

Le habia cogido las sobaqueras, il l'avait pris par son faible.

Echar la soga tras el caldero, jeter le manche après la cognée.

Sin ton ni son, sans rime ni raison.

A palabras necias oidos sordos, à sotte demande point de réponse.

Mirar al soslayo, regarder de travers.

Devoto de cuatro suelas, très dévot.

T.

No hay tal, cela est faux.

El que las sabe las tañe, chacun doit se mêler de son métier. — *Eso ni me toca ni me tañe*, cela ne me regarde pas.

¡ Tararira! comme je chante !

De tejas abajo, naturellement. — *De tejas arriba*, surnaturellement.

Tenderse por el suelo de risa, rire aux larmes.

No se encuentran á dos tirones, on n'en trouve pas facilement.

Desbarrar á tiros largos, déraisonner grossièrement.

Volverse la tortilla, se tourner l'affaire.

Tiene buenas tragaderas, il croit tout, il est bon croyant.

Hombre pobre todo es trazas, nécessité est mère de l'industrie. — *Tiene traza de hombre de bien*, il a la mine d'honnête homme.

Del dicho al hecho hay gran trecho, dire et faire sont deux.

No le faltó un tris para morirse, peu s'en fallut qu'il n'en mourût.

Á tuertas y á derechas, à tort et à travers.

Le tumbó patas arriba, il le culbuta.

Llevar una brava tunda, essuyer une bonne réprimande.

U.

Lo que se usa no se escusa, il faut se conformer aux usages reçus.

V.

No estoy de vagar, je n'ai pas le temps.

Valga lo que valiere, vaille qui vaille. — *Vale el oro que pesa*, il vaut son pesant d'or. — *Tanto vales cuanto tienes*, on vous estime en raison de votre fortune. — *Se valió de todos los ensalmos*, il employa toutes les herbes de saint Jean.

Vandeate como pudieres, arrange-toi comme tu pourras.

Entrar con vara levantada, entrer avec autorité.

Venga lo que viniere, arrive qui pourra. — *Estoy á lo que venga*, je m'attends à tout. — *No hay mal que por bien no venga*, à quelque chose malheur est bon.

A mas ver, jusqu'au revoir. — *Ahora que te veome acuerdo*, hors de vue hors de souvenir. — *A dios, y veamonos*, adieu, jusqu'au revoir. — *Ya se vé*, c'est clair.

La verdad quédese en su lugar, je ne sai si cela est vrai ou non.

Eso sucederá en la semana que no traiga viernes, cela arrivera la semaine de trois jeudis.

A vista de eso ya no me admiro, d'après cela je ne m'étonne plus.

Bueno es vivir para ver, il fait bon vivre, on apprend toujours. — *Como se vive se muere*, telle vie, telle fin.

Z.

Cada uno sabe donde le aprieta el zapato, chacun sent où le bât le blesse.

A la zorra candilazo, à trompeur trompeur et demi. — *Dormir ó desollar la zorra*, cuver son vin. — *Es como caldo de zorra que está frio y quema*, un homme fin sous un extérieur simple.

AVERTISSEMENT IMPORTANT.

Dans le vocabulaire qui suit, on a fait un choix des mots les plus communs et les plus généralement en usage dans les conversations ordinaires. Étant principalement fait pour épargner aux commençans l'achat d'un dictionnaire, jusqu'à ce qu'ils soient assez avancés pour en avoir absolument besoin, on a inséré dans ce vocabulaire une quantité suffisante de mots, afin d'atteindre ce but.

Cependant, on y a ommis : 1° les noms de nombre cardinaux et ordinaux, qui se trouvent dans la première partie de cette Grammaire, aux pages 20 et 21 ;

2° Les adverbes et locutions adverbiales, dont on a fait une assez longue liste par ordre alphabétique, à la page 105 et suivantes ; même les adverbes terminés en *ment* en français, et en *mente* en espagnol, puisque la règle pour les former a été donnée à la fin de la susdite liste alphabétique, page 115 ;

3° Les participes passés, dont ceux qui appartiennent aux verbes de la première conjugaison sont terminés en *ado*, et ceux de la deuxième et de la troisième en *ido*. La liste des irréguliers se trouve à la page 102 ;

4° Un grand nombre d'autres mots de toute espèce, qui, à la vérité, sont d'un fréquent usage, mais qu'on a cru pouvoir se dispenser d'y insérer, pour ne pas rendre ce vocabulaire trop long, et parce qu'en se conformant aux règles établies ci-après, il est très facile de les trouver.

Il y a dans la langue espagnole un très grand nombre de mots qui ne diffèrent des mots français que par leur terminaison ou par quelque autre petit changement. Voici les terminaisons les plus remarquables qui établissent la différence de l'une à l'autre langue :

LES MOTS TERMINÉS EN FRANÇAIS PAR	SONT TERMINÉS EN ESPAGNOL PAR
able, misérable, admirable, ineffable,	able, *miserable*, *admirable*, *inefable*.
aire, sanctuaire, contraire,	ario, aria, *santuario*, *contrario*, *contraria*.
al, canal, arsenal, cristal, animal,	al, *canal*, *arsenal*, *cristal*, *animal*.
ance, espérance, balance, confiance,	anza, *esperanza*, *balanza*, *confianza*.
ant, étudiant, pédant, amant,	ante, *estudiante*, *pedante*, *amante*.
e muet, acte, buste, aile, plume, triste, noble,	o, a, e, *acto*, *busto*, *ala*, *pluma*, *triste*, *noble*.

el, missel, manuel, rituel, mortel,	al, *misal*, *manual*, *ritual*, *mortal*.
ence, conscience, indulgence, pénitence,	encia, *conciencia*, *indulgencia*, *penitencia*.
ent, diligent, inconvénient, intelligent,	ente, *diligente*, *inconveniente*, *inteligente*.
ent, subst., armement, affaissement, sacrement,	ento, *armamento*, *abajamiento*, *sacramento*.
ès, *ais*, excès, procès, épais,	eso, *esceso*, *proceso*, *espeso*.
eur, *euse*, coureur, procureur, dormeuse,	dor, dora, *corredor*, *procurador*, *dormidora*.
eux, *euse*, dédaigneux, soigneux, honteuse,	oso, osa, *desdeñoso*, *cuidadoso*, *vergonzosa*.
ice, vice, auspice, artifice, justice,	icio, icia, *vicio*, *auspicio*, *artificio*, *justicia*.
ie, philosophie, économie, apologie,	ía, *filosofía*, *economía*, *apología*.
ier, *ière*, encrier, barbier, visière,	ero, era, *tintero*, *barbero*, *visera*.
if, *ive*, actif, vif, passive, palliatif,	ivo, iva, *activo*, *vivo*, *pasiva*, *paliativo*.
in, *ine*, pin, enfantin, vin, sabine,	ino, ina, *pino*, *infantino*, *vino*, *sabina*.
ique, unique, véridique, mathématique,	ico, ica, *único*, *verídico*, *matemática*.
iste, liste, ébéniste, publiciste,	ista, *lista*, *ebanista*, *publicista*.
ment, adv., honnêtement, suffisamment,	mente, *honestamente*, *suficientemente*.
oire, purgatoire, gloire, histoire, réfectoire,	orio, oria, *purgatorio*, *gloria*, *historia*, *refectorio*.
on, melon, tison, salon, embryon,	on, *melon*, *tizon*, *salon*, *embrion*.
ssion, *sion*, passion, procession, vision,	sion, *pasion*, *procesion*, *vision*.
tion, agitation, méditation, condition,	cion, *agitacion*, *meditacion*, *condicion*.
té, nécessité, activité, éternité,	dad, *necesidad*, *actividad*, *eternidad*.
ude, inquiétude, sollicitude, décrépitude,	ud, *inquietud*, *solicitud*, *decrepitud*.

On aurait pu prolonger cette liste; mais ce qu'elle contient suffit pour donner une idée de la tournure que les Espagnols donnent aux mots qui ont de la ressemblance avec les mots français. N'allez pourtant pas croire que ces terminaisons sont toujours telles qu'on vient de les indiquer, car il y a beaucoup d'exceptions : pitoyable se rend par *lastimoso*, bonheur par *dicha*, heureux par *feliz*, etc., etc. Lorsqu'on a besoin d'un mot, on commence par le chercher dans le vocabulaire; si on l'y trouve, on s'en sert; si on ne l'y trouve pas, on en hasarde un d'après les terminaisons ci-dessus. On pourra encore s'y tromper ; mais cela arrivera bien rarement.

Nota. Les différentes acceptions des mots français en espagnol sont marquées par ce signe —, et les mots qui commencent par *h* aspiré sont précédés d'un guillemet (»).

PETIT VOCABULAIRE

FRANÇAIS-ESPAGNOL,

CONTENANT LES MOTS LES PLUS NÉCESSAIRES.

A.

Abandon, *abandono*.
Abandonner, *abandonar*.
Abattement, *abatimiento*.
Abbaye, *abadia*.
Abbé, *abad*.
Abbesse, *abadesa*.
Abcès, *apostema*.
Abécé, *abecedario*.
Abdication, *abdicacion*.
Abdiquer, *abdicar*.
Abeille, *abeja*.
Abhorrer, *aborrecer*.
Abject, ecte, *bajo, vil*.
Abjurer, *abjurar*.
Ablatif, *ablativo*.
Ablution, *ablucion*.
Aboi, *ladrido*.
Abondance, *abundancia*.
Aboyer, *ladrar*.
Abrégé, *compendio*.
Abréger, *abreviar*.
Abreuver, *abrevar*.
Abréviation, *abreviatura*.
Abri, *abrigo*.
Abricot, *albaricoque*.
Abroger, *abrogar*.
Abrutir, *embrutecer*.
Absence, *ausencia*.
Absynthe, *ajenjo*.
Absolu, ue, *absoluto*.
Absolution, *absolucion*.
Absoudre, *absolver*.
Abstenir (s'), *abstenerse*.
Abstinence, *abstinencia*.
Absurde, absurdité, *absurdo*.
Abus, *abuso*.
Abuser, *abusar*.
Abîme, *abismo*.
Acacia, *acacia*.
Académie, *academia*.
Acajou, *caoba*.
Accabler, *oprimir, agobiar*.
Accent, *acento*.
Accepter, *aceptar*.
Accès, *acceso*.
Accessoire, *accesorio*.
Accident, *accidente*.
Acclamation, *aclamacion*.
Accommodant, ante, *comedido*.
Accompagner, *acompañar*.
Accomplir, *cumplir*.
Accord, *pacto, ajuste*.
Accorder, *acordar, conceder*.
Accoucher, *parir*.
Accoucheuse, *partera, comadre*
Accourir, *acudir*.
Accoutumer, *acostumbrar*.
Accréditer, *acreditar*.
Accrocher, *enganchar*.
Accroître, *aumentar, crecer*.

Accueil, *acogimiento*, *acogida*.
Accumuler, *acumular*, *amontonar*.
Accusatif, *acusativo*.
Accuser, *acusar*, *delatar*.
Achalandé, *acreditado*.
Acharnement, *encarnizamiento*
Acharner (s'), *encarnizarse*.
Achat, *compra*.
Acheter, *comprar*.
Achever, *acabar*, *terminar*.
Acide, *ácido*, *agrio*.
Acier, *acero*.
Acolyte, *acólito*.
Acquérir, *adquirir*.
Acquiescer, *consentir*.
Acquisition, *adquisicion*.
Acquit, *recibo*, *carta de pago*.
Acquitter, *pagar*.
Acreté, *agrura*, *acedía*.
Acte, *acto*.
Acteur, trice, *actor*, *actriz*.
Actif, ive, *activo*.
Action, *accion*.
Actionnaire, *accionista*.
Activité, *actividad*.
Actuel, elle, *actual*.
Adapter, *adaptar*.
Addition, *adicion*.
Aditionner, *sumar*.
Adhérer, *adherir*.
Adhésion, *adhesion*.
Adjectif, *adjetivo*.
Adjoint, *adjunto*.
Adjuger, *adjudicar*.
Admettre, *admitir*.
Administrer, *administrar*.
Admirable, *admirable*.
Admiration, *admiracion*.
Admirer, *admirar*.
Admissible, *admisible*.
Adolescence, *adolescencia*.
Adonner (s'), *darse*, *entregarse*.
Adopter, *adoptar*.
Adoptif, ive, *adoptivo*.
Adoption, *adopcion*.
Adorable, *adorable*.
Adorer, *adorar*.
Adosser, *arrimar*.
Adoucir, *suavizar*, *endulzar*.
Adoucissement, *suavidad*.
Adresse, *destreza*, *maña*; — (d'une lettre), *sobrescrito*; —(d'une maison), *señas*, pl.
Adresser (s'), *recurrir*.
Adroit, te, *diestro*, *mañoso*.
Adulateur, *adulador*.
Adulte, *adulto*.
Adultère, subst., *adulterio*.
Adultère, adj., *adúltero*.
Adverbe, *adverbio*.
Adversaire, *adversario*.
Adverse, *adverso*, *contrario*.
Adversité, *adversidad*.
Aérer, *orear*, *dar aire*.
Aérien, ne, *aéreo*.
Aérostat, *globo aerostático*.
Affabilité, *afabilidad*.
Affable, *afable*.
Affaire, *negocio*, *asunto*.
Affairé, ée, *ocupado*.
Affaisser, *abajar*, *asentar*.
Affamé, ée, *hambriento*.
Affectation, *afectacion*.
Affecter, *afectar*.
Affection, *afecto*, *aficion*.
Affectionner, *aficionar*.
Affectueux, euse, *afectuoso*.
Affermer, *arrendar*.
Affermir, *fortalecer*, *asegurar*.
Affiche, *cartel*.
Afficher, *fijar carteles*.
Affidé, ée, *fiel*, *seguro*.
Affiler, *afilar un cuchillo*.
Affilier, *adoptar*, *asociar*.
Affinité, *afinidad*.
Affirmation, *afirmacion*.
Affliction, *afliccion*.
Affliger, *afligir*.

Affluence, *afluencia.*
Affaiblir, *debilitar.*
Affranchir, *franquear.*
Affréter, *fletar.*
Affreux, euse, *espantoso*, *horrible.*
Affront, *afrenta.*
Affronter, *arrostrar.*
Affût, *cureña de cañon.*
Afin, *á fin, con el fin de.*
Agaçant, ante, *atractivo.*
Agacer, *dar dentera,— atraer.*
Agacerie, *mañas para atraer.*
Age, *edad, años.*
Agé, ée, *de edad de...,— anciano.*
Agenouiller (s'), *arrodillarse.*
Agent, ente, *agente.*
Aggraver, *agravar.*
Agile, *ágil, ligero.*
Agilité, *agilidad, ligereza.*
Agio, *lucro, ganancia.*
Agioter, *usurear.*
Agir, *obrar.*
Agitation, *agitacion.*
Agiter, *agitar.*
Agneau, *cordero.*
Agnelet, *corderillo.*
Agnès, *casta, sencilla.*
Agonie, *agonía.*
Agrafe, *broche, alamar.*
Agrandir, *acrecentar.*
Agréable, *agradable.*
Agréer, *aceptar con agrado.*
Agrément, *adorno,— aprobacion.*
Agrès, *aparejos de un navío.*
Agresseur, *agresor.*
Agriculteur, *agricultor.*
Agriculture, *agricultura.*
Aguerrir, *endurecer.*
Aguet, *acecho*; être aux aguets, *acechar.*
Aide, *ayuda, socorro.*
Aide-de-camp, *edecan.*
Aider, *ayudar, socorrer.*
Aïeul, eule, *abuelo, abuela.*
Aigle, *águila.*
Aiglon, *aguilucho,* dimin.
Aigre, *agrio.*
Aigre-doux, ouce, *agridulce.*
Aigrette, *garzota, penacho.*
Aigreur, *aspereza.*
Aigrir, *exasperar.*
Aigu, uë, *agudo.*
Aiguière, *aguamanil.*
Aiguille, *aguja.*
Aiguillée de fil, *hebra de hilo.*
Aiguillier, *alfiletero.*
Aiguillon, *aguijon.*
Aiguiser, *aguzar, adelgazar.*
Ail, *ajo.*; gousse d'ail, *diente de ajo.*
Aile, *ala.*
Ailé, ée, *alado.*
Aimable, *amable.*
Aimant, *iman.*
Aimer, *amar, querer bien.*
Aîné, *primogénito, mayor.*
Aînesse, *primogenitura.*
Air, *aire.*
Airain, *alambre, cobre.*
Aisance, *facilidad — comodidad.*
Aise, adj., *contento gozoso.*
Aise, subst., *comodidad, conveniencia.*
Aisé, *fácil, — rico.*
Aisément, *facilmente.*
Aisselle, *sobaco.*
Ajourner, *emplazar.*
Ajouter, *añadir.*
Ajustement, *adorno, atavío.*
Alambic, *alambique.*
Alarme, *alarma.*
Alarmer (s'), *turbarse, alarmarse.*
Albâtre, *alabastro.*
Alberge, *albérchigo.*
Album, *librito de memoria.*

Alcade, *alcalde.*
Alchimiste, *alquimista.*
Alcove, *alcoba.*
Allégresse, *júbilo, alegría.*
Alène, *lezna.*
Alerte, adj., *vivo, vigilante.*
Algèbre, *álgebra.*
Aliéner, *enagenar.*
Aligner, *enderezar.*
Aliment, *alimento.*
Alinéa, *párrafo.*
Alizier, *almez.*
Allaiter, *dar de mamar.*
Allécher, *alhagar.* [*calle.*
Allée, *pasadizo;* — (d'arbres),
Alléger, *aligerar, aliviar.*
Allégorie, *alegoría.*
Alléguer, *alegar.*
Aller, *ir, andar.*
Alliage, *liga.*
Alliance, *alianza.*
Allier (s'), *unirse, incorporarse.*
Allocution, *arenga.*
Allouer, *aprobar.*
Allumer, *encender.*
Allumette, *pajuela.*
Allure, *andadura.*
Allusion, *alusion.*
Almanach, *almanac.*
Aloès, *aloe.*
Aloi, *quilate.*
Alonge, *añadidura.*
Alonger, *alargar.*
Alouette, *alondra, cugujada.*
Alphabet, *alfabeto.* [*danza.*
Altération, *alteracion, mu-*
Altérer, *alterar,* — *causar sed.*
Alternative, *alternativa.*
Altesse, *alteza.*
Altier, ière, *altivo, soberbio.*
Alun, *alumbre.*
Alvéole, *albeolo.*
Amabilité, *amabilidad.*
Amadou, *yesca.*

Amadouer, *acariciar, halagar.*
Amande, *almendra.*
Amandier, *almendro.*
Amant, ante, *amante.*
Amaranthe, *amaranto.*
Amarrer, *amarrar.*
Amas, *monton.*
Amasser, *amontonar, acumular*
Amateur, *aficionado.*
Amazone, *amazona.*
Ambassade, *embajada.*
Ambassadeur, *embajador.*
Ambidextre, *ambidextro.*
Ambigu, uë, *ambiguo.*
Ambiguité, *ambigüedad.*
Ambitieux, *ambicioso.*
Ambition, *ambicion.*
Ambitionner, *desear con ansia.*
Ambre, *ámbar.*
Ambroisie, *ambrosía.*
Ame, *alma.*
Amélioration, *mejora.*
Améliorer, *mejorar.*
Amende, *multa.*
Amendement, *enmienda.*
Amender, *multar.*
Amener, *traer, conducir, llevar.*
Aménité, *amenidad.*
Amer, ère, *amargo, desabrido.*
Amertume, *amargura.*
Ameublement, *aderezo de casa.*
Ami, ie, *amigo, amiga.*
Amiante, *amianto.*
Amical, ale, *amigable.*
Amidon, *almidon.*
Amincir, *adelgazar.*
Amiral, *almirante.*
Amitié, *amistad, benevolencia.*
Amnistie, *amnistía.*
Amollir, *ablandar.*
Amonceler, *amontonar.*
Amorce, *cebo.*
Amorcer, *cebar.*
Amour, *amor.*

Amoureux, euse, *amoroso, cariñoso.*
Amphibie, *anfibio.*
Amphithéâtre, *anfiteatro.*
Ample, *ancho, amplio.*
Amplement, *anchamente.*
Ampleur, *amplitud, anchura.*
Amplifier, *amplificar.*
Ampoule, *ampolla.*
Ampoulé, ée, *hinchado.*
Amputer, *amputar, cortar.*
Amulette, *amuleto.*
Amusant, ante, *divertido.*
Amusement, *divertimiento.*
Amuser, *divertir, recrear.*
An, *año.*
Anachorète, *anacoreta.*
Analogie, *analogía.*
Analogue, *análogo.*
Analyse, *analisis.*
Analyser, *analizar.*
Anarchie, *anarquía.*
Anathématiser, *anatematizar.*
Anathème, *anatema.*
Anatomie, *anatomía.*
Ancêtres, *antepasados.*
Ancien, enne, *antiguo, anciano.*
Ancienneté, *antigüedad.*
Ancrage, *anclage.*
Ancre, *áncora, ancla.*
Ancrer, *anclar.*
Andouille, *relleno de tripas.*
Ane, *asno, burro, jumento.*
Anéantir, *aniquilar.*
Anecdotes, *anécdotas.*
Anemone, *anemone.*
Anesse, *burra, borrica.*
Ange, *ángel.*
Angélique, adj., *angélico.*
Angelus, *las Ave Marias.*
Anglais, se, *Inglés.*
Angle, *ángulo.*
Angoisse, *congoja, angustia.*
Anguille, *anguila.*
Angulaire, *angular.*
Animal, *animal.*
Animé, ée, *animado.*
Animosité, *odio.*
Anis, *anis.*
Annales, *anales.*
Anneau, *anillo.*
Année, *año.*
Annexe, *anejo.*
Anniversaire, *aniversario.*
Annonce, *anuncio, — amonestacion.*
Annoncer, *anunciar.*
Annotation, *anotacion.*
Annuel, *anual.*
Annulaire, *anular.*
Anoblir, *ennoblecer.*
Anon, *borriquillo.*
Anonyme, *anónimo.*
Anse, *asa, — abra* ou *bahía.*
Antécédent, *antecedente.*
Antechrist, *antecristo.*
Antérieur, eure, *anterior.*
Antichambre, *antecámara, antesala.*
Anticiper, *anticipar.*
Antipathie, *antipatía.*
Antipodes, *antipodas.*
Antique, *antiguo.*
Antiquité, *antigüedad.*
Antre, *cueva, gruta, caverna.*
Anxiété, *ansia, perplejidad.*
Août, *agosto.*
Apaiser, *apaciguar, aplacar.*
Apercevoir, *divisar, descubrir.*
Aplanir, *allanar.*
Aplatir, *aplanar.*
Apogée, *apogeo.*
Apologie, *apología.*
Apologue, *apologo.*
Apoplexie, *apoplegía.*
Apostasier, *apostatar.*
Apostat, *apostata.*
Aposter, *apostar.*
Apostille, *apostilla.*
Apostolique, *apostólico.*
Apostrophe, *apóstrofe.*

Apostropher, *apostrofar.*
Apothicaire, *boticario.*
Apôtre, *apóstol.*
Appareil, *aparejo*, *aparato.*
Apparemment, *probablemente.*
Apparence, *apariencia.*
Apparent, ente, *aparente*, *manifiesto.*
Apparition, *aparicion.*
Apparaître, *aparecerse.*
Appartement, *aposento*, *vivienda.*
Appartenant, ante, *perteneciente.*
Appartenir, *pertenecer.*
Appas, *atractivo.*
Appât, *cebo.*
Appauvrir, *empobrecer.*
Appel, *apelacion*, — *llamamiento.*
Appeler, *llamar*, — *apelar.*
Appesantir (s'), *pesar.*
Appétissant, ante, *apetitoso.*
Appétit, *apetito, deseo*, — *gana de comer.*
Applaudir, *aplaudir.*
Applaudissement, *aplauso.*
Application, *aplicacion.*
Appliquer, *aplicar.*
Appliquer (s'), *aplicarse.*
Appointemens, *gages*, *salario.*
Apporter, *traer.*
Apprécier, *apreciar.*
Appréhender, *temer.*
Apprendre, *aprender*, — *enseñar.*
Apprenti, *aprendiz.*
Apprentissage, *aprendizage.*
Apprêt, *aderezo*, *adobo.*
Apprêter, *aderezar*, *guisar.*
Apprivoiser, *amansar.*
Approbation, *aprobacion.*
Approcher, *acercar.*
Approfondir, *profundizar.*
Approvisionnement, *abasto.*
Approvisionner, *abastecer.*
Approuver, *aprobar.*
Appui, *apoyo, arrimo, amparo.*
Appuyer, *afianzar*, — *proteger.*
Appuyer (s'), *apoyarse.*
Apre, *áspero*, *acerbo.*
Après-dînée, *tarde.*
Apreté, *aspereza.*
Apte, *apto.*
Aptitude, *aptitud.*
Araignée, *araña.*
Arbalète, *ballesta.*
Arbitraire, *arbitrario.*
Arbitre, *arbitrio*, *albedrío*, — *árbitro.*
Arborer, *enarbolar.*
Arbre, *árbol.*
Arbrisseau, *arbolito.*
Arbuste, *arbusto.*
Arc, *arco.*
Arcade, *ojo de puente*, *arcada.*
Arc-en-ciel, *iris*, *arco iris.*
Archange, *arcángel.*
Arche, *ojo de puente*, — *arca.*
Archet, *arco de violin.*
Archevêché, *arzobispado.*
Archevêque, *arzobispo.*
Archidiacre, *arcediano.*
Archiduc, *archiduque.*
Archipel, *archipiélago.*
Archiprêtre, *arcipreste.*
Architecte, *arquitecto.*
Architecture, *arquitectura.*
Archives, *archivo.*
Arçon, *arzon.*
Arctique, *ártico.*
Ardent, ente, *ardiente.*
Ardeur, *ardor.*
Ardoise, *pizarra.*
Arête, *espina de pescado.*
Argent (métal), *plata*; (monnaie), *dinero*; — (vif), *azogue.*
Argentin, ine, *argentino.*
Argille, *arcilla.*
Argot, *gerigonza*, *germanía.*

Argument, *argumento.*
Argumenter, *argumentar, argüir.*
Aride, *árido, seco.*
Ariette, *arieta.*
Aristocratie, *aristocracía.*
Arithmétique, *aritmética.*
Arlequin, *arlequin.*
Armateur, *armador.*
Arme, *arma.*
Armée, *ejército.*
Armer, *armar.*
Armoire, *armario.*
Armoiries, *armas.*
Armurier, *armero.*
Aromate, *aroma.*
Arpent, *yugada.*
Arpentage, *apeo, demarcacion.*
Arpenteur, *apeador.*
Arracher, *arrancar.*
Arracheur de dents, *sacamuelas*
Arranger, *coordinar, componer.*
Arrêt, *sentencia.*
Arrêté, *determinacion, — finiquito.*
Arrêter, *detener, — decretar, — arrestar.*
Arrêter (s'), *pararse, detenerse.*
Arrhes, *prenda.*
Arrière (l'), *la trasera.*
Arriéré, ée, *atrasado.*
Arrière-boutique, *trastienda.*
Arrière-garde, *retaguardia.*
Arrière-neveu, *sobrino segundo.*
Arrière-petit-fils, *biznieto.*
Arrière-point, *pespunte.*
Arriver, *llegar, — suceder, acaecer.*
Arrogance, *arrogancia.*
Arrondir, *redondear.*
Arrondissement, *distrito.*
Arroser, *regar.*
Arsenal, *arsenal.*
Arsenic, *arsénico.*
Art, *arte.*
Artère, *arteria.*

Artichaut, *alcachofa.*
Article, *artículo.*
Articuler, *articular.*
Artifice, *artificio.*
Artificier, *cohetero.*
Artificieux, euse, *artificioso.*
Artillerie, *artillería.*
Artimon, *artemon.*
Artisan, *artesano.*
Artiste, *artista.*
Artistement, *primorosamente.*
Ascendant, *ascendiente.*
Ascension, *ascension.*
Ascétique, *ascético.*
Asile, *asilo, refugio.*
Aspect, *aspecto.*
Asperge, *espárrago.*
Asperger, *rociar.*
Aspérité, *aspereza.*
Aspersoir, *aspersorio, hisopo.*
Aspic, *áspid.*
Aspirer, *aspirar.*
Assaillir, *acometer, embestir.*
Assaisonner, *guisar, sazonar.*
Assassin, *asesino.*
Assassinat, *asesinao.*
Assaut, *asalto.*
Assemblage, *conjunto.*
Assemblée, *asamblea.*
Assembler, *juntar, reunir.*
Asseoir, *sentar.*
Asseoir (s'), *sentarse.*
Assertion, *asercion.*
Asservir, *someter, avasallar.*
Assidu, ue, *asiduo, continuo.*
Assiduité, *aplicacion.*
Assidûment, *continuamente.*
Assiéger, *sitiar, cercar.*
Assiette, *plato.*
Assistance, *asistencia.*
Assister, *asistir.*
Associé, *asociado, aparcero.*
Assomer, *aporrear.*
Assomption, *asuncion.*

Assortiment, *surtido.*
Assoupir, *adormecer.*
Assourdir, *ensordar.*
Assouvir, *hartar, saciar.*
Assujettir, *sujetar.*
Assurance, *seguridad, certeza.*
Assurer, *asegurar.*
Astre, *astro.*
Astrologie, *astrología.*
Astrologue, *astrólogo.*
Astronomie, *astronomía.*
Astronome, *astrónomo.*
Atelier, *taller.*
Athée, *ateo, ateista.*
Athéisme, *ateismo.*
Atlas, *atlas.*
Atmosphère, *atmósfera.*
Atôme, *átomo.*
Atroce, *atroz.*
Attache, *atadura, ligadura.*
Attachement, *aficion, inclinacion.*
Attacher, *atar.*
Attacher (s'), *aficionarse.*
Attaque, *ataque.*
Attaquer, *acometer, atacar.*
Atteindre, *alcanzar.*
Atteler, *uncir.*
Attenant, ante, *junto, contiguo.*
Attendre, *aguardar, esperar.*
Attendrir, *enternecer.*
Attentat, *atentado.*
Attente, *espera, esperanza.*
Attenter, *atentar.*
Attentif, ive, *atento.*
Attention, *atencion.*
Atténuer, *atenuar, minorar.*
Atterrer, *aterrar.*
Attester, *atestar, certificar.*
Attiédir, *entibiar.*
Attirail, *aparato, aparejo.*
Attirer, *atraer.*
Attiser, *atizar.*
Attitude, *actitud, postura.*
Attraction, *atraccion.*
Attrait, *atractivo.*
Attraper, *coger,* — *engañar.*
Attrayant, ante, *atractivo.*
Attribuer, *atribuir.*
Attribut, *atributo.*
Attrister, *entristecer.*
Attrition, *atricion.*
Attrouper (s'), *atroparse.*
Aube, *alba.*
Aubépine, *espino.*
Auberge, *posada, meson.*
Aubergiste, *mesonero, posadero*
Audace, *audacia, osadía.*
Audacieux, euse, *audaz, atrevido.*
Audience, *audiencia.*
Auditoire, *auditorio.*
Auge, *dornajo.*
Augmenter, *aumentar.*
Augure, *agüero.*
Augurer, *pronosticar.*
Auguste, *augusto.*
Aumône, *limosna.*
Aune, *ana, vara.*
Aurore, *aurora.*
Auspice, *auspicio.*
Austère, *austero, rígido.*
Autan, *austro.*
Autel, *altar.*
Auteur, *autor.*
Authentique, *auténtico.*
Auto-da-fé, *auto de fé.*
Automne, *otoño.*
Autoriser, *autorizar.*
Autorité, *autoridad.*
Autruche, *avestruz.*
Auvent, *toldo, sobradillo.*
Auxiliaire, *auxiliar.*
Avaler, *tragar, engullir.*
Avancer, *adelantar, avanzar.*
Avantage, *ventaja.*
Avantageux, euse, *ventajoso, útil.*
Avant-cour, *zaguan.*
Avant-coureur, *precursor.*
Avant-garde, *vanguardia.*

Avant-goût, *gusto anticipado.*
Avant-propos, *prólogo.*
Avant-veille, *antevíspera.*
Avare, *avaro, avariento.*
Avarice, *avaricia, codicia.*
Avarié, *averiado.*
Avénement, *advenimiento.*
Avenir, *porvenir.*
Avent, *adviento.*
Aventure, *aventura.*
Aventurier, ère, *aventurero.*
Avenue, *avenida.*
Avéré, ée, *averiguado.*
Aversion, *aversion, odio.*
Avertir, *advertir, avisar.*
Avertissement, *advertencia.*
Aveu, *confesion,— aprobacion.*
Aveugle, *ciego.*
Aveuglement, *ceguedad.*
Aveugler, *cegar.*
Avide, *codicioso, — goloso.*
Avidité, *codicia, — golosina.*
Avilir, *envilecer.*
Aviron, *remo.*
Avis, *aviso, — dictámen, parecer.*
Avisé, ée, *advertido.*
Avocat, *abogado, intercesor.*
Avoine, *avena.*
Avoir, *haber, — tener, poseer.*
Avorter, *abortar.*
Avouer, *confesar.*
Avril, *abril.*
Axiome, *axioma.*
Azérole, *acerola.*
Azur, azuré, *azul, azulado.*

B.

Babil, *locuacidad, charla.*
Babillard, de, *parlero, charlador.*
Babiller, *charlar.*
Babioles, *miriñaques, chucherías.*
Bachelier, *bachiller.*
Badaud, *necio, bobo, tonto.*
Badin, ine, *jocoso, chistoso.*
Badinage, *chanza, burla.*
Badiner, *chancearse.*
Bagage, *bagage.*
Bagatelle, *bagatela, friolera.*
Bagne, *mazmorra.*
Bague, *sortija.*
Baguette, *baqueta, varilla.*
Bahutier, *cofrero.*
Baie, *bahía.*
Baigner, *bañar.*
Bâiller, *bostezar.*
Bailli, *bayle, alcalde.*
Bâillon, *mordaza.*
Bain, *baño.*
Baïonette, *bayoneta.*
Baise-mains, *besamanos.*
Baiser, subst., *beso.*
Baiser, verb., *besar.*
Baisser, *bajar, abajar.*
Bal, *bayle, danza.*
Baladin, *farsante, charlatan.*
Balai, *escoba.*
Balance, *balanza.*
Balayer, *barrer, escobar.*
Balbutier, *tartamudear.*
Balcon, *balcon.*
Baleine, *ballena.*
Balle, *pelota, — bala, — fardo.*
Ballon, *globo aerostático.*
Balustrade, *balaustrada.*
Bamboche, *títere.*
Ban de mariage, *amonestacion.*
Bananier, *plátano, banano.*
Banc, *banco.*
Bande, *venda, — faja, — banda.*
Bandeau, *venda, faja.*
Bander, *vendar.*
Bandit, *bandido, ladron.*
Banlieue, *comarca.*
Bannière, *bandera.*
Bannir, *desterrar.*
Bannissement, *destierro.*
Banque, *banco, banca.*

Banqueroute, *bancarrota.*
Banquet, *banquete.*
Banquier, *banquero.*
Baptême, *bautismo.*
Baptiser, *bautizar.*
Baquet, *cubillo.*
Baragouin, *gerigonza.*
Baraque, *barraca.*
Barbare, *bárbaro, cruel.*
Barbarie, *barbaridad.*
Barbarisme, *barbarismo.*
Barbe, *barba.*
Barbeau, *barbo.*
Barbet, *perro de aguas.*
Barbier, *barbero.*
Barbon, onne, adj., *viejon.*
Barbouiller, *pintorrear.*
Baril, *barril.*
Baron, *baron.*
Baronne, *baronesa.*
Barque, *barco, barca.*
Barre, *barra*, — *raya.*
Barrer, *cerrar*, — *borrar.*
Barricade, *barricada.*
Barricader (se), *atrincherarse.*
Barrière, *barrera.*
Barrique, *barrica.*
Bas, *media, calza.*
Bas, basse, *bajo, baja.*
Basané, ée, *moreno, atezado.*
Base, *basa, fundamento.*
Baser, *fundar sobre una basa.*
Basilic, *basilisco*, — *albahaca.*
Basque, *faldillas.*
Basse, *bajo.*
Basse-contre, *contrabajo.*
Basse-cour, *corral.*
Bassesse, *bajeza.*
Basse-taille, *bajo.*
Bassin, *fuente*, — *balanza*, — *alberca.*
Bât, *baste, albarda.*
Bataille, *batalla.*
Bataillon, *batallon.*
Bâtard, de, *bastardo, espurio.*

Bateau, *batel.*
Bateleur, *charlatan.*
Batelier, *barquero.*
Bâter, *enalbardar.*
Bâtiment, *edificio*, — *embarcacion.*
Bâtir, *edificar, construir.*
Bâton, *baston, palo.*
Bâtonner, *apalear.*
Batterie, *batería.*
Battre, *batir, golpear;* — des mains, *palmotear;* — la caisse, *tocar el tambor;* — la mesure, *llevar el compás;* — le blé, *trillar;* — monnaie, *batir moneda.*
Baudrier, *tahalí.*
Baume, *bálsamo.*
Bavard, arde, *bachillero, hablador.*
Bave, *baba.*
Bazar, *bazar.*
Beatitude, *beatitud.*
Beau, belle, *bello, hermoso.*
Beau-fils, *yerno*, — *hijastro.*
Beau-frère, *cuñado.*
Beau-père, *suegro*, — *padrastro*
Beauté, *hermosura, belleza.*
Bec, *pico.*
Becasse, *becada.*
Becassine, *gallinota ciega.*
Bêche, *pala de hierro.*
Bêcher, *cabar.*
Becqueter, *picotear.*
Bedeau, *pertiguero, bedel.*
Bégayer, *tartamudear.*
Bègue, *tartamudo, balbuciente.*
Beignet, *buñuelo.*
Bêler, *balar.*
Belette, *comadreja.*
Belier, *carnero*, — *aries.*
Belle-fille, *hijastra*, — *nuera.*
Belle-mère, *madrastra*, — *suegra.*
Belle-sœur, *cuñada.*
Benediction, *bendicion.*
Beni, ie, *bendio.*

Benignité, *benignidad.*
Bénir, *bendecir.*
Béquille, *muleta.*
Bercail, *corral de ovejas.*
Berceau, *cuna.*
Bercer, *mecer*, — *entretener.*
Berger, *pastor*, *zagal.*
Bergère, *pastora*, *zagala.*
Bergère, *silla poltrona.*
Bergerie, *corral de ovejas.*
Berline, *berlina.*
Berner, *mantear.*
Besace, *alforja.*
Besogne, *ocupacion*, *faena.*
Besoin, *necesidad.*
Bétail, *ganado cuadrúpedo.*
Bête, *bestia*, *bruto.*
Bêtise, *necedad*, *disparate.*
Bette, *acelga.*
Betterave, *betarraga.*
Beurre, *manteca.*
Bévue, *yerro*, *inadvertencia.*
Bible, *biblia.*
Bibliothèque, *biblioteca.*
Biche, *cierva.*
Bien, *bien*, *utilidad*, — *riqueza.*
Bienfaiteur, *bienhechor.*
Bienfaisance, *beneficencia.*
Bienfaisant, ante, *benéfico.*
Bienfait, *beneficio*, *favor.*
Bienheureux, euse, *biénaven-*
Bienséance, *decencia.* [*turado.*
Bienveillance, *benevolencia.*
Bienveillant, ante, *benévolo.*
Bière, *ataud*, *féretro*, — *cer-*
Bigarré, ée, *abigarrado.* [*veza.*
Bigot, ote, *beató*, *falso devoto.*
Bijou, *joya*, *dije.*
Bijoutier, *joyero*, *platero.*
Bile, *bilis*, *cólera.*
Bilieux, euse, *bilioso.*
Billard, *trucos.*
Billet, *billete.*
Bis, *dos veces.*

Bis, ise, *moreno*, *bazo.*
Bisaïeul, *bisabuelo.*
Biscuit, *bizcocho.*
Bise, *cierzo*, *norte.*
Bitume, *betun.*
Bizarre, *caprichoso.*
Bizarrerie, *capricho.*
Blaireau, *tejon.* [*nar.*
Blâmer, *reprehender*, *conde-*
Blanc, blanche, *blanco.*
Blancheur, *blancura.* [*necer.*
Blanchir, *blanquear*, — *enca-*
Blanchisseuse, *lavandera.*
Blasphême, subst., *blasfemia*,
— adj., *blasfemo.*
Blé, *trigo.*
Blême, *pálido*, *descolorido.*
Blesser, *herir*, — *ofender.*
Blessure, *herida*, *llaga.*
Bleu, eue, *azul.*
Blond, onde, *blondo*, *rubio.*
Bluter, *cerner.*
Bobêche, *arandela.*
Bœuf, *buey*, — *vaca.*
Bohémien, enne, *gitano.*
Boire, *beber.*
Bois, *bosque*, — *madera*, —
Boisson, *bebida.* [*leña.*
Boîte, *caja.*
Boiteux, euse, *cojo.*
Bombe, *bomba.*
Bon, bonne, *bueno.*
Bonbon, *golosina.*
Bond, *bote*, *brinco.*
Bonheur, *dicha*, *felicidad.*
Bonjour, *buenos dias.*
Bonnet, *bonete*, *gorro.*
Bonsoir, *buenas tardes.*
Bonté, *bondad.*
Bord, *borde*, *orilla*, — *bordo.*
Bordure, *ribete*, *galon.*
Borgne, *tuerto.*
Borne, *mojon*, *límite.*
Borner, *limitar.*

Bosquet, *bosquecillo*, *soto*.
Bosse, *corcova*, *giba*.
Bossu, ue, *corcovado*, *giboso*.
Botte, *haz*, *manojo*, — *bota*.
Bouc, *cabron*.
Bouche, *boca*.
Boucher, ère, *carnicero*.
Boucher, *cerrar*, *tapar*.
Bouchon, *tapon*.
Boucle, *hebilla*, — *bucle*, — *pendientes*.
Bouclier, *broquel*.
Boudin, *morcilla*.
Boue, *lodo*, *cieno*.
Bouffir, *hinchar*.
Bouffon, *bufon*.
Bouger, *moverse*, *menearse*.
Bougie, *bugía*.
Bouillant, ante, *hirviente*.
Bouilli, *cocido*, *olla*, *puchero*.
Bouillie, *papilla*.
Bouillir, *hervir*, *bullir*.
Bouillon, *caldo*, — *hervor*, *borboton*.
Boulanger, *panadero*.
Boule, *bola*.
Boulet, *bala de cañon*.
Boulevart, *baluarte*.
Bouleverser, *trastornar*.
Bouquet, *ramillete*.
Bouquin, *libro viejo*.
Bourbier, *cenagal*.
Bourdonnement, *zumbido*.
Bourgeois, oise, *ciudadano*.
Bourre, *borra*.
Bourreau, *verdugo*.
Bourreler, *atormentar*.
Bourse, *bolsa*, — *lonja*.
Boussole, *brújula*.
Bout, *cabo*, *estremo*, — *fin*.
Bouteille, *botella*.
Boutique, *tienda*.
Bouton, *boton*.
Bouvier, *boyero*.
Boyau, *tripa*.
Bracelet, *brazalete*, *ajorca*.
Braire, *rebuznar*.
Braise, *brasa*.
Brancard, *andas*, *litera*.
Branche, *rama*, *ramo*.
Branle, *vayven*, *bamboleo*.
Bras, *brazo*.
Brasier, *brasero*.
Brasserie, *cervecería*.
Brave, *bravo*, *valiente*.
Braver, *arrostrar*, — *insultar*.
Brebis, *oveja*.
Brèche, *brecha*.
Bref, ève, *breve*, *corto*.
Bretelle, *fiador*, *tirante*.
Breuvage, *bebida*, *brebage*.
Brevet, *despacho*.
Breviaire, *breviario*.
Bride, *brida*, *rienda*.
Briéveté, *brevedad*.
Brigadier, *brigadier*.
Brigand, *salteador de caminos*.
Brigandage, *latrocinio*.
Brillant, ante, *brillante*.
Brique, *ladrillo*.
Briquet, *eslabon*.
Briser, *quebrar*, *desmenuzar*.
Briser (se), *estrellarse*.
Broche, *asador*.
Brocher, *encuadernar á la rús- [tica*.
Brochet, *sollo*.
Brochure, *papelon*, *cuaderno*.
Brocoli, *bróculi*.
Brodequin, *borcegui*.
Broder, *bordar*.
Broncher, *tropezar*.
Bronze, *bronce*.
Brosse, *cepillo*.
Brosser, *acepillar*.
Brouette, *carretoncillo*.
Brouillard, *niebla*.
Brouiller, *mezclar*, *enredar*.
Brouillon, *borrador*, — *chismoso*

Broussailles, *malezas.*
Broyer, *triturar, pulverizar.*
Bru, *nuera.*
Bruiner, *lloviznar.*
Bruit, *ruido, — rumor.*
Brûler, *quemar, arder.*
Brun, *bruno, moreno.*
Brune, *boca de noche.*
Brunir, *bruñir.*
Brusquer, *tratar mal, — pre-*
Brut, ute, *bruto, tosco.* [*cipitar.*
Brutal, ale, *brutal.*
Brute, *bruto.*
Bûche, *leño, tronco.*
Bûcher, *hoguera, pira.*
Bûcheron, *leñador.*
Buffet, *bufete.*
Buis, *box.*
Buisson, *matorral.*
Bulle, *bula.*
Bulletin, *boleta, boletin.*
Burette, *vinagera.*
Burin, *buril.*
But, *hito, blanco, — fin, ob-*
Butin, *botin.* [*jeto.*
Buveur, *bebedor.*

C.

Cabale, *cabala.*
Cabaler, *maquinar, tramar.*
Cabane, *cabaña.*
Cabaret, *taberna.*
Cabinet, *gabinete.*
Câble, *cable, maroma.*
Caboter, *costear.*
Cabriole, *cabriola, brinco.*
Cabriolet, *cabriolé.*
Cacher, *esconder, ocultar.*
Cachet, *sello.*
Cachette, *escondrijo.*
Cachot, *calabozo.*
Cadavre, *cadáver.*
Cadeau, *regalo.*
Cadenas, *candado.*
Cadence, *cadencia.*
Cadet, *hijo segundo, — cadete.*
Cadran, *cuadrante.*
Cadre, *marco, cuadro.*
Café, *café.*
Cage, *jaula.*
Cagot, ote, *hipócrita, beato.*
Cahier, *cuaderno.*
Cahot, *vayven.*
Caille, *codorniz.*
Caillé, ée, *cuajado.*
Caillou, *guijarro.*
Caisse, *caja, arca.*
Caissier, *cajero.*
Cajoler, *requebrar.*
Calamité, *calamidad.*
Calciner, *calcinar.*
Calculer, *calcular.*
Cale, *cala, ensenada.*
Calèche, *calesa.*
Caleçon, *calzoncillos.*
Calendrier, *calendario.*
Calice, *caliz.*
Calleux, euse, *calloso.*
Calme, *calma, quietud.*
Calmer, *calmar, sosegar.*
Calomnie, *calumnia.*
Calotte, *solideo.*
Camarade, *camarada.*
Camomille, *manzanilla.*
Camp, *campo.*
Campagnard, arde, *aldeano.*
Campagne, *campo, campaña.*
Camus, use, *romo.*
Canaille, *canalla.*
Canal, *canal.*
Canapé, *canapé.*
Canard, *ánade, anadon.*
Cancer, *cáncer.*
Candeur, *candor, candidez.*
Cane (femelle), *ánade,*
Canicule, *canícula.*
Canif, *cortaplumas.*

Canne, *caña, baston.*
Canelle, *canela.*
Canon, *cañon, — cánon.*
Canonier, *cañonero, artillero.*
Canot, *canoa.*
Cantique, *cántico.*
Canton, *canton, territorio.*
Cap, *cabo, promontorio.*
Capable, *capaz.*
Capitaine, *capitan.*
Capitale, *capital.*
Caporal, *cabo de escuadra.*
Câpre, *alcaparra.*
Caprice, *capricho.*
Captif, ive, *cautivo, esclavo.*
Captivité, *cautiverio, esclavitud.*
Capuchon, *capucho, capuz.*
Capucin, *capuchino.*
Caquet, *charla, parlería.*
Caractère, *carácter, genio.*
Carat, *quilate.*
Caravane, *caravana.*
Carcan, *argolla.*
Carcasse, *esqueleto.*
Carder, *cardar.*
Cardinal, *cardenal.*
Cardon, *cardo.*
Carême, *cuaresma.*
Caresse, *caricia, alhago.*
Cargaison, *cargazon.*
Carnage, *carnicería, matanza.*
Carnassier, ère, *carnicero.*
Carnaval, *carnestolendas.*
Carotte, *zanahoria.*
Carpe, *carpa.*
Carquois, *carcax.*
Carré, ée, *cuadrado.*
Carreau, *ladrillo.*
Carrefour, *encrucijada.*
Carreler, *enladrillar.*
Carrer, *cuadrar.*
Carrière, *cantera, — carrera.*
Carrillon, *campanéo.*
Carrillonneur, *campanero.*
Carriole, *carreta.*
Carrosse, *carroza, coche.*
Carte, *naype, — carta.*
Cartel, *cartel.*
Carton, *carton.*
Cartouche, *cartucho.*
Cas, *caso.*
Cascade, *cascada.*
Caserne, *cuartel de soldados.*
Casser, *quebrar, romper.*
Casserole, *cazuela.*
Cassette, *caja, cofrecillo.*
Cassonade, *azúcar moreno.*
Castor, *castor.*
Catalogue, *catálogo.*
Cataracte, *catarata.*
Catharre, *catarro, fluxíon.*
Cathéchisme, *catecismo.*
Catégorie, *categoría.*
Cathédrale, *catedral.*
Catholique, *católico, universal.*
Cauchemar, *pesadilla.*
Cause, *causa, motivo.*
Causer, *hablar, — causar.*
Cautère, *cauterio.*
Caution, *caucion.*
Cavale, *yegua.*
Cavalerie, *caballería.*
Cavalier, *caballero, gineta.*
Cave, *bodega.*
Caveau, *cueva, bodega pequeña.*
Caver, *cavar, ahondar.*
Caverne, *caverna, cueva.*
Cavité, *cavidad.*
Céder, *ceder, rendirse.*
Cédille, *cedilla.*
Cèdre, *cedro.*
Ceindre, *ceñir.*
Ceinture, *cintura.*
Ceinturon, *cinturon, biricú.*
Célèbre, *célebre.*
Célébrer, *celebrar.*
Celer, *celar, encubrir.*

Céleri, *apio.*
Célérité, *celeridad, prontitud.*
Céleste, *celeste, celestial.*
Célibat, *celibato.*
Cellule, *celda.*
Cendre, *ceniza.*
Censé, *reputado.*
Censeur, *censor.*
Censure, *censura.*
Censurer, *censurar.*
Cent, *cien, ciento.*
Centaine, *centena.*
Centenaire, *centenario.*
Centre, *centro.*
Cep, *cepa, vid.*
Cercle, *círculo, — tertulia.*
Cercueil, *ataud, féretro.*
Cérémonie, *ceremonia.*
Cerf, *ciervo.*
Cerf-volant, *birlocha.*
Cerfeuil, *perifolio.*
Cerise, *cereza.*
Certain, aine, *cierto, seguro.*
Certificat, *certificado.*
Certifier, *certificar, asegurar.*
Certitude, *certeza, certidumbre*
Cerveau, *celebro.*
Cervelle, *seso.*
Cesser, *cesar, suspender.*
Chagrin, *pesar, pesadumbre.*
Chagriner, *amohinar, enfadar.*
Chaîne, *cádena.*
Chaînon, *eslabon.*
Chair, *carne.*
Chaire, *sitial, — púlpito, —*
Chaise, *silla, asiento.* [*cátedra.*
Chaleur, *calor, — actividad.*
Chaloupe, *chalupa, bote, lan-*
Chalumeau, *churumbela.* [*cha.*
Chamarré, *galoneado.*
Chambellan, *camarero.*
Chambre, *cuarto, — cámara.*
Chameau, *camello.*
Chamois, *gamuza.*

Champ, *campo.*
Champêtre, *campestre.*
Champignon, *hongo, seta.*
Chance, *suerte, fortuna.*
Chanceler, *vacilar, titubear.*
Chancelier, *canciller.*
Chandeleur, *candelaria.*
Chandellier, *candelero.* [*sebo.*
Chandelle, *candela, vela de*
Change, *cambio, trueque.*
Changer, *mudar, cambiar.*
Changeur, *cambista.*
Chanoine, *canónigo.*
Chanson, *cancion.*
Chant, *canto.*
Chanter, *cantar.*
Chanterelle, *prima.*
Chantier, *almacen de leña.*
Chantre, *cantor.*
Chanvre, *cáñamo.*
Chaos, *caos, confusion, de-*
Chapeau, *sombrero.* [*sórden.*
Chapelet, *rosario.*
Chapelier, *sombrerero.*
Chapelle, *capilla.*
Chapitre, *capítulo, — cabildo.*
Chapon, *capon.*
Char, *carro triunfal.*
Charbon, *carbon.*
Charcutier, *tocinero.*
Chardon, *cardo.*
Chardonneret, *jilguero.*
Charge, *carga, — cargo.*
Charger, *cargar.*
Charité, *caridad.*
Charivari, *cencerrada.*
Charlatan, *charlatan.* [*tivo.*
Charmant, *agradable, atrac-*
Charme, *echizo, encanto.*
Charogne, *bestia muerta y podrida.*
Charpentier, *carpintero.*
Charrette, *carreta.*
Charron, *carretero.*

Charrue, *arado*.
Chartreuse, *cartuja*.
Chasse, *caza*.
Chasser, *echar fuera, despedir*.
Chasseur, *cazador*.
Châssis, *bastidor*.
Chasteté, *castidad*.
Chassuble, *casulla*.
Chat, *gato*.
Châtaigne, *castaña*.
Château, *castillo*.
Chat-huant, *lechuza*.
Châtier, *castigar*.
Châtiment, *castigo*.
Chatouiller, *hacer cosquillas*.
Chatrer, *capar, castrar*.
Chaud, aude, *caliente*.
Chaud, *calor*.
Chaudière, *caldera*.
Chaudron, *caldero*.
Chauffer, *calentar*.
Chaume, *rastrojo*.
Chaumière, *casa cubierta de* [*paja*.
Chaussée, *calzada*.
Chausser, *calzar*.
Chausson, *escarpin*.
Chaussure, *calzado*.
Chauve, *calvo*.
Chauve-souris, *murciélago*.
Chaux, *cal*.
Chef, *cabo, gefe*.
Chef-d'œuvre, *obra maestra*.
Chemin, *camino*.
Cheminée, *chimenea*.
Cheminer, *caminar*.
Chemise, *camisa*.
Chêne, *encina*.
Chenet, *morillo*.
Chêne-vert, *carrasca*.
Chenille, *oruga*.
Cher, ère, *caro*, — *amado*, [*querido*.
Chercher, *buscar*.
Chérir, *amar, querer*.
Cherté, *carestía*.
Chérubin, *querubin*.
Chervis, *chirivía*.
Chétif, ive, *mezquino, vil*.
Cheval, *caballo*.
Chevalerie, *caballería*.
Chevalier, *caballero*.
Chevelure, *cabellera*.
Chevet, *cabecera de la cama*.
Cheveu, *cabello*.
Cheveux blancs, *canas*.
Cheville, *clavija*; — (du pied), [*tobillo*.
Chèvre, *cabra*.
Chevreau, *cabrito*.
Chicane, *trampa, abuso*.
Chiche, *mezquino, avaro*.
Chicorée, *chicoria*.
Chien, chienne, *perro, perra*.
Chiendent, *grama*.
Chiffon, *andrajo*.
Chiffonnier, ère, *trapero*.
Chiffre, *cifra*.
Chimère, *quimera*.
Chimie, *química*.
Chiquenaude, *papirote*.
Chirurgien, *cirujano*.
Choc, *choque*.
Chocolat, *chocolate*.
Chœur, *coro, concierto*.
Choisir, *escoger, elegir*.
Choix, *eleccion*.
Chômer, *holgar*.
Chopine, *media azumbre*.
Choquer, *chocar*.
Chose, *cosa*.
Chou, *col, berza*.
Chou-fleur, *coliflor*.
Chouette, *mochuelo*.
Chrétien, enne, *cristiano*.
Christ, *crucifijo*.
Chute, *caida*.
Chyle, *quilo*.
Ciboire, *copon*.
Cicatrice, *cicatriz*.
Cidre, *cidra*.

Ciel, cieux, *cielo, cielos.*
Cigale, *cigarra.*
Cigare, *cïgarro.*
Cigogne, *cigüeña.*
Ciguë, *cicuta.*
Cil, *pestaña.*
Cilice, *cilicio.*
Cime, *cima.*
Ciment, *argamasa.*
Cimetière, *cimenterio.*
Cingler, *surcar.*
Cintre, *cimbra.*
Circonférence, *circunferencia.*
Circonflèxe, *circunflejo.*
Circonstance, *circunstancia.*
Circuit, *circuito, rodeo.*
Circulaire, *circular.*
Circuler, *circular.*
Cire, *cera.*
Cirer, *encerar.*
Cirque, *circo.*
Ciseau, *escoplo.*
Ciseaux, *tijeras.*
Citadelle, *ciudadela.*
Citation, *cita, citacion.*
Cité, *ciudad.*
Citoyen, enne, *ciudadano.*
Citron, *limon.*
Citrouille, *calabaza.*
Civil, ile, *cortés, atento, ur-*
Civiliser, *civilizar.* [*bano.*
Civilité, *cortesía, urbanidad.*
Clair, claire, *claro.*
Claire-voie, *claraboya.*
Clairon, *clarin.*
Clairvoyant, ante, *perspicaz.*
Clameur, *clamor.*
Claque, *palmada.*
Clarifier, *clarificar.*
Clarinette, *clarinete.*
Clarté, *claridad.*
Classe, *clase.*
Classer, *distribuir, arreglar.*
Classique, *clásico.*

Clause, *cláusula.*
Clavecin, *clavicordio.*
Clavier, *teclado.*
Clef, *llave.*
Clémence, *clemencia.*
Clerc, *escribiente, amanuense.*
Clergé, *clero.*
Client, ente, *cliente.*
Cligner, *guiñar.*
Clignoter, *pestañear.*
Climat, *clima.*
Clin-d'œil, *ojeada.*
Clinquant, *oropel.*
Cloche, *campana.*
Clocher, *campanario.*
Clochette, *campanilla.*
Cloison, *tabique.*
Cloître, *claustro.*
Clos, *cerca, cercado.*
Clôture, *clausura.*
Clou, *clavo.*
Clouer, *clavar.*
Cocarde, *escarapela.*
Coche, *coche.*
Cochenille, *cochinilla, grana.*
Cocher, *cochero.*
Cochon, *puerco, cochino, cerdo.*
Cocon, *capullo de seda.*
Cocotier, *cocotero.*
Code, *código.*
Cœur, *corazon.*
Coffre, *cofre, arca.*
Cognée, *hacha.*
Cogner, *cascar, golpear.*
Coiffe, *cofia, escofieta.*
Coiffer, *cubrir la cabeza.*
Coiffure, *tocado.*
Coing, *membrillo.*
Coin, *esquina, ángulo, — rin-*
Col, *cuello.* [*con.*
Colère, *cólera, ira, enojo.*
Colifichet, *chuchería.*
Colin-maillard, *gallina ciega.*
Colique, *cólica.*

Collation, *colacion.*
Colle, *cola, engrudo.*
Collecteur, *colector.*
Collectif, ive, *colectivo.*
Collection, *coleccion.*
Collége, *colegio.*
Collègue, *colega.*
Coller, *encolar.*
Collerette, *gorguera.*
Collet, *collarin.*
Collier, *collar.*
Colline, *colina.*
Colombe, *paloma.*
Colombier, *palomar.*
Colon, *colono.*
Colonel, *coronel.*
Colonie, *colonia.*
Colonne, *coluna.*
Colorer, *colorar, dar color.*
Coloris, *colorida.*
Colosse, *coloso.*
Colporter, *llevar á cuestas.*
Colporteur, *buhonero.*
Combat, *combate.*
Combattre, *combatir, pelear.*
Combinaison, *combinacion.*
Comble, *colmo, cúmulo.*
Comédie, *comedia.*
Comédien, enne, *comediante.*
Comète, *cometa.*
Comique, *cómico.*
Commandant, *comandante.*
Commandement, *mandamiento.*
Commander, *mandar.*
Commencement, *principio.* [*zar.*
Commencer, *comenzar, empe-*
Commerçant, *comerciante.*
Commerce, *comercio.*
Commettre, *cometer.*
Commissaire, *comisario.*
Commission, *comision, encargo.*
Commode, adj., *cómodo, conveniente.*
Commode, subst., *cómoda.*
Commodité, *comodidad.*
Commodités, pl., *secretas, la-*
Commun, une, *comun.* [*trina.*
Communauté, *comunidad.*
Communier, *comulgar.*
Communiquer, *comunicar.*
Compagnie, *compañía.*
Compagnon, *compañero.*
Comparaison, *comparacion.*
Comparaître, *comparecer.*
Comparatif, ive, *comparativo.*
Comparer, *comparar, cotejar.*
Compas, *compás.*
Compassion, *compasion.*
Compatible, *compatible.*
Compatir, *compadecerse.*
Compatissant, ante, *compasivo.*
Compatriote, *compatriota.*
Compenser, *compensar.*
Compère, *compadre.*
Compétent, ente, *competente.*
Compétiteur, *competidor.*
Complaire, *complacer.*
Complaisance, *complacencia.*
Complaisant, *cortés, atento.*
Complément, *complemento.*
Complet, ète, *completo, cabal.*
Compléter, *completar.*
Complexion, *complexíon.*
Complice, *cómplice.*
Compliment, *cumplimiento.*
Complimenter, *cumplimentar.*
Compliqué, ée, *complicado.*
Complot, *maquinacion.*
Componction, *compuncion.*
Comporter (se), *comportarse.*
Composer, *componer.*
Compositeur, *compositor.*
Composition, *composicion.*
Compote, *conserva, compota.*
Comprendre, *comprehender, contener, entender.*
Comprimer, *comprimir.*

Compromettre, *comprometer.*
Comptant, *contante.*
Compte, *cuenta.*
Compter, *contar*, *numerar.*
Comptoir, *contador*, *tablero.*
Comte, comtesse, *conde*, *con-*
Concavité, *concavidad.* [*desa.*
Concentrer, *concentrar.*
Conception, *concepcion.*
Concerner, *concernir*, *pertene-*
Concert, *concierto.* [*cer.*
Concerter, *concertar.*
Concession, *concesion.*
Concevoir, *concebir*, — *enten-*
Concierge, *conserge.* [*der.*
Concile, *concilio.*
Concilier, *conciliar.*
Concis, ise, *conciso.*
Conclure, *concluir.*
Concombre, *pepino*, *cohombro.*
Concordance, *concordancia.*
Concordat, *concordato.*
Concorde, *concordia.*
Concourir, *concurrir*
Concours, *concurso.*
Concubine, *concubina.*
Concurrence, *concurrencia.*
Condamner, *condenar.*
Condescendre, *condescender.*
Condisciple, *condiscípulo.*
Condition, *condicion.*
Conditionnel, elle, *condicional.*
Condoléance, *pésame.*
Conduire, *conducir.*
Conduite, *conducta.*
Confection, *confeccion.*
Confédération, *confederacion.*
Conférence, *conferencia.*
Conférer, *conferir.*
Confesse, *confesion.*
Confesser (se), *confesarse.*
Confessionnal, *confesonario.*
Confiance, *confianza.*
Confidence, *confidencia.*
Confier, *confiar.*
Confire, *confitar.*
Confirmer, *confirmar.*
Confiseur, *confitero.*
Confisquer, *confiscar.*
Confiture, *confitura.*
Conflit, *conflicto.*
Confondre, *confundir.*
Conformer, *conformar.*
Conforter, *confortar.*
Confraternité, *confraternidad.*
Confrère, *cofrade.*
Confrérie, *cofradía.*
Confus, use, *confuso.*
Confusion, *confusion.*
Congé, *despedida.*
Congédier, *despedir.*
Congratuler, *congratular.*
Congrégation, *congregacion.*
Congrès, *congreso.*
Conjecture, *conjetura.*
Conjonction, *conjuncion.*
Conjugaison, *conjugacion.*
Conjugal, ale, *conyugal.*
Conjurer, *conjurar.*
Connaissance, *conocimiento.*
Connaître, *conocer.*
Connexion, *conexion.*
Conquérant, *conquistador.*
Conquérir, *conquistar.*
Conquête, *conquista.*
Consacrer, *consagrar.*
Consanguinité, *consanguinidad*
Conscience, *conciencia.*
Conscrit, *conscripto.*
Consécration, *consagracion.*
Consécutif, ive, *consecutivo.*
Conseil, *consejo.*
Conseiller, subst., *consejero.*
Conseiller, verb., *aconsejar.*
Consentir, *consentir.*
Conséquence, *consecuencia.*
Conséquent, ente, *consiguiente.*
Conserve, *conserva.*

Conserver, *conservar.*
Considérer, *considerar.*
Consigne, *contraseña.*
Consigner, *consignar.*
Consistance, *consistencia.*
Consister, *consistir.*
Consistoire, *consistorio.*
Consoler, *consolar.*
Consolider, *consolidar.*
Consommer, *consumir*, — *consumar.*
Consonne, *consonante.*
Conspirer, *conspirar.*
Constance, *constancia.*
Constant, ante, *constante.*
Constater, *hacer constante.*
Constellation, *constelacion.*
Consterner, *consternar.*
Constituer, *constituir.*
Construction, *construccion.*
Construire, *construir.*
Consul, *cónsul.*
Consulat, *consulado.*
Consulter, *consultar.*
Consumer, *consumir.*
Contagion, *contagio.*
Conte, *cuento, novela.*
Contempler, *contemplar.*
Contemporain, *contemporaneo.*
Contenance, *cabidà*, — *continente.*
Contenir, *contener.*
Contenir (se), *contenerse, moderarse.*
Content, ente, *contento.*
Contenter, *contentar.*
Conter, *contar, referir.*
Contester, *disputar.*
Contigu, uë, *contiguo.*
Continence, *continencia.*
Continu, ue, *continuo.*
Continuer, *continuar.*
Contour, *contorno.*
Contracter, *contraer.*
Contradiction, *contradiccion.*
Contraindre, *constreñir.*
Contrainte, *violencia.*
Contraire, *contrario.*
Contrarier, *contradecir.*
Contraste, *contraste.*
Contrat, *contrato.*
Contravention, *contravencion.*
Contrebande, *contrabando.*
Contrebandier, *contrabandista.*
Contre-basse, *contrabajo.*
Contrecarrer, *contradecir.*
Contredanse, *contradanza.*
Contredire, *contradecir.*
Contrée, *comarca, region.*
Contrefaçon, *fraude.*
Contrefait, aite, *contrahecho.*
Contre-marche, *contramarcha.*
Contre-ordre, *contraórden.*
Contre-poids, *contrapeso.*
Contre-point, *contrapunto.*
Contre-poison, *contraveneno.*
Contre-sens, *sentido contrario.*
Contre-temps, *contratiempo.*
Contrevenir, *contravenir.*
Contribuer, *contribuir.*
Contrister, *contristar.*
Contrition, *contricion.*
Contrôler, *registrar.*
Controuver, *inventar.*
Controverse, *controversia.*
Contumace, *contumacia.*
Convaincre, *convencer.*
Convalescence, *convalescencia.*
Convenable, *conveniente.*
Convenance, *decencia.*
Convenir, *convenir.*
Convention, *convencion.*
Conversation, *conversacion.*
Conversion, *conversion.*
Convertir, *convertir.*
Conviction, *conviccion.*
Convive, *convidado.*
Convoi, *comboy, acompañamiento.*
Convoiter, *codiciar.*

Convoitise, *concupiscencia.*
Convoquer, *convocar.*
Coopérer, *cooperar.*
Copie, *copia.*
Copier, *copiar.*
Copieux, euse, *copioso.*
Coq, *gallo.*
Coque, *cáscara de huevo.*
Coquelicot, *ababol, amapola.*
Coquette, *muger presumida.*
Coquillage, *marisco.*
Coquille, *concha.*
Coquin, ine, *pícaro, picaron.*
Corail, *coral.*
Corbeau, *cuervo.*
Corbeille, *cesta.*
Corde, *cuerda, soga.*
Cordeau, *cordel.*
Corderie, *cordelería.*
Cordial, *cordial.*
Cordier, *soguero.*
Cordon, *cordon.*
Cordonnet, *cordoncillo, tren-*
Cordonnier, *zapatero.* [*cilla.*
Corne, *cuerno, asta.*
Corneille, *corneja.*
Cornemuse, *gayta.*
Corniche, *cornisa.*
Cornichon, *pepinillo.*
Cornu, ue, *cornudo.*
Corporation, *cofradía.*
Corporel, elle, *corporal.*
Corps, *cuerpo.*
Corpulence, *corpulencia.*
Corpuscule, *corpúsculo.*
Correct, ecte, *correcto.*
Correcteur, *corrector.* [*cia.*
Correspondance, *corresponden-*
Correspondant, *corresponsal.*
Correspondre, *corresponder.*
Corridor, *corredor, pasadizo.*
Corriger, *corregir.*
Corroborer, *corroborar.*
Corrompre, *corromper.*

Corrosif, ive, *corrosivo.*
Corroyeur, *zurrador, curtidor.*
Corruption, *corrupcion.*
Corsaire, *corsario.*
Corset, *corsé, cotilla.*
Cortége, *séquito, comitiva.*
Cosmographie, *cosmografía.*
Cosse, *vayna, vaynilla.*
Costume, *trage.*
Côte, *costilla, — costa, —*
Côté, *lado, costado.* [*cuesta.*
Côteau, *colina, collado, cerro.*
Côtelette, *costilla de carnero.*
Cotillon, *zagalejo.*
Cotiser, *tasar.*
Coton, *algodon.*
Cotoyer, *costear.*
Cou, *cuello.*
Couchant, *poniente.*
Coucher, *acostar, echar.*
Coucher (se), *acostarse, —*
Coucou, *cuclillo.* [*echarse.*
Coude, *codo.*
Coudoyer, *codear.*
Coudre, *coser.*
Coudrier, *avellano.*
Coulant, anté, *corriente.*
Couler, *colar, — correr.*
Couleur, *color, — pretexto.*
Couleuvre, *culebra.*
Coup, *golpe.*
Coupable, *culpable, reo.*
Couper, *cortar.*
Couperose, *caparrosa.*
Couplet, *copla.*
Coupole, *cúpula.*
Coupon, *retal.*
Cour, *patio, — corte.*
Courage, *corage, valor, ánimo.*
Courageux, euse, *animoso, valiente.*
Courant, ante, *corriente.*
Courber, *encorvar.*
Coureur, *corredor.*

Coureuse, *cantonera.*
Courge, *calabaza.*
Courir, *correr.*
Couronne, *corona.*
Courrier, *correo.*
Courroie, *correa.*
Courroux, *ira, cólera.*
Cours, *curso.*
Course, *carrera.*
Court, te, *corto.*
Courte-pointe, *colcha.*
Courtier, *corredor.*
Courtisan, *cortesano.*
Courtiser, *cortejar.*
Cousin, ine, *primo, prima.*
Cousin, *zancudo, mosquito.*
Coussin, *almohada, cojin.*
Couteau, *cuchillo, navaja.*
Coûter, *costar.*
Coutume, *costumbre.*
Couture, *costura.*
Couturière, *costurera.*
Couvée, *nidada.*
Couvent, *convento.*
Couver, *empollar.*
Couvercle, *cobertera.*
Couvert, erte, *cubierto.*
Couverture, *cubierta.*
Couvrir, *cubrir.*
Cracher, *escupir, gargajear.*
Craindre, *temer, tener miedo.*
Crainte, *temor, miedo.*
Cramoisi, *carmesí.*
Crampe, *calambre.*
Cramponner (se), *agarrarse.*
Crapaud, *sapo, escuerzo.*
Crapule, *crápula, disolucion.*
Craquer, *rechinar, crujir.*
Crasse, *mugre, grasa, — caspa.*
Crasseux, *mugriento, avaro.*
Cravate, *corbatin.*
Crayon, *lápiz.*
Créance, *deuda, crédito.*
Créancier, *acreedor.*
Créateur, *criador.*
Créature, *criatura.*
Crèche, *pesebre.*
Crédit, *crédito, reputacion.*
Crédule, *crédulo.*
Créer, *criar, — crear, inventar*
Crême, *crema, natilla.*
Créneau, *almena.*
Créneler, *dentar.*
Créole, *criollo.*
Crêpe, *cendal.*
Crépuscule, *crepúsculo.*
Cresson, *berro.*
Crête, *cresta.*
Creuser, *ahondar, cavar.*
Creuset, *crisol.*
Creux, euse, *hueco, cóncavo.*
Crevasse, *grieta.*
Crever, *reventar.*
Cri, *grito.*
Criant, ante, *injusto, cruel.*
Cribler, *cribar, — acribillar*
Crier, *gritar, dar voces.*
Crieur public, *pregonero.*
Crime, *crímen, delito.*
Criminel, elle, *criminal, reo.*
Crin, *crin.*
Crise, *crisis.*
Cristal, *cristal.*
Critiquer, *criticar.*
Croasser, *graznar.*
Croc, *gancho, garabato.*
Crochet, *broche, corchete.*
Crocheteur, *ganapan.*
Crocodille, *crocodilo.*
Croire, *creer.*
Croisée, *vantana rasgada.*
Croiser, *cruzar.*
Croissant, *creciente.*
Croître, *crecer.*
Croix, *cruz.*
Croquer, *crujir, — comer.*
Croquis, *bosquejo.*
Crosse, *báculo, — culata de fusil.*

Crotte, *lodo*, *cieno*.
Crouler, *caer*, *derribarse*.
Croupe, *grupa*, *ancas*.
Croupion, *ovispillo*, *rabadilla*.
Croupir, *corromperse*.
Croûte, *corteza*, — *costra*.
Croyance, *creencia*.
Cru, *cosecha*, — (part. de croire, *creido*.
Cru, crue, *crudo*, *cruda*.
Cruauté, *crueldad*.
Cruche, *cántaro*.
Crucifier, *crucificar*.
Crucifix, *crucifijo*.
Crue, *crecida*.
Cruel, elle, *cruel*, *inhumano*.
Cueillir, *coger*, *recoger*.
Cuiller, *cuchara*.
Cuir, *cuero*.
Cuirasse, *coraza*.
Cuire, *cocer*.
Cuisine, *cocina*.
Cuisinier, ère, *cocinero*.
Cuisse, *muslo*. [*far*.
Cuivre, *cobre*, — (jaune), *azó-*
Cul, *culo*, *nalgas*, *trasero*.
Cul-de-sac, *callejon sin salida*.
Culbuter, *derribar*.
Culotte, *calzones*.
Culte, *culto*.
Cultiver, *cultivar*
Cumuler, *cumular*, *acumular*.
Cupidité, *concupiscencia*.
Curé, *cura*.
Cure-dent, *mondadientes*.
Curer, *limpiar*.
Curieux, euse, *curioso*.
Cuve, *cuba*.
Cygne, *cisne*.
Cylindre, *cilindro*.
Cyprès, *ciprés*.

D.

Daigner, *dignarse*.
Daim, *gamo*.
Dais, *dosel*.
Dame, *dama*, *señora*.
Damier, *tablero de damas*.
Damner, *condenar*.
Danger, *peligro*.
Dangereux, euse, *peligroso*.
Danse, *danza*, *bayle*.
Danseur, euse, *baylarin*.
Dard, *dardo*.
Date, *data*, *fecha*.
Datif, *dativo*.
Datte, *dátil*.
Dauphin, *delfin*.
Dé, *dado*;—(à coudre), *dedal*.
Débarbouiller, *lávar*, *limpiar*.
Débarquer, *desembarcar*.
Débarrasser, *desembarazar*.
Débat, *debate*, *contienda*.
Débattre (se), *forcejar*, *resistirse*.
Débauché, ée, *disoluto*, *vicioso*.
Débaucher, *sobornar*, *seducir*.
Débiliter, *debilitar*, *estenuar*.
Débit, *venta*, *despacho*.
Débiter, *vender*, *despachar*.
Débiteur, trice, *deudor*.
Déborder, *inundar*, *salir de*
Déboucher, *destapar*. [*madre*.
Débourser, *desembolsar*.
Déboutonner (se), *desabrocharse*.
Débris, *ruinas*, — *reliquias*.
Débrouiller, *desenredar*.
Décacheter, *abrir una carta*.
Décadence, *decadencia*.
Décalogue, *decálogo*,
Décamper, *huirse*.
Décapiter, *cortar la cabeza*.
Décéder, *fallecer*, *morir*.
Déceler, *descubrir*, *revelar*.
Décembre, *deciembre*.
Décence, *decencia*.
Décerner, *ordenar*.

Décès, *fallecimiento, muerte.*
Déchaîner, *desencadenar.*
Décharger, *descargar.*
Décharner, *descarnar.*
Déchausser, *descalzar.*
Déchet, *merma, mengua.*
Déchiffrer, *descifrar.*
Déchirer, *desgarrar, rasgar.*
Décider, *decidir, resolver.*
Déclamer, *declamar.*
Déclarer, *declarar.*
Déclin, *declinacion, decadencia*
Déclinaison, *declinacion.*
Décliner, *declinar, — decaer.*
Déclouer, *desclavar.*
Décoiffer, *destocar.*
Décoller, *desencolar.*
Décombres, *escombros.*
Décomposer, *descomponer.*
Déconcerter, *desconcertar.*
Décorer, *decorar, hermosear.*
Décorum, *decoro, decencia.*
Découdre, *descoser.*
Découler, *fluir, destilar.*
Découper, *cortar, recortar.*
Décourager, *desanimar.*
Découvrir, *descubrir.*
Décréditer, *desacreditar.*
Décrépit, *decrépito.*
Décret, *decreto.*
Décrier, *desacreditar.*
Décrire, *describir.*
Décrocher, *desganchar.*
Décroître, *menguar, disminuir.*
Décrotter, *estregar, limpiar.*
Dédaigner, *desdeñar, desdeñarse.*
Dédain, *desden, menosprecio.*
Dédale, *dédalo, laberinto.*
Dédicace, *dedicacion.*
Dédier, *dedicar.*
Dédire (se), *desdecirse, retractarse.*
Déduire, *deducir, descontar.*
Déesse, *diosa.*

Défaillance, *desfallecimiento.*
Défaire, *deshacer.*
Défaite, *derrota.*
Défaut, *defecto, imperfeccion.*
Défectueux, euse, *defectuoso.*
Défendre, *defender, — prohibir.*
Déférence, *honor, respeto.*
Déferrer, *desherrar.*
Défi, *desafío.*
Défiance, *desconfianza, recelo.*
Défier, *desafiar.*
Défier (se), *desconfiar, recelarse*
Défigurer, *desfigurar.*
Défiler, *desfilar.*
Définir, *definir.*
Défrayer, *pagar por alguno.*
Défricher, *desmontar.*
Défunt, unte, *difunto.*
Dégager, *desempeñar.*
Dégager (se), *desembarazarse.*
Dégainer, *desenvainar.*
Dégarnir, *desguarnecer.*
Dégât, *estrago, ruina.*
Dégeler, *deshelar.*
Dégénérer, *degenerar.*
Dégourdir, *desentorpecer.*
Dégoût, *desgana, inapetencia.*
Dégoûtant, ante, *asqueroso, sucio.*
Dégoûter, *desganar, disgustar.*
Dégrader, *degradar.*
Dégraisser, *desengrasar.*
Degré, *escalon, — grado.*
Dégrossir, *desbastar.*
Déguenillé, ée, *andrajoso.*
Déguiser, *disfrazar.*
Déjeûner, *almorzar, desayunarse.*
Délabrer, *destrozar.*
Délai, *plazo, dilacion.*
Délaisser, *desamparar.*
Délasser (se), *descansar.*
Délation, *delacion, acusacion.*
Délayer, *desleir.*
Déléguer, *delegar.*

Délibérer, *deliberar.*
Délicat, ate, *delicado.*
Délice, *delicia, gusto.*
Délire, *delirio.*
Délit, *delito, crímen.*
Délivrance, *libramiento.*
Délivrer, *entregar, — libertar.*
Déloger, *desalojar.*
Déluge, *diluvio.*
Demander, *pedir, — preguntar.*
Démangeaison, *comezon, picazon.*
Démanteler, *desmantelar*
Démarche, *andadura.*
Démasquer, *quitar la máscara.*
Démêler, *desenredar, — distinguir.*
Démembrer, *desmembrar.*
Déménager, *mudar de casa.*
Démence, *demencia.*
Démentir, *desmentir.*
Démériter, *desmerecer.*
Démesuré, ée, *desmesurado.*
Démettre, *desencajar, dislocar.*
Demeure, *vivienda, morada.*
Demeurer, *vivir, habitar.*
Demi, ie, *medio, media.*
Démission, *abdicacion.*
Demoiselle, *doncella, señorita.*
Démolir, *demolir, arruinar.*
Démon, *demonio, diablo.*
Démonstratif, *demostrativo.*
Démonter, *desmontar.*
Démontrer, *demostrar.*
Démordre, *desistir, ceder.*
Dénaturé, ée, *inhumano, cruel.*
Déni, *denegacion.*
Dénicher, *desanidar.*
Dénier, *denegar, negar.*
Denier, *dinero, dinerillo.*
Dénigrer, *denigrar.*
Dénoncer, *denunciar, delatar.*
Dénoter, *denotar, indicar.*
Dénouer, *desanudar.*
Denrée, *género, comestible.*
Densité, *densidad.*
Dent, *diente.*
Dentelé, ée, *dentellado.*
Dentelle, *encaje.*
Dentiste, *dentista.*
Dénûment, *desnudez, privacion.*
Dénuer, *desnudar, despojar.*
Départ, *partida.*
Département, *departamento.*
Dépasser, *pasar mas allá, esceder.*
Dépaver, *desempedrar.*
Dépecer, *despedazar.*
Dépêche, *despacho.*
Dépêcher, *despachar.*
Dépêcher (se), *darse priesa.*
Dépeindre, *pintar.*
Dépendance, *dependencia.*
Dépendre, *depender.*
Dépens, *gastos, — costas.*
Dépense, *gasto, — despensa.*
Dépenser, *gastar, espender.*
Dépérir, *descaecer.*
Dépêtrer, *desenredar.*
Dépeupler, *despoblar.*
Dépit, *despecho.*
Déplacer, *mudar de puesto.*
Déplaire, *disgustar, desazonar.*
Déplaisir, *desazon, disgusto.*
Déplier, *desplegar.*
Déplorer, *deplorar.*
Déployer, *desplegar.*
Déportation, *deportacion, destierro.*
Déposer, *deponer, — depositar.*
Dépositaire, *depositario.*
Dépôt, *depósito.*
Dépouiller, *despojar.*
Dépourvu, ue, *desproveido.*
Dépraver, *depravar.*
Déprécier, *desestimar.*
Déprédation, *pillage, robo.*
Déprimer, *deprimir, humillar.*
Dépurer, *depurar, limpiar.*
Député, *diputado.*
Déraciner, *desarraigar.*

Déranger, *desordenar, — inco-*
Dérégler, *desarreglar.* [*modar.*
Dérider, *desarrugar.*
Dérision, *irrision, burla.*
Dériver, *derivar.*
Dernier, ère, *último, postrero.*
Dérober, *robar, hurtar,— ocul-*
Déroger, *derogar, anular.* [*tar.*
Dérouler, *desarrollar.*
Dérouter, *desviar, — descon-*
Derrière, *trasero.* [*certar.*
Désabuser, *desengañar.*
Désagréable, *desagradable.*
Désagrément, *disgusto, desa-grado.*
Désaltérer, *apagar la sed.*
Désapprouver, *desaprobar.*
Désarmer, *desarmar.*
Désastre, *desastre, desgracia.*
Désastreux, euse, *funesto, de-plorable.*
Désavantage; *desventaja.*
Désavouer, *negar, desmentir.*
Descendre, *bajar; —* (du cheval), *apéarse.*
Description, *descripcion.*
Désenchanter, *desencantar.*
Désennuyer (se), *divertirse.*
Désert, *desierto.*
Déserter, *desertar.*
Désespérer, *desesperar.*
Désespoir, *desesperacion.*
Déshabiller, *desnudar.*
Déshériter, *desheredar.*
Déshonorer, *deshonrar.*
Désigner, *designar.*
Désintéressement, *desinterés.*
Désirer, *desear.*
Désister, *desistir.*
Désobéir, *desobedecer.*
Désœuvré, *ocioso, desocupado.*
Désoler, *desolar, — desconso-*
Désordre, *desorden.* [*lar.*
Despote, *déspota.*

Dessécher, *desecar.*
Dessein, *designio, intento.*
Desserrer, *aflojar.*
Dessert, *postres.*
Desservir, *alzar la mesa.*
Dessiller, *abrir los ojos.*
Dessin, *dibujo.*
Dessiner, *dibujar.*
Dessous, *suelo.*
Dessus, *lo alto, — ventaja.*
Destin, *destino, hado, suerte.*
Destiner, *destinar.*
Destituer, *destituir.*
Destruction, *destruccion.*
Désunir, *desunir.*
Détacher, *desatar.*
Détail, *menor, menudo.*
Détailler, *vender por menudo.*
— *Referir por menor.*
Déteindre, *desteñir.*
Dételer, *desuncir.*
Détention, *prision.*
Détenu, ue, *preso, encarcelado.*
Déterminer, *determinar.*
Déterrer, *desenterrar.*
Détester, *detestar, abominar.*
Détour, *rodeo, circuito, — efu-gio.*
Détourner, *desviar,— disuadir.*
Détracteur, *detractor.*
Détresse, *angustia, — escasez.*
Détriment, *detrimento, daño.*
Détroit, *estrecho.*
Détromper, *desengañar.*
Détrôner, *destronar.*
Détruire, *destruir.*
Dette, *deuda.*
Deuil, *luto.*
Dévaliser, *despojar, robar.*
Dévancer, *adelantarse.*
Devanciers, *abuelos, antepasa-*
Devant, *delantera.* [*dos.*
Dévaster, *devastar, asolar.*
Développer, *desenvolver.*

Devenir, *hacerse, volverse.*
Dévider, *devanar.*
Devin, *adivino, agorero.*
Deviner, *adivinar.*
Devise, *divisa.*
Dévoiement, *cámaras.*
Dévoiler, *alzar el velo, descubrir.*
Devoir, *deber.*
Dévorer, *devorar.*
Dévot, ote, *devoto.*
Dévoûment, *aficion.*
Dévouer (se), *darse, sacrificarse.*
Diable, *diablo.*
Diablement, *escesivamente.*
Diablerie, *sortilegio, maleficio.*
Diacre, *diácono.*
Diadême, *diadema.*
Dialecte, *dialecto.*
Dialogue, *diálogo.*
Diamant, *diamante.*
Diamètre, *diámetro.*
Diapason, *diapason.*
Diaphane, *diáfano.*
Diarrhée, *diarrea.*
Dictateur, *dictador.*
Dicter, *dictar.*
Dictionnaire, *diccionario.*
Diète, *dieta.*
Dieu, *Dios.*
Diffamer, *disfamar.*
Différence, *diferencia.*
Différend, *disputa, pleyto.*
Différer, *diferir.*
Difficile, *difícil.*
Difficulté, *dificultad.*
Difformité, *disformidad.*
Diffus, use, *difuso, prolijo.*
Digérer, *digerir.*
Digne, *digno.*
Digue, *dique.*
Dilapider, *dilapidar, destruir.*
Dilater, *dilatar, estender.*
Dilection, *dileccion, amor.*
Dilemme, *dilema.*
Diligence, *diligencia.*
Dimanche, *domingo.*
Dîme, *diezmo.*
Dimension, *dimension.*
Diminuer, *disminuir.*
Diminutif, *diminutivo.*
Dindon, *pavo.*
Dîné, *comida.*
Dîner, *comer.*
Diocèse, *diócesis.*
Diphthongue, *diptongo.*
Diplomatique, *diplomático.*
Diplôme, *diploma, despacho.*
Dire, *decir.*
Direct, ecte, *directo.*
Diriger, *dirigir, gobernar.*
Discerner, *discernir.*
Disciple, *discípulo.*
Discipline, *disciplina.*
Discontinuer, *descontinuar.*
Disconvenir, *desconvenir.*
Discorde, *discordia.*
Discourir, *discurrir.*
Discours, *discurso.*
Discrédit, *descrédito.*
Discret, *discreto, callado.*
Disculper, *disculpar.*
Discuter, *discutir.*
Disette, *hambre, carestía.*
Disgrace, *desgracia.*
Disloquer, *dislocar.*
Disparaître, *desaparecer.*
Disparité, *disparidad.*
Dispendieux, euse, *costoso.*
Dispenser, *dispensar.*
Disperser, *dispersar.*
Disposer, *disponer.*
Disputer, *disputar.*
Disque, *disco.*
Dissention, *disension.*
Disserter, *disertar.*
Dissimuler, *disimular.*
Dissiper, *disipar.*
Dissoudre, *disolver.*

Dissuader, *disuadir.*
Distance, *distancia.*
Distiller, *destilar.*
Distinguer, *distinguir.*
Distraire, *distraer, — deducir.*
Distribuer, *distribuir.*
District, *distrito.*
Divers, erse, *diverso, diferente.*
Diversifier, *diversificar.*
Divertir, *divertir.*
Divin, ine, *divino.*
Diviser, *dividir, — partir.*
Divorce, *divorcio.*
Divulguer, *divulgar.*
Docile, *dócil.*
Docteur, *doctor.*
Doctrine, *doctrina.*
Document, *documento.*
Dogmatiser, *dogmatizar.*
Dogme, *dogma.*
Dogue, *dogo.*
Doigt, *dedo.*
Domaine, *hacienda, heredad.*
Dôme, *cúpula, cimborio.*
Domestique, *doméstico, — criado.*
Domicile, *domicilio.*
Dominer, *dominar.*
Dommage, *daño, — lástima.*
Dompter, *domar.*
Don, *don, dádiva.*
Donjon, *torrejon.*
Donner, *dar.*
Dorer, *dorar.*
Dormir, *dormir.*
Dortoir, *dormitorio.*
Dos, *espalda, espinazo.*
Dose, *dósis.*
Dossier, *respaldo.*
Dot, *dote.*
Doter, *dotar.*
Douane, *aduana.*
Double, *doble.*
Doublement, *dobladamente.*
Doubler, *doblar.*
Doublon, *doblon.*
Doublure, *forro.*
Douceur, *dulzura.*
Douer, *dotar.*
Douleur, *dolor.*
Douter, *dudar.*
Doux, douce, *dulce.*
Doyen, *dean, decano.*
Dragée, *gragea, confites.*
Dragon, *dragon.*
Drame, *drama.*
Drap, *paño;* — (de lit), *sábana.*
Drapeau, *bandera.*
Dresser, *erigir, levantar, — adestrar.*
Drogue, *droga.*
Droit, droite, *derecho, recto.*
Droit, subst., *derecho, justicia.*
Droiture, *rectitud.*
Drôle, *pícaro, bellaco.*
Dromadaire, *dromedario.*
Duc, *duque.*
Ducat, *ducado.*
Duchesse, *duquesa.*
Duel, *duelo, desafío.*
Duper, *engañar con sutileza.*
Dupeur, *fullero.*
Duplicité, *doblez, falsedad.*
Dur, dure, *duro.*
Durcir, *endurecer.*
Durer, *durar.*
Dureté, *dureza.*
Durillon, *callo, callosidad.*
Duvet, *plumon, plumion.*
Dynastie, *dinastía.*

E.

Eau, *agua.*
Ebauche, *bosquejo.*
Ebène, *ébano.*
Eblouir, *deslumbrar.*
Ebranler, *mover, menear.*
Ebruiter, *divulgar.*
Ecaille, *escama.*

Ecarlate, *escarlata, grana.*
Ecarteler, *descuartizar.*
Ecarter, *alejar, apartar.*
Ecclésiastique, *eclesiástico.*
Ecervelé, ée, *descabezado.*
Echafaud, *tablado, — cadalso.*
Echalote, *escalonia.*
Echancrer, *escotar.*
Echanger, *trocar, permutar.*
Echantillon, *muestra.*
Echapper, *escapar, evitar.*
Echarpe, *banda, faja.*
Echasses, *zancos.*
Echauder, *escaldar.*
Echauffer (s'), *calentarse, — acalorarse.*
Echéance, *plazo, término.*
Echecs, *ajedrez.*
Echelle, *escala.*
Echelon, *escalon.*
Echeveau, *madeja.*
Echevelé, ée, *desgreñado.*
Echine, *espinazo, lomo.*
Echo, *eco.*
Echoir, *caer en suerte, caber.*
Echouer, *encallarse.*
Eclabousser, *enlodar.*
Eclair, *relámpago.*
Eclaircir, *aclarar.*
Eclairer, *alumbrar, ilustrar.*
Eclat, *lustre, brillo, — astilla, — estallido, ruido; —* (de bombe), *casco; —* (de rire), *carcajada.*
Eclatant, ante, *brillante.*
Eclater, *estallar, — divulgarse.*
Eclipser, *eclipsar.*
Eclore, *abrirse, nacer.*
Ecluse, *represa.*
Ecole, *escuela.*
Ecolier, *estudiante.*
Economie, *economía.*
Economiser, *ahorrar.*
Ecorce, *corteza.*
Ecorcher, *desollar.*
Ecot, *escote.*
Ecouler (s'), *pasarse.*
Ecouter, *escuchar.*
Ecraser, *moler, estrellar.*
Ecrevisse, *cangrejo.*
Ecrire, *escribir.*
Ecriteau, *rótulo, inscripcion.*
Ecritoire, *tintero.*
Ecriture, *escritura.*
Ecrivain, *escribiente, escritor.*
Ecrouler (s'), *caer, dar en tierra.*
Ecu, *escudo.*
Ecueil, *escollo.*
Ecuelle, *escudilla.*
Ecume, *espuma.*
Ecurer, *limpiar, fregar.*
Ecureuil, *ardilla.*
Ecurie, *caballeriza.*
Ecusson, *escudo de armas.*
Ecuyer, *escudero.*
Edifice, *edificio.*
Edifier, *edificar.*
Edit, *edicto.*
Editeur, *editor.*
Edition, *edicion.*
Education, *educacion.*
Effacer, *borrar.*
Effaroucher, *espantar.*
Effectif, ive, *efectivo.*
Effectuer, *efectuar.*
Efféminé, *afeminado.*
Effet, *efecto.*
Efficace, adj., *eficaz.*
Efficace, subst., *eficacia.*
Effigie, *efigie.*
Efforcer (s'), *esforzarse.*
Effort, *esfuerzo.*
Effraction, *fractura.*
Effrayer, *asustar.*
Effréné, ée, *desenfrenado.*
Effroi, *susto, espanto.*
Effronté, ée, *atrevido, desvergonzado.*

Effronterie, *desvergüenza.*
Effroyable, *horrible.*
Effusion, *efusion.*
Egal, ale, *igual.*
Egalité, *igualdad.*
Egard, *respeto.*
Egarer, *descarriar, estraviar.*
Egayer, *alegrar.*
Eglise, *iglesia.*
Egoïsme, *egoismo.*
Egorger, *degollar.*
Egosiller (s'), *desgañitarse.*
Egoût, *albañal.*
Egoutter, *gotear.*
Egratigner, *arañar.*
Elan, *ímpetu.*
Elancer (s'), *abalanzarse, arrojarse.*
Elargir, *ensanchar.*
Elastique, *elástico.*
Electeur, *elector.*
Electriser, *electrizar.*
Elégance, *elegancia.*
Elément, *elemento.*
Eléphant, *elefante.*
Elève, *discípulo.*
Elever, *elevar, — erigir.*
Elite, *selecto.*
Eloge, *elogio.*
Eloigner, *alejar, apartar.*
Eloquence, *elocuencia.*
Elu, *elegido, electo.*
Eluder, *eludir.*
Email, *esmalte.*
Emaner, *emanar.*
Emballer, *embalar.*
Embarquer, *embarcar.*
Embarras, *embarazo.*
Embaumer, *embalsamar.*
Embellir, *hermosear.*
Emblême, *emblema.*
Emboîter, *encajar.*
Embonpoint, *gordura.*
Embouchure, *embocadero.*
Embraser, *abrasar, quemar.*
Embrasser, *abrazar, abarcar.*
Embrouiller, *embrollar.*
Embûches, *celada, red.*
Embusquer, *emboscar.*
Emeraude, *esmeralda.*
Emeute, *alboroto, motin.*
Eminence, *eminencia.*
Emotion, *conmocion, agitacion.*
Emousser, *embotar.*
Emouvoir, *mover, conmover.*
Empêcher, *impedir.*
Empereur, *emperador.*
Empeser, *almidonar.*
Empester, *apestar.*
Empiéter, *usurpar.*
Empire, *imperio.*
Empirer, *empeorar.*
Empirique, *empírico.*
Emplacement, *sitio.*
Emplâtre, *emplasto.*
Emplette, *compra.*
Employer, *emplear.*
Empois, *almidon.*
Empoisonner, *envenenar.*
Emporter, *alzar, llevar.*
Empresser (s'), *apresurarse.*
Emprisonner, *encarcelar.*
Emprunt, *empréstito.*
Emprunter, *pedir, ó tomar prestado.*
Empyrée, *empíreo.*
Emulation, *emulacion.*
Encadrer, *poner marco.*
Encan, *almoneda.*
Enceinte, *recinto, — en cinta.*
Encens, *incienso.*
Enchaîner, *encadenar.*
Enchanter, *encantar.*
Enchérir, *pujar, — encarecer.*
Enclaver, *encerrar, encajar.*
Enclin, *inclinado.*
Enclos, *cerca, cercado.*
Enclume, *yunque.*
Encombrer, *embarazar.*
Encourager, *animar, escitar.*

Encourir, *incurrir.*
Encre, *tinta.*
Encrier, *tintero.*
Endetter (s'), *adeudarse.*
Endommager, *dañar.*
Endormir, *adormecer.*
Endosser, *endosar.*
Endroit, *lugar,* — *haz ó cara.*
Enduire, *bañar, untar.*
Endurcir, *endurecer.*
Endurer, *sufrir, tolerar.*
Energie, *energía.*
Enfance, *infancia, niñez.*
Enfant, *niño, niña,* — *hijo, hija.*
Enfanter, *parir, dar á luz.*
Enfantillage, *puerilidad.*
Enfer, *infierno.*
Enfermer, *encerrar.*
Enfiler, *enhebrar, ensartar.*
Enflammer, *inflamar.*
Enfler, *hinchar, inflar.*
Enfoncer, *hundir,* — *ahondar.*
Enfreindre, *violar.*
Enfuir (s'), *huirse, escaparse.*
Enfumer, *ahumar.*
Engager, *empeñar, inducir.*
Engager (s'), *obligarse,* — *engancharse.*
Engainer, *envainar.*
Engeance, *raza, casta.*
Engelure, *sabañon.*
Engendrer, *engendrar.*
Engloutir, *engullir, tragar.*
Engorger, *abstruir, cerrar.*
Engouffrer (s'), *engolfarse.*
Engourdir, *entorpecer.*
Engraisser, *engordar.*
Enhardir, *animar, esforzar.*
Enigme, *enigma.*
Enivrer, *emborrachar.*
Enjoliver, *adornar, ataviar.*
Enjôler, *engaytar.*
Enjoué, ée, *alegre, festivo.*
Enjoûment, *buen humor.*
Enlacer, *enlazar, unir.*
Enlaidir, *afear.*
Enlever, *alzar,* — *robar.*
Ennemi, ie, *enemigo.*
Ennoblir, *ennoblecer.*
Ennui, *enfado, disgusto.*
Ennuyer, *enfadar, molestar.*
Ennuyeux, euse, *enfadoso, molesto.*
Enoncer, *enunciar.*
Enorgueillir, *ensoberbecer.*
Enorme, *enorme.*
Enquête, *pesquisa.*
Enraciner (s'), *arraygarse.*
Enrager, *rabiar.*
Enregistrer, *registrar.*
Enrhumer (s'), *resfriarse.*
Enrichir, *enriquecer.*
Enrôler, *alistar.*
Enrouer (s'), *enronquecer.*
Ensanglanter, *ensangrentar.*
Enseigne, *tablilla.*
Enseigner, *enseñar.*
Ensemble, *conjunto.*
Ensemencer, *sembrar.*
Ensevelir, *sepultar.*
Ensorceler, *hechizar, embrujar.*
Ensuivre (s'), *seguirse.*
Entailler, *hacer muescas.*
Entamer, *decentar, empezar.*
Entasser, *amontonar.*
Entendement, *entendimiento.*
Entendre, *oir,* — *entender.*
Enter, *enjerir, enjertar.*
Enterrement, *entierro.*
Enterrer, *enterrar.*
Entêter (s'), *encapricharse.*
Enthousiasme, *entusiasmo.*
Entiché, ée, *encasquetado.*
Entier, ière, *entero.*
Entonnoir, *embudo.*
Entorse, *torcedura.*
Entortiller, *enroscar, enredar.*
Entourer, *cercar, rodear.*

Entrailles, *entrañas.*
Entraîner, *arrastrar.*
Entraver, *trabar.*
Entrelacer, *entrelazar.*
Entremêler, *entretejer.*
Entremise, *mediacion.*
Entrepôt, *depósito.*
Entreprenant, *atrevido, osado.*
Entreprendre, *emprender.*
Entreprise, *empresa.*
Entrer, *entrar.*
Entresol, *entresuelo.*
Entretenir, *mantener.*
Entretenir (s'), *hablar, conversar.*
Entretien, *mantenimiento, — conversacion.*
Entrevoir, *entrever.*
Entrevue, *conferencia.*
Envahir, *invadir.*
Enveloppe, *cubierta.*
Envelopper, *envolver, cubrir.*
Envenimer, *envenenar.*
Envie, *gana, — antojo, — envidia.*
Environner, *rodear, cercar.*
Envisager, *entrever.*
Envoler (s'), *escaparse volando.*
Envoyer, *embiar.*
Epacte, *epacta.*
Epagneul, *sabueso.*
Epais, aisse, *espeso, grueso.*
Epancher, *desahogar.*
Epanouir (s'), *abrirse.*
Epargner, *ahorrar.*
Eparpiller, *esparcir.*
Epars, arse, *esparcido.*
Epaule, *hombro.*
Epaulette, *hombrillo, — charretera.*
Epée, *espada.*
Epeler, *deletrear.*
Eperdûment, *perdidamente.*
Eperon, *espuela.*
Epervier, *gavilan.*
Epi, *espiga.*
Epice, *especia.*
Epicier, *especiero.*
Epidémie, *epidemia.*
Epier, *espiar, acechar.*
Epigramme, *epigrama.*
Epinard, *espinaca.*
Epine, *espino, — espina.*
Epingle, *alfiler.*
Epique, *épico.*
Episode, *episodio.*
Epistolaire, *epistolar.*
Epitaphe, *epitafio.*
Epithète, *epiteto.*
Epitre, *epístola, carta.*
Eponge, *esponja.*
Epoque, *época.*
Epousée, *novia.*
Epouser, *desposar, casar.*
Epouvanter, *espantar.*
Epouvantail, *espantajo.*
Epoux, épouse, *esposo, esposa.*
Epreuve, *prueba, ensayo.*
Eprouver, *esperimentar.*
Epucer, *espulgar.*
Epuiser, *agotar, — apurar.*
Epurer, *purificar.*
Equateur, *ecuador.*
Equerre, *escuadra.*
Equilibre, *equilibrio.*
Equinoxe, *equinoccio.*
Equipage, *equipage.*
Equiper, *equipar.*
Equitable, *equitativo.*
Equité, *equidad.*
Equivaloir, *equivaler.*
Equivoque, *equívoco.*
Erable, *ácer.*
Ere, *era.*
Ereinter, *derrengar.*
Eriger, *erigir.*
Ermitage, *ermita.*
Ermite, *ermitaño.*
Errant, ante, *errante.*
Errer, *errar, engañarse.*

Erreur, *error.*
Erudition, *erudicion.*
Eruption, *erupcion.*
Erysipèle, *erisipela.*
Escadron, *escuadron.*
Escalader, *escalar.*
Escalier, *escalera.*
Escamoter, *escamotar.*
Escarbot, *escarabajo.*
Escarboucle, *carbunclo.*
Escargot, *caracol.*
Escarmouche, *escaramuza.*
Escarpé, ée, *escarpado.*
Escarpin, *zapatilla.*
Esclavage, *esclavitud.*
Esclave, *esclavo.*
Escompte, *rebaja.*
Escorte, *escolta.*
Escrimer, *esgrimir.*
Escroc, *petardista.*
Escroquer, *estafar.*
Espace, *espacio.*
Espèce, *especie.*
Espérance, *esperanza.*
Espérer, *esperar.*
Espiègle, *travieso.*
Espion, *espía.*
Espoir, *esperanza.*
Esprit, *espíritu, —ingenio.*
Esquif, *esquife.*
Esquisse, *bosquejo.*
Esquiver, *esquivar.*
Essai, *ensayo, prueba.*
Essaim, *enjambre.*
Essayer, *ensayar.*
Essence, *esencia.*
Essentiel, elle, *esencial.*
Essieu, *eje.*
Essor, *vuelo.*
Essoufler, *desalentar.*
Essuie-main, *toalla.*
Essuyer, *enjugar, — padecer.*
Est, *este, levante.*
Estacade, *estacada.*
Estaffette, *estafeta.*
Estampe, *estampa.*
Estime, *estimacion.*
Estimer, *estimar, — apreciar.*
Estomac, *estómago.*
Estropier, *estropear.*
Esturgeon, *esturion.*
Etable, *establo.*
Etabli, *banco.*
Etablir, *establecer.*
Etablissement, *establecimiento.*
Etage, *piso, alto.*
Etain, *estaño.*
Etaler, *esponer, — hacer alarde*
Etamer, *estañar, — azogar.*
Etamine, *sedazo.*
Etancher le sang, *restañar*; — (la soif), *apagar la sed.*
Etang, *estanque.*
Etape, *etapa.*
Etat, *estado.*
Etayer, *apuntalar.*
Eté, *verano, estío.*
Eteindre, *apagar.*
Etendard, *estandarte.*
Etendre, *estender.*
Etendue, *estension.*
Eternel, elle, *eterno, sin fin.*
Eterniser, *eternizar.*
Eternité, *eternidad.*
Eternuer, *estornudar.*
Ether, *éter.*
Etincelant, ante, *brillante.*
Etinceler, *chispear.*
Etincelle, *chispa, centella.*
Etique, *hético.*
Etiquette, *rotulo, — etiqueta.*
Etoffe, *estofa, tejido.*
Etoile, *estrella.*
Etole, *estola.*
Etonner, *admirar, asombrar.*
Etouffer, *ahogar, sofocar.*
Etoupe, *estopa.*
Etourdi, ie, *desatinado.*

Etourdir, *aturdir*.
Etrange, *estraño*.
Etranger, ère, *estrangero*.
Etrangler, *ahogar, sofocar*.
Etre, *ser*, — *estar*.
Etre-Suprême, *ser supremo*.
Etreindre, *apretar*.
Etrenner, *estrenar*.
Etrier, *estribo*.
Etriller, *estregar*.
Etripper, *destripar*.
Etrivière, *acion*.
Etroit, oite, *estrecho, angosto*.
Etude, *estudio*.
Etudier, *estudiar*.
Etui, *estuche*.
Etuve, *estufa*.
Etymologie, *etimología*.
Eucharistie, *eucaristía*.
Eunuque, *eunuco*.
Européen, enne, *Europeo*.
Evacuer, *evacuar*.
Evader (s'), *huirse*, *evadirse*.
Evaluer, *valuar*.
Evangile, *evangelio*.
Evanouir (s'), *desmayarse*, — *desvanecerse*.
Evaporer (s'), *evaporarse*.
Evêché, *obispado*.
Eveiller, *despertar*.
Evénement, *suceso*.
Eventail, *abanico*.
Eventer, *aventar*, — *descubrir*.
Eventrer, *desbarrigar*.
Evêque, *obispo*.
Evidence, *evidencia*.
Evier, *albañal de cocina*.
Eviter, *evitar*.
Evolution, *evolucion*.
Evoquer, *evocar*.
Exact, acte, *exácto*.
Exacteur, *exáctor*.
Exagérer, *exágerar*.
Exalter, *exáltar*.
Examiner, *exáminar*.
Exaucer, *escuchar*.
Excéder, *esceder*.
Excellent, ente, *escelente*.
Exceller, *aventajarse*.
Excepté, *escepto*.
Excès, *esceso*.
Exciter, *escitar*.
Exclamation, *esclamacion*.
Exclure, *escluir*.
Excommunier, *escomulgar*.
Excrément, *escremento*.
Excuser, *escusar*.
Exécrable, *exécrable*.
Exécuter, *ejecutar*.
Exemple, *ejemplo*.
Exempter, *esentar*.
Exercer, *ejercitar*, *ejercer*.
Exercice, *ejercicio*.
Exhalaison, *exhalacion*.
Exhausser, *levantar*.
Exhéréder, *desheredar*.
Exhorter, *exhortar*
Exhumer, *desenterrar*.
Exiger, *exígir*.
Exil, *destierro*.
Exiler, *desterrar*.
Exister, *exístir*.
Exorbitant, ante, *exórbitante*.
Exorcisme, *exórcismo*.
Exorde, *exórdio*.
Expatrier (s'), *espatriarse*.
Expédient, *espediente*.
Expédier, *despachar*.
Expédition, *espedicion*.
Expérience, *esperiencia*.
Expérimenté, ée, *esperimentado*
Expier, *espiar*.
Expirer, *espirar*.
Expliquer, *esplicar*.
Exploit, *hazaña*.
Exploiter, *labrar*, *trabajar*.
Explosion, *esplosion*.
Exporter, *esportar*.

Exposer, *esponer.*
Exprès, esse, *espreso*, *claro.*
Expression, *espression.*
Exprimer, *esprimir*, — *espresar*
Expulser, *espeler.*
Exquis, ise, *esquisito.*
Extase, *extasis.*
Exténuer, *estenuar.*
Extérieur, eure, *esterior.*
Exterminer, *esterminar.*
Externe, *esterno.*
Extirper, *estirpar.*
Extraire, *estraer.*
Extrait, *estracto.*
Extraordinaire, *estraordinario*
Extravagance, *estravagancia.*
Extravaguer, *disparatar.*
Extrême, *estremo.*
Extrême-onction, *estrema un-* [*cion.*
Extrémité, *estremidad.*

F.

Fable, *fábula.*
Fabriquant, *fabricante.*
Fabuleux, euse, *fabuloso.*
Façade, *fachada.*
Face, *cara*, *faz.*
Facétie, *chiste.*
Fâcher, *enojar*, *enfadar*, — [*sentir.*
Fâcheux, euse, *enfadoso*, *mo-* [*lesto.*
Facile, *fácil.*
Façon, *modo*, *manera*, — *hechura*, — *ceremonia*, *cumplimiento.*
Façonner, *dar forma*, — *acostumbrar.*
Facteur, *factor*, — *cartero.*
Faction, *faccion.*
Facture, *factura.*
Faculté, *facultad.*
Fade, *insípido*, *desabrido.*
Fagot, *haz de leña.*
Faible, *débil*, *feble.*
Faiblesse, *debilidad*, *flaqueza*
Faïence, *loza.*
Faillir, *faltar*, *errar.*
Faillite, *quiebra*, *bancarrota.*
Faim, *hambre.*
Fainéant, ante, *holgazan*, *ocio-* [*so.*
Fainéantise, *holgazanería.*
Faire, *hacer.*
Faisan, *faisan.*
Faisceau, *lio*, *fardo*, *paquete.*
Fait, *hecho*, *accion.*
Faîte, *cumbre.*
Faix, *carga*, *peso.*
Falloir, *importar*, *ser menester*
Fallot, *farol.*
Falsifier, *falsificar.*
Fameux, euse, *famoso.*
Familiariser (se), *familiarizarse*
Familier, *familiar.*
Famille, *familia.*
Famine, *hambre*, *carestía.*
Fanal, *fanal.*
Fanatique, *fanático.*
Faner, *marchitar*, *ajar.*
Fanfaron, *fanfarron.*
Fange, *cieno*, *barro.*
Fantaisie, *fantasía*, *idea.*
Fantasque, *antojadizo.*
Fantassin, *soldado de infante-* [*ría.*
Fantôme, *fantasma.*
Faon, *cervatillo.*
Faquin, *pícaro.*
Farce, *farsa*, — *relleno.*
Farceur, *bufon*, *gracioso.*
Farcir, *rellenar.*
Fard, *afeite.*
Fardeau, *fardo*, *fardel.*
Farfadet, *duende.*
Farine, *harina.*
Farouche, *feroz.*
Fasciner, *fascinar.*
Faste, *fausto*, *pompa.*
Fastes, *fastos.*
Fastidieux, euse, *fastidioso.*

Fat, *fatuo*, *presumido*.
Fatal, *fatal*, *funesto*.
Fatiguer, *fatigar*, *cansar*.
Fatuité, *fatuidad*.
Faubourg, *arrabal*.
Faucher, *segar*.
Faucille, *hoz*, *falce*.
Faucon, *halcon*.
Fauconnerie, *cetrería*.
Faufiler, *hilvanar*, *embastar*.
Faufiler (se), *introducirse*.
Faune, *fauno*.
Faussaire, *falsario*.
Fausset, *falsete*.
Fausseté, *falsedad*.
Faute, *falta*, *culpa*.
Fauteuil, *silla de brazos*.
Fauteur, trice, *fautor*.
Faux, *guadaña*.
Faux, fausse, *falso*, *fingido*.
Faveur, *favor*.
Favori, *favorito*, *valido*.
Favoriser, *favorecer*.
Fécond, onde, *fecundo*, *fértil*.
Fée, *hada*.
Feindre, *fingir*.
Feinte, *fingimiento*.
Fêler, *hender*, *quebrar*.
Félicitation, *parabien*, *enhora-* [*buena*.
Félicité, *felicidad*.
Féliciter (se), *aplaudirse*.
Femelle, *hembra*.
Féminin, ine, *femenino*.
Femme, *muger*.
Fendre, *hender*, *rajar*.
Fenêtre, *ventana*.
Fenouil, *hinojo*.
Fente, *hendedura*, *grieta*.
Féodalité, *feudalidad*.
Fer, *hierro*.
Fer à cheval, *herradura*.
Fer-blanc, *hoja de lata*.
Ferme, subst., *arriendo*, — *granja*.
Ferme, adj., *firme*, *constante*.
Fermenter, *fermentar*.
Fermer, *cerrar*.
Fermeté, *firmeza*.
Fermier, *arrendador*.
Féroce, *feroz*.
Ferraille, *hierro viejo*.
Ferrant, *herrador*.
Ferrer, *herrar*.
Fertile, *fértil*, *abundante*, *fe-* [*raz*.
Férule, *férula*.
Ferveur, *fervor*.
Fesse, *nalga*.
Fessée, *azotes*.
Festin, *festin*.
Feston, *feston*.
Fête, *fiesta*.
Fête-Dieu, *el Corpus*.
Fêter, *celebrar*, — *cortejar*.
Fétide, *fétido*, *hediondo*.
Feu, *fuego*.
Feu, feue, *difunto*.
Feuillage, *follage*.
Feuille, *hoja*.
Feuillet, *folio*.
Feuilleter, *hojear*.
Feutre, *fieltro*.
Fève, *haba*.
Février, *febrero*.
Fiacre, *coche de alquiler*.
Fiancer, *darse palabra de ca-* [*samiento*.
Fibre, *fibra*.
Ficelle, *hilo bramante*.
Ficher, *fijar*, *clavar*.
Fichu, *pañuelo*.
Fiction, *ficcion*.
Fidélité, *fidelidad*, *lealtad*.
Fidèle, *fiel*, *leal*.
Fief, *feudo*.
Fieffé, *rematado*.
Fiel, *hiel*.
Fiente, *estiércol de bestias*.
Fier (se), *fiarse*.
Fier, fière, *altanero*, *orgulloso*.

Fierté, *altanería, altivez.*
Fièvre, *calentura, fiebre.*
Fiffre, *pífano.*
Figer, *cuajar, coagular.*
Figue, *higo.*
Figuier, *higuera.*
Figure, *figura, — cara.*
Fil, *hilo.*
Filasse, *hilaza, estopa.*
File, *fila, hilera.*
Filer, *hilar, — desfilar.*
Filet, *red, — lazo, — frenillo.*
Filial, ale, *filial.*
Fille, *hija, — muchacha.*
Fille (belle), *nuera, — hijastra.*
Fille (petite), *nieta.*
Filleul, eule, *ahijado.*
Filoselle, *filadiz.*
Filou, *ladron ratero.*
Fils, *hijo*; (beau), *yerno, — hijastro.*
Filtrer, *filtrar.*
Fin, *fin, término, — motivo.*
Fin, fine, *fino, — astuto, sagaz*
Finance, *dinero.*
Finesse, *fineza, — astucia.*
Finir, *acabar, — perfeccionar.*
Fiole, *redomita.*
Firmament, *firmamento.*
Fisc, *fisco.*
Fixe, *fijo, inmobil, — cierto.*
Fixer, *fijar.*
Fixer (se), *fijarse, establecerse.*
Flacon, *frasco.*
Flageller, *azotar.*
Flageolet, *caramillo.*
Flagrant, *fragante.*
Flairer, *oler.*
Flambé, ée, *socarrado.*
Flambeau, *hacha.*
Flamme, *llama.*
Flamèche, *pavesa, centella.*
Flanc, *ijar, — flanco.*
Flasque, *flojo, débil.*
Flatter, *lisonjear, adular.*
Fléau, *flagelo, azote.*
Flèche, *flecha, saeta.*
Fléchir, *doblar, — aplacar.*
Flegme, *flema, — paciencia.*
Flétrir, *marchitar, — infamar.*
Fleur, *flor.*
Fleuret, *florete.*
Fleurir, *florecer.*
Fleuve, *rio grande.*
Flexible, *flexíble.*
Flocon, *vedija de lana ó seda.*
Florin, *florin.*
Flot, *ola, onda.*
Flotte, *flota, armada.*
Flotter, *flotar, — vacilar, dudar.*
Fluer, *fluir.*
Fluet, ette, *delicado, afeminado.*
Fluide, *fluido, líquido.*
Flûte, *flauta.*
Flux, *flujo.*
Fluxion, *fluxíon.*
Fœtus, *feto.*
Foi, *fé, — fidelidad.*
Foie, *hígado.*
Foin, *heno.*
Foire, *feria, — cámaras.*
Fois, *vez.*
Fol, fou, folle, *loco, — alegre.*
Folâtrer, *juguetear, retozar.*
Folie, *locura, — necedad.*
Fomenter, *fomentar.*
Foncé, ée, *obscuro.*
Fonction, *funcion.*
Fond, *fondo.*
Fondant, *disolvente.*
Fondement, *fundamento.*
Fonder (se), *fundarse.*
Fonderie, *funderia.*
Fondre, *fundir, derretir.*
Fonds, *suelo, fundo.*
Fontaine, *fuente, fontanar.*
Fonte, *fundicion.*
Fonts, *pila de bautismo.*
Forçat, *forzado, galeote.*

Force, *fuerza.*
Forcené, ée, *furioso.*
Forcer, *forzar*, *violentar.*
Forêt, *floresta*, *selva.*
Forfait, *crímen, delito.*
Forge, *fragua.*
Forger, *fraguar*, *forjar.*
Forgeron, *forjador.*
Formaliser (se), *formalizarse.*
Formalité, *formalidad.*
Format, *forma.*
Forme, *forma*, — *horma.*
Formel, elle, *formal.*
Former, *formar.*
Formule, *fórmula.*
Fornication, *fornicacion.*
Fort, forte, *fuerte.*
Fortifier, *fortificar.*
Fortuit, ite, *fortuito.*
Fortune, *fortuna.*
Fosse, *fosa*, *hoya*, — *sepultura*
Fossé, *foso*, *hoyo.*
Fossoyeur, *sepulturero.*
Fou, *vide*, fol.
Foudre, *rayo.*
Foudroyer, *fulminar.*
Fouet, *látigo*, *azote.*
Fouetter, *azotar.* [*dad.*
Fougue, *fogosidad*, *impetuosi-*
Fougueux, euse, *fogoso*, *ardiente.*
Fouiller, *escudriñar*, *visitar.*
Fouine, *fuina*, *raposa.*
Foule, *gentío*, *tropel.*
Fouler, *hollar*, *pisar*, *atropellar*, — *abatanar.*
Foulon, *batanero.*
Four, *horno.*
Fourbe, *tramposo*, *embustero.*
Fourberie, *trampa*, *engaño.*
Fourbir, *acicalar*, *bruñir.*
Fourche, *arrejaque*, *horca.*
Fourchette, *tenedor.*
Fourmi, *hormiga.*
Fourmiller, *hormiguear.*
Fourneau, *hornillo.*
Fournir, *abastecer*, *proveer.*
Fourniture, *abasto.*
Fourrage, *forrage.*
Fourreau, *vayna.*
Fourrer, *meter.*
Foyer, *hogar.*
Fracas, *ruido*, *estrépito.*
Fracasser, *romper*, *desmenuzar*
Fragile, *frágil*, *quebradizo.*
Fragment, *fragmento*, *pedazo.*
Fraîcheur, *frescura.* [*ciente.*
Frais, fraîche, *fresco*, — *re-*
Frais, plur., *gastos*, *espensas.*
Fraise, *fresa.*
Framboise, *frambuesa.*
Franc, anche, *franco*, *libre.*
Franc, subst., *franco*, *peseta.*
Français, aise, *francés.*
Franchir, *pasar*, *atravesar.*
Franchise, *franquicia.*
Frange, *franja.*
Frapper, *herir*, *golpear.*
Fraternité, *fraternidad.*
Fratricide, *fratricidio*, — *fratricida.*
Fraude, *fraude*, *engaño.*
Frauder, *defraudar.*
Frayer, *trillar*, *hollar.*
Frayeur, *pavor*, *miedo.*
Fredonner, *gargantear.*
Fregate, *fragata.*
Frein, *freno.*
Frêle, *frágil*, *quebradizo.*
Frelon, *abejon*, *abispon.*
Frémir, *estremecer*, *temblar.*
Frémissement, *temblor.*
Frêne, *fresno.*
Frénésie, *frenesí.*
Fréquence, *frecuencia.*
Fréquenter, *frecuentar*, *tratar.*
Frère, *hermano*; — (beau-frère),
Fressure, *asadura.* [*cuñado.*

Frêt, *flete.*
Friand, ande, *goloso.*
Friandises, *golosinas.*
Fricasser, *guisar, freir.*
Friche, *baldío, erial.*
Frileux, euse, *friolento.*
Frimas, *escarcha.*
Friperie, *ropería.*
Fripier, ère, *ropavejero.*
Fripon, onne, *pícaro, bellaco.*
Friponnerie, *picardía, bellaquería.*
Frire, *freir.*
Friser, *rizar, encrespar.*
Frisson, *frio de calentura.*
Frissonner, *temblar de frío, — de miedo.*
Frisure, *rizo.*
Frivole, *frívolo, inútil.*
Froid, subst., *frío.*
Froid, oide, adj., *frío.*
Froideur, *frialdad.*
Froidir, *enfriarse.*
Froisser, *magullar, acardenalar.*
Fromage, *queso.*
Froment, *trigo candeal.*
Froncer, *fruncir.*
Fronde, *honda.*
Front, *frente.*
Frontière, *frontera.*
Frontispice, *frontispicio.*
Frotter, *frotar, estregar.*
Fructifier, *fructificar.*
Frugal, ale, *frugal, parco.*
Fruit, *fruto, fruta.*
Frustrer, *frustrar.*
Fugitif, ive, *fugitivo.*
Fuir, *huir, evitar.*
Fuite, *huida, fuga.*
Fumée, *humo.*
Fumer, *fumar tabaco, — ahumar, — estercolar la tierra.*
Fumier, *estiércol.*
Funèbre, *fúnebre.*
Funérailles, *exéquias.*
Funeste, *funesto, deplorable.*
Furet, *huron.*
Fureter, *escudriñar.*
Fureur, *furor, rabia.*
Furie, *furia.*
Fuseau, *huso.*
Fusée, *husada, — cohete.*
Fusil, *fusil, escopeta.*
Fusiller, *afusilar, arcabucear.*
Futaille, *pipa, barril.*
Futilité, *futilidad.*
Futur, *futuro, tiempo venidero.*
Fuyard, arde, *fugitivo.*

G.

Gâcher, *amasar el yeso.*
Gâchis, *lodo.*
Gage, *prenda, gage.*
Gages, *gages, salario.*
Gager, *apostar.*
Gagne denier, *esportillero.*
Gagne-petit, *amolador.*
Gagner, *ganar.*
Gai, ie, *alegre, festivo.*
Gaîté, *alegría, buen humor.*
Gaillard, arde, *alegre, — atrevido.*
Gain, *ganancia, provecho.*
Gaîne, *vayna.*
Galant, ante, *galante, urbano.*
Galanterie, *galantería, gracia.*
Gale, *sarna.*
Galère, *galera.*
Galerie, *galería.*
Galérien, *galeote, forzado.*
Galetas, *zaquizamí.*
Galimatias, *discurso confuso.*
Galion, *galeon.*
Galle, *agalla.*
Gallicisme, *galicismo.*
Galoche, *galocha.*
Galon, *galon.*
Galop, *galope.*
Galoper, *galopar.*

Gambader, *brincar*, *saltar*.
Gamme, *gama*, *escala*.
Gangrenne, *gangrena*.
Gant, *guante*.
Gantelet, *manopla*.
Garance, *rubia tinctorum*.
Garant, *garante*, *fiador*.
Garantir, *abonar*, *asegurar*.
Garçon, *mozo*, — *soltero*.
Garde, *guardia*.
Garde-fou, *antepecho*.
Garde-manger, *alacena*.
Garder, *guardar*.
Garde-robe, *guarda ropa*.
Gare, *cuidado*.
Garenne, *vivar*.
Gargote, *bodegon*.
Garnement, *pícaro*, *bribon*.
Garnir, *guarnecer*, — *alhajar*.
Garnison, *guarnícion*.
Garroter, *atar con fuertes cuerdas*.
Gascon, onne, *baladron*, *fanfarron*.
Gaspiller, *disipar*.
Gâté, ée, *dañado*; — (enfant), *señorito mimado*.
Gâteau, *torta*, *hojaldre*.
Gâter, *dañar*, *echar á perder*.
Gauche, *la mano izquierda*.
Gaucher, ère, *zurdo*, *izquierdo*.
Gaufre, *barquillo*.
Gaulois, oise, *sincero*, *justo*.
Gaz, *gaz*.
Gazelle, *gacela*.
Gazette, *gaceta*.
Gazon, *césped*, *yerba*.
Gazouiller, *gorgear*.
Geai, *grajo*.
Géant, *gigante*.
Gelée, *helada*, — *escarcha*.
Geler, *helar*.
Gémir, *gemir*.
Gémissement, *gemido*.
Gencive, *encía*.
Gendarme, *gente de armas*.
Gendre, *yerno*.
Généalogie, *genealogía*.
Gêner, *incomodar*, *molestar*.
Général, ale, *general*.
Génération, *generacion*.
Généreux, euse, *generoso*.
Générique, *genérico*.
Genêt, *ginesta*, *retama*.
Génie, *genio*, *ingenio*.
Genièvre, *enebro*.
Génisse, *becerra*.
Génitif, *genitivo*.
Genou, *rodilla*.
Genre, *género*.
Gens, *gente*, *personas*, — *criados*.
Gentil, ille, *gentil*, *galan*, *airoso*.
Gentilhomme, *hidalgo*.
Gentilité, *gentilidad*.
Géographie, *geografía*.
Geôlier, *carcelero*.
Géométrie, *geometría*.
Gerbe, *garba*, *gavilla*.
Gérer, *administrar*.
Germe, *semilla*, *yema*, *gérmen*
Germer, *brotar*.
Gérondif, *gerundio*.
Gesse, *arveja*.
Geste, *gesto*, *ademan*.
Gesticuler, *gestear*.
Gibecière, *zurron*, — (tour de) *juego de manos*.
Giberne, *cartuchera*.
Gibet, *horca*.
Gibier, *caza*.
Gigot, *pierna de carnero*.
Gilet, *chaleco*.
Girafe, *girafa*.
Girofle, *clavo*, *clavillo*.
Giroflée, *alelí*.
Giron, *regazo*.
Girouette, *veleta*.
Gîte, *morada*, — *cama*.
Givre, *escarcha*.
Glace, *yelo*, — *espejo*, *luna*.

Glacer, *helar.*
Glacial, ale, *glacial.*
Glacière, *nevera.*
Glaçon, *carámbano.*
Glaive, *espada.*
Gland, *bellota,* — *borla.*
Glande, *glándula.*
Glaner, *espigar.*
Glapir, *gañir, aullar, chillar.*
Glisser, *deslizar, resvalar.*
Glisser (se), *introducirse.*
Globe, *globo.*
Gloire, *gloria.*
Glorifier, *glorificar.*
Gloser, *glosar,* — *censurar.*
Glousser, *cloquear.*
Glouton, onne, *gloton.*
Glu, *liga.*
Gluant, ante, *glutinoso, pegajoso.*
Gobelet, *cubilete, vaso.*
Gober, *tragar de un golpe.*
Goguenard, arde, *burlon, chancero.*
Goître, *papera.*
Golfe, *golfo.*
Gomme, *goma.*
Gommer, *engomar.*
Gond, *gozne, quicio.*
Gondole, *gondola.*
Gonfler, *hinchar.*
Gorge, *garganta.*
Gorger, *hàrtar.*
Gosier, *gaznate, gargüero.*
Goudron, *alquitran.*
Gouffre, *abismo, sima.*
Goulot, *el cuello de una botella.*
Goulu, ue, *tragon, goloso.*
Goupillon, *hisopo.*
Gourde, *calabaza.*
Gourmand, ande, *goloso, gloton.*
Gourmander, *reprehender.*
Gourmandise, *golosina.*
Gourmette, *barbada.*
Gousse, *cáscara,* — *grano de ajo.*
Gousset, *bolsillo, faltriquera.*
Goût, *gusto.*
Goûter, *gustar,* — *merendar.*
Goutte, *gota.*
Gouvernail, *gobernalle, timon.*
Gouvernante, *ama de llaves.*
Gouvernement, *gobierno.*
Gouverner, *gobernar.*
Gouverneur, *gobernador.*
Grabat, *cama, lecho malo.*
Grace, *gracia.*
Grade, *grado.*
Gradin, *grada.*
Gradué, *graduado.*
Graduer, *graduar.*
Grain, *grano.*
Graine, *grana, semilla.*
Graisse, *grasa.*
Graisser, *pringar, untar.*
Gramen, ou chiendent, *grama.*
Grammairien, *gramático.*
Grammaire, *gramática.*
Grand, ande, *grande, gran.*
Grandeur, *grandor, grandeza.*
Grandir, *crecer.*
Grange, *granja.*
Grappe, *racimo.*
Gras, grasse, *gordo.*
Gras, *graso*; (de la jambe), *pantorrilla.*
Gratifier, *gratificar.*
Gratitude, *gratitud.*
Gratter, *rascar.*
Gratuit, ite, *gratuito.*
Grave, *grave.*
Graver, *grabar.*
Gravir, *trepar.*
Gré, *grado, voluntad, gusto.*
Grec, *griego.*
Gredin, ine, *avaro, mesquino.*
Greffe, *escribanía,* — *enjerto.*
Greffer, *enjertar.*
Greffier, *escribano.*
Grêle, *granizo, piedra.*
Grêler, *granizar, apedrear.*

Grelot, *cascabel.*
Greloter, *tiritar.*
Grenade, *granada.*
Grenadier, *granado*, — *granadero.*
Grenier, *granero*, — *desvan.*
Grenouille, *rana.*
Grésil, *escarcha.*
Grief, ève, *grave.* Subst. *agravio*, *perjuicio.*
Griffe, *garra.*
Griffonner, *garabatear.*
Grignon, *cortezon de pan.*
Grignoter, *comer de mala gana*
Gril, *parrillas.*
Grille, *reja de hierro.*
Griller, *asar*, *tostar.*
Grillon, *grillo.*
Grimace, *gesto*, *momo.*
Grimper, *trepar.*
Grincer, *rechinar.*
Gris, ise, *gris*, — *canoso.*
Grisâtre, *pardusco.*
Griser, *emborrachar.*
Grisette, *muger ordinaria.*
Grison, onne, *canoso.*
Grive, *tordo*, *zorzal.*
Grogner, *gruñir.*
Gronder, *reñir*, — *regañar.*
Gros, osse, *grueso.*
Grosse, *en cinta*, *preñada.*
Groseille, *grosella.*
Grossesse, *preñez*, *preñado.*
Grossier, ère, *grosero.*
Grossièreté, *grosería.*
Grossir, *abultar*, *aumentar.*
Grotesque, *grutesco.*
Grotte, *gruta*, *caverna.*
Groupe, *grupo.*
Grue, *grulla.*
Gruyère, *queso de Suiza.*
Gué, *vado.*
Guenille, *andrajo.*
Guenon, *mona.*
Guêpe, *abispa.*
Gueret, *barbecho.*
Guéridon, *velador.*
Guérir, *sanar*, *restablecer.*
Guérison, *curacion.*
Guérite, *garita.*
Guerre, *guerra.*
Guerrier, ière, *guerrero.*
Guet, *acecho*, *guardia.*
Guêtre, *polaina.*
Guetter, *acechar*, *espiar.*
Gueux, euse, *pobre*, *indigente.*
Gui, *liga*, *muérdago.*
Guichet, *postigo.*
Guichetier, *bastonero.*
Guider, *guiar.*
Guigne, *guinda.*
Guimauve, *malvavisco.*
Guinée, *guinea.*
Guinguette, *tabernilla.*
Guirlande, *guirnalda.*
Guise, *guisa*, *modo.*
Guitare, *guitarra.*
Guttural, *gutural.*
Gymnastique, *gimnástica.*

H.

Habile, *hábil*, *inteligente.*
Habiliter, *habilitar.*
Habiller, *vestir.*
Habit, *vestido*, — *hábito.*
Habiter, *habitar.*
Habitude, *hábito*, *costumbre.*
Habituer, *habituar.*
« Habler, *parlar.*
« Hache, *hacha*, *segur*, *destral.*
« Hacher, *picar*, *desmenuzar.*
« Hachis, *gigote*, *picadillo.*
« Hagar, arde, *esquivo*, *huraño.*
« Haie, *seto*, *cercado.*
« Haine, *odio*, *aversion.*
« Haïr, *aborrecer*, *odiar.*
Haleine, *aliento*, *respiracion.*
« Hâler, *tostar*, *marchitar.*

« Haleter, *jadear*.
« Halle, *lonja cubierta*.
« Hallebarde, *alabarda*.
Halte, *alto*.
« Hameau, *aldea*.
Hameçon, *anzuelo*.
Hanche, *cadera*, *anca*.
« Hanneton, *abejorro*.
« Hanter, *ir á menudo*.
« Harangue, *arenga*.
« Haras, *yeguacería*.
« Harasser, *cansar, fatigar*.
« Harceler, *fatigar*, *atormentar*
« Hardes, *vestiduras*.
« Hardi, ie, *atrevido*, *osado*.
« Hardiesse, *atrevimiento*.
« Hareng, *arenque*.
« Hargneux, euse, *mohino*.
« Haricot, *judía, alubia*.
Harmonie, *armonía*.
« Harnacher, *enjaezar*.
« Harnais, *arnés*.
« Harpe, *arpa*.
« Harpie, *arpía*.
« Hasard, *suerte*, — *acaso*.
« Hasarder, *arriesgar, aventu-*
« Hâte, *priesa, presteza*. [*rar*.
« Hâter (se), *darse priesa*.
« Hatif, ive, *temprano*.
« Hausser, *levantar*, *alzar*.
« Haut, haute, *alto*.
« Hautain, aine, *altivo*.
« Hautbois, *oboé*.
« Haut-bord, *alto bordo*.
« Haute-contre, *contralto*.
« Haut-de-chausses, *calzones*.
« Hauteur, *altura*, — *altivez*.
« Haut-mal, *mal caduco*.
« Have, *macilento*, *flaco*.
« Havre, *abra*, *ensenada*.
« Havre-sac, *barjuleta*, *mochila*
Hébéter, *entontecer*.
Hébreu, *hebreo*.
Héliotrope, *heliotropio*.
Hémisphère, *hemisferio*.
Hémorroïdes, *almorranas*.
« Hennir, *relinchar*.
« Héraut, *heraldo*.
Herbage, *herbage*.
Herbe, *yerba*.
Herbette, *yerbecilla*.
Herboriste, *herbolario*.
Hercule, *hércules*.
Hérédité, *herencia*, *heredad*.
Hérésie, *heregía*.
Hérétique, *herege*.
« Hérisser, *erizar*.
« Hérisson, *erizo*.
Héritage, *herencia*, *succesion*.
Hériter, *heredar*.
Héritier, ière, *heredero*.
Hermine, *armiño*.
« Hernie, *hernia*, *potra*.
Héroïque, *heroico*.
Héroïsme, *heroicidad*.
« Héros, *héroe*.
« Herse, *rastrillo*.
Hésiter, *titubear*, *vacilar*.
Hétérodoxe, *heterodoxó*.
Hétérogène, *heterogeneo*.
« Hêtre, *haya*.
Heure, *hora*.
Heureux, euse, *feliz*, *dichoso*.
« Heurter, *chocar*, *tropezar*.
« Heurtoir, *aldaba*, *llamador*.
« Hibou, *buho*.
« Hideux, euse, *feo*, *diforme*.
Hiène, *hiena*.
Hiéroglyphe, *geroglífico*.
Hippocentaure, *hipocentauro*.
Hirondelle, *golondrina*.
« Hisser, *izar*.
Histoire, *historia*.
Historien, *historiador*.
Hiver, *invierno*.
« Hocher, *sacudir*, *menear*.
« Hochet, *chupador*.
Holocauste, *holocausto*.

Homicide, *homicida.*
Hommage, *homenage.*
Homme, *hombre.*
Homogène, *homogeneo.*
Honnête, *honesto, honrado.*
Honneur, *honor, honra.*
Honorer, *honrar, venerar.*
« Honte, *vergüenza, empacho.*
« Honteux, euse, *vergonzoso.*
Hôpital, *hospital.*
« Hoquet, *hipo.*
Horizon, *horizonte.*
Horloge, *relox.*
Horreur, *horror.*
Horrible, *horrible.*
Hospice, *hospicio.*
Hospitalité, *hospitalidad.*
Hostie, *hostia.*
Hostilité, *hostilidad.*
Hôte, *huésped.*
Hôtel, *palacio, casa grande.*
Hôtellerie, *hostería, meson.*
« Houille, *carbon de tierra.*
« Houlette, *cayado.*
« Houppe, *borla, flueco.*
« Houspiller, *sacudir, maltratar.*
« Houssard, *húsar.*
« Housse, *gualdrapa.*
« Houx, *acebo.*
Hoyaux, *azada con dos dientes.*
« Huer, *gritar, acosar.*
Huile, *aceyte, — óleo.*
Huilier, *aceytera.*
Huissier, *ujier, ministro.*
Huitre, *ostra.*
Humain, aine, *humano.*
Humble, *humilde.*
Humecter, *humedecer.*
Humeur, *humor.*
Humide, *húmedo.*
Humilier, *humillar.*
Humilité, *humildad.*
« Hune, *gavia.*
« Huppe, *moño, copete.*
« Hure, *cabeza de jabalí.*
« Hurler, *aullar.*
« Hutte, *barraca, choza.*
Hyacinthe, *jacinto.*
Hydraulique, *hidráulico.*
Hydre, *hidra.*
Hydromel, *aguamiel.*
Hydropisie, *hidropesía.*
Hymen, *himeneo.*
Hymne, *himno.*
Hyperbole, *hipérbole.*
Hypocondrie, *hipocondría.*
Hypocrisie, *hipocresía.*
Hypothèque, *hipoteca.*
Hypothèse, *hipótesis.*
Hysope, *hisopo.*

I.

Idée, *idea.*
Identifier, *identificar.*
Idiome, *idioma.*
Idiot, ote, *idiota, majadero.*
Idiotisme, *idiotismo.*
Idolâtre, *idólatra.*
Idolâtrer, *idolatrar.*
Idole, *ídolo.*
If, *tejo.*
Ignoble, *vil, despreciable.*
Ignominie, *ignominia.*
Ignorance, *ignorancia.*
Ignorer, *ignorar.*
Ile, *isla.*
Iliade, *iliada.*
Illégal, *ilegal.*
Illégitime, *ilegítimo.*
Illimité, ée, *ilimitado.*
Illumination, *iluminacion.*
Illuminer, *iluminar.*
Illusion, *ilusion.*
Illustre, *ilustre.*
Illustrer, *ilustrar.*
Ilot, *islote, islita.*
Image, *imágen.*

Imaginaire, *imaginario.*
Imagination, *imaginacion.*
Imaginer, *imaginar.*
Imbécille, *tonto, necio.*
Imbiber, *empapar, embeber.*
Imbu, ue, *imbuido.*
Imiter, *imitar.*
Immanquable, *cierto, sin falta.*
Immatériel, elle, *inmaterial.*
Immédiat, ate, *inmediato.*
Immémorial, ale, *inmemorial.*
Immense, *inmenso.*
Immeuble, *bienes raices.*
Imminent, ente, *inminente.*
Immiscer (s'), *mezclarse*
Immobile, *inmóvil.*
Immodéré, ée, *inmoderado.*
Immodeste, *inmodesto.*
Immoler, *inmolar.*
Immonde, *inmundo.*
Immortaliser, *inmortalizar.*
Immortel, elle, *inmortal.*
Immortelle, *siempreviva.*
Immuable, *inmutable.*
Immunité, *inmunidad.*
Impair, *impar.*
Impardonnable, *imperdonable.*
Imparfait, aite, *imperfecto.*
Impartial, ale, *imparcial.*
Impassible, *impasible.*
Impatience, *impaciencia.*
Impatienter (s'), *impacientarse.*
Impeccable, *impecable.*
Impénétrable, *impenetrable.*
Impénitence, *impenitencia.*
Impératif, *imperativo.*
Impératrice, *imperatriz.*
Imperceptible, *imperceptible.*
Imperfection, *imperfeccion.*
Impérial, ale, *imperial.*
Impérieux, euse, *imperioso.*
Impersonnel, *impersonal.*
Impertinence, *impertinencia.*
Impertinent, ente, *impertinente.*
Imperturbable, *imperturbable.*
Impétrer, *impetrar.*
Impétueux, euse, *impetuoso.*
Impie, *impío.*
Impiété, *impiedad.*
Impitoyable, *desapiadado.*
Implacable, *implacable.*
Implicite, *implícito.*
Impliquer, *implicar.*
Implorer, *implorar.*
Impolitesse, *grosería.*
Importance, *importancia.*
Importer, *introducir, — importar, convenir.*
Importun, une, *importuno.*
Importuner, *importunar.*
Important, ante, *grave, serio.*
Imposer, *imponer.*
Imposer (en), *mentir, engañar.*
Impossible, *imposible.*
Imposteur, *impostor.*
Impôt, *impuesto.*
Impotent, ente, *impotente.*
Impraticable, *impracticable.*
Imprécation, *imprecacion.*
Imprégner, *impregnar.*
Imprenable, *inexpugnable.*
Imprescriptible, *imprescriptible*
Impression, *impresion.*
Imprévu, ue, *imprevisto.*
Imprimer, *imprimir.*
Imprimerie, *imprenta.*
Imprimeur, *impresor.*
Improbable, *improbable.*
Improbation, *desaprobacion.*
Impropre, *impropio.*
Improviser, *hacer versos de repente.*
Improuver, *desaprobar.*
Imprudence, *imprudencia.*
Imprudent, ente, *imprudente.*
Impudence, *desvergüenza.*
Impudent, ente, *desvergonzado*
Impudicité, *impudicicia.*
Impudique, *impudico, deshonesto.*

Impugner, *impugnar*.
Impuissance, *impotencia*.
Impuissant, ante, *débil, incapaz.*
Impulsion, *impulso*.
Impuni, ie, *impune.*
Impur, ure, *impuro.*
Impureté, *impureza.*
Imputer, *imputar.*
Inaccessible, *inaccesible.*
Inaccoutumé, *insólito.*
Inaction, *inaccion.*
Inadvertance, *inadvertencia.*
Inaltérable, *inalterable.*
Inamissible, *inamisible.*
Inanimé, ée, *inánime.*
Inanition, *inanicion.*
Inapplication, *inaplicacion.*
Inappréciable, *inapreciable.*
Inattendu, ue, *inesperado.*
Inattentif, ive, *distraido.*
Inaugurer, *dedicar, inaugurar.*
Incapable, *incapaz.*
Incapacité, *incapacidad.*
Incarnat, *encarnado.*
Incarner (s'), *encarnarse.*
Incartade, *despropósito.*
Incendie, *incendio.*
Incendier, *abrasar, incendiar.*
Incertain, aine, *incierto.*
Incertitude, *incertidumbre.*
Inceste, *incesto.*
Incident, *incidente.*
Inciser, *tajar.*
Incision, *incision.*
Inciter, *incitar.*
Incivil, ile, *descortés.*
Inclémence, *inclemencia.*
Inclinaison, *inclinacion.*
Inclination, *inclinacion.*
Incliner, *inclinar.*
Inclus, use, *incluso.*
Incognito, *incógnito.*
Incombustible, *incombustible.*
Incommensurable, *incomensurable.*
Incommode, *incómodo.*
Incommoder, *incomodar.*
Incommunicable, *incomunicable.*
Incomparable, *incomparable.*
Incompatible, *incompatible.*
Incompétent, ente, *incompetente.*
Incomplet, ète, *incompleto.*
Incompréhensible, *incomprehensible.*
Inconcevable, *incomprehensible*
Inconduite, *desgobierno.*
Incongru, ue, *incongruo.*
Inconnu, ue, *desconocido.*
Inconséquent, ente, *inconsecuente.*
Inconsidéré, ée, *inconsiderado.*
Inconsolable, *inconsolable.*
Inconstance, *inconstancia.*
Incontestable, *incontestable.*
Incontinence, *incontinencia.*
Inconvénient, *inconveniente.*
Incorporel, elle, *incorporal.*
Incorporer, *incorporar.*
Incorrigible, *incorregible.*
Incorruptible, *incorruptible.*
Incrédule, *incrédulo.*
Incréé, ée, *increado.*
Incroyable, *increible.*
Incruster, *incrustar.*
Inculper, *acusar.*
Inculquer, *inculcar.*
Inculte, *inculto.*
Incurable, *incurable.*
Incurie, *incuria, negligencia.*
Incursion, *incursion.*
Indécence, *indecencia.*
Indécis, ise, *indeciso.*
Indéclinable, *indeclinable.*
Indéfini, ie, *indefinido.*
Indéfinissable, *indefinible.*
Indélébile, *indeleble.*
Indemniser, *indemnizar.*

Indépendance, *independencia*.
Indestructible, *indestructible*.
Indéterminé, ée, *indeterminado*.
Indévotion, *indevocion*.
Index, *índice*.
Indicatif, *indicativo*.
Indice, *indicio*.
Indicible, *indecible*.
Indienne, *indiana*.
Indifférence, *indiferencia*.
Indigence, *indigencia*.
Indigestion, *indigestion*.
Indignation, *indignacion*.
Indigne, *indigno*.
Indigner (s'), *indignarse*.
Indigo, *añil*.
Indiquer, *indicar*.
Indirect, ecte, *indirecto*.
Indiscipliné, ée, *indisciplinado*.
Indiscret, ète, *indiscreto*.
Indispensable, *indispensable*.
Indisposé, ée, *indispuesto*.
Indisposer, *indisponer*.
Indissoluble, *indisoluble*.
Individu, *individuo*.
Indivisible, *indivisible*.
Indocile, *indócil*.
Indolence, *indolencia, flojedad*.
Indomptable, *indomable*.
Indompté, ée, *indómito*.
In-douze, *en dozavo*.
Indu, ue, *indebido*.
Indubitable, *indubitable*.
Induire, *inducir*.
Indulgence, *indulgencia*.
Industrie, *industria*.
Inébranlable, *fijo, inmoble*.
Ineffable, *inefable*.
Ineffaçable, *indeleble*.
Inégal, ale, *desigual*.
Inégalité, *desigualdad*.
Inepte, *inepto*.
Ineptie, *inepcia, necedad*.
Inépuisable, *inagotable*.
Inespéré, ée, *inesperado*.
Inestimable, *inestimable*.
Inévitable, *inevitable*.
Inexcusable, *inescusable*.
Inexorable, *inexôrable*.
Inexpérience, *falta de esperiencia*.
Inexplicable, *inesplicable*.
Infaillible, *infalible*.
Infâmie, *infamia*.
Infanterie, *infantería*.
Infanticide, *infanticidio*, — *infanticida*.
Infatigable, *infatigable*.
Infect, ecte, *infecto*.
Infecter, *infectar, inficionar*.
Inférer, *inferir*.
Inférieur, eure, *inferior*.
Infernal, ale, *infernal*.
Infester, *infestar*.
Infidélité, *infidelidad*.
Infidèle, *infiel, desleal*.
Infini, ie, *infinito*.
Infinité, *infinidad*.
Infinitif, *infinitivo*.
Infirme, *enfermizo*.
Inflammation, *inflamacion*.
Inflexible, *inflexíble*.
Infliger, *imponer*.
Influer, *influir*.
Informer (s'), *informarse*.
Infortune, *infortunio*.
Infortuné, ée, *desgraciado*.
Infraction, *infraccion*.
Infructueux, euse, *infructuoso*.
Infuser, *infundir*.
Ingénieur, *ingeniero*.
Ingénieux, euse, *ingenioso*.
Ingénu, ue, *ingenuo*.
Ingérer (s'), *entremeterse*.
Ingrat, ate, *ingrato*.
Ingrédient, *ingrediente*.
Inhabité, ée, *inhabitado*.
Inhérent, ente, *inherente*.

Inhumain, aine, *inhumano.*
Inhumation, *entierro.*
Inimitable, *inimitable.*
Inimitié, *enemistad.*
Iniquité, *iniquidad.*
Initial, ale, *inicial.*
Initier, *iniciar.*
Injure, *injuria.*
Injuste, *injusto.*
Injustice, *injusticia.*
Inné, ée, *innato.*
Innocence, *inocencia.*
Innover, *inovar.*
Inoculer, *inocular.*
Inodore, *sin olor.*
Inondation, *inundacion.*
Inonder, *inundar.*
Inoui, ie, *inaudito.*
Inquiet, ète, *inquieto.*
Inquiéter, *inquietar.*
Inquisition, *inquisicion.*
Insatiable, *insaciable.*
Inscription, *inscripcion.*
Inscrire, *inscribir.*
Insecte, *insecto*, *sabandija.*
Insensé, ée, *insensato.*
Insensible, *insensible.*
Inséparable, *inseparable.*
Insérer, *inserir*, *incluir.*
Insidieux, euse, *insidioso.*
Insigne, *insigne.*
Insinuer, *insinuar.*
Insipide, *insípido.*
Insister, *insistir.*
Insociable, *insociable.*
Insolent, ente, *insolente.*
Insoluble, *indisoluble.*
Insolvable, *insolvente.*
Insomnie, *falta de sueño.*
Insouciance, *descuido.*
Insouciant, ante, *descuidado.*
Inspecteur, *inspector.*
Inspirer, *inspirar.*
Installer, *instalar.*
Instance, *instancia.*
Instant, *instante.*
Instiguer, *instigar.*
Instinct, *instinto.*
Instituer, *instituir.*
Institut, *instituto.*
Instruire, *instruir.*
Instrument, *instrumento.*
Insufficence, *insuficiencia.*
Insulaire, *insular*, *insulano.*
Insulter, *insultar.*
Insupportable, *insoportable.*
Insurmontable, *insuperable.*
Intarissable, *inagotable.*
Intègre, *íntegro.*
Intellectuel, elle, *intelectual.*
Intelligence, *inteligencia.*
Intempérance, *intemperancia.*
Intempérie, *intemperie.*
Intendance, *intendencia.*
Intensité, *intensidad*, *actividad.*
Intenter, *intentar.*
Intention, *intencion*, *intento.*
Intercaler, *intercalar.*
Intercéder, *interceder.*
Intercepter, *interceptar.*
Interdire, *prohibir*, *vedar.*
Interdit, ite, *turbado*, *desconcertado*, *suspenso.*
Intéresser, *interesar.*
Intérêt, *interes.*
Intérieur, eure, *interior.*
Interjection, *interjecion.*
Interlinéaire, *interlineal.*
Interlocuteur, *interlocutor.*
Intermède, *intermedio.*
Interminable, *interminable.*
Intermission, *intermision.*
Interne, *interno.*
Interpeler, *interpelar.*
Interpoler, *interpolar.*
Interposer, *interponer.*
Interpréter, *interpretar.*

Interroger, *interrogar*, *preguntar*.
Interrompre, *interrumpir*.
Intervalle, *intervalo*.
Intervenir, *intervenir*.
Intervertir, *invertir*.
Intestin, *intestino*, *tripa*.
Intime, *íntimo*, *amigo*.
Intimer, *intimar*.
Intimider, *intimidar*.
Intituler, *intitular*.
Intitulé, *título*, *portada*.
Intolérable, *intolerable*.
Intraitable, *intratable*.
Intrépide, *intrépido*.
Intrépidité, *intrepidez*.
Intrigant, ante, *entremetido*.
Intrigue, *enredo*.
Introduire, *introducir*.
Intrus, use, *intruso*.
Inusité, ée, *inusitado*.
Inutile, *inútil*.
Invalide, *inválido*.
Invariable, *invariable*.
Invasion, *invasion*.
Invective, *invectiva*.
Inventer, *inventar*.
Investir, *investir*.
Invincible, *invencible*.
Inviolable, *inviolable*.
Invisible, *invisible*.
Invitation, *combite*.
Inviter, *combidar*.
Involontaire, *involuntario*.
Invoquer, *invocar*.
Invulnérable, *invulnerable*.
Ironie, *ironía*.
Irraisonnable, *irracional*.
Irréconciliable, *irreconciliable*.
Irrégulier, ère, *irregular*.
Irréligion, *irreligion*.
Irrémédiable, *irremediable*.
Irrémissible, *irremisible*.
Irréparable, *irreparable*.
Irrépréhensible, *irreprehensible*
Irréprochable, *irreprehensible*.
Irrésistible, *irresistible*.
Irrésolu, ue, *indeciso*.
Irrévérence, *irreverencia*.
Irrévocable, *irrevocable*.
Irriter, *irritar*.
Irruption, *irrupcion*.
Isoler, *aislar*.
Issu, ue, *salido*, *descendiente*.
Issue, *salida*.
Isthme, *istmo*.
Italique, *itálica*, *cursiva*.
Itinéraire, *itinerario*.
Ivoire, *marfil*.
Ivre, *borracho*, *ebrio*, — *loco*.
Ivresse, *borrachera*, *embriaguez*.
Ivrogne, *borracho*.

J.

Jacinthe, *jacinto*.
Jactance, *jactancia*.
Jaillir, *surtir*.
Jais, *azabache*.
Jalousie, *zelos*, *envidia*, — *celosía*.
Jambe, *pierna*.
Jambon, *jamon*, *pernil*.
Janvier, *enero*.
Japper, *ladrar*.
Jardin, *jardin*, *huerto*.
Jardinier, *jardinero*, *hortelano*
Jargon, *gerigonza*.
Jarre, *tinaja*.
Jarret, *jarrete*.
Jarretière, *liga*.
Jaser, *charlar*.
Jasmin, *jazmin*.
Jaspe, *jaspe*.
Jaune, *amarillo*.
Jaunisse, *tiricia*.
Javeline, *jabalina*.
Jésuite, *jesuita*.
Jesus-Christ, *Jesu-Cristo*.

Jet, *tiro*, — *vástago*.
Jeter, *echar*, *arrojar*, *lanzar*.
Jeu, *juego*.
Jeudi, *juéves*.
Jeune, adj., *jóven*.
Jeûne, subst., *ayuno*.
Jeûner, *ayunar*.
Jeunesse, *juventud*.
Joaillier, *joyero*, *lapidario*.
Joie, *gozo*, *alegría*, *regocijo*.
Joindre, *juntar*, — *alcanzar*.
Joli, ie, *lindo*, *bonito*.
Jonc, *junco*.
Joncher, *esparcir*.
Jongleur, *juglar*, *charlatan*.
Jonquille, *junquillo*.
Joue, *mejilla*, *carrillo*.
Jouer, *jugar*, — *representar*,
Jouer (se), *burlarse*. [— *tocar*.
Jouet, *juguete*.
Joug, *yugo*.
Jouir, *gozar*, *disfrutar*.
Jouissance, *goce*.
Joujou, *juguete*.
Jour, *dia*, — *luz*, — *vida*.
Journal, *diario*.
Journalier, ère, *diario*.
Journalier, subst., *jornalero*.
Journée, *dia*, — *jornada*.
Jovial, ale, *jovial*, *festivo*.
Joyau, *joya*, *joyel*.
Joyeux, euse, *alegre*, *gozoso*.
Jubilé, *jubileo*.
Judaïque, *judaico*.
Judiciaire, *judiciaria*.
Judicieux, euse, *juicioso*.
Juge, *juez*.
Jugement, *juicio*.
Juger, *juzgar*.
Juif, ive, *judío*.
Juillet, *julio*.
Juin, *junio*.
Jujube, *azufaifa*, *yuyuba*. [*zos*.
Jumeau, elle, *gemellos*, *melli-*
Jument, *yegua*.
Jupe, *basquiña*.
Jupon, *guardapies*.
Jurer, *jurar*.
Juridiction, *jurisdiccion*.
Jus, *zumo*, *jugo*.
Juste, *justo*.
Justesse, *precision*, *exâctitud*.
Justice, *justicia*.
Justifier, *justificar*.

L.

Laborieux, euse, *laborioso*.
Labourage, *labranza*.
Labourer, *labraz*, *cultivar*.
Laboureur, *labrador*.
Labyrinthe, *laberinto*.
Lac, *lago*.
Lacer, *cordonar*, *enlazar*.
Lacet, *cordon*, *lazo*.
Lâche, *flojo*, — *cobarde*.
Lâcher, *aflojar*, *soltar*.
Lâcheté, *cobardía*.
Laconisme, *laconismo*.
Lacune, *laguna*.
Laid, laide, *feo*, *fea*.
Laideur, *fealdad*.
Laie, *javalina*.
Laine, *lana*.
Laïque, *lego*.
Laisser, *dejar*.
Lait, *leche*.
Laitage, *lacticinio*.
Laiton, *laton*, *azófar*.
Laitue, *lechuga*.
Laize, *ancho de una tela*.
Lambeau, *arrapo*, *arrapiezo*.
Lambris, *arteson*.
Lame, *lámina*, — *hoja de espada*, *cuchillo*, etc.
Lamenter (se), *lamentarse*.
Lampe, *lámpara*, *candil*, *ve-*
Lamproie, *lamprea*. [*lon*.

Lance, *lanza.*
Lancer, *lanzar, arrojar.*
Lancette, *lanceta.*
Lande, *arenal inculto.*
Langage, *lenguage.*
Lange, *mantilla, pañal.*
Langoureux, euse, *lánguido.*
Langue, *lengua, idioma.*
Langueur, *languidez.*
Languir, *penar, impacientarse.*
Languissant, ante, *lánguido.*
Lanier, *alcotan.*
Lanterne, *linterna.*
Laper, *beber á lenguatadas.*
Lapereau, *gazapo, gazapillo.*
Lapider, *apedrear.*
Lapin, *conejo.*
Laquais, *lacayo.*
Laque, *goma laca.*
Larcin, *hurto, latrocinio.*
Lard, *lardo.*
Larder, *mechar.*
Large, *ancho, espacioso.*
Largesse, *largueza, liberalidad.*
Largeur, *anchura.*
Larme, *lágrima.*
Larmoyer, *llorar, hacer llantos.*
Larron, *ladron.*
Las, lasse, *cansado, fatigado.*
Lascif, ive, *lascivo.*
Lasser, *cansar, fatigar.*
Lassitude, *cansancio, lasitud.*
Latéral, ale, *lateral.*
Latin, *latin, lengua latina.*
Latitude, *latitud.*
Latrine, *latrina, privada.*
Laurier, *laurel.*
Lavande, *espliego.*
Lavement, *lavativa, ayuda.*
Laver, *lavar, limpiar.*
Lavoir, *lavadero.*
Lazaret, *lazareto.*
Lécher, *lamer.*
Leçon, *leccion.*
Lecteur, *lector.*
Légal, ale, *legal.*
Légaliser, *legalizar.*
Légat, *legado.*
Léger, ère, *ligero, — ágil.*
Légèreté, *ligereza. — agilidad.*
Légion, *legion.*
Législateur, *legislador.*
Légiste, *legista.*
Légitime, adj., *legítimo.*
Légitime, subst., *legítima.*
Légitimer, *legitimar.*
Legs, *legado.*
Leguer, *legar.*
Légume, *legumbre.*
Lendemain, *el dia siguiente.*
Lénitif, *lenitivo.*
Lent, lente, *lento, tardo.*
Lente, *liendre.*
Lenteur, *lentitud.*
Lentille, *lenteja.*
Léopard, *leopardo.*
Lèpre, *lepra.*
Léser, *ofender, dañar.*
Lésine, *mezquindad.*
Lésion, *lesion, daño.*
Lessive, *lejía, colada.*
Lest, *lastre.*
Leste, *guapo, — listo, ligero.*
Léthargie, *letargo.*
Lettre, *letra, — carta.*
Leurrer, *atraer, engañar.*
Levain, *levadura.*
Levant, *levante, oriente.*
Levée, *baza, — cosecha, — leva.*
Lever, *alzar, levantar.*
Lever (se), *levantarse, — nacer.*
Levier, *palanca, pértiga.*
Levis, *levadizo.*
Lévite, *levita.*
Levraut, *lebratillo.*
Lèvre, *labio.*
Lévrier, *galgo.*
Lézard, *lagarto, lagartija.*

Liaison, *ligazon*, *union*.
Liard, *ochavo*.
Liasse, *legajo*, *lio*.
Libéral, ale, *liberal*.
Libérateur, *libertador*.
Liberté, *libertad*.
Libertin, ine, *libertino*, *disoluto*.
Libertinage, *libertinage*, *disolucion*.
Libidineux, euse, *libidinoso*.
Libraire, *librero*.
Libre, *libre*.
Lice, *liza*, *lid*.
Licence, *licencia*.
Licencier, *licenciar*.
Licite, *lícito*.
Licorne, *unicornio*.
Licou, ou licol, *cabestro*.
Lie, *hez*, *escoria*.
Liége, *corcho*, — *alcornoque*.
Lien, *atadura*, *ligadura*.
Lier, *ligar*, *atar*, — *unir*.
Lier (se), *juntarse*, *unirse*.
Lierre, *yedra*.
Lieu, *lugar*.
Lieue, *legua*.
Lieutenant, *teniente*.
Lièvre, *liebre*.
Ligne, *linea*, — *sedal*.
Lignée, *linage*.
Ligue, *liga*, *alianza*, *union*.
Liguer, *ligar*, *unir*.
Limaçon, *caracol*.
Lime, *lima*.
Limier, *sabueso*.
Limiter, *limitar*.
Limitrophe, *fronterizo*.
Limon, *limo*, *barro*, *lodo*.
Limonade, *limonada*.
Limpide, *claro*, *limpio*.
Lin, *lino*.
Linge, *ropa blanca*, — *lienzo*.
Lingot, *barra de oro ó plata*.
Linot, *pardillo*.
Lion, onne, *leon*, *leona*.
Lionceau, *leoncillo*, *cachorro*.
Liqueur, *licor*.
Liquide, *líquido*.
Liquider, *liquidar*, *ajustar*.
Lire, *leer*.
Lis, *lirio*, *azucena*.
Lisière, *orillo*, *andadores*.
Lisser, *aplanchar*, *alisar*.
Liste, *lista*.
Lit, *cama*, *lecho*.
Litanies, *letanías*.
Litière, *litera*.
Litige, *litigio*, *pleito*.
Littéral, ale, *literal*.
Littérateur, *literato*.
Livide, *cárdeno*, *amoratado*.
Livraison, *entrega*, *libracion*.
Livre, masc., *libro*.
Livre, fém., *libra*.
Livrée, *librea*.
Livrer, *entregar*, *dar*, *librar*.
Livret, *librete*, *librito*.
Local, *terreno*, *sitio*, *local*.
Locataire, *inquilino*.
Location, *arrendamiento*.
Locution, *locucion*, *modo de hablar*.
Loge, *choza*; — (de berger), *cabaña*; — (de comédie), *palco*; — (de franc-maçons), *logia*.
Logement, *alojamiento*.
Loger, *habitar*, *vivir*, *morar*.
Loger, *alojar*, *hospedar*.
Logique, *lógica*.
Logis, *casa*, *habitacion*, *vivienda*.
Loi, *ley*.
Lointain, aine, *lejano*, *distante*.
Loisir, *tiempo desocupado*.
Long, longue, *largo*.
Longanimité, *longanimidad*.
Longitude, *longitud*.

Longueur, *largura*, *tardanza*.
Loquacité, *locuacidad*.
Loquet, *picaporte*.
Lorgner, *mirar de soslayo*.
Lorgnette, *anteojo de puño*.
Losange, *losange*, *rombo*.
Lot, *parte*, *porcion*.
Loterie, *lotería*, *rifa*.
Louable, *loable*, *laudable*.
Louage, *alquiler*.
Louange, *alabanza*.
Louche, *bizco*, *bisojo*.
Louer, *alabar*, — *alquilar*.
Louis d'or, *luis de oro*, *doblon*.
Loup, *lobo*.
Loupe, *lupia*, *lobanillo*. [*lesto*.
Lourd, lourde, *pesado*, — *mo-*
Lourdaud, *tonto*, *majadero*.
Loutre, *nutria*.
Louve, *loba*.
Louveteau, *lobezno*.
Louvre, *palacio real*.
Loyal, ale, *leal*, *fiel*.
Loyauté, *lealtad*.
Loyer, *alquiler*.
Lucarne, *guardilla*, *buharda*.
Lucifer, *Lucifer*.
Lucratif, ive, *lucrativo*.
Lueur, *resplandor*, *luz*.
Lugubre, *lúgubre*, *triste*.
Luire, *lucir*, *brillar*.
Lumière, *luz*, *claridad*.
Lumignon, *pábilo*, *torcida*.
Lumineux, euse, *luminoso*.
Lunaire, *lunar*.
Lunatique, *lunático*.
Lundi, *lúnes*.
Lune, *luna*.
Lunette, *anteojo*.
Lustre, *lustro*, — *lustre*, —
Luth, *laud*. [*araña*.
Luthérien, *luterano*.
Luthier, *guitarrero*.
Lutin, *duende*, *trasgo*.
Lutrin, *facistol*, *atril*.
Lutte, *lucha*.
Luxe, *lujo*.
Luxure, *lujuria*.
Luzerne, *mielga*.
Lynx, *lince*.
Lyre, *lira*.

M.

Macération, *maceracion*.
Mâchefer, *herrumbre*, *caga-fierro*.
Mâcher, *mascar*, *masticar*.
Machine, *máquina*.
Mâchoire, *quijada*.
Maçon, *albañil*, — *fracmason*.
Madame, *señora*, *madama*.
Mademoiselle, *señorita*, *madamisela*.
Madrier, *tablon grueso*.
Magasin, *almacen*.
Mage, *mago*.
Magicien, enne, *mágico*.
Magie, *magia*.
Magistrat, *magistrado*.
Magnanime, *magnánimo*.
Magnétisme, *magnetismo*.
Magnificence, *magnificencia*.
Mahométan, *mahometano*.
Mai, *mayo*.
Maigre, *magro*, *flaco*.
Maigreur, *flaqueza*.
Mail, *mallo*.
Mailles, *mallas*.
Main, *mano*.
Main-d'œuvre, *hechura*.
Main-forte, *asistencia*, *socorro*.
Maintenir, *mantener*, *sostener*.
Maintien, *manutencion*, — *porte*.
Maire, *merino*, *corregidor*.
Maïs, *maiz*, *panizo*.
Maison, *casa*.

Maître, *amo*, *dueño*, *señor*, — *maestro*.
Maîtresse, *ama*, *dueña*, *señora*, — *maestra*.
Maîtrise, *maestría*.
Maîtriser, *señorear*, *dominar*.
Majesté, *magestad*.
Majeur, eure, *mayor*.
Majorat, *mayorazgo*.
Majorité, *mayoría*.
Majuscule, *mayúscula*.
Mal, *mal*.
Malade, *enfermo*.
Maladie, *enfermedad*.
Maladif, ive, *achacoso*, *enfermizo*.
Maladresse, *falta de destreza*.
Malaise, *incomodidad*.
Malaisé, ée, *difícil*.
Mâle, *varon*, — *macho*.
Mâle, adj., *varonil*, *fuerte*.
Malédiction, *maldicion*.
Maléfice, *maleficio*.
Malentendu, *error*, *equivocacion*.
Malfaiteur, *malhechor*.
Malheur, *desgracia*, *desdicha*.
Malheureux, euse, *desgraciado*, *desdichado*, *infeliz*.
Malhonnête, *desatento*.
Malice, *malicia*, — *burla*.
Malin, igne, *maligno*, *perverso*.
Malle, *baul*, *maleta*, *balija*.
Malotru, *contrahecho*, — *desaliñado*.
Malpropre, *sucio*, *puerco*.
Maltraiter, *maltratar*.
Malverser, *disipar*, *prevaricar*.
Malvoisie, *malvasía*.
Maman, *mamá*, *madre*.
Mamelle, *mama*, *pecho*.
Mamelon, *pezon*.
Manant, *aldeano*, *rústico*.
Manche, *manga*, — *mango*.
Manchette, *vuelta*, *puño*, *vuelo*.
Manchon, *manguito*.
Manchot, ote, *manco*.
Mandement, *mandamiento*.
Mander, *mandar*, *enviar*.
Manége, *picadero*, *manejo*.
Mânes, *sombras*, *manes*.
Manger, *comer*.
Manie, *manía*.
Manier, *manejar*, — *manosear*.
Manière, *manera*, *modo*.
Manifester, *manifestar*.
Manivelle, *llave*.
Manne, *maná*.
Mannequin, *cuévano*, — *maniquí*.
Manœuvre, *peon de albañil*.
Manœuvrer, *trabajar en un navio*, *maniobrar las tropas*.
Manquer, *faltar*, — *carecer*.
Mansarde, *guardilla*.
Manteau, *capa*, *capote*.
Mantille, *mantilla*.
Manuel, elle, *manual*.
Manufacture, *manufactura*, *fábrica*.
Manuscrit, *manuscrito*.
Mappemonde, *mapamundi*.
Maquereau, elle, *alcahuete*, *eta*.
Maquignon, *corredor de caballos*.
Marais, *laguna*, *pantano*.
Marâtre, *madrastra*.
Maraud, aude, *pícaro*, *bribon*.
Marbre, *mármol*.
Marbrer, *jaspear*.
Marc, *marco*, — *heces*.
Marcassin, *jabato*, *jabalí pequeño*.
Marchand, ande, *mercader*.
Marchander, *regatear*.
Marchandise, *mercaduría*, *mercancía*, — *género*.
Marche, *marcha*, — *escalon*.
Marché, *trato*, *ajuste*, — *mercado*.
Marche-pied, *tarima*.
Marcher, *andar*, *marchar*.
Mardi, *mártes*.

Mare, *balsa*, *charco.*
Marécage, *marjal*, *pantano*, *cenagal.*
Maréchal, *mariscal*, *herrador;* — maréchal-de-camp, *mariscal de campo.*
Marée, *marea.*
Marge, *márgen.*
Marguerite, *margarita.*
Marguillier, *mayordomo de fábrica.*
Mari, *marido.*
Mariage, *casamiento*, *matrimonio.*
Marier, *casar.*
Marin, *marinero.*
Marine, *marina.*
Marinier, *marinero.*
Marionnette, *títere.*
Marmelade, *mermelada.*
Marmite, *marmita.*
Marmiton, *marmiton*, *galopin.*
Marmotte, *marmota.*
Maroufle, *pícaro.*
Marque, *marca*, *señal.*
Marquer, *marcar*, *señalar.*
Marquis, ise, *marqués*, *marquesa.*
Marraine, *madrina.*
Marron, *castaña enjerta.*
Marroquin, *cordoban*, *marroquí.*
Mars, *marte*, — *marzo.*
Marteau, *martillo.*
Marteler, *martillar.*
Martial, ale, *marcial.*
Martinet, *vencejo.*
Martre, *marta.*
Martyr, yre, *mártir.*
Martyre, *martirio.*
Mascarade, *máscara*, *mogiganga.*
Masculin, ine, *masculino.*
Masque, *máscara*, *carátula.*
Masquer, *disfrazar*, *encubrir.*
Massacre, *matanza.*
Massacrer, *matar*, *destrozar.*
Masse, *masa.*
Massepain, *mazapan.*
Massif, ive, *macizo*, *sólido.*
Massue, *porra.*
Mastic, *almáciga.*
Mât, *mástil*, *árbol*, *palo.*
Matelas, *colchon.*
Matelot, *marinero.*
Matériel, elle, *material.*
Maternel, elle, *maternal*, *materno.*
Mathématique, *matemática.*
Matière, *materia.*
Mâtin, *mastin.*
Matin, *la mañana.*
Matinée, *la mañana.*
Matrice, *matriz.*
Mâturité, *madurez.*
Maudire, *maldecir.*
Maure, *moro.*
Mausolée, *mausoleo.*
Maussade, *malhumorado*, *grosero.*
Mauvais, aise, *malo.*
Mauve, *malva.*
Maxime, *máxima.*
Mécanique, *mecánica.*
Méchanceté, *malicia*, *malignidad.*
Méchant, ante, *malo.*
Mèche, *mecha.*
Mécompte, *error*, *trabacuenta.*
Méconnaître, *desconocer.*
Mécontent, ente, *descontento.*
Médaille, *medalla.*
Médecin, *médico.*
Médecine, *medicina.*
Médiateur, trice, *medianero.*
Médiocre, *mediano.*
Médire, *murmurar.*
Médisance, *murmuracion.*
Médisant, ante, *maldiciente.*
Méditer, *meditar.*
Méditerranée, *mediterraneo.*
Méfiance, *desconfianza.*
Méfier (se), *recelarse.*
Mégarde, *inadvertencia.*

Meilleur, eure, *mejor.*
Mélancolie, *melancolía.*
Mélange, *mezcla.*
Mêlée, *refriega.*
Mêler, *mezclar.*
Mélodie, *melodía.*
Melon, *melon.*
Membre, *miembro.*
Mémoire, *memoria.*
Menacer, *amenazar.*
Ménage, *casa*, *menage.*
Ménagement, *consideracion.*
Ménager, *ahorrar.*
Ménager (se), *cuidar de sí.*
Ménagère, *ama de llaves.*
Mendiant, ante, *mendigo.*
Mendicité, *mendicidad.*
Mendier, *mendigar.*
Mener, *llevar, guiar.*
Menottes, *esposas.*
Mensonge, *mentira.*
Menteur, euse, *mentiroso.*
Menthe, *menta.*
Mentionner, *mencionar.*
Mentir, *mentir.*
Menton, *barba.*
Menu, ue, *delgado, menudo.*
Menuisier, *carpintero.*
Mépriser, *despreciar.*
Mer, *mar.*
Mercenaire, *mercenario.*
Mercerie, *mercería.*
Merci, *perdon, merced, gracia.*
Mercredi, *miércoles.*
Mercure, *mercurio, azogue.*
Mère, *madre;* — (belle), *madrastra*, — *suegra.*
Mère (grand'), *abuela.*
Méridien, *meridiano.*
Mérite, *mérito.*
Mériter, *merecer.*
Merle, *mirlo, merla.*
Merluche, *merluza.*
Merveille, *maravilla.*
Mésallier, *casar bajamente.*
Mesquin, ine, *mezquino.*
Message, *mensage, recado.*
Messe, *misa.*
Messieurs, *señores.*
Mesure, *medida.* — *compás.*
Mesurer, *medir.*
Métairie, *alquería*, *quinta.*
Métal, *metal.*
Métamorphose, *metamórfosis.*
Métaphore, *metáfora.*
Métaphysique, *metafísica.*
Métayer, ère, *quintero.*
Météore, *meteoro.*
Méthode, *método.*
Métier, *oficio, arte*, — *telar.*
Métropolitain, *metropolitano.*
Mets, *manjar, plato.*
Mettre, *poner, meter, colocar.*
Meuble, *mueble, trasto, alhaja.*
Meubler, *alhajar.*
Meule, *muela.*
Meunier, ère, *molinero.*
Meurtre, *homicidio.*
Meurtrier, ière, *homicida.*
Meurtrir, *acardenalar*, *magullar.*
Meute, *sarta de perros de caza.*
Miauler, *maullar.*
Miche, *bódigo*, *mollete.*
Microscope, *microscopio.*
Midi, *mediodia.*
Mie, *miga*, — *amiguita.*
Miel, *miel.*
Miette, *migaja.*
Mieux, *lo mejor.*
Mignard, arde, *delicado*, *donoso*, *melindroso.*
Mignarder, *mimar*, *acariciar.*
Mignon, onne, *lindo*, *galan.*
Migraine, *jaqueca.*
Mil, ou millet, *mijo.*
Milan, *milano.*
Milice, *milicia.*

Milieu, *medio*.
Militer, *militar*.
Mille, *milla*.
Millionnaire, *millonario*.
Minauder, *melindrear*.
Mince, *delgado*.
Mine, *cara, rostro*, — *mina*.
Miner, *minar*, — *cabar*.
Mineur, eure, *menor*.
Miniature, *miniatura*.
Ministère, *ministerio*.
Ministre, *ministro*.
Minorité, *minoridad*.
Minuit, *media noche*.
Minuscule, *minúscula*.
Minute, *minuto*.
Miracle, *milagro*.
Mirer (se), *mirarse al espejo*.
Miroir, *espejo*.
Misaine, *trinquete, mesana*.
Misanthrope, *misantrope*.
Mise, *puesta*.
Misère, *miseria, estrechez*.
Miséricorde, *misericordia*.
Mission, *mision*.
Mistifier, *burlar*.
Mitaine, *guante sin dedos*.
Mitiger, *mitigar*.
Mitraille, *metralla*.
Mitre, *mitra*.
Mixte, *mixto*.
Mobile, *móvil*.
Mobilier, *muebles*.
Mode, *modo*, — *moda*.
Modèle, *modelo*.
Modérer, *moderar*.
Moderne, *moderno*.
Modeste, *modesto*.
Modifier, *modificar*.
Modique, *corto, escaso*.
Moelle, *tuétano, medula*.
Mœurs, *costumbres*.
Moindre, *menor, mínimo*.
Moine, *frayle, monge*.
Moineau, *gorrion, pardal*.
Mois, *mes*.
Moisir, *enmohecerse*.
Moisson, *siega, mies*.
Moissonner, *segar*.
Moitié, *mitad*.
Molester, *molestar*.
Mollesse, *blandura*, — *flojedad*
Mollet, *pantorrilla*.
Moment, *momento*.
Monarchie, *monarquía*.
Monceau, *monton*.
Mondain, aine, *mundano*.
Monde, *mundo*.
Monder, *mondar, limpiar*.
Monnaie, *moneda*.
Monologue, *monólogo, solilo-*
Monopole, *monopolio*. [*quio*.
Monosyllabe, *monosílabo*.
Monotone, *monotono*.
Monsieur, *señor*.
Monstre, *monstruo*.
Montagnard, arde, *montañes*.
Montagne, *monte, montaña*.
Montant, *importe*. [*montar*.
Monter, *subir*; — (à cheval),
Montre, *relox de faltriquera*.
Montrer, *mostrar, manifestar*.
Monture, *caballería*.
Monument, *monumento*.
Moquer (se), *burlarse*.
Moral, ale, *moral*.
Morceau, *pedazo, trozo*.
Morceler, *dividir, partir*.
Mordacité, *mordacidad*.
Mordre, *morder*.
Morfondre (se), *resfriarse*.
Moribond, onde, *moribundo*.
Moriginer, *morigerar*.
Morion, *morrion*.
Morne, *mohino, melancólico*.
Mors, *freno*.
Morsure, *mordedura*.
Mort, *muerte*, — *muerto*.

Mortel, elle, *mortal.*
Mortier, *mortero*, *almirez.*
Mortifier, *mortificar.*
Mortuaire, *mortuorio.*
Morue, *abadejo*, *bacallao.*
Morve, *moco.*
Mosquée, *mezquita.*
Mot, *palabra*, *voz*, *vocablo.*
Moteur, *motor.*
Motif, *motivo.*
Motiver, *motivar.*
Motte, *terron*, *gleba.*
Mou, molle, *blando*, *—flojo.*
Mouche, *mosca.*
Moucher, *sonar*, *limpiar.*
Moucheron, *mosquito.*
Mouchettes, *despabiladeras.*
Mouchoir, *pañuelo.*
Moudre, *moler.*
Moue, *mueca*, *gesto.*
Mouiller, *mojar.*
Moule, *molde.*
Mouler, *amoldar.*
Moulin, *molino.*
Moulure, *moldura.*
Mourant, ante, *moribundo.*
Mourir, *morir.*
Mousquet, *mosquete.*
Mousse, f., *page de escoba.*
Mousse, m., *moho*, *musgo.*
Mousseline, *muselina.*
Mousser, *espumar.*
Moustache, *bigote*, *mostacho.*
Moût, *mosto.*
Moutarde, *mostaza.*
Mouton, *carnero.*
Mouvement, *movimiento.*
Mouvoir, *mover.*
Moyen, enne, *mediano.*
Moyen, *medio.*
Mue, *muda*, *mudanza.*
Muet, ette, *mudo.*
Mufle, *hocico.*
Mugir, *mugir.*
Mugissement, *mugido.*
Mulâtre, *mulato.*
Mule, *mula*, *—chinela.*
Mulet, *mulo*, *macho.*
Multiplier, *multiplicar.*
Multitude, *multitud.*
Municipal, ale, *municipal.*
Munir, *proveer*, *abastecer.*
Munition, *municion.*
Mur, *muro*, *pared.*
Mûr, ûre, *maduro*, *sazonado.*
Muraille, *muralla.*
Mûre, *mora.*
Murer, *murar.*
Mûrier, *moral.*
Mûrir, *madurar.*
Murmure, *mormullo.*
Murmurer, *murmurar*, *gruñir.*
Muscade, *moscada.*
Muscat, *moscatel.*
Muscle, *músculo.*
Muse, *musa.*
Museau, *hocico.*
Musette, *gayta.*
Musique, *música.*
Musqué, *almizclado.*
Musulman, *musulman.*
Mutiler, *mutilar.*
Mutin, ine, *terco*, *obstinado.*
Mutiner (se), *rebelarse.*
Mutuel, elle, *mutuo.*
Myrrhe, *mirra.*
Myrte, *mirto.*
Mystère, *misterio.*
Mystique, *místico.*
Mythologie, *mitología.*

N.

Nacelle, *barquilla.*
Nacre, *nácar.*
Nager, *nadar.*
Naïf, ive, *ingenuo*, *natural.*
Nain, aine, *enano.*

Naissance, *nacimiento.*
Naître, *nacer.*
Nantir, *prendar, asegurar.*
Nappe, *manteles, — cascada.*
Narcisse, *narciso.*
Narines, *abertura de las narices.*
Narration, *narracion.*
Nasillard, arde, *gangoso.*
Natif, ive, *natural, nativo.*
Nation, *nacion.*
Natte, *estera.*
Nuturaliser, *naturalizar.*
Nature, *naturaleza.*
Naturel, elle, *natural.*
Naufrage, *naufragio.*
Naufragé, ée, *náufrago.*
Nausée, *nausea, basca.*
Naval, ale, *naval.*
Navet, *nabo.*
Navette, *lanzadera.*
Navigation, *navegacion.*
Naviguer, *navegar.*
Navire, *nave, navio.*
Néant, *la nada.*
Nébuleux, euse, *nebuloso.*
Nécessaire, *necesario.*
Nécessité, *necesidad.*
Nécessiter, *necesitar.*
Nectar, *néctar.*
Nef, *nave.*
Nèfle, *níspero.*
Négation, *negacion.*
Négliger, *descuidar.*
Négligence, *descuido, negligencia.*
Négociant, *negociante.*
Négocier, *negociar.*
Nègre, négresse, *negro, negra.*
Neige, *nieve.*
Neiger, *nevar.*
Néophyte, *neófito.*
Nerf, *nervio.*
Nerveux, euse, *nervoso.*
Net, nette, *limpio, puro.*
Nettoyer, *limpiar.*
Neuf, euve, *nuevo.*
Neutre, *neutro, — neutral.*
Neuvaine, *novena.*
Neveu, *sobrino.*
Nez, *nariz.*
Niais, aise, *tonto, simple.*
Niche, *nicho.*
Nicher, *anidar.*
Nid, *nido.*
Nièce, *sobrina.*
Nieller, *aneblar, anieblar.*
Nier, *negar.*
Nigaud, aude, *necio, tonto.*
Nitre, *nitro.*
Niveau, *nivel.*
Noble, *noble.*
Noblesse, *nobleza.*
Noce, *boda.*
Nocturne, *nocturno.*
Noël, *Navidad.*
Nœud, *nudo.*
Noir, oire, *negro, negra.*
Noircir, *ennegrecer, tiznar.*
Noisette, *avellana.*
Noix, *nuez.*
Nom, *nombre.*
Nombre, *número.*
Nombreux, euse, *numeroso.*
Nombril, *ombligo.*
Nominatif, *nominativo.*
Nommer, *nombrar.*
Nompareil, eille, *sin par.*
Nonce, *nuncio.*
Nonchalance, *incuria, negligencia.*
Nonne, nonnain, *monja.*
Nord, *norte.*
Nord-est, *nordeste.*
Nord-ouest, *norueste.*
Notable, *notable.*
Notaire, *notario.*
Note, *nota, señal, marca.*
Noter, *notar, señalar, marcar.*
Notice, *noticia.*
Notifier, *notificar.*

Notion, *nocion.*
Notoire, *notorio.*
Nouer, *anudar.*
Nourrice, *nodriza.*
Nourricier, *nutricio.*
Nourrir, *alimentar, sustentar.*
Nourrissant, *nutritivo.*
Nourriture, *alimento, sustento.*
Nouveau, elle, *nuevo.*
Nouveauté, *novedad.*
Nouvelle, *noticia, nueva,* — *novela.*
Novembre, *noviembre.*
Novice, *novicio.*
Noyau, *cuesco, hueso.*
Noyer, *nogal.*
Noyer, *anegar, ahogar.*
Nu, ue, *desnudo*
Nuage, *nube, nublado.*
Nuance, *matiz, diversidad de colores.*
Nudité, *desnudez.*
Nue, *nube.*
Nuée, *nubarron, nube.*
Nuire, *dañar, ofender, perjudicar.*
Nuisible, *nocivo, dañoso.*
Nuit, *noche.*
Nul, nulle, *ninguno,* — *nulo.*
Numéraire, *dinero contante.*
Numéro, *número.*
Numéroter, *numerar.*
Nuptial, ale, *nupcial.*
Nuque, *nuca.*
Nutritif, ive, *nutritivo.*
Nymphe, *ninfa.*

O.

Obéir, *obedecer.*
Obéissance, *obediencia.*
Obélisque, *obelisco.*
Objecter, *objetar.*
Objet, *objeto.*
Oblation, *oblacion.*
Obliger, *obligar.*
Oblique, *oblicuo.*
Oblong, gue, *oblongo.*
Obole, *obolo.*
Obscène, *obsceno, torpe.*
Obscur, ure, *obscuro.*
Obscurcir, *obscurecer.*
Obscurité, *obscuridad.*
Obsèques, *obsequias, exéquias.*
Observer, *observar.*
Obstacle, *obstáculo.*
Obstiner (s'), *obstinarse.*
Obstruir, *obstruir.*
Obtenir, *obtener.*
Obvier, *oviar, huir.*
Ocasion, *ocasion.*
Occident, *occidente.*
Occuper, *ocupar.*
Occurrence, *ocurrencia.*
Océan, *océano.*
Ocre, *ocre.*
Octobre, *octubre.*
Octogénaire, *ochenton, octogenario.*
Octogone, *octógono.*
Octroyer, *otorgar, conceder.*
Oculaire, *ocular.*
Ode, *oda.*
Odeur, *olor.*
Odieux, euse, *odioso.*
Odorant, ante, *oloroso.*
Odorat, *olfato.*
Œil, yeux, *ojo, ojos.*
Œil-de-bœuf, *tragaluz, claraboya.*
Œillet, *clavel.*
Œuf, *huevo.*
Œuvre, *obra.*
Offenser, *ofender.*
Office, *oficio,* — *reposteria.*
Officier, *oficial.*
Offrande, *ofrenda.*
Offre, *oferta, ofrecimiento.*
Offrir, *ofrecer.*
Offusquer, *ofuscar.*
Oie, *ánsar, ganso, pato, oca.*

Oignon, *cebolla*, — *juanete*.
Oindre, *untar*, *ungir*.
Oint, *ungido*.
Oiseau, *ave*, *pájaro*.
Oiseux, euse, *ocioso*.
Oisif, ive, *ocioso*.
Oison, *ansaron*, — *tonto*.
Olive, *aceytuna*.
Olivier, *olivo*.
Olympe, *olimpo*.
Ombrage, *sombra*.
Ombrager, *hacer sombra*.
Ombrageux, euse, *espantadizo*, [— *suspicaz*.
Ombre, *sombra*.
Omelette, *tortilla de huevos*.
Omettre, *omitir*.
Once, *onza*.
Oncle, *tio*.
Onction, *uncion*.
Onde, *onda*, *ola*.
Ondoyer, *ondear*, — *bautizar*.
Onéreux, euse, *oneroso*.
Ongle, *uña*.
Onguent, *ungüento*.
Opacité, *opacidad*.
Opéra, *ópera*.
Opérer, *operar*.
Opiat, *opiata*.
Opiler, *opilar*.
Opiner, *opinar*.
Opiniâtre, *porfiado*, *obstinado*.
Opiniâtrer (s'), *obstinarse*.
Opinion, *opinion*, *dictámen*.
Opium, *opio*.
Opportun, une, *oportuno*.
Opposer, *oponer*.
Opposition, *oposicion*.
Oppresser, *oprimir*.
Opprimer, *oprimir*.
Opprobre, *oprobrio*, *afrenta*.
Opter, *optar*, *escoger*.
Opticien, *óptico*.
Option, *opcion*.
Optique, *óptica*.
Opulence, *opulencia*.
Opuscule, *opúsculo*.
Or, *oro*.
Oracle, *oráculo*.
Orage, *tempestad*, *borrasca*.
Oraison, *oracion*.
Orange, *naranja*.
Oranger, *naranjo*.
Orateur, *orador*.
Orbiculaire, *orbicular*.
Orbite, *órbita*.
Orchestre, *orquesta*.
Ordinaire, *ordinario*.
Ordonnance, *ordenanza*, — [*receta*.
Ordonner, *ordenar*.
Ordre, *órden*.
Ordure, *suciedad*, *inmundicia*.
Oreille, *oreja*, — *oido*.
Oreiller, *almohada*.
Orfèvre, *platero*.
Organe, *órgano*.
Organiser, *organizar*.
Organiste, *organista*.
Orge, *cebada*.
Orgeat, *orchata*.
Orgue, *órgano*.
Orgueil, *orgullo*, *soberbia*.
Orient, *oriente*.
Orienter (s'), *reconocerse*.
Orifice, *orificio*.
Original, ale, *original*.
Origine, *orígen*.
Originel, elle, *original*.
Orme, *olmo*.
Ormeau, *olmillo*.
Ornement, *adorno*, *atavío*.
Orner, *adornar*, *ataviar*.
Ornière, *carril*.
Orphelin, ine, *huérfano*.
Orteil, *dedo del pié*.
Orthodoxe, *ortodoxó*.
Ortographe, *ortografía*.
Ortie, *ortiga*.
Os, *hueso*.

Oseille, *acedera.*
Oser, *osar, atreverse.*
Osier, *mimbre.*
Osselet, *huesecillo.*
Ossemens, *osamenta.*
Ostentation, *ostentacion.*
Otage, *rehenes.*
Oter, *quitar.*
Oubli, *olvido.*
Oublie, *barquillo, oblea.*
Oublier, *olvidar.*
Ouest, *oeste.*
Ouï-dire, *oidas.*
Ouïe, *oido.*
Ouïr, *oir.*
Ouragan, *huracan.*
Ourdir, *urdir.*
Ourler, *repulgar.*
Ourlet, *repulgo.*
Ours, *oso.*
Outarde, *avutarda.*
Outil, *herramienta.*
Outrage, *ultrage.*
Outrager, *ultrajar.*
Outre, *odre, pellejo.*
Outré, ée, *exágerado, escesivo*
Outremer, *ultramar.*
Outrer, *esceder, — irritar.*
Ouvert, erte, *abierto.*
Ouverture, *abertura.*
Ouvrage, *obra.*
Ouvrier, *obrero, jornalero.*
Ouvrir, *abrir.*
Ovale, *óvalo, — ovalado.*
Ovipare, *ovíparo.*

P.

Pacifier, *pacificar.*
Pacotille, *ancheta.*
Pacte, *pacto, concierto.*
Paganisme, *paganismo.*
Page, f., *página*; m. *page.*
Païen, enne, *pagano.*
Paillasse, *jergon.*
Paillasson, *estera.*
Paille, *paja.*
Paillette, *lantejuela.*
Pain, *pan.*
Pair, *par.*
Paire, *par.*
Pairie, *dignidad de par.*
Paisible, *pacífico.*
Paître, *pacer.*
Paix, *paz.*
Palais, *palacio.*
Pâle, *pálido, macilento.*
Palefrenier, *palafrenero.*
Palette, *paleta, paletilla.*
Pâleur, *palidez, amarillez.*
Pâlir, *ponerse pálido.*
Palissade, *palizada.*
Pallier, *paliar, disimular.*
Palme, *palma.*
Palmier, *palma, palmera.*
Palpable, *palpable.*
Palpiter, *palpitar.*
Pampre, *pámpano.*
Pan de muraille, *lienzo de muralla.*
Pan d'une robe, *falda.*
Panache, *penacho.*
Panais, *chirivía.*
Pané, ée, *cubierto de pan.*
Panégyrique, *panegírico.*
Panier, *cesta, canasta.*
Panneau, *panel, — red larga.*
Panser, *curar, — almohazar.*
Pantalon, *pantalon, calzon.*
Panthéon, *Panteon.*
Panthère, *pantera.*
Pantomime, *pantomima.*
Pantoufle, *chinela, pantuflo.*
Paon, *pavon, pavo real.*
Papa, *papá, padre.*
Pape, *papa.*
Papeterie, *molino de papel.*
Papier, *papel.*
Papillon, *mariposa.*

Papilloter, *parpadear, pestañear.*
Pâque, *Pascua.*
Paquebot, *paquebote.*
Paquet, *paquete, lío.*
Parabole, *parábola.*
Parade, *muestra, — ostentacion*
Paradis, *paraiso.*
Paradoxe, *paradoja.*
Paragraphe, *parágrafo.*
Paraître, *parecer.*
Parallèle, *paralelo.*
Paralysie, *perlesía.*
Parapet, *parapeto.*
Paraphe, *rúbrica.*
Parapluie, *paraguas.*
Parasite, *gorrero, pegote.*
Parasol, *quitasol.*
Paravent, *biombo, mampara.*
Parc, *parque.*
Parcelle, *partecilla.*
Parchemin, *pergamino.*
Parcourir, *recorrer.*
Pardonner, *perdonar.*
Pareil, eille, *igual, semejante.*
Pareil (sans), *sin par.*
Parent, ente, *pariente.*
Parens, *padres.*
Parenté, *parentesco, parentela*
Parenthèse, *paréntesis.*
Parer, *adornar, ataviar.*
Paresse, *pereza.*
Parfait, aite, *perfecto.*
Parfumer, *perfumar.*
Pari, *apuesta.*
Parier, *apostar.*
Pariétaire, *parietaria.*
Parité, *paridad.*
Parjure, subst., *perjurio*, — adj. *perjuro.*
Parlement, *parlamento.*
Parler, *hablar.*
Parloir, *locutorio.*
Parnasse, *parnaso.*
Paroisse, *parroquia.*
Paroissien, ienne, *feligrés*, — *libro de horas.*
Parole, *palabra.*
Parque, *parca.*
Parquet, *suelo de madera.*
Parrain, *padrino.*
Parricide, *parricidio, — parricida.*
Parsemer, *esparcir, sembrar.*
Part, *parte.*
Partage, *reparticion, — parte.*
Partager, *partir, repartir.*
Parterre, *cuadro de flores.*
Parti, *partido.*
Partial, ale, *parcial.*
Participe, *participio.*
Participer, *participar.*
Particulariser, *particularizar.*
Particulier, ière, *particular.*
Partie, *parte.*
Partir, *partir, marchar.*
Partisan, *partidario.*
Parure, *adorno, atavío.*
Parvenir, *llegar, — lograr.*
Parvenu, *hombre de fortuna.*
Pas, *paso.*
Pascal, ale, *pascual.*
Pasquinade, *pasquin.*
Passable, *pasadero.*
Passage, *pasage, — pasadizo.*
Passager, ère, *pasagero.*
Passementier, *pasamanero.*
Passe-partout, *llave maestra.*
Passe-passe, *juego de manos.*
Passe-port, *pasaporte.*
Passer, *pasar.*
Passer (se), *abstenerse, privarse.*
Passereau, *gorrion.*
Passe-temps, *pasatiempo.*
Passif, ive, *pasivo.*
Passion, *pasion.*
Passionné, ée, *apasionado.*
Passionner (se), *apasionarse.*
Passoire, *colador.*
Pasteur, *pastor.*

Pastille, *pastilla.*
Pastoral, *pastoral,* — *pastoril.*
Pastoureau, elle, *pastorcillo.*
Pâte, *pasta, masa.*
Pâté, *pastel, empanada.*
Patente, *patente.*
Paternel, elle, *paternal, paterno.*
Pathétique, *patético.*
Patience, *paciencia.*
Patienter, *tener paciencia.*
Patiner, *andar con patines.*
Pâtisserie, *pastelería.*
Pâtre, *pastor.*
Patriarche, *patriarca.*
Patrie, *patria.*
Patrimoine, *patrimonio.*
Patriotique, *patriótico.*
Patron, *patron,* — *modelo.*
Patrouille, *patrulla, ronda.*
Patte, *pata.*
Pâturage, *pasto.*
Paume, *palma de la mano,* — *pelota.*
Paupière, *párpado.*
Pause, *pausa, interrupcion.*
Pauvre, *pobre.*
Pauvreté, *pobreza.*
Pavé, *empedrado,* — *piedra.*
Paver, *empedrar, enlosar, enladrillar.*
Pavie, *durasno.*
Pavillon, *pabellon.*
Pavot, *adormidera.*
Paye, *paga.*
Payer, *pagar.*
Pays, *pais,* — *patria.*
Paysan, anne, *aldeano.*
Peau, *piel, pellejo, cútis.*
Pêche, *pesca,* — *melocoton.*
Péché, *pecado.*
Pécher, *pecar.*
Pêcher, *albérchigo, melocoton.*
Pêcher, *pescar.*
Pêcheur, *pescador.*
Pécheur, pécheresse, *pecador.*
Pectoral, ale, *pectoral.*
Pédant, *pedante.*
Peigne, *peine.*
Peigner, *peinar.*
Peindre, *pintar.*
Peine, *pena.*
Peintre, *pintor.*
Peinture, *pintura.*
Peler, *pelar.*
Pélerin, ine, *peregrino.*
Pélican, *pelicano.*
Pelisse, *ropa aforrada con pieles.*
Pelle, *pala,* — *paleta.*
Pelote, *acerico, almohadilla.*
Peloton, *ovillo.*
Peluche, *felpa larga.*
Pelure, *peladura.*
Penchant, *pendiente,* — *propension.*
Pencher, *inclinar.*
Pendant, *pendiente.*
Pendre, *ahorcar.* — *colgar.*
Pendu, *ahorcado.*
Pendule, *péndola,* — *relox de chimenea.*
Pêne, *pestillo de cerraja.*
Pénétrer, *penetrar.*
Pénible, *penoso.*
Péninsule, *península.*
Pénitence, *penitencia.*
Pénitent, ente, *penitente.*
Pensée, *pensamiento.*
Penser, *pensar, imaginar.*
Pensif, ive, *pensativo.*
Pension, *pension.*
Pensionnaire, *pensionista.*
Pentateuque, *pentateuco.*
Pente, *declive, repecho, falda.*
Pentecôte, *pentecostes.*
Pénultième, *penúltimo.*
Pépie, *pepita.*
Pepin, *pepita.*
Pépinière, *plantel.*
Perçant, ante, *agudo, penetrante.*
Perceptible, *perceptible.*

Perception, *percepcion*, *cobranza*.
Percer, *horadar*, *barrenar*, — *abrir*, *penetrar*, *hacerse paso*
Percevoir, *percibir*, *cobrar*.
Perche, *pértiga*, *vara larga*.
Percher, *encaramarse*.
Perclus, use, *tullido*, *baldado*.
Perdre, *perder*.
Perdreau, *perdigon*.
Perdrix, *perdiz*.
Père, *padre*.
Péremptoire, *perentorio*.
Perfection, *perfeccion*.
Perfectionner, *perfeccionar*.
Perfide, *pérfido*.
Perfidie, *perfidia*.
Péricliter, *peligrar*.
Périgée, *perigeo*.
Péril, *peligro*, *riesgo*.
Période, *periodo*.
Périphrase, *perífrasis*.
Périr, *perecer*, *fenecer*.
Périssable, *perecedero*.
Péristille, *peristilo*.
Perle, *perla*.
Permanence, *permanencia*.
Permettre, *permitir*.
Permission, *permiso*, *licencia*.
Permuter, *permutar*, *trocar*.
Pernicieux, euse, *pernicioso*.
Perpendiculaire, *perpendicular*
Perpétuel, elle, *perpetuo*.
Perpétuer, *perpetuar*.
Perplexité, *perplejidad*.
Perquisition, *pesquisa*.
Perroquet, *papagayo*.
Perruche, *cotorra*.
Perruque, *peluca*.
Persécuter, *perseguir*.
Persévérer, *perseverar*.
Persienne, *persiana*.
Persifler, *burlarse*.
Persil, *perejil*.
Persister, *persistir*, *insistir*.
Personne, f., *persona*.
Personne, m., *nadie*.
Personnifier, *personificar*.
Perspective, *perspectiva*.
Perspicacité, *perspicacia*.
Persuader, *persuadir*.
Perte, *pérdida*.
Perturbateur, *perturbador*.
Pervenche, *pervinca*.
Pervers, erse, *perverso*.
Pervertir, *pervertir*, *corromper*.
Pesanteur, *pesadez*, *peso*.
Peser, *pesar*.
Peste, *peste*, *contagio*.
Pestiféré, ée, *apestado*.
Pestilence, *pestilencia*.
Pet, *pedo*, *ventosidad*.
Petard, *petardo*.
Peter, *peer*.
Pétiller, *chispear*, *centellear*.
Petit, ite, *pequeño*, *chico*.
Petit, subst., *pollo*, — *cachorrillo*.
Petitesse, *pequeñez*.
Pétition, *peticion*.
Pétrifier, *petrificar*.
Pétrir, *amasar*.
Pétulance, *petulancia*.
Peuple, *pueblo*.
Peupler, *poblar*.
Peuplier, *álamo*.
Peur, *miedo*.
Peureux, euse, *medroso*, *tímido*.
Phalange, *falange*.
Phare, *faro*.
Pharisien, *fariseo*.
Pharmacien, *boticario*.
Phase, *fase*.
Phébus, *febo*.
Phénix, *fenix*.
Phénomène, *fenómeno*.
Philosophie, *filosofía*.
Philtre, *filtro*.
Phosphore, *fósforo*.

Phrase, *frase.*
Phthisie, *tísica.*
Physiologie, *fisiología.*
Physionomie, *fisionomía.*
Physique, *física.*
Piano, *piano, fortepiano.*
Piastre, *peso, duro.*
Pic, *pico, — picacho.*
Picoter, *picar, picotear.*
Picotin, *celemin.*
Pie, *picaza, urraca.*
Pièce, *pieza.*
Pied, *pié.*
Piédestal, *pedestal.*
Piége, *cepo, lazo, garlito.*
Pierre, *piedra.*
Pierreries, *pedrerías.*
Pierreux, euse, *pedragoso.*
Piété, *piedad.*
Pieu, *estaca.*
Pieux, pieuse, *piadoso, pio.*
Pigeon, *pichon, palomo.*
Pigeonnier, *palomar.*
Pigne, *piña.*
Pignon, *piñon.*
Pile, *pila, rima, rimero.*
Piler, *machacar, moler.*
Pilier, *pilar.*
Piller, *pillar, robar, saquear.*
Pilote, *piloto.*
Pilule, *píldora.*
Piment, *pimiento.*
Pin, *pino.*
Pinces, *tenazas, alicates.*
Pinceau, *pincel.*
Pincée, *pizca, — pellizco.*
Pincer, *pellizcar, — puntear.*
Pincettes, *tenazas.*
Pinson, *pinzon.*
Pinte, *azumbre.*
Pioche, *azada, azadon.*
Piocher, *cavar.*
Pioler, *piar.*
Pion, *peon.*
Piquant, ante, *picante.*
Pique, *pica.*
Piquer, *picar, punzar.*
Piquer (se), *picarse, ofenderse.*
Piquet, *estaca, piquete.*
Piqûre, *picadura.*
Pirate, *pirata.*
Pire, *peor.*
Pirogue, *piragua.*
Pirouette, *perinola, voltereta.*
Pirouetter, *voltear.*
Pis, *lo peor.*
Piscine, *piscina.*
Pisser, *mear, orinar.*
Piste, *pista, rastro, huella.*
Pistole, *doblon.*
Pistolet, *pistola.*
Piteux, euse, *lastimoso.*
Pitié, *piedad, lástima, compa-* [*sion.*
Piton, *armella.*
Pitoyable, *piadoso, compasivo, — lastimoso, — desprecia-* [*ble.*
Pittoresque, *pintoresco.*
Pivot, *quicio, eje.*
Placard, *cartel, — armario.*
Placarder, *fijar carteles.*
Place, *plaza, — lugar, sitio.*
Placer, *poner, colocar.*
Plafond, *plafon, cielo raso.*
Plage, *playa.*
Plagiaire, *plagiario.*
Plaider, *pleitear, litigar.*
Plaie, *llaga.*
Plaindre, *compadecer, apiadarse.*
Plaindre (se), *quejarse.*
Plaine, *llanura, llanada.*
Plainte, *queja.*
Plaintif, ive, *lamentable.*
Plaire, *gustar, agradar, placer.*
Plaire (se), *complacerse.*
Plaisance, *recreo.*
Plaisant, ante, *chistoso, gra-* [*cioso.*
Plaisanter, *chancearse, reirse.*

Plaisanterie, *chanza.*
Plaisir, *placer, gusto, —favor.*
Plan, *plan, plano.*
Planche, *tabla, — lámina.*
Plancher, *entablado, suelo.*
Planète, *planeta.*
Plante, *planta.*
Planter, *plantar.*
Plaque, *chapa, plancha.*
Plaquer, *planchear.*
Plat, ate, *llano, chato.*
Plat, subst., *plato.*
Platane, *plátano.*
Plateau, *azafatíllo.*
Plate-forme, *plataforma.*
Platitude, *simpleza, necedad.*
Plâtre, *yeso.*
Plâtrer, *enyesar, — cubrir.*
Plausible, *plausible.*
Plébéïen, ïenne, *plebeyo.*
Plein, pleine, *lleno, pleno.*
Plénitude, *plenitud.*
Pleurer, *llorar.*
Pleureur, euse, *lloron.*
Pleurs, *lágrimas, llanto, lloro.*
Pleuvoir, *llover.*
Pli, *pliegue, doblez.*
Plier, *plegar, doblar, — encorvar.*
Plisser, *plegar, hacer pliegues.*
Plomb, *plomo.*
Plomber, *emplomar.*
Plonger, *sumergir, zabullir.*
Pluie, *lluvia.*
Plume, *pluma.*
Plumer, *desplumar.*
Plumet, *plumage.*
Pluralité, *pluralidad.*
Pluriel, *plural.*
Plusieurs, *muchos, varios.*
Poche, *faltriquera, bolsillo.*
Poêle, f., *sarten,* — m., *estufa.*
Poème, *poema.*
Poète, *poeta.*
Poids, *peso.*
Poignard, *puñal.*
Poignée, *puñado, puño.*
Poignet, *muñeca, — puño.*
Poil, *pelo.*
Poinçon, *punzon.*
Poing, *puño.*
Point, *punto.*
Pointe, *punta.*
Pointer, *apuntar.*
Pointilleux, euse, *porfiado.*
Pointu, ue, *puntiagudo.*
Poire, *pera.*
Poireau, *puerro.*
Poirée, *acelga.*
Poirier, *peral.*
Pois, *guisantes, — garbanzos.*
Poison, *veneno, tósigo, ponzoña.*
Poisson, *pescado, pez.*
Poitrail, *pechera, pretal.*
Poitrine, *pecho.*
Poivre, *pimienta.*
Poix, *pez, resina.*
Pôle, *polo.*
Poli, ie, *pulido, acicalado, — cortés.*
Police, *policía.*
Policé, ée, *culto, civilizado.*
Polichinel, *títere.*
Polir, *pulir, acicalar, bruñir.*
Polisson, *polizon, truhan.*
Politesse, *urbanidad, civilidad*
Politique, *política.*
Poltron, *cobarde, poltron.*
Pommade, *pomada.*
Pomme, *manzana, poma.*
Pommier, *manzano.*
Pompe, *bomba, — pompa.*
Pompeux, euse, *pomposo.*
Poncire, *cidra, poncil.*
Ponctuation, *puntuacion.*
Ponctuel, elle, *puntual.*
Pondre, *aovar, poner huevos.*
Pont, *puente.*
Pontife, *pontífice.*

Populace, *populacho.*
Populaire, *popular.*
Population, *poblacion.*
Porc, *puerco.*
Porc-épic, *puerco espin.*
Porcelaine, *porcelana.*
Porcher, *porquero.*
Pore, *poro.*
Porphyre, *pórfido.*
Port, *puerto*, — *porte.*
Portail, *portal*, *portada.*
Portatif, ive, *portátil.*
Porte, *puerta.*
Porte-crayon, *lapicero.*
Porte-croix, *crucero*, *crucífero.*
Portée, *camada*, — *alcance.*
Portefaix, *ganapan*, *esportil-* [*lero.*
Portefeuille, *cartera.*
Porte-manteau, *portamanteo.*
Porter, *llevar*, *traer.*
Porteur, euse, *portador.*
Porte-voix, *cerbatana*, *bocina.*
Portier, *portero.*
Portière, *portera*, — *portezuela*
Portion, *pórcion.*
Portique, *pórtico.*
Portrait, *retrato.*
Poser, *poner*, *asentar.*
Positif, ive, *positivo*, *cierto.*
Position, *posicion*, *situacion.*
Possédé, ée, *poseido*, *ende-* [*moniado.*
Posséder, *poseer.*
Possible, *posible.*
Post-date, *posdata.*
Poste, f., *posta*, — *correo.*
Poste, m., *puesto*, *empleo.*
Poster, *postar*, *apostar.*
Postérieur, eure, *posterior.*
Postérité, *posteridad.*
Posthume, *póstumo.*
Postiche, *postizo.*
Postillon, *postillon.*
Post-scriptum, *posdata.*
Postuler, *pedir*, *solicitar.*
Posture, *postura.*
Pot, *vasija*, *pote*, *olla*; — (à feu), *olla*; — (à fleurs), *florero*; — (de chambre), *ori-* [*nal.*
Potable, *potable.*
Potage, *potage*, *sopa.*
Potager, *huerta.*
Poteau, *poste.*
Potence, *horca*, *patíbulo.*
Potentat, *potentado.*
Potier, *ollero.*
Potion, *pocion.*
Potiron, *hongo*, *seta.*
Pou, *piojo.*
Pouce, *pulgar*, — *pulgada.*
Poudre, *polvo*, — *polvos*, — [*pólvora.*
Poulailler, *gallinero.*
Poulain, *potro.*
Poularde, *polla.*
Poule, *gallina.*
Poulet, *pollo*, *pollito.*
Poulette, *pollita.*
Poulie, *polea*, *garrucha.*
Pouls, *pulso.*
Poumon, *pulmon.*
Poupe, *popa.*
Poupée, *muñeco*, *muñeca.*
Pourceau, *puerco.*
Pourparler, *conferencia.*
Pourpier, *verdolaga.*
Pourpoint, *ropilla.*
Pourpre, *púrpura.*
Pourrir, *pudrir*, *podrir.*
Pourriture, *podre*, *podredum-* [*bre.*
Poursuite, *seguimiento.*
Poursuivre, *seguir*, *perseguir*, — *proseguir*, *continuar.*
Pourvoir, *proveer*, *abastecer.*
Pourvoyeur, *proveedor.*
Pousser, *empujar*, — *introducir*, — *brotar*, *arrojar.*
Poussière, *polvo*, *polvareda.*
Poutre, *viga*, *madero grueso.*
Pouvoir, *poder*, — *facultad.*

Prairie, *pradera*, *pradería*.
Pralines, *peladillas*.
Pratique, *práctica*, — *parroquiano*.
Pratiquer, *praticar*.
Pré, *prado*.
Préambule, *preámbulo*.
Précaire, *incierto*, *dudoso*.
Précaution, *precaucion*.
Précautionner, *precaver*.
Précéder, *preceder*.
Précepte, *precepto*.
Précepteur, *preceptor*.
Prêche, *sermon*, *plática*.
Prêcher, *predicar*.
Précieux, euse, *precioso*.
Précipice, *precipicio*.
Précipiter, *precipitar*.
Précis, ise, *preciso*.
Précis, subst., *resúmen*.
Précoce, *precoz*, *prematuro*.
Précurseur, *precursor*.
Prédécesseur, *predecesor*.
Prédestiner, *predestinar*.
Prédicateur, *predicador*.
Prédiction, *prediccion*.
Prédilection, *prediccion*.
Prédire, *predecir*, *pronosticar*.
Prédominer, *predominar*.
Prééminence, *preeminencia*.
Préexister, *preexístir*.
Préface, *prefacion*, *prefacio*.
Préférer, *preferir*.
Préfet, *prefecto*.
Préjudice, *perjuicio*.
Préjugé, *preocupacion*, *prevencion*.
Prélat, *prelado*.
Préliminaire, *preliminar*.
Prélude, *preludio*.
Prématuré, ée, *prematuro*.
Préméditer, *premeditar*.
Prémices, *primicias*.
Prémunir (se), *precaverse*.
Prendre, *tomar*, — *coger*, *prender*.

Préoccuper, *preocupar*.
Préparer, *preparar*.
Préposition, *preposicion*.
Prépuce, *prepucio*.
Présager, *presagiar*.
Presbytère, *presbiterio*.
Prescience, *presciencia*.
Prescinder, *prescindir*.
Prescrire, *prescribir*.
Présence, *presencia*.
Présent, ente, *presente*.
Présent, subst., *presente*, *regalo*.
Présenter, *presentar*.
Préserver, *preservar*.
Président, *presidente*.
Présider, *presidir*.
Présomption, *presuncion*.
Presqu'île, *península*.
Presse, *apretura*, — *gentío*, — *prensa*, — *imprenta*.
Pressentir, *presentir*.
Presser, *apretar*, — *prensar*.
Pressoir, *lagar*.
Prestige, *prestigio*.
Présumer, *presumir*.
Présupposer, *présuponer*.
Prêt, *préstamo*, *empréstito*, — *pré de los soldados*.
Prétendre, *prétender*.
Prêter, *prestar*.
Prêter (se), *consentir*.
Prétexter, *pretextar*.
Prétoire, *pretorio*.
Prêtre, *sacerdote*, *presbítero*.
Prêtresse, *sacerdotisa*.
Prêtrise, *sacerdocio*.
Preuve, *prueba*.
Prévaloir, *prevalecer*.
Prévaloir (se), *valerse de la ocasion*.
Prévariquer, *prevaricar*.
Prévenance, *cortesía*.
Prévenir, *prevenir*.
Prévoir, *prever*.

Prévoyance, *prevision.*
Prévoyant, ante, *próvido.*
Prier, *rogar;* (Dieu), *orar, rezar.*
Prière, *ruego,— oracion, rezo.*
Prieur, *prior.*
Primitif, ive, *primitivo.*
Prince, *príncipe.*
Princesse, *princesa.*
Principal, ale, *principal.*
Principe, *principio.*
Printemps, *primavera.*
Priorité, *prioridad.*
Prise, *toma, — presa;* (de tabac), *polvo.*
Priser, *apreciar, estimar.*
Prison, *cárcel, prision.*
Prisonnier, *preso, prisionero.*
Privacion, *privacion.*
Priver, *privar.*
Priver (se), *privarse, abstenerse.*
Privilége, *privilegio.*
Prix, *precio, valor, —premio.*
Probable, *probable.*
Probité, *probidad.*
Problème, *problema.*
Procédé, *proceder.*
Procéder, *proceder.*
Procès, *proceso, pleito.*
Procession, *procesion.*
Prochain, aine, *proxímo, vecino*
Prochain, subst., *projimo.*
Proche, *proxímo, cercano.*
Proclamer, *proclamar.*
Procréer, *procrear.*
Procurer, *procurar.*
Prodige, *prodigio.*
Prodigue, *prodigo.*
Prodiguer, *desperdiciar.*
Produire, *producir.*
Produit, *producto.*
Profaner, *profanar.*
Proférer, *proferir.*
Professer, *profesar.*
Profil, *perfil.*
Profit, *provecho.*
Profitable, *provechoso.*
Profiter, *aprovechar.*
Profond, onde, *profundo, hondo*
Profondeur, *profundidad.*
Profusion, *profusion.*
Progrès, *progreso.*
Prohiber, *prohibir, vedar.*
Proie, *presa.*
Projet, *proyecto.*
Projeter, *proyectar.*
Prolixe, *prolijo.*
Prologue, *prologo.*
Prolonger, *prolongar.*
Promenade, *paseo.*
Promener, *pasear.*
Promesse, *promesa.*
Promettre, *prometer.*
Prompt, te, *pronto.*
Promulguer, *promulgar.*
Prône, *plática, sermon.*
Prôner, *alabar con esceso.*
Pronom, *pronombre.*
Prononcer, *pronunciar.*
Pronostiquer, *pronosticar.*
Propager (se), *propagarse.*
Prophète, *profeta.*
Prophétiser, *profetizar.*
Propice, *propicio.*
Proportion, *proporcion.*
Proportionner, *proporcionar.*
Propos, *discurso, coloquio.*
Proposer, *proponer.*
Propre, *proprio, — limpio.*
Propreté, *liempieza, aseo.*
Propriété, *propriedad.*
Proroger, *prorogar.*
Proscrire, *proscribir.*
Prose, *prosa.*
Prosélyte, *prosélito.*
Prosodie, *prosodia.*
Prospectus, *prospecto.*
Prospère, *próspero, feliz.*

Prospérer, *prosperar.*
Prosterner (se), *postrarse.*
Prostituée, *ramera, prostituta.*
Prostituer, *prostituir.*
Protecteur, *protector.*
Protéger, *proteger.*
Protestant, ante, *protestante.*
Protester, *protestar.*
Protocole, *protocolo.*
Prototype, *prototipo.*
Proue, *proa.*
Prouesse, *proeza, hazaña.*
Prouver, *probar.*
Provenir, *provenir.*
Proverbe, *proverbio, refran.*
Providence, *providencia.*
Province, *provincia.*
Provision, *provision.*
Provoquer, *provocar.*
Proximité, *proximidad.*
Prudence, *prudencia.*
Prune, *ciruela.*
Prunier, *ciruelo.*
Psalmodier, *salmodiar.*
Psautier, *salterio.*
Psaume, *salmo.*
Puant, ante, *fétido, asqueroso.*
Puanteur, *hediondez, hedor.*
Puberté, *pubertad.*
Public, ique, *público.*
Publier, *publicar.*
Puce, *pulga.*
Pucelle, *doncella, virgen.*
Pudeur, *pudor.*
Pudicité, *pudicicia, castitad.*
Puer, *heder, oler mal.*
Puéril, ile, *pueril.*
Puîné, ée, *hijo segundo.*
Puiser, *sacar.*
Puissance, *poder, potencia.*
Puissant, ante, *poderoso.*
Puits, *pozo.*
Pulvériser, *reducir á polvos.*
Punaise, *chinche.*
Punir, *castigar.*
Pupille, *pupilo.*
Pupitre, *atril.*
Pur, pure, *puro.*
Pureté, *pureza.*
Purgatoire, *purgatorio.*
Purger, *purgar, purificar.*
Purifier, *purificar, limpiar.*
Pus, *podre.*
Pusillanimité, *pusilanimidad.*
Putatif, ive, *putativo.*
Putréfaction, *putrefaccion.*
Pyramide, *pirámide.*

Q.

Quadrupède, *cuadrúpedo.*
Quai, *muelle.*
Quaker, *cuáquero.*
Qualifier, *calificar.*
Qualité, *calidad.*
Quantité, *cantidad.*
Quarantaine, *cuarentena.*
Quart, *cuarto, cuarta parte.*
Quarteron, *cuarteron.*
Quartier, *cuarto, — barrio, — cuartel, — creciente, menguante.*
Quatrain, *cuarteta.*
Quenouille, *rueca.*
Querelle, *contienda, riña.*
Quereller, *reñir, contender.*
Quérir, *buscar.*
Question, *cuestion, pregunta.*
Questionner, *preguntar.*
Quête, *colecta.*
Quêter, *pedir limosna.*
Quêteur, *limosnero, alforjero.*
Queue, *cola, rabo, — mango.*
Quiétude, *quietud.*
Quille, *bolo, — quilla, tilla.*
Quincaille, *quinquillería, buhonería.*
Quinquina, *quina.*
Quintal, *quintal.*

Quintessence, *quintaesencia.*
Quinteux, euse, *caprichoso.*
Quiproquo, *equívoco.*
Quittance, *recibo, finiquito.*
Quitte, *quito, pagado, igual.*
Quitter, *dejar, abandonar, irse.*
Quotidien, enne, *cotidiano.*

R.

Rabais, *rebaja.*
Rabaisser, *rebajar, abaratar.*
Rabat, *valona.*
Rabattre, *rebajar, desfalcar.*
Rabbin, *rabino, rabí.*
Rabot, *cepillo, — batidera.*
Raboter, *acepillar.*
Raboteux, euse, *áspero, escabroso.*
Raccommoder, *remendar, — reconciliar.*
Raccourcir, *acortar, disminuir*
Race, *raza, casta.*
Rachat, *rescate.*
Racheter, *rescatar, redimir.*
Racine, *raìz.*
Racler, *raer, raspar.*
Raconter, *contar, referir.*
Rade, *rada, bahía, ensenada.*
Radeau, *almadía, balsa.*
Radical, ale, *radical.*
Radieux, euse, *radioso, alegre*
Radis, *rábano.*
Radoter, *chochear.*
Radoucir, *ablandar, apaciguar.*
Raffermir, *refirmar, asegurar.*
Raffiner, *refinar.*
Rafraichir, *refrescar.*
Rage, *rabia.*
Ragoût, *guisado.*
Ragoûtant, ante, *apetitoso, sabroso.*
Raie, *raya, linea.*
Raifort, *rábano.*
Railler, *zumbar, burlar.*
Raillerie, *zumba, vaya.*
Raisin, *uba*; —(sec), *pasa.*
Raison, *razon.*
Raisonner, *razonar, discurrir.*
Rajeunir, *remozar, rejuvenecer*
Rajuster, *volver á ajustar.*
Ralentir, *aflojar.*
Rallier, *reunir.*
Rallumer, *volver á encender.*
Ramage, *canto, gorgeo.*
Ramas, *monton, conjunto.*
Ramasser, *alzar, — juntar, — coger, — amontonar.*
Rame, *remo, — resma de papel.*
Rameau, *ramo, rama.*
Ramée, *enramada.*
Ramener, *volver á traer.*
Ramer, *remar.*
Ramier, *paloma zurana.*
Ramollir, *ablandar.*
Ramoner, *deshollinar.*
Rampe, *tramo, — barandilla.*
Ramper, *arrastrar, — envilecerse.*
Rance, *rancio.*
Rançon, *rescate.*
Rancune, *rencor.*
Rang, *órden, fila, — calidad.*
Ranger, *ordenar, colocar.*
Ranimer, *reanimar.*
Rapacité, *rapacidad.*
Râpe, *raspa, rallo.*
Râper, *rallar, raspar.*
Rapetasser, *remendar.*
Rapetisser, *achicar, minorar.*
Rapide, *rápido, veloz.*
Rapiécer, *remendar.*
Rapine, *rapiña.*
Rappeler, *volver á llamar, — recordar, traer á la memoria*
Rapport, *provecho, — chisme, — relacion, conformidad.*
Rapporter, *traer, — chismear, — contar, referir, — producir.*

Rapporter (se), referirse, remitirse.
Rapprocher, aproximar, acercar.
Raquette, raqueta.
Rare, raro.
Ras, ase, raso, plano.
Raser, afeitar, — arrasar.
Rasoir, navaja de afeitar.
Rassasier, hartar, saciar.
Rassembler, juntar, reunir.
Rasseoir, volver á sentar.
Rassurer, asegurar.
Rat, raton, rata.
Rate, bazo, melsa.
Râteau, rastrillo.
Râtelier, rastrillo de pesebre.
Ratière, ratonera.
Ratifier, ratificar.
Ration, racion.
Ratisser, raer, raspar.
Rattacher, volver á atar.
Rattraper, recobrar, recuperar
Raturer, borrar, raer las letras.
Rauque, ronco.
Ravager, asolar, saquear, talar.
Ravaler, rebajar.
Ravauder, remendar.
Rave, naba, nabo redondo.
Ravin, barranco.
Ravir, arrebatar, robar.
Raviser (se), mudar de dictámen.
Ravissement, éxtasis.
Ravisseur, raptor.
Rayer, rayar.
Rayon, rayo de luz, rayo de rueda, — panal de miel.
Rayonnant, ante, radioso.
Réaction, reaccion.
Réaliser, realizar.
Rebâtir, reedificar.
Rebelle, rebelde.
Rebeller (se), rebelarse.
Rebellion, rebelion, rebeldía.
Rebord, borde elevado.
Reborder, ribetear.
Rebours, redopelo.
Rebrousser chemin, retroceder.
Rebut, desecho, desperdicio.
Rebuter, desechar, despreciar.
Récapituler, recapitular.
Recéler, encubrir.
Récent, ente, reciente.
Recette, receta, — cobranza.
Recevoir, recibir.
Réchaud, braserito, escalfador
Réchauffer, recalentar.
Recherche, pesquisa, indagacion.
Rechercher, buscar con diligencia.
Rechute, recaida.
Récidiver, recaer.
Réciproque, recíproco.
Réciter, recitar.
Réclamer, reclamar.
Reclus, use, recluido, recluso.
Recoin, rinconcillo, escondrijo
Récolte, cosecha.
Récolter, recoger la cosecha.
Recommander, recomendar.
Recommencer, volver á empezar.
Récompenser, recompensar.
Recomposer, volver á componer.
Réconcilier, reconciliar.
Reconduire, conducir, acompañar.
Reconnaissance, reconocimiento
Reconnaissant, ante, reconocido.
Reconnaître, reconocer.
Recors, corchete.
Recourir, recurrir.
Recours, recurso.
Recouvrer, recobrar.
Recréer, recrear, divertir.
Recruter, reclutar.
Recteur, rector.
Rectifier, rectificar.
Reçu, recibo.
Recueil, coleccion.

Recueillir, *recoger.*
Reculer, *retroceder, — retar-* [*dar.*
Récuser, *recusar.*
Rédacteur, *redactor.*
Redemander, *volver á pedir.*
Rédemption, *redencion.*
Redevable, *deudor.*
Rédiger, *resumir, redactar.*
Redingote, *redingote.*
Redire, *repetir, — desaprobar.*
Redonder, *redundar.*
Redoubler, *redoblar.*
Redoutable, *formidable.*
Redoute, *reducto.*
Redouter, *temer.*
Redresser, *enderezar.*
Réduire, *reducir.*
Réduit, *retrete, cuartito.*
Réédifier, *reedificar.*
Réel, elle, *real, verdadero.*
Refaire, *rehacer.*
Réfectoire, *refectorio.*
Réfléchir, *reverberar, — re-* [*flexionar.*
Refluer, *rebosar.*
Reflux, *reflujo.*
Réformer, *reformar.*
Réfraction, *refraccion.*
Refrain, *estribillo.*
Réfréner, *refrenar.*
Refroidir, *resfriar.*
Refuge, *refugio.*
Réfugier (se), *refugiarse.*
Refus, *denegacion, negativa.*
Refuser, *rehusar.*
Réfuter, *refutar.*
Régal, *regalo.*
Régaler, *regalar, agasajar.*
Regard, *mirada, miradura.*
Regarder, *mirar, — pertenecer.*
Régence, *regencia.*
Régénérer, *regenerar.*
Régicide, *regícida.*
Regimber, *cocear.*
Régime, *régimen.*
Régiment, *regimiento.*
Région, *region.*
Régir, *regir, gobernar.*
Régistrer, *registrar.*
Règle, *regla.*
Régler, *arreglar.*
Réglisse, *regaliz.*
Règne, *reinado.*
Régner, *reinar.*
Regorger, *rebosar, redundar.*
Regrès, *regreso.*
Regret, *pesar, sentimiento.*
Regretter, *sentir, tener pena.*
Régulier, ière, *regular.*
Réhabiliter, *rehabilitar.*
Rehausser, *realzar.*
Réimprimer, *reimprimir.*
Reins, *riñones, lomos.*
Reine, *reina.*
Réintégrer, *reintegrar.*
Réitérer, *reiterar.*
Réjaillir, *resaltar.*
Rejeter, *rechazar, desechar.*
Rejeton, *renuevo, vástago.*
Rejoindre, *reunir.*
Réjouir, *alegrar, regocijar.*
Réjouissance, *alegria, — fiesta.*
Relâche, *descanso.*
Relâcher, *relajar, aflojar.*
Relais, *parada.*
Relatif, ive, *relativo.*
Relation, *relacion.*
Relaxer, *relajar, soltar.*
Relayer, *mudar caballos.*
Reléguer, *desterrar.*
Relever, *realzar.*
Relever (se), *volverse á levan-* [*tar.*
Relief, *relieve, realce.*
Relier, *religar, — encuadernar*
Religion, *religion.*
Relique, *reliquia.*
Relire, *volver á leer.*

Reliure, *encuadernacion.*
Reluire, *relucir.*
Remarier (se), *volverse á casar*
Remarque, *nota*, *observacion.*
Remarquer, *notar, observar.*
Rembourser, *reembolsar.*
Remède, *remedio.*
Remédier, *remediar.* [*cias.*
Remercier, *agradecer*, *dar gra-*
Remettre, *remitir*, *entregar.*
Remettre (se), *recobrarse.*
Remise, *rebaja*, — *cochera.*
Rémission, *remision.*
Remmener, *volver á llevar.*
Remontrance, *representacion.*
Remords, *remordimiento.*
Remorquer, *remolcar.*
Rempart, *terraplen*, — *defensa.*
Remplacer, *reemplazar.*
Remplir, *llenar.*
Remporter, *llevar*, — *ganar.*
Remuer, *remover*, *revolver.*
Rémunération, *remuneracion.*
Renaître, *renacer.*
Renard, *zorro, zorra, vulpeja.*
Rencontrer, *encontrar.*
Rendez-vous, *cita.*
Rendre, *volver*, *restituir*, — *rendir, dar fruto*, — *rendir las armas*, — *repetir*, — *hacer*, — *vomitar*, — *traducir.*
Rendre (se), *ir*, *acudir*, — *hacerse*, *volverse*, *rendirse.*
Rêne, *rienda.*
Renfermer, *encerrar, incluir.*
Renforcer, *reforzar.*
Renfort, *refuerzo*, *socorro.*
Renier, *renegar.* [*tacion.*
Renom, *nombre*, *fama*, *repu-*
Renommée, *fama*, *voz comun.*
Renoncer, *renunciar.*
Renouer, *volver á anudar.*
Renouveler, *renovar.*
Renseignement, *indicio*, *seña.*
Rente, *renta.*
Rentier, ère, *rentero.*
Rentrer, *volver á entrar.*
Renverser, *derribar, trastornar*
Renvoyer, *volver á enviar*, — *despedir.*
Repaire, *guarida.*
Répandre, *derramar*, *esparcir.*
Réparer, *reparar.*
Repartie, *réplica*, *respuesta.*
Repas, *comida*, *convite.*
Repasser, *volver á pasar*, — *retocar, amolar*, *afilar.*
Repentir (se), *arrepentirse.*
Repentir, *arrepentimiento.*
Répéter, *repetir.*
Replacer, *reponer.*
Repli, *pliegue*, *doblez*, *arruga.*
Replier, *volver á plegar.*
Replier (se), *enroscarse.*
Répliquer, *replicar.*
Répondre, *responder.*
Réponse, *respuesta.*
Repos, *descanso*, *reposo.*
Reposer (se), *descansar, reposar*
Repousser, *rechazar.*
Reprendre, *volver á tomar*, — *reprehender*, — *recobrar.*
Représailles, *represalias.*
Représenter, *representar.*
Réprimander, *reprehender*, *re-*
Réprimer, *reprimir.* [*ñir.*
Reproche, *reproche*, *baldon*, — *quejas.*
Reprocher, *reprochar*, *dar en rostro*, *zaherir.*
Reprocher (se), *arrepentirse.*
Réprouver, *reprobar*, *condenar*
Reptile, *reptil.*
République, *república.*
Répudier, *repudiar.*
Répugnance, *repugnancia.*
Répugner, *repugnar.*
Réputation, *reputacion.*

Réputer, *reputar, juzgar.*
Requérir, *requerir, pedir.*
Requête, *demanda, peticion.*
Requin, *tiburon.*
Réseau, *redecilla.*
Réséda, *réseda.*
Réserver, *reservar.*
Réservoir, *alberca, algibe.*
Résider, *residir.*
Résidu, *residuo.*
Résigner, *resignar.*
Résine, *resina.*
Résister, *resistir.*
Résolu, ue, *resuelto.*
Résonner, *resonar.*
Résoudre, *resolver, decidir.*
Respect, *respeto.*
Respecter, *respetar.*
Respirer, *respirar, alentar.*
Responsable, *responsable.*
Ressemblance, *semejanza.*
Ressembler, *semejarse, parecerse.*
Ressemeler, *plantillar.*
Ressentiment, *resentimiento.*
Ressentir (se), *resentirse.*
Resserrer, *apretar.*
Ressif, *recife.*
Ressort, *resorte, muelle.*
Ressource, *recurso, remedio.*
Ressouvenir, *recuerdo, memoria.*
Ressusciter, *resucitar.*
Restaurer, *restaurar.*
Reste, *resto, residuo, sobra.*
Rester, *quedar, detenerse, estar, — restar.*
Restituer, *restituir.*
Restriction, *restriccion.*
Résulter, *resultar.*
Résumer, *resumir.*
Rétablir, *restablecer.*
Retarder, *retardar, diferir.*
Reteindre, *reteñir.*
Retenir, *retener, detener.*
Retentir, *retumbar, resonar.*
Retenue, *retentiva, prudencia.*
Rétif, ive, *reacio, terco.*
Retirer (se), *retirarse.*
Retomber, *recaer.*
Retordre, *retorcer.*
Retoucher, *retocar.*
Retour, *vuelta, — retorno.*
Retourner, *volver, retornar.*
Retracer, *traer á la memoria.*
Retracter (se), *retratarse, desdecirse.*
Retraite, *retirada, — retiro, — retreta.*
Retrancher, *cercenar, cortar.*
Retrancher (se), *atrincherarse.*
Rétrécir, *estrechar, reducir.*
Rétribution, *retribucion.*
Rétrograder, *retroceder.*
Retrousser, *arremangar.*
Retrouver, *volver á hallar.*
Réunir, *reunir.*
Réussir, *acertar, salir bien.*
Réussite, *acierto, buen suceso.*
Revanche, *desquite.*
Rêve, *sueño, — desvarío.*
Réveiller, *despertar.*
Révéler, *revelar.*
Revenant, *alma en pena.*
Revendre, *revender.*
Revenir, *volver, volver á venir, — costar, — tocar, — agradar.*
Revenu, *renta, rédito, utilidad*
Rêver, *soñar, — desvariar, — pensar.*
Réverbérer, *reverberar.*
Reverdir, *reverdecer.*
Révérence, *reverencia.*
Révérer, *reverenciar, venerar.*
Rêverie, *pensamiento, — desvarío.*
Revers, *enves, — reves.*
Revêtir, *revestir.*
Reviser, *revisar, exáminar.*
Revivre, *revivir.*

Revoir, *rever*, *volver à ver*.
Révolte, *motin*, *sublevacion*.
Revolter (se), *rebelarse*, *sublevarse*.
Révolution, *revolucion*.
Révoquer, *revocar*; — (en doute), *poner en duda*.
Revue, *revista*.
Rhétorique, *retórica*.
Rhinocéros, *rinoceronte*.
Rhume, *reuma*, *romadizo*.
Riant, ante, *risueño*.
Riche, *rico*, *acaudalado*.
Richesse, *riqueza*.
Ride, *arruga*, *ruga*.
Rideau, *cortina*.
Rider, *arrugar*.
Ridicule, *ridículo*.
Ridiculiser, *ridiculizar*.
Rien, *nada*: (riens), *bagatelas*.
Rigide, *rígido*, *severo*.
Rigidité, *rigidez*, *severidad*.
Rigole, *regata*, *canaleta*.
Rigueur, *rigor*, *dureza*.
Rime, *rima*.
Rimer, *versificar*, — *consonar*, — *poner en verso*.
Rincer, *enjuagar*, *lavar*.
Riposter, *replicar con agudeza*
Rire, *reir*, *reirse*.
Ris, *risa*; — (de veau), *molleja*.
Risque, *riesgo*, *peligro*.
Risquer, *arriesgar*.
Rivage, *ribera*, *orilla*.
Rivaliser, *competir*.
Rivalité, *concurrencia*.
Rive, *ribera*, *orilla*.
Rivière, *rio*.
Riz, *arroz*.
Rob, *rob*, *arrope*.
Robe, *ropa*. *bata*, *vestido*.
Robinet, *llave de fuente ó de cuba*.
Robuste, *robusto*, *vigoroso*.
Roc, *roca*, *peñasco*.
Roche, rocher, *roca*, *peña*.
Rôder, *vagar*.
Rodomont, *baladron*.
Rogne, *roña*.
Rogner, *cercenar*, *cortar*.
Rognon, *riñon*.
Roi, *rey*.
Roide, *tieso*, *duro*, *firme*.
Roidir, *envarar*, *entorpecer*.
Rôle, *lista*, *catálogo*, — *registro*, *papel de comedia*.
Romain, aine, *romano*.
Roman, *novela*, *historia fingida*.
Romance, *romance*.
Romarin, *romero*.
Rompre, *romper*.
Ronce, *zarza*.
Rond, ronde, *redondo*.
Rondache, *rodela*.
Rondeur, *redondez*.
Ronfler, *roncar*.
Ronger, *roer*.
Rosaire, *rosario*.
Rose, *rosa*.
Roseau, *caña*.
Rosée, *rocío*.
Rosier, *rosal*.
Rosse, *rocin*, *matalon*.
Rossignol, *ruiseñor*.
Rot, *regüeldo*.
Rôt, *asado*.
Roter, *regoldar*.
Rôtie, *tostada de pan*.
Rôtir, *asar*, *tostar*.
Rôturier, ière, *plebeyo*, *pechero*
Roucouler, *arrullar*.
Roue, *rueda*.
Rouer, *enrodar*.
Rouge, *rojo*, *colorado*, *bermejo*, — *arrebol*, — *rubor*.
Rougeole, *sarampion*.
Rougeur, *rubor*.
Rougir, *sonrosearse*, *avergonzarse*.
Rouille, *orin*, *moho*.

Rouiller (se), *enmohecerse.*
Rouleau, *rollo.*
Rouler, *rodar, — arrollar.*
Roulette, *ruedecita.*
Roulis, *balance del navío.*
Roupie, *moquita.*
Rousseurs, *pecas.*
Route, *ruta, rumbo, camino.*
Routine, *uso, práctica.*
Rouvrir, *abrir de nuevo.*
Roux, rousse, *bermejo, rufo.*
Royal, ale, *real.*
Royaume, *reino.*
Royauté, *dignidad real.*
Ruade, *coz.*
Ruban, *cinta.*
Rubis, *rubí.*
Rubrique, *rúbrica, — epígrafe.*
Ruche, *colmena.*
Rude, *rudo, tosco.*
Rudimens, *rudimentos.*
Rue, *calle, — ruda.*
Ruelle, *callejuela.*
Ruer, *acocear, tirar coces.*
Rugir, *rugir.*
Rugissement, *rugido.*
Ruine, *ruina.*
Ruiner, *arruinar.*
Ruisseau, *arroyo, arroyuelo.*
Ruisseler, *fluir, correr.*
Rumeur, *rumor.*
Ruminer, *rumiar.*
Rupture, *rotura, — rompimiento.*
Ruse, *astucia, ardid.*
Rustique, *rústico.*
Rustre, *villano, zafio, rústico.*

S.

Sabbat, *ruido, bullicio, gritería.*
Sabine, *sabina.*
Sable, *arena, — arenal.*
Sablier, *relox de arena.*
Sablonneux, euse, *arenisco.*
Sabot, *zueco, — trompo.*
Sabre, *sable, cimitarra, alfange.*
Sabrer, *acuchillar.*
Sac, *saco, talega, costal, talego*
Saccager, *saquear.*
Sacerdotal, ale, *sacerdotal.*
Sachet, *saquillo, taleguilla.*
Sacre, *sacre, — consagracion.*
Sacrement, *sacramento.*
Sacrer, *consagrar.*
Sacrifice, *sacrificio.*
Sacrifier, *sacrificar.*
Sacrilége, subst., *sacrilegio.*
Sacrilége, adj., *sacrílego.*
Sacristain, *sacristan.*
Sacristie, *sacristía.*
Safran, *azafran.*
Sagacité, *sagacidad.*
Sage, *sabio, cuerdo, modesto, virtuoso.*
Sage-femme, *comadre, partera*
Sagesse, *sabiduría, prudencia, honestidad, pudor, cordura, etc.*
Saigner, *sangrar, desangrar.*
Saillie, *agudeza, dicho agudo.*
Sain, saine, *sano, — saludable.*
Sain-doux, *sain, enjundia.*
Saint, sainte, *santo, san.*
Saisir, *agarrar, asir, coger, — embargar, secuestrar.*
Saison, *estacion, — sazon.*
Salade, *ensalada.*
Salaire, *salario, recompensa.*
Salarier, *asalariar.*
Sale, *sucio, puerco.*
Salé, *tocino.*
Saler, *salar.*
Saleté, *suciedad, porquería.*
Salière, *salero.*
Salir, *ensuciar, manchar.*
Salive, *saliva.*
Salle, *sala.*
Salon, *salon.*

Salpêtre, *salitre.*
Salsepareille, *zarzaparrilla.*
Salsifis, *barba cabruna.*
Salubre, *saludable.*
Saluer, *saludar.*
Salut, *salud, salvacion, — salutacion.*
Salutaire, *saludable.*
Salve, *salva.*
Samedi, *sábado.*
Sanctifier, *santificar.*
Sanctionner, *sancionar.*
Sanctuaire, *santuario.*
Sandale, *sandalia.*
Sandaraque, *sandaraca.*
Sang, *sangre.*
Sang-froid, *sangre fría.*
Sanglant, ante, *sangriento.*
Sangle, *cincha.*
Sanglier, *jabalí.*
Sanglot, *sollozo.*
Sangsue, *sanguijuela.*
Sanguinaire, *sanguinario.*
Santé, *salud, — brindis.*
Saper, *zapar, minar.*
Saphir, *zafiro.*
Sapin, *pino abeto.*
Sarcasme, *sátira, palabra mordaz.*
Sarcler, *escardar.*
Sardine, *sardina.*
Sarment, *sarmiento.*
Satan, *Satanás.*
Satellite, *satélite, alguacil.*
Satiété, *saciedad, hartura.*
Satin, *raso.*
Satiné, ée, *suave como raso.*
Satire, *sátira.*
Satisfaire, *satisfacer.*
Saturne, *saturno.*
Satyre, *sátiro.*
Sauce, *salsa.*
Saucisse, *salchicha, longaniza.*
Sauf, sauve, *salvo.*
Sauge, *salvia.*
Saule, *salce, sauce.*
Saumâtre, *salobre.*
Saumon, *salmon.*
Saumure, *salmuera.*
Saut, *salto, brinco.*
Sauter, *saltar, brincar.*
Sauterelle, *langosta.*
Sauvage, *salvage, silvestre.*
Sauver, *salvar.*
Sauver (se), *escaparse, huir.*
Sauveur, *salvador.*
Savant, ante, *docto, sabio, erudito.*
Savetier, *zapatero de viejo.*
Saveur, *sabor.*
Savon, *jabon.*
Savonner, *jabonar.*
Savonnette, *jaboncillo.*
Savourer, *saborearse.*
Savoureux, euse, *sabroso.*
Scabreux, euse, *escabroso, áspero.*
Scandaliser, *escandalizar.*
Scapulaire, *escapulario.*
Scarabée, *escarabajo.*
Sceau, *sello.*
Scélérat, ate, *malvado, perverso.*
Sceller, *sellar.*
Scène, *escena.*
Sceptre, *cetro.*
Schisme, *cisma.*
Scie, *sierra.*
Science, *ciencia.*
Scier, *serrar, aserrar.*
Scorbut, *escorbuto.*
Scorpion, *escorpion, alacran.*
Scorsonère, *escorzonera.*
Scrupule, *escrúpulo.*
Sculpter, *esculpir.*
Séance, *sesion.*
Séant, ante, *decente, conveniente.*
Seau, *cubo, pozal.*
Sec, sèche, *seco.*
Sec, subst., *sequedad.*
Sécher, *secar, — secarse.*
Sécheresse, *sequedad.*

Seconde, *segundo.*
Seconder, *ayudar, favorecer.*
Secouer, *sacudir.*
Secourir, *socorrer, ayudar.*
Secours, *socorro, ayuda.*
Secousse, *sacudida.*
Secret, ète, *secreto.*
Secte, *secta.*
Section, *seccion, division.*
Séculier, ière, *secular.*
Sécurité, *seguridad.*
Sédentaire, *sedentario.*
Sédition, *sedicion.*
Séducteur, *seductor.*
Séduire, *seducir.*
Seigle, *centeno.*
Seigneur, *señor.*
Sein, *seno, pecho, — centro.*
Seing, *firma.*
Séjour, *morada, mansion.*
Séjourner, *morar, vivir, estar.*
Sel, *sal.*
Selle, *silla, — bacin.*
Seller, *ensillar.*
Semaille, *sementera.*
Semaine, *semana.*
Semblable, *semejante.*
Semblant, *semblante, aparien-cia.*
Sembler, *parecer.*
Semelle, *suela, soleta.*
Semence, *semilla, semen.*
Semer, *sembrar.*
Séminaire, *seminario.*
Sénat, *senado.*
Sens, *sentido.*
Sensualité, *sensualidad.*
Sentence, *sentencia.*
Senteur, *olor.*
Sentier, *senda.*
Sentiment, *sentimiento, — dic-támen.*
Sentine, *sentina.*
Sentinelle, *centinela.*
Sentir, *sentir, percibir, — oler.*
Séparer, *separar.*

Septembre, *setiembre.*
Septentrion, *septentrion.*
Septuagénaire, *septuagenario.*
Sépulcre, *sepulcro.*
Sépulture, *sepultura.*
Séquestrer, *secuestrar.*
Sérail, *serrallo.*
Séraphin, *serafin.*
Serein, eine, *sereno, despejado.*
Sergent, *sargento, — alguacil.*
Série, *serie.*
Sérieux, euse, *serio, grave.*
Sérieux, subst., *seriedad, gravedad.*
Serin, serine, *canario, canaria.*
Seringue, *jeringa.*
Sermon, *sermon.*
Serpe, *podadera.*
Serpent, *serpiente, sierpe, — serpenton.*
Serpenter, *serpear, serpentear.*
Serpette, *podadera.*
Serpillière, *arpillera.*
Serpolet, *sérpol.*
Serre, *presa, uña de águila, etc.*
Serrement, *congoja, angustia.*
Serrer, *atar, ligar, apretar.*
Serrure, *cerradura, cerraja.*
Serrurier, *cerragero.*
Servante, *criada.*
Service, *servicio.*
Serviette, *servilleta.*
Servir, *servir.*
Servitude, *servidumbre.*
Session, *sesion.*
Setier, *sestario, cuartillo.*
Seuil, *umbral.*
Seul, seule, *solo.*
Sève, *suco, jugo, humor.*
Sévère, *severo, riguroso.*
Sévir, *castigar severamente.*
Sévrer, *destetar.*
Sexagénaire, *sexágenario.*
Sexe, *sexó.*

Sibylle, *sibila.*
Siècle, *siglo.*
Siége, *silla, asiento*, — *sitio.*
Sieste, *siesta.*
Sieur, *señor.*
Siffler, *silvar, chiflar.*
Sifflet, *silvato, chiflo.*
Signal, *señal, signo.*
Signaler, *señalar.*
Signature, *firma.*
Signe, *signo, seña, señal.*
Signer, *firmar.*
Signet, *registro.*
Signifier, *significar.*
Silence, *silencio.*
Sillon, *sulco, surco.*
Sillonner, *surcar.*
Similitude, *similitud.*
Simonie, *simonía.*
Simple, *simple, sencillo.*
Simulacre, *simulacro, imágen.*
Simuler, *simular, fingir.*
Simultanée, *simultáneo.*
Sincère, *sincero, ingenuo.*
Singe, *mono, mico.*
Singer, *remedar, contrahacer.*
Singulier, ière, *singular.*
Sinistre, *funesto, siniestro.*
Sire, *sire, señor.*
Sirène, *sirena.*
Sirop, *jarabe*, — *almíbar.*
Site, *situacion, sitio.*
Situer, *situar, colocar.*
Sobre, *sobrio, moderado.*
Sobriquet, *apodo.*
Soc, *reja de arado.*
Société, *sociedad.*
Socque, *chanclo, zoclo.*
Sodomie, *sodomia.*
Sœur, *hermana*; — (belle), *cuñada.*
Sofa, *sofá.*
Soie, *seda.*
Soif, *sed.*
Soigner, *cuidar, tener cuidado,*
Soin, *cuidado, diligencia.*
Soir, *tarde.*
Soirée, *noche, velada.*
Sol, *suelo.*
Solaire, *solar.*
Soldat, *soldado.*
Solde, *sueldo, estipendio, paga*
Solder, *rematar una cuenta.*
Soleil, *sol.*
Solennel, elle, *solemne.*
Solfier, *solfear.*
Solide, *sólido.*
Solitaire, *solitario.*
Solitude, *soledad.*
Solive, *viga.*
Solliciter, *solicitar.*
Solstice, *solsticio.*
Solution, *solucion.*
Sombre, *sombrío.*
Sommaire, *sumario.*
Somme, *suma*, — *carga.*
Somme, *sueño, dormida.*
Sommeil, *sueño, gana de dormir*, — *el acto mismo de dormir.*
Sommeiller, *dormitar.*
Sommer, *sumar*, — *citar*, — *notificar.*
Sommet, *cumbre, cima.*
Somptueux, euse, *suntuoso.*
Son, *salvado*, — *sonido.*
Sonder, *sondar, sondear.*
Songe, *sueño.*
Songer, *soñar*, — *pensar.*
Sonner, *sonar, tocar, tañer*; — (les heures), *dar.*
Sonnet, *soneto.*
Sonnette, *campanilla.*
Sonore, *sonoro.*
Sophisme, *sofisma.*
Sorbet, *sorbete.*
Sorcellerie, *hechizo, brujería.*
Sorcier, ière, *hechicero, brujo,*
Sordide, *sórdido, sucio.*

Sort, *suerte*, — *destino*, — *sortilegio*.
Sorte, *suerte*, *modo*, *manera*.
Sortir, *salir*.
Sot, sotte, *bobo*, *tonto*, *necio*.
Sottise, *necedad*, *tontería*.
Sou, *sueldo*.
Souche, *cepa*.
Souci, *inquietud*, *solicitud*.
Soucier (se), *estar con cuidado*.
Soucoupe, *salvilla*.
Soudain, aine, *repentino*.
Souder, *soldar*.
Souffler, *soplar*.
Soufflet, *fuelle*, *barquillo*, —
Souffleter, *abofetear*. [*bofeton*.
Souffleur, *soplador*, — *apuntador*.
Souffrance, *pena*, *dolor*, *afliccion*.
Souffrir, *sufrir*, *padecer*, — *tolerar*, — *permitir*.
Soufre, *azufre*.
Souhait, *deseo*.
Souhaiter, *desear*, *apetecer*.
Souiller, *ensuciar*, *manchar*.
Soûl, soûle, *harto*, — *borra-*
Soulagement, *alivio*. [*cho*.
Soulager, *aliviar*.
Soûler, *hartar*, — *emborrachar*
Soulever, *solevar*, *levantar*, — *sublevar*, *escitar un motin*.
Soulier, *zapato*.
Soumettre, *someter*.
Soupçon, *sospecha*.
Soupçonner, *sospechar*, — *pen-*
Soupe, *sopa*, *potage*. [*sar*.
Souper, *cenar*.
Soupirer, *suspirar*.
Souple, *blando*, *flexible*.
Source, *fuente*, *manantial*.
Sourcil, *ceja*.
Sourd, sourde, *sordo*.
Sourire, *sonreirse*.
Sourire, subst., *sonrisa*.
Souris, *rata*, *ratona*.
Souscrire, *suscribir*, *firmar*.
Sous-diacre, *subdiácono*.
Soussigner, *firmar abajo*.
Soustraire, *restar*, — *robar*.
Soustraire (se), *retirarse*, *esca-*
Soutane, *sotana*. [*parse*.
Soutenir, *sostener*.
Souterrain, aine, *subterraneo*.
Soutien, *sosten*, *apoyo*.
Soutirer, *trasegar*.
Souvenir (se), *acordarse*.
Souvenir, subst., *memoria*, *recuerdo*.
Souvenir, *socorrer*, — *proveer*.
Souverain, aine, *soberano*.
Spacieux, euse, *espacioso*, *an-*
Spadassin, *espaduchin*. [*cho*.
Spécial, ale, *especial*.
Spécieux, euse, *especioso*, *apa-*
Spécifier, *especificar*. [*rente*.
Spectacle, *espectáculo*.
Spectateur, trice, *espectador*.
Spectre, *espectro*, *fantasma*.
Spéculer, *especular*.
Sphère, *esfera*, *globo*.
Spirituel, elle, *espiritual*.
Splendeur, *esplendor*, *lustre*.
Spolier, *despojar*, *desposeer*.
Spontanée, *espontáneo*.
Squelette, *esqueleto*,
Stable, *estable*, *permanente*.
Station, *estacion*, *pausa*.
Statue, *estatua*.
Stature, *estatura*, *altura*.
Statut, *estatuto*,
Stérile, *estéril*.
Stimulant, *estimulante*.
Stipuler, *estipular*.
Stomacal, ale, *estomacal*.
Stratagème, *estratagema*.
Strict, icte, *estricto*, *preciso*.
Strophe, *estrofa*.

Structure, *estructura.*
Studieux, euse, *estudioso.*
Stupéfait, aite, *atónito*, *asombrado.*
Stupide, *estúpido*, *estólido.*
Stupidité, *estolidez.*
Style, *estilo.*
Stylet, *almarada*, *puñal sin*
Suavité, *suavidad.* [*corte.*
Subalterne, *subalterno.*
Subdéléguer, *subdelegar.*
Subdiviser, *subdividir.*
Subir, *sufrir*, — *someterse.*
Subit, ite, *súbito*, *repentino.*
Subjonctif, *subjuntivo.*
Subjuguer, *subyugar*, *sojuzgar*
Sublime, *sublime.*
Sublimer, *sublimar.*
Sublunaire, *sublunar.*
Submerger, *sumergir*, *inundar*
Subordonner, *subordinar.*
Suborner, *sobornar*, *cohechar.*
Subroger, *subrogar.*
Subside, *subsidio.*
Subsistance, *sustento*, *alimento.*
Subsister, *subsistir*, *existir.*
Substance, *substancia.*
Substantif, *substantivo.*
Substituer, *substituir.*
Subtil, *sutil*, *delgado.*
Subtiliser, *sutilizar.*
Suc, *suco*, *jugo*, *zumo.*
Succéder, *suceder.* [*lida.*
Succès, *buen suceso*, *buena sa-*
Succomber, *agobiarse*, *rendirse*
Sucer, *chupar.*
Sucre, *azúcar.*
Sud, *sud.*
Sud-est, *sudeste.*
Sud-ouest, *sudueste.*
Suer, *sudar.*
Suffire, *bastar.*
Suffoquer, *sufocar*, *ahogar* [*gio*
Suffrage, *voto*, *parecer*, *sufra-*
Suggérer, *sugerir.*
Suicide, *suicidio.*
Suie, *hollin.*
Suif, *sebo.*
Suisse, *portero.*
Suite, *seguida*, — *consecuencia*, *resulta*, — *comitiva*, — *continuacion.*
Suivant, ante, *siguiente.*
Suivre, *seguir.*
Sujet, *súbdito*, *vasallo*, — *sujeto*
Sujet, ette, *sujeto*, *sometido*, — *espuesto.*
Sujet, *asunto*, — *motivo*, — *sujeto.*
Sultan, *sultan.*
Superbe, *sobervio*, *orgulloso*, — *magnífico*, *suntuoso.*
Superficie, *superficie.*
Superfin, ine, *finísimo.*
Superflu, ue, *superfluo.*
Supérieur, eure, *superior.*
Superlatif, *superlativo.*
Superstition, *supersticion.*
Suppléer, *suplir.*
Suppliant, ante, *suplicante.*
Supplice, *suplicio.*
Supplier, *suplicar.*
Supporter, *sostener*, — *sufrir*, — *soportar.*
Supposer, *suponer.*
Supprimer, *suprimir.*
Suppurer, *supurar.*
Supputer, *suputar.*
Suprême, *supremo.* [*firme.*
Sûr, sûre, *seguro*, *cierto*, —
Surabondance, *superabundancia.*
Surané, ée, *antiguo*, *viejo.*
Surcharger, *sobrecargar.*
Surcroît, *aumento*, *cúmulo.*
Surdité, *sordera.*
Sureau, *sauco.*
Surérogation, *supererogacion.*

Sûreté, *seguridad.*
Surface, *superficie.*
Surhumain, aine, *sobrehumano*
Surintendant, *superintendente.*
Surjet, *repulgo.*
Surmonter, *superar, vencer.*
Surnager, *sobrenadar.*
Surnaturel, elle, *sobrenatural.*
Surnom, *sobrenombre.*
Surnommer, *apellidar.*
Surpasser, *sobrepujar, esceder.*
Surplis, *sobrepelliz.*
Surplus, *sobra, esceso.*
Surprenant, ante, *maravilloso.*
Surprendre, *sorprehender.*
Surprise, *sorpresa.*
Sursaut, *sobresalto.*
Surseoir, *sobreseer, suspender.*
Surtout, *sobretodo, sortú.*
Surveiller, *vigilar.*
Survenir, *sobrevenir, acaecer.*
Survivre, *sobrevivir.*
Susceptible, *delicado, resentido*
Susciter, *suscitar.*
Susdit, *sobredicho.*
Suspect, ecte, *suspecto, sospe-* [*choso.*
Suspendre, *suspender.*
Syllabe, *sílaba.*
Syllogisme, *silogismo.*
Symbole, *símbolo.*
Symétrie, *simetría.*
Sympathie, *simpatía.*
Symptôme, *síntoma.*
Sinagogue, *sinagoga.*
Syndic, *síndico.*
Synode, *sínodo.*
Synonyme, *sinónimo.*
Syntaxe, *sintaxís.*
Système, *sistema.*

T.

Tabac, *tabaco;* — (une prise de), *un polvo.*
Tabatière, *caja de tabaco, tabaquera.*
Tabernacle, *tabernáculo.*
Table, *mesa,* — *tabla.*
Tableau, *cuadro, pintura.*
Tablette, *estante.*
Tablier, *delantal.*
Tabouret, *taburete.*
Tache, *mancha,* — *lunar.*
Tâche, *tarea, obra.*
Tacher, *manchar.*
Tâcher de..., *procurar.*
Tacite, *tácito.*
Taot, *tacto.*
Tactique, *táctica.*
Taffetas, *tafetan.*
Tafia, *aguardiente de azúcar.*
Taie, *funda de almohada.*
Taille, *corte,* — *talla, estatura,* — *talle,* — *tenor.*
Tailler, *tajar, cortar,* — *podar.*
Tailleur d'habits, *sastre;* — (de pierre), *cantero.*
Taillis, *bosque de corte.*
Taire (se), *callar.*
Talent, *talento, ingenio.*
Talion, *talion.*
Talisman, *talisman.*
Talmud, *talmud.*
Talon, *talon.*
Tambour, *tambor.*
Tamis, *cedazo.*
Tamiser, *cerner.*
Tanche, *tenca.*
Tanière, *cueva de fieras.*
Tanner, *zurrar, curtir.*
Tanneur, *zurrador, curtidor.*
Tante, *tia.*
Taon, *tábano.*
Tapage, *ruido, tumulto.*
Tapis, *tapiz, tapete, alfombra.*
Tapisser, *entapizar.*
Tapisserie, *tapicería.*
Tarder, *tardar.*

Tardif, ive, *tardío.*
Targette, *colanilla.*
Tarière, *taladro, barrena.*
Tarif, *tarifa.*
Tarir, *agotar, consumir.*
Tartane, *tartana.*
Tarte, *tarta, pastelillo.*
Tartufe, *gazmoño, hipócrita.*
Tas, *monton*; — (de fumier), *estercolero*; — (de coquins), *gavilla de pícaros.*
Tasse, *taza, jícara.*
Tâter, *tocar, tentar.*
Tâtonner, *andar á tientas.*
Taudis, *camaranchon.*
Taupe, *topo.*
Taureau, *toro.*
Taux, *tasa, tarifa.*
Taxer, *tasar, fijar precio.*
Teigne, *tiña, — polilla.*
Teigneux, euse, *tiñoso.*
Teindre, *teñir.*
Teint, *tinte, color, tez.*
Tel, telle, *tal, semejante.*
Télescope, *telescopio.*
Téméraire, *temerario.*
Témoignage, *testimonio.*
Témoigner, *testificar, declarar, mostrar.*
Témoin, *testigo.*
Tempes, *sienes.*
Tempérament, *temperamento.*
Tempérance, *templanza.*
Tempérer, *temperar, templar.*
Tempête, *tempestad.*
Temple, *templo.*
Temporiser, *temporizar.*
Temps, *tiempo.*
Tenace, *tenaz.*
Tenaille, *tenaza.*
Tendon, *tendon.*
Tendre, *tierno.*
Tendre, *tender, estender*, — *dirigirse.*
Tendresse, *ternura, terneza.*
Ténèbres, *tinieblas.*
Ténébreux, euse, *tenebroso.*
Teneur, *tenor*; — (de livres), *tenedor de libros.*
Tenir, *tener.*
Ténor, *tenor.*
Tente, *tienda.*
Tenter, *tentar, — intentar.*
Tenture, *colgadura.*
Tenue de livres, *teneduría de libros.*
Ténuité, *tenuidad.*
Térébinthe, *terebinto.*
Tergiverser, *tergiversar.*
Terme, *término.*
Terminer, *terminar, acabar.*
Terne, *deslustrado.*
Ternir, *deslustrar, empañar.*
Terrain, *terreno.*
Terrasse, *plataforma, — terrado, azotea.*
Terrasser, *aterrar, derribar.*
Terre, *tierra.*
Terreur, *terror.*
Terrier, *madriguera.*
Terrine, *barreño.*
Territoire, *territorio.*
Tertre, *cerro, montecillo.*
Testament, *testamento.*
Tester, *testar, hacer testamento.*
Têtard, *renacuajo.*
Tête, *cabeza.*
Teter, *mamar.*
Teton, *teta, pecho, mamilla.*
Têtu, ue, *testarudo, terco, porfiado.*
Texte, *texto.*
Thé, *té.*
Théâtre, *teatro.*
Théïère, *tetera.*
Thème, *tema.*
Théocratie, *teocracía.*
Théologie, *teología.*
Théologien, *teologo.*
Théorie, *teoría, teórica.*
Thériaque, *triaca.*

Thermal, ale, *termal.*
Thermomètre, *termómetro.*
Thésauriser, *atesorar, tesauri-*
Thèse, *tésis*, *conclusion.* [*zar.*
Thon, *atun.*
Thuriféraire, *turiferario.*
Thym, *tomillo.*
Tiare, *tiara.*
Tiède, *tibio*, — *flojo*, *descui-*
Tiédir, *entibiarse.* [*dado.*
Tierce, *tercera*, — *tercia.*
Tiers, *tercio.*
Tige, *tallo*, — *origen*, *tronco.*
Tigre, tigresse, *tigre.*
Tillac, *tilla*, *combes.*
Tilleul, *tilo.*
Timbale, *timbal*, *atabal.*
Timbre, *campanilla*, — *timbre.*
Timbré, ée, *sellado.*
Timide, *tímido.*
Timidité, *timidez.*
Timon, *timon.*
Tintement, *retintin*, *zumbido.*
Tir, *tiro.*
Tirage, *tirada*, — *estraccion de la lotería.*
Tirailler, *estirar*, — *molestar.*
Tire-bouchon, *tirabuzon.*
Tire-bourre, *sacatrapos.*
Tire-pied, *tirapié.*
Tirer, *tirar*, — *sacar*, *librar.*
Tiroir, *cajon*, *gaveta.*
Tisanne, *tisana.*
Tison, *tizon.*
Tisonner, *atizar.*
Tisser, *tejer.*
Tisserand, *tejedor.*
Tissu, *tejido*, *tela.*
Titre, *título*, *inscripcion.*
Titulaire, *titular.*
Tocsin, *rebato.*
Toile, *tela*, *lienzo.*
Toilette, *atavío*, *adorno.*
Toise, *toesa*, *braza.*
Toiser, *medir á brazas.*
Toison, *vellon*, *vellocino.*
Toit, *techo*, *tejado.*
Tolérer, *tolerar.*
Tomate, *tomate.*
Tombe, *tumba*, *sepulcro.*
Tombeau, *tumba*, *sepulcro*, *tú-*
Tomber, *caer.* [*mulo.*
Tombereau, *chirrion.*
Tome, *tomo.*
Ton, *tono*, — *modo*, *manera.*
Tondeur, *tundidor*, — *esquilador.*
Tondre, *esquilar*, — *tundir.*
Tonneau, *tonel*, *cubeta*, — *tonelada.*
Tonnelier, *cubero*, *tonelero.*
Tonner, *tronar.*
Tonnerre, *trueno.*
Tonsure, *tonsura.*
Tonte, *esquilmo*, *esquileo.*
Topaze, *topacio.*
Topinambour, *papas.*
Topographie, *topografía.*
Torche, *hacha.*
Torchon, *rodilla*, *trapo.*
Tordre, *torcer.*
Torrent, *torrente.* [*culpa.*
Tort, *agravio*, *perjuicio*, —
Tortiller, *torcer.*
Tortue, *tortuga*, *galápago.*
Tortueux, euse, *tortuoso*, *sinuoso.*
Torture, *tortura*, *cuestion.*
Toste, *brindis.*
Total, ale, *total*, *entero.*
Touche, *tecla*, — *traste*, — *to-*
Toucher, *tocar.* [*que.*
Touffu, ue, *frondoso*, *espeso.*
Toupet, *tupé*, *copete.*
Toupie, *peonza.*
Tour, f., *torre*, — m. *vuelta*,
Tourbillon, *torbellino.* [— *torno*
Tourelle, *torrejon.*

Tourière, *tornera.*
Tourment, *tormento.*
Tourmenter, *atormentar.*
Tourne-broche, *asador.*
Tourner, *tornear, dar vueltas.*
Tournesol, *girasol.*
Tournoi, *torneo.*
Tourte, *tortada, torta.*
Tourterelle, *tórtola.*
Tourtière, *tortera.*
Toussaint (la), *todos santos.*
Tousser, *toser.*
Tout, *todo.*
Tout-puissant, toute-puissante, [*omnipotente.*
Toux, *tos.*
Tracas, *enredo, embrollo.*
Tracasser, *molestar, inquietar.*
Tracassier, ière, *chismoso.*
Trace, *huella, vestigio, pisada.*
Tracer, *trazar, delinear.*
Tradition, *tradicion.*
Traduire, *traducir, — citar.*
Trafic, *tráfico, tráfago.*
Tragédie, *tragedia.*
Trahir, *vender, hacer traicion.*
Train, *tren, — modo de vivir.*
Traîneau, *narria, rastra.*
Traîner, *arrastrar, — alargar.*
Traire, *ordeñar.*
Traite, *tiro, — saeta, — raya, — hecho, — trago.*
Traite, *tirada, — comercio de negros, — libranza, letra de cambio.*
Traiter, *tratar.*
Traiteur, *figonero.*
Traître, traîtresse, *traidor.*
Trajet, *pasage, travesía.*
Trame, *trama.*
Tranchant, ante, *trinchante.*
Tranchant, subst., *corte, filo.*
Tranche, *tajada, lonja.*
Trancher, *trinchar, cortar.*
Tranchet, *trinchete.*
Tranquille, *tranquilo, quieto.*
Transcrire, *transcribir, copiar.*
Transe, *trance, agonía.*
Transférer, *transferir.*
Transfigurer, *transfigurar.*
Transformer, *transformar.*
Transgresser, *transgresar, violar.*
Transiger, *transigir.*
Transir, *aterirse.*
Transition, *transicion.*
Transmettre, *transmitir.*
Transmigration, *transmigracion*
Transparent, ente, *transparente.*
Transpirer, *transpirar.*
Transplanter, *transplantar.*
Transporter, *transportar.*
Transposer, *trasponer.*
Transvaser, *trasegar.*
Transversal, ale, *transversal.*
Trappe, *trampa.*
Travail, *trabajo, fatiga.*
Travailler, *trabajar.*
Travers, *travesía, travesura.*
Traverse, *travesaño, — atajo.*
Traverser, *atravesar.*
Traversin, *almohada, travesero*
Travestir, *disfrazar.*
Trébucher, *tropezar.*
Trébuchet, *trampa, lazo.*
Trèfle, *trébol.*
Treille, *parra, emparrado.*
Tréma, *trema.*
Tremble, *álamo.*
Trembler, *temblar.*
Tremousser (se), *agitarse.*
Trempe, *temple.*
Tremper, *mojar, — templar.*
Trépas, *muerte.*
Trépasser, *morir, fallecer.*
Trépied, *trébedes*, f. pl.
Trépigner, *patear.*
Trésor, *tesoro.*
Tressaillir, *sobresaltarse.*
Tresse, *trenza.*

Tresser, *trenzar.*
Trève, *tregua.*
Triangle, *triángulo.*
Tribu, *tribu.*
Tribulation, *tribulacion.*
Tribunal, *tribunal.*
Tribune, *tribuna.*
Tribut, *tributo.*
Tricher, *trampear.*
Tricheur, euse, *tramposo, fullero.*
Tricoter, *hacer média.*
Trictrac, *tablas reales.*
Trident, *tridente.*
Trier, *entresacar.*
Trimestre, *trimestre.*
Trinité, *trinidad.*
Trinquer, *brindar.*
Trio, *trío.*
Triompher, *triunfar.*
Tripe, *tripa.*
Tripler, *triplicar.*
Tripot, *garito.*
Tripoter, *mezclar varias cosas.*
Trisaïeul, eule, *tercer abuelo.*
Triste, *triste, melancólico.*
Tristesse, *tristeza.*
Trivial, ale, *trivial, vulgar.*
Troc, *trueque, trueco.*
Trognon, *troncho.*
Trombe, *bomba, tifon.*
Trompe, *trompa.*
Tromper, *engañar.*
Tromperie, *engaño.*
Trompeter, *pregonar.*
Trompette, *trompeta.*
Trompeur, euse, *engañoso, — engañador.*
Tronc, *tronco, — cepo.*
Tronçon, *trozo, pédazo.*
Trône, *trono.*
Tronquer, *truncar.*
Trope, *tropo.*
Trophée, *trofeo.*
Tropique, *trópico.*
Troquer, *trocar.*
Trotter, *trotar.*
Trottoir, *camino elevado.*
Trou, *agujero.*
Trouble, adj., *turbio.*
Trouble, subst., *confusion, desorden.*
Troubler, *turbar, enturbiar.*
Trouer, *agujerear, horadar.*
Troupe, *tropa.*
Troupeau, *rebaño, ganado, manada.*
Trousseau, *ajuar, — manojo.*
Trousser, *arremangar.*
Trouver, *hallar.*
Truelle, *llana de albañil.*
Truffe, *criadilla.*
Truie, *puerca.*
Truite, *trucha.*
Trumeau, *luna, espejo grande.*
Tube, *tubo.*
Tuer, *matar.*
Tuerie, *matadero.*
Tuile, *teja.*
Tulipe, *tulipan.*
Tumeur, *tumor.*
Tumulte, *tumulto.*
Tunique, *túnica.*
Turban, *turbante.*
Turpitude, *torpeza.*
Turquoise, *turquesa.*
Tuteur, tutrice, *tutor, tutriz.*
Tutoyer, *tutear.*
Tuyau, *canal, caño, tubo.*
Typographie, *tipografía.*
Tyran, *tirano.*
Tyrannie, *tiranía.*
Tyranniser, *tiranizar.*

U.

Ulcère, *úlcera.*
Ultérieur, eure, *ulterior.*
Unanimité, *unanimidad.*

Uni, ie, *unido.*
Uniforme, *uniforme.*
Union, *union.*
Unique, *único.*
Unir, *unir, juntar.*
Unisson, *unison.*
Unité, *unidad.*
Univers, *universo.*
Universel, elle, *universal.*
Université, *universidad.*
Urbanité, *urbanidad, cortesía.*
Urgent, ente, *urgente.*
Urine, *orina.*
Uriner, *orinar, mear.*
Urne, *urna.*
Usage, *uso.*
User, *usar, — gastar.*
Ustensile, *ustensilio.*
Usuel, elle, *usual.*
Usufruit, *usufructo.*
Usure, *usura.*
Usurier, ière, *usurero.*
Usurper, *usurpar.*
Utérin, ine, *uterino.*
Utile, *útil, provechoso.*
Utiliser, *utilizar.*
Utilité, *utilidad.*

V.

Vacances, *vacaciones.*
Vacarme, *alboroto, tumulto.*
Vache, *vaca.*
Vaciller, *vacilar, titubear.*
Vagabond, onde, *vagamundo.*
Vagissement, *vagido.*
Vague, *ola, onda.*
Vague, adj., *vago.*
Vaillance, *valentía.*
Vaillant, ante, *valiente.*
Vain, vaine, *vano.*
Vaincre, *vencer.*
Vaisseau, *buque, navío, — vaso*
Vaiselle, *vajilla.*
Valable, *valedero.*
Valablement, *válidamente.*
Valet, *criado; —*(de chambre), *ayuda de cámara.*
Valétudinaire, *achacoso.*
Valeur, *valor.*
Valide, *válido.*
Valider, *validar.*
Valise, *balija, maleta.*
Vallée, *valle.*
Vallon, *vallecico, vallejo.*
Valoir, *valer.*
Vanille, *vainilla.*
Vanité, *vanidad.*
Vanner, *aventar.*
Vannier, *cestero.*
Vanter, *alabar, ensalzar.*
Vanter (se), *jactarse.*
Vapeur, *vapor.*
Vaquer, *vacar.*
Variable, *variable, inconstante*
Varier, *variar.*
Varlope, *garlopa.*
Vase, f., *limo, lodo, cieno; —* [m., *vaso.*
Vassal, ale, *vasallo.*
Vaste, *vasto, dilatado.*
Vaurien, *pícaro, tuno.*
Vautour, *buitre.*
Vautrer (se), *revolcarse.*
Veau, *ternero, becerro.*
Végétal, ale, *vegetal.*
Véhémence, *vehemencia.*
Veille, *vigilia, — víspera.*
Veillée, *vela.*
Veiller, *velar, cuidar, — vigi-* [*lar.*
Veine, *vena.*
Vélin, *vitela.*
Velléité, *veleidad.*
Vélocité, *velocidad.*
Velours, *terciopelo, velludo.*
Velu, ue, *velludo, velloso.*
Vénal, ale, *venal, vendible.*
Venant, *viniente.*
Vendange, *vendimia.*

Vendanger, *vendimiar.*
Vendre, *vender.*
Vendredi, *viérnes.*
Vénéneux, euse, *ponzoñoso.*
Vénérer, *venerar, respetar.*
Vénerie, *montería.*
Vénérien, enne, *venéreo.*
Vengeance, *venganza.*
Venger (se), *vengarse.*
Véniel, elle, *venial.*
Vénimeux, euse, *venenoso.*
Venin, *veneno, ponzoña.*
Venir, *venir.*
Vent, *viento.*
Vente, *venta.*
Venter, *ventear.*
Ventosité, *ventosidad.*
Ventre, *vientre, barriga.*
Ventrée, *ventregada.*
Ventriloque, *ventríloco.*
Ventru, ue, *ventrudo, barrigudo.*
Venue, *venida, llegada.*
Vénus, *vénus.*
Vêpres, *vísperas.*
Ver, *gusano, — lombriz, — polilla.*
Véracité, *veracidad.*
Verbal, ale, *verbal.*
Verbe, *verbo.*
Verdâtre, *verdoso.*
Verdet, *verdete, cardenillo.*
Verdeur, *verdor.*
Verdir, *verdear.*
Verdure, *verdura.*
Verge, *vara, verga.*
Verges, *azotes.*
Verger, *vergel.*
Vergettes, *cepillo, escobilla.*
Verglas, *escarcha.*
Vergue, *entena.*
Véridique, *verídico.*
Vérifier, *verificar.*
Véritable, *verdadero, real.*
Vérité, *verdad.*
Verjus, *agraz.*
Vermeil, eille, *bermejo.*
Vermeil, subst., *plata sobredorada.*
Vermicelle, *fideos.*
Vermillon, *bermellon.*
Vermine, *comezon, — canalla*
Vermisseau, *gusanillo.*
Vermoulu, ue, *carcomido.*
Vernir, *barnizar.*
Vernis, *barniz, charol.*
Vérole, *viruelas, — bubas.*
Verre, *vidrio, — vaso.*
Verrou, *cerrojo, pestillo.*
Verrue, *verruga.*
Vers, *verso.*
Verseau, *acuario.*
Verser, *echar, verter, derramar*
Verser une voiture, *volcar.*
Verset, *versículo.*
Versifier, *versificar.*
Version, *version.*
Vert, erte, *verde; —* (de gris), *verdete.*
Vertical, ale, *vertical, perpendicular.*
Vertige, *vértigo, vahido.*
Vertu, *virtud.*
Verveine, *verbena.*
Vesce, *algarroba.*
Vésicatoire, *vejicatorio.*
Vessie, *vejiga.*
Veste, *chupa.*
Vestibule, *vestíbulo, zaguan.*
Vestige, *vestigio, huella.*
Vêtement, *vestido, vestidura.*
Vétéran, *veterano.*
Vétérinaire, *albeitar.*
Vétille, *niñería, friolera.*
Vêtir, *vestir.*
Vétusté, *vejez, antigüedad.*
Veuf, veuve, *viudo, viuda.*
Veuvage, *viudez.*
Vexer, *vejar, molestar.*
Viager, ère, *vitalicio.*
Viande, *carne, vianda.*
Viatique, *viático.*

Vibration, *vibracion.*
Vicaire, *vicario.*
Vice, *vicio.*
Vice-amiral, *vicealmirante.*
Vice-roi, vice-reine, *virey, vi-*
Vicier, *viciar, dañar.* [*reina.*
Vicieux, euse, *vicioso.*
Vicissitude, *vicisitud.*
Vicomte, *vizconde.*
Vicomtesse, *vizcondesa.*
Victime, *víctima.*
Victoire, *victoria.*
Vidanges, *basuras, inmundi-*
Vide, *vacío.* [*cias.*
Vider, *vaciar, desocupar.*
Viduité, *viudedad.*
Vie, *vida.*
Vieillard, *viejo, anciano.*
Vieillesse, *vejez.*
Vieillir, *envejecer.*
Vielle, *sinfonía, gayta zamo-*
Vierge, *virgen* [*rana.*
Vieux, vieille, *viejo.*
Vif, vive, *vivo.*
Vif-argent, *azogue.*
Vigilance, *vigilancia.*
Vigile, *vigilia.*
Vigne, *vid,* — *viña.*
Vigneron, *viñador, viñero.*
Vignette, *floron.*
Vignoble, *viñedo.*
Vigoureux, euse, *vigoroso.*
Vigueur, *vigor.* [*bajo.*
Vil, vile, *vil, despreciable,*
Vilain, aine, *feo, sucio,* —
Vilenie, *porquería.* [*avaro.*
Village, *lugar, aldea.*
Villageois, oise, *aldeano.*
Ville, *ciudad.*
Vin, *vino.*
Vinaigre, *vinagre.*
Vindicatif, ive, *vengativo.*
Viole, *viola.*
Violence, *violencia.*
Violer, *violar.*
Violet, ette, *violado.*
Violette, *violeta.*
Violon, *violin.*
Violoncelle, *violon, violoncillo.*
Vipère, *víbora.*
Virginité, *virginidad.*
Virgule, *virgulilla, coma.*
Viril, ile, *viril.*
Vis, *tornillo,* — *rosca.*
Visage, *cara, rostro, semblante.*
Viser, *apuntar, asertar.*
Visible, *visible.*
Visière, *visera.*
Vision, *vision.*
Visiter, *visitar.*
Visqueux, euse, *viscoso.*
Vital, ale, *vital.*
Vîtesse, *velocidad, ligereza.*
Vitrage, *vidriera.*
Vitre, *vidrio, vidriera.*
Vitrifier, *vitrificar.*
Vitriol, *vitriolo.*
Vivacité, *vivacidad.*
Vivandier, ière, *vivandero.*
Vivant, ante, *viviente.*
Vivant, subst., *vivo.*
Vivier, *estanque.*
Vivifier, *vivificar.*
Vivre, *vivir.*
Vivres, *víveres.*
Vocabulaire, *vocabulario.*
Vocal, ale, *vocal.*
Vocatif, *vocativo.*
Vocation, *vocacion.*
Vœu, *voto,* — *deseo.*
Vogue, *boga,* — *crédito.*
Voguer, *bogar, remar.*
Voie, *via, camino.*
Voile, m., *velo, cortina.*
Voile, f., *vela.*
Voiler, *cubrir, ocultar.*
Voilier, *velero.*
Voir, *ver.*

Voirie, *muladar.*
Voisin, ine, *vecino*, *cercano.*
Voisinage, *vecindad.*
Voiture, *coche*, *carruage.*
Voiturer, *acarrear.*
Voiturier, *arriero*, *traginante.*
Voix, *voz*, — *voto*, *sufragio.*
Vol, *vuelo*, — *robo*, *hurto.*
Volage, *inconstante*, *ligero.*
Volaille, *volatería.*
Volant, ante, *volante.*
Volatile, *volátil.*
Volcan, *volcan.*
Volée, *vuelo*, — *descarga.*
Voler, *volar*, — *robar*, *hurtar.*
Volet, *postigo de ventana.*
Voleur, *ladron*; — (de grand chemin), *salteador.*
Volière, *pajarera.*
Volonté, *voluntad.*
Voltiger, *voltear*, *revoletear.*
Voltigeur, *volatin.*
Volubilité, *volubilidad.*
Volume, *volúmen.*
Volupté, *delcite*, *placer.*
Voluptueux, euse, *voluptuoso.*
Vomir, *vomitar.*
Vomissement, *vómito.*
Vorace, *voraz.*
Voter, *votar.*
Vouer, *dedicar*, *consagrar.*
Vouloir, *querer.*
Voûte, *bóbeda.*
Voûter (se), *encorbarse.*
Voyage, *viage.*
Voyager, *viajar.*
Voyelle, *vocal.*
Vrai, aie, *verdadero*, *real.*
Vrai, *verdad.*
Vraisemblable, *verosímil.*
Vraisemblance, *verosimilitud.*
Vue, *vista.*
Vulgaire, *vulgar*, *comun.*
Vulgaire, subst., *vulgo.*
Vulgate, *vulgata.*

Z.

Zèbre, *cebra.*
Zèle, *zelo.*
Zénith, *cenit.*
Zéphir, *céfiro.*
Zéro, *cero.*
Zinc, *medio metal.*
Zodiaque, *zodiaco.*
Zône, *zona.*

FIN DE LA GRAMMAIRE.

LISTE

DES ABRÉVIATIONS EN USAGE DANS L'ÉCRITURE DE LA LANGUE ESPAGNOLE.

A. C.................. año christiano ou comun.
(a)..................... arroba ou arrobas
AA.................... antores et altezas.
Adm^{or}............. administrador.
Ag^{to}................. Agosto.
Am^{o}.................. amigo.
Ant^{o}................. Antonio.
App^{co}, app^{ca}...... apostólico, apostólica.
Art., art^{o}......... artículo.
Arzbpo............. arzobispo.
B...................... beato.
B^{r}.................... bachiller.
B. L. M............. beso lás manos.
B. L. P............. beso los pies.
C. M. B............ cuyas manos beso
C. P. B.............. cuyos pies beso.
B^{mo} P^{e}............. beatísimo padre.
Cap.................. capítulo.
Cap^{n}................. capitan.
Capp^{n}............... capellan.
Col.................... coluna.
Comis^{o}.............. comisario.
Comp^{a}.............. compañía.
Cons^{o}................ consejo (tribunal)
Conv^{te}, convent^{e}.. conveniente.
Corr^{te}................ corriente.
C^{do}.................. cuando.
C^{to}.................. cuanto.
D. D^{n}.............. don (titre d'honneur).
D^{a}..................... doña (*idem*).
DD.................. doctores.
D^{r}.................... doctor.
Dho, dha.......... dicho, dicha
Dro................... derecho.
Dic^{re}, 10re......... diciembre.
Dom^{o}.............. Domingo.
Ecc^{o}, ecc^{a}......... eclesiástico, eclesiástica.
En^{o}................. enero.
Exmo, ex^{ma}....... escelentísimo, ma
Fho, Fha........... fecho, fecha.
Feb^{o}................ febrero.
Fol.................... folio.
Fr...................... fray, frey.
Fran^{co}............... Francisco.
Frnz.................. Fernandez.
G^{de} gue.............. guarde.
Gra................... gracia.
Genl.................. general (dignité).
Gral.................. general.
Igl^{a}.................. iglesia.
Inq^{or}................ inquisidor.
Intend^{te}............ intendente.
Ill^{e}.................. ilustre.
Illmo, ill^{ma}........... ilustrísimo, ma.
Jhs.................. Jesus.
Jph.................. Josef.
Ju^{n}.................. Juan.
Lib................... libro.
Libs.................. libras.
Lin................... linea.
Lic^{do}................. Licenciado.
M. P. S............ muy podereso señor.
M^{e}................... madre.
M^{r}................... Monsiur.
M^{or}.................. mayor.
M^{s} a^{s}............... muchos años.
Mag^{d}.............. Magestad.
Man^{l}............... Manuel.
May^{mo}............. mayordomo.

Migl	Miguel.
Minro	ministro.
Mrd	merced.
Mrn	Martin.
Mrnz	Martinez.
Mro	maestro.
Mrs	maravedís.
M. S.	manuscrito.
MSS	manuscritos.
N. S.	Nuestro Señor.
N. S^{ra}	Nuestra Señora.
Nro, nra	nuestro, nuestra.
Nov^{e}, 9^{e}	noviembre.
Obpo	obispo.
Oct^{e}, 8^{e}	octubre.
On^{a}, on^{s}	onza, onzas.
Orn	órden.
P. D.	posdata.
P^{a}	para.
P^{e}	padre.
P^{o}	Pedro.
P^{r}	por.
P^{ta}	plata.
P^{te}	parte.
P^{to}	puerto.
Pág	página.
Pl	plana.
Pp^{co}	público.
Pral	principal.
Pror	procurador.
Prov^{or}	provisor.
Q. ou q^{e}	que.
Q^{n}	quien.
R. P. M.	reverendo padre maestro.
Rl Rl^{es}	real, reales.
R^{s}	reales (monnaie).
R^{mo}, R^{ma}	reverendísimo, ma.
R^{do}, R^{da}	reverendo, da.
R^{bí}	recibí.
S. ou S^{n}	san ou santo.
S^{to}, Sta	santo, santa.
S. M.	su magestad.
S. S^{d}	su santidad.
S^{r}, s^{or}, s^{ra}	señor, señora.
Seb^{n}	Sebastian.
S^{ria}, secret^{a}	secretaría.
S^{o}, secret^{o}	secretario.
Set^{re}, 7re	setiembre.
Ser^{mo}, S^{ma}	serenísimo, ma.
Serv^{o}	servicio.
Serv^{r}	servidor.
Sig^{te}	siguiente.
SS^{mo}	Santísimo (el Sacramento.)
SS^{mo} P^{e}	Santisimo Padre.
SS^{no}	escriban.
Súp^{ca}, supp^{ca}	súplica, suplica.
Sup^{te}	suplicante.
Super^{te}	superintendente.
Ten^{te}	teniente.
Tom	tomo.
Tpo	tiempo.
V^{e}, Ven^{e}	venerable.
V. A.	vuestra alteza.
V. B^{d}	vuestra beatidud
V. E. ou V. Ex.	vuecelencia, vuecencia.
V. G.	verbigracia.
V. M.	vuestra magestad
Vm. u^{d} Vm^{d}	usted, vuesamerced.
V. P.	vuesa paternidad
V. R^{a}	vuesa reverencia
V. S^{d}	vuestra santidad.
V. S.	vueseñoría, usía.
V. S. I.	vueseñoría, usía ilustrísima.
V^{n}	vellon.
Vol.	volúmen.
Vro, vra	vuestro, vuestra.
X^{mo}	diezmo.
Xptiano	cristiano.
Xpto	Cristo.
Xptobal	Cristóbal.

TABLE DES MATIÈRES.

EXEMPLE

VERSION INTERLINÉAIRE

DIALOGUES FAMILIERS

COLLECTION

PETIT VOCABULAIRE

FIN DE LA TABLE.

BORDEAUX. — IMPRIMERIE DE R. TEYCHENEY, ALLÉES D'ORLÉANS, N. 16.

Malgré les soins qu'on a apportés à l'édition de cette Grammaire, il s'y est glissé des fautes, dont voici les plus remarquables :

Page	Lig.	Errata	Lisez :
18	9	le *le plus*,	*le plus.*
35	33	*se servió*,	*se sirvió.*
ibid	34	*se servió*,	*se sirvió.*
38	2	*dame*,	*dame usted.*
ibid	35	*tel quelle*,	*tel quel.*
43	18	*nosostros*, *vosostros*,	*nosotros*, *vosotros.*
69	5	*Hbremos*,	*Habremos.*
ibid	7	*Hbreis*,	*Habreis.*
ibid	23	*Hbrias*,	*Habrias.*
74	34	*Consarse*,	*Cansarse.*
103	38	*Manifestido*,	*Manifestado.*
113	52	*dmedida*,	*á medida.*
126	25	continuament,	continuamente.
144	17	la,	lui.
158	53	sico fícomo,	físico como,
163	31	vea,	vean.
164	42	tomé,	tomó.
168	9	travaillé,	travaillée.
182	19	creancia,	creencia.
184	38	*castellana*,	*castellano.*
191	33	*gustos*,	*gusto.*
194	5	*mucha*,	*mucho.*
220	3	*Le hule*,	*Le huele.*
239	26	*asesinao*,	*asesinato.*
242	44	*bendio*,	*bendito.*
250	20	*colorida*,	*colorido.*
254	37	*vantana*,	*ventana.*
282	14	*labraz*,	*labrar.*
302	36	*liempieza*,	*limpieza.*

www.ingramcontent.com/pod-product-compliance
Lightning Source LLC
Chambersburg PA
CBHW050456270326
41927CB00009B/1766

* 9 7 8 2 0 1 9 1 9 5 3 4 2 *